Der Abgrund in deutscher und baltischer Kultur / The Abyss in German and Baltic Culture

Amsterdamer Beiträge zur neueren Germanistik

TRANSDISCIPLINARY APPROACHES TO GERMAN STUDIES

Series Editors

Norbert Otto Eke (*University of Paderborn, Germany*)
Priscilla Layne (*The University of North Carolina at Chapel Hill, USA*)
Gaby Pailer (*The University of British Columbia, Canada*)

Editorial Board

David D. Kim (*University of California Los Angeles, USA*)
Lynn Kutch (*Kutztown University, USA*)
Marion Schmaus (*Philipps-Universität Marburg, Germany*)
Godela Weiss-Sussex (*University of London, UK*)

Founded by

Gerd Labroisse

VOLUME 100

The titles published in this series are listed at *brill.com/abng*

Der Abgrund in deutscher und baltischer Kultur / The Abyss in German and Baltic Culture

von/by

Marko Pajević
Jaanus Sooväli

BRILL

LEIDEN | BOSTON

Umschlagbild / Cover illustration: *Glaswände in einem modernen Einkaufszentrum, 271151*, von Cocoparisienne via Pixabay.com

The Library of Congress Cataloging-in-Publication Data is available online at https://catalog.loc.gov

Typeface for the Latin, Greek, and Cyrillic scripts: "Brill". See and download: brill.com/brill-typeface.

ISSN 0304-6257
ISBN 978-90-04-69516-0 (hardback)
ISBN 978-90-04-69517-7 (e-book)
DOI 10.1163/9789004695177

Copyright 2025 by Koninklijke Brill BV, Plantijnstraat 2, 2321 JC Leiden, The Netherlands, except where stated otherwise.
Koninklijke Brill BV incorporates the imprints Brill, Brill Nijhoff, Brill Schöningh, Brill Fink, Brill mentis, Brill Wageningen Academic, Vandenhoeck & Ruprecht, Böhlau and V&R unipress.
All rights reserved. No part of this publication may be reproduced, translated, stored in a retrieval system, or transmitted in any form or by any means, electronic, mechanical, photocopying, recording or otherwise, without prior written permission from the publisher. Requests for re-use and/or translations must be addressed to Koninklijke Brill BV via brill.com or copyright.com.
For more information: info@brill.com.

This book is printed on acid-free paper and produced in a sustainable manner.

Inhaltsverzeichnis / Contents

Abbildungen / List of Illustrations VII
BeiträgerInnen / Notes on Contributors VIII

Einleitung 1
   Marko Pajević und Jaanus Sooväli

PART 1
Der Abgrund in der Kulturtheorie / The Abyss in Cultural Theory

1   Abgründe als Niemandsländer: „Zonen der Ununterscheidbarkeit" 21
    Dorothee Kimmich

2   Thinking through the Abyss with Oedipus, Heidegger, and Arendt 49
    Siobhan Kattago

PART 2
Der Abgrund in der Prosa / The Abyss in Prose Texts

3   „Abgründe des Vergessens" in Esther Kinskys Roman *Rombo* (2022) 71
    Marko Pajević

4   Das Bild der anderen in uns: Abgründe des Erzählens bei Adalbert Stifter und Christoph Ransmayr 91
    Leonhard Herrmann

5   „Nicht nur die Mauer ist gefallen": Ein Blick in die Abgründe der Nachwendezeit 111
    Aigi Heero

6   „am Vorabend des Nichtseins": Jaroslav Melniks Zukunftsroman *Der weite Raum* (lt. 2008; dt. 2021) 135
    Alexander Mionskowski

7   „Abgrund": Zu poetologischen Bedeutungsdimensionen einer Metapher bei W.G. Sebald, Gerhard Roth und Michael Lentz 157
    Monika Schmitz-Emans

PART 3
Der Abgrund in der Lyrik / The Abyss in Poetry

8   The Concept of the Abyss in Estonian Poetic Cosmology: from Natural Obstacle to Ecocrisis   185
         Rebekka Lotman

9   Abgrund, *Abwesen, abwesenheit*: Wolfgang Hilbigs Gedicht *abwesenheit* (1969) und Paul Flemings Elegie *Auf ihr Abwesen* (1639)   217
         Marit Heuß

PART 4
Der Abgrund auf Bühne und Bildschirm / The Abyss on Stage and Screen

10   Das Fallen in den Abgrund – auf- oder abwärts? Zur Vertikalität der Bewegung im lettischen Drama   237
         Zane Šiliņa und Laila Niedre

11   Der virtuelle Tanz auf dem Vulkan: Fortschrittsnarrative und der Abgrund des Anthropozäns in digitalen Spielen mit historischen Settings   260
         Milan Weber

12   The Furies Are at Home: Entanglements of Crisis and the Abyss in *Disco Elysium*   296
         Marie-Luise Meier

Register / Index   313

Abbildungen / Illustrations

1. Ellis Rosen: "It's just the abyss, dear. Try not to gaze into it."   2
2. *Wanderer über dem Nebelmeer*, von Caspar David Friedrich (1818), via Wikipedia.org   7
3. *Glaswände in einem modernen Einkaufszentrum, 271151*, von Cocoparisienne via Pixabay.com   11
4. The beginning of *Reflections* by R.S. Thomas, as featured in the game *Disco Elysium*   303
5. Harry's inner voices, who talk to him, torture him, but also help him (*Disco Elysium*)   305
6. The church and the Stained Glass Window, which shows Dolores Dei (*Disco Elysium*)   308

BeiträgerInnen / Notes on Contributors

Aigi Heero
Assoziierte Professorin für Deutsche Sprache und Didaktik, war nach ihrer Promotion in Freiburg als Lektorin für Deutsch an der TU Wuhan (China) (2001–2002) und an der estnischen Humanistischen Hochschule (2002–2004) tätig. Seit 2004 lehrt sie an der Universität Tallinn. Ihre Forschungsschwerpunkte umfassen deutsche Gegenwartsliteratur, Literatur und Erinnerung, deutschsprachige Literatur in Tallinn im 17. Jh. und Digitalisierung im Bereich der Deutschdidaktik. Ihre interdisziplinären Forschungsansätze verbinden Literatur, Geschichte und Linguistik und beleuchten die Komplexität kultureller Kontakte, autobiographische Texte in verschiedenen historischen Epochen, Sprachenlernen im digitalen Zeitalter und die Auswirkungen von Mehrsprachigkeit auf die zeitgenössische Literatur. Zudem hat sie an verschiedenen Forschungsprojekten teilgenommen, darunter das ERC-Projekt „Translating Memories: The Eastern European Past in the Global Arena" (2019–2024) und das von der Universität Tallinn finanzierte Projekt „Technology-Enhanced Language Learning" (2021–2023). Als Herausgeberin ist sie verantwortlich für Sammelbände wie *Baltische Erzähl- und Lebenswelten* (De Gruyter 2024).

Leonhard Herrmann
ist wissenschaftlicher Mitarbeiter am Institut für Germanistik der Universität Leipzig. Als Stipendiat der Deutschen Forschungsgemeinschaft war er 2014/15 Visiting Scholar an der University of Chicago, als Feodor Lynen Fellow der Humboldt-Stiftung 2019/20 an der University of California, Berkeley, tätig. Seit 2024 ist er Projektleiter eines als Germanistische Institutspartnerschaft vom DAAD finanzierten Graduiertenprogramms zwischen der Universität Leipzig, der University of Nairobi, Kenia, und der University of Arizona, Tucson. Eine weitere Forschungskooperation führte ihn an die Universitade des Sao Paulo, Brasilien. Inhaltlich befasst er sich mit dem Verhältnis von Literatur und Erkenntnis, insbesondere mit Blick auf die Gegenwartsliteratur. Zusammen mit Silke Horstkotte verfasste er eine Metzler-Einführung in die Gegenwartsliteratur. Seine Habilitationsschrift (2016) trägt den Titel *Literarische Vernunftkritik im Roman der Gegenwart*, ein laufendes Projekt befasst sich mit dem Verhältnis von Erleben, Erkennen und Erzählen bei Gottfried Keller, Theodor Storm und Adalbert Stifter.

Marit Heuß
arbeitet als wissenschaftliche Mitarbeiterin am Institut für Germanistik der Universität Leipzig. Sie promovierte zu *Peter Handkes Bildpoetik* (Wallstein 2022).

Von 2021 bis 2023 war sie als Editionsbeirätin der Digitalen Edition von Peter Handkes Notizbüchern (Deutsches Literaturarchiv Marbach, Österreichische Nationalbibliothek) tätig. Sie arbeitet auch weiterhin zur österreichischen Literatur, etwa zu Ingeborg Bachmann oder Rainer Maria Rilke. Ihr aktuelles Postdoc-Projekt widmet sich der Lyrik der DDR, basierend auf Archiv-Recherchen. In diesem Zusammenhang erschien 2023 die Edition des Briefwechsels zwischen Sarah Kirsch und Wolfgang Hilbig (die horen 289). Außerdem war sie 2021 Gastdozentin in Kiew, 2022 an der USP in Brasilien. Zudem ist sie Mitglied des Peter-Szondi-Kollegs und war 2023 Teilnehmerin der Masterclass-Rilke in Sierre.

Siobhan Kattago
ist Associate Professor of Practical Philosophy an der Universität Tartu. Ihre Forschungsschwerpunkte liegen auf den Gebieten der Erinnerungskultur, der Geschichts-, Sozial- und politischen Philosophie. Sie studierte an der New School for Social Research und wurde Fellow am Remarque Institute at New York University. Sie ist Mitglied der COST Action *CA20105: Slow Memory – Transformative Practices for Times of Uneven and Accelerating Change 2021–2025*, akademische Beraterin der Memory Studies Association, des European Observatory of Memories, Problemos, European Journal of Cultural and Political Sociology und der Central European University Buchserie: *Memory, Heritage and Public History in Central and Eastern Europe*. Sie veröffentlichte u.a. folgende Bücher: *Encountering the Past within the Present: Modern Experiences of Time* (Routledge 2020), *The Ashgate Research Companion to Memory Studies* (Hg., Routledge 2015), *Memory and Representation in Contemporary Europe* (Routledge 2012) und *Ambiguous Memory: the Nazi Past and German National Identity* (Praeger 2001).

Dorothee Kimmich
hat an der Universität Tübingen und an der Sorbonne in Paris Germanistik, Geschichte und Philosophie studiert. Sie ist seit 2003 Professorin für Neuere deutsche Literatur und Kulturwissenschaftliche Literaturwissenschaft am Deutschen Seminar der Universität Tübingen. Seit 2004 ist sie Leiterin der Tübinger Poetik-Dozentur. Ihre Forschungsschwerpunkte sind Kulturtheorie und Literatur der Moderne, Dinge und Räume in der Literatur. Ihre wichtigsten Veröffentlichungen sind: *Epikureische Aufklärungen. Philosophische und poetische Konzepte der Selbstsorge* (De Gruyter 1993), *Texte zur Literaturtheorie der Gegenwart* (Hg. mit Bernd Stiegler und Rolf G. Renner, Reclam 1995), *Wirklichkeit als Konstruktion. Studien zu Geschichte und Geschichtlichkeit bei Heine, Büchner, Immermann, Stendhal, Keller und Flaubert* (De Gruyter 2002), *Einführung in die Literatur der Jahrhundertwende* (Hg. mit Tobias Wilke, WBG 2006), *Lebendige*

Dinge in der Moderne (Wallstein 2011), *Ins Ungefähre. Ähnlichkeit und Moderne* (Konstanz University Press 2017), *Leeres Land. Niemandsländer in der Literatur* (Konstanz University Press 2021).

Rebekka Lotman
arbeitet als Associate Professor of World Literature am Institut für Kulturforschung der Universität Tartu. Ihr Forschungsschwerpunkt liegt auf der komparativen Poetik und Versifikation, wobei sie sich intensiv mit der entwickelnden Dynamik der Dichtung über diverse Kulturlandschaften hinweg auseinandersetzt. Lotmans Doktorarbeit konzentrierte sich auf estnische Sonette und analysierte ungefähr 5000 Sonette in estnischer Sprache. In Zusammenarbeit mit Laura Pääbo stellte sie eine Sammlung von Liebessonetten zusammen mit dem Titel *Ma nägin päiksepaistet vihmasajus. Valik maailma armastussonette* (Varrak 2023). Ihre Forschungsinteressen umfassen ebenfalls Metrik und Rhythmus, deren Beziehung zur Verssemantik, sowie die Mechanismen der Sinnkonstitution in zeitgenössischer multimedialer Dichtung.

Marie-Luise Meier
ist als Forscherin an der Universität Tartu in Estland tätig. In ihre Arbeit in den Game Studies fließt ihr Hintergrund als gelernte Literatur- und Filmwissenschaftlerin ein. Ihr 2022 verteidigtes Promotionsprojekt, das in kumulativer Form unter anderem in Sammelbänden wie *Women in Historical and Archaeological Video Games* (De Gruyter 2022) sowie deutschen und internationalen Zeitschriften erschienen ist, hatte zum Ziel, eine ganzheitliche Methodologie zur Analyse von Gender in digitalen Spielen zu schaffen, welche die einzigartigen Eigenschaften von interaktiven/ergodischen Medien berücksichtigt. Als Forscherin im *Projekt* „Imagining crisis ordinariness: discourse, literature and image" (PRG934) beschäftigt sie sich mit transmedialen Formen dystopischer Fiktion und Transhumanismus, besonders aber mit der Repräsentation von Krisen und Postapokalypse in digitalen Spielen.

Alexander Mionskowski
Studium der Neueren Deutschen Literatur sowie der Politik- und Rechtswissenschaften an der Freien Universität und der Humboldt-Universität zu Berlin; Promotion 2013 mit einer Arbeit über die Darstellung von Herrschaft im Spätwerk Hugo von Hofmannsthals. Mitarbeiter am Handbuch *Literatur & Wirtschaft* (Hg. von Joseph Vogl und Burkhardt Wolf 2019); 2017 Geschäftsführer des Freundeskreises der Universität der Künste Berlin | Karl Hofer Gesellschaft e.V.; 2017–2022 Assistant Professor und DAAD-Lektor am Lehrstuhl für Deutsche Philologie der Universität Vilnius. Seit 2022 assoziierter Wissenschaftler an der Abteilung „Kultur und Imagination" des GWZO mit einem Projekt zu Poetiken

der Transformation nach 1989 in Mittel- und Osteuropa. Seit 2023 zusätzlich DAAD-Lektor an der Loránd Eötvös Universität in Budapest (ELTE), Lehrstuhl für Deutsche Literatur und Kultur.

Laila Niedre

begann ihre Arbeit in der Lehre und Forschung an der Lettischen Universität mit dem Interesse an Fachsprachendidaktik und -forschung. Der Schwerpunkt ihrer Arbeit lag auf der Forschung zur Terminologie. So erschien 2001 *Rechtswörterbuch. Deutsch-lettisch* in der Zusammenarbeit mit Ingrid Schaffert. 2003 wurde die 2. bearbeitete Auflage als *Rechtswörterbuch deutsch-lettisch, lettisch-deutsch* veröffentlicht. Spätere Schwerpunkte liegen auf der Transkulturalität, ihrer Ausprägung in Sprache, Deutungsmustern und Traditionen. So führten ihre Forschungsinteressen Laila Niedre zur Lettischen Kulturakademie, wo sie seit 2019 als Professorin tätig ist. Die Ergebnisse ihrer Forschungen zur Rolle der deutschen Wissenschaftssprache in der Kommunikation der lettischen Wissenschaft und zur sprachlichen und kulturellen Situation der deutschen Minderheit in Lettland werden regelmäßig in Sammelbänden der lettischen Hochschulen veröffentlicht.

Marko Pajević

erhielt nach Anstellungen an der Sorbonne, der Queen's University Belfast und der University of London (RHUL/QMUL) 2018 einen Ruf an die Universität Tartu und unterrichtet seit 2024 an der Uppsala Universität. Der Schwerpunkt seiner Forschungsinteressen liegt auf Poetik und Kulturtheorie. Weitere Forschungsthemen sind Sprachdenken, Biopolitik, Übersetzungstheorie, Mehrsprachigkeit und Erinnerungsdiskurse. Der übergeordnete Rahmen seiner Arbeiten besteht in der auf Sprachdenken und dialogischem Denken aufbauenden Entwicklung einer poetologischen Anthropologie mit dem Schlüsselbegriff des poetischen Denkens: *Poetisches Denken und die Frage nach dem Menschen. Grundzüge einer poetologischen Anthropologie* (Karl Alber 2012) und *Poetisch denken. Jetzt* (Passagen 2022). Weiterhin sind von ihm die Monographien *Zur Poetik Paul Celans. Gedicht und Mensch – Die Arbeit am Sinn* (C. Winter 2000) und *Kafka lesen. Acht Textanalysen* (Bernstein 2009) erschienen. Er hat zwölf Sammelbände/Sondernummern zu Poetik, literarischer Mehrsprachigkeit, Biopolitik, dem Abgrund sowie Sprachdenken herausgegeben.

Monika Schmitz-Emans

wirkte von 1992 bis 1995 als Professorin für Europäische Literatur der Neuzeit an der Fern-Universität Hagen und von 1995 bis 2023 als Professorin für Allgemeine und Vergleichende Literaturwissenschaft an der Ruhr-Universität Bochum. Seit 2005 ist sie Mitglied der Academia Europea, seit 2017 Mitglied der Klasse für Geisteswissenschaften der Nordrhein-Westfälischen Akademie der Wissenschaften und der Künste. Zu ihren Arbeitsschwerpunkten gehören die Literatur des 19. und 20. Jahrhunderts, Text-Bild-Relationen, Comics und Buchästhetik. Forschungskooperationen und Projekte der letzten Jahre bestanden und bestehen im Graduiertenkolleg „Das Dokumentarische", in der DFG-Forschergruppe „Journalliteratur", in der Thyssen-Forschungsgruppe „Der Zukunftsroman". Ausgewählte Publikationen sind: *Literatur-Comics. Adaptationen und Transformationen der Weltliteratur* (De Gruyter 2012), *Abgründe = Philosophisch-literarische Reflexionen* (Hg. mit Petra Gehring und Kurt Röttgers, Die Blaue Eule 2016), *Enzyklopädische Phantasien. Wissensvermittelnde Darstellungsformen in der Literatur – Fallstudien und Poetiken* (Georg Olms 2019), *Literatur, Buchgestaltung und Buchkunst: Ein Kompendium* (Hg., De Gruyter 2019), *Das Buch als Theater* (Georg Olms 2021).

Zane Šiliņa
erlangte 2007 mit ihrer Promotionsarbeit *Die Idee von neuer Welt in der Dramaturgie von Rainis* den Doktortitel. Seit 1998 ist sie an der Lettischen Kulturakademie angestellt, seit 2016 als Professorin. Neben der aktiven Arbeit mit den Studierenden an BA-, MA- und Doktorstudienprogrammen hatte Zane Šiliņa über einen längeren Zeitraum auch eine führende Verwaltungsposition. Seit 2015 ist sie ebenfalls als Forscherin am Kultur- und Kunstinstitut an der Lettischen Kulturakademie tätig. Als Gastprofessorin arbeitet sie auch an anderen lettischen Hochschulen. Der Schwerpunkt ihrer Forschungsinteressen liegt auf Literatur und Dramaturgie im weiteren Kulturkontext. Zu diesem Thema sind mehr als 30 wissenschaftliche Beiträge erschienen, darunter auch in zwei Sammelbänden.

Jaanus Sooväli
ist ein estnischer Philosoph. Zurzeit arbeitet er als wissenschaftlicher Mitarbeiter im Institut für Philosophie und Semiotik an der Universität Tartu. Er hat Philosophie an der Universität Tartu (Estland), Universität Greifswald (Deutschland), Neue Universität von Lissabon (Portugal) und Universität Basel (Schweiz) studiert. 2013 hat Sooväli den Doktortitel mit der Promotionsarbeit *Decision as Heresy* an der Universität Tartu erlangt. Er hat mehrere Bücher herausgegeben und Aufsätze auf Estnisch, Englisch und Deutsch über den Begriff der Entscheidung, Nietzsches Philosophie, Dekonstruktion, Existenzialismus und Phänomenologie publiziert. Er ist auch der Übersetzer ins Estnische von Nietzsches *Jenseits von Gut und Böse*.

Milan Weber

ist wissenschaftlicher Mitarbeiter im DFG-Sonderforschungsbereich 1472 „Transformationen des Populären" und Doktorand am Lehrstuhl für Neuere und Neueste Geschichte an der Universität Siegen. In seiner Dissertation beschäftigt er sich mit Fragen nach der Inszenierung und Popularisierung von Geschichte im Medium des digitalen Spiels. Aus seiner Arbeit an diesem Thema sind bisher drei Aufsätze entstanden, die sich den Themenbereichen der digitalen Darstellung des Mittelalters, von Religion und Mythologie sowie historischer Diversität widmen. Von 2013 bis 2020 studierte er Geschichte, Politikwissenschaft und Ethnologie an der Goethe-Universität Frankfurt am Main. Das Studium schloss er mit einer Arbeit zur juristischen Aufarbeitung der nationalsozialistischen Krankenmorde in Hessen ab. Anschließend war er als wissenschaftlicher Praktikant und freiberuflich für die Gedenkstätte Hadamar tätig und parallel am Aufbau des Stadtarchivs Hadamar beteiligt. Arbeitsschwerpunkte sind das Politische in der Kunst (Literatur, Film, bildende Künste); Literatur und Wissen (v.a. Geschichte, Ökonomie, Soziologie); Poetiken der Transformation; deutschsprachige Rezeptionsgeschichte der Stadt Vilnius; Literaturvermittlung im Deutschunterricht.

Einleitung

Marko Pajević und Jaanus Sooväli

Wir leben, so wird seit einiger Zeit allgegenwärtig ausgerufen, in einer Polykrise bzw. in einer permanenten Krise – *permacrisis* wurde 2022 tatsächlich vom Collins Dictionary im Vereinigten Königreich zum Wort des Jahres gekürt.[1] Lange hat die Bevölkerung – zumindest in der westlichen Hemisphäre – die Situation nicht mehr als derart unsicher und instabil empfunden. Es ist, als ob die Welt politisch, wirtschaftlich, ökologisch und ideologisch immerzu *am Rande des Abgrunds taumelt. Wir stehen vor einem Abgrund, Abgründe tun sich auf, wir rasen auf einen Abgrund zu, die Welt* oder auch *der Mensch* selbst *ist ein Abgrund* – ist man einmal auf den Ausdruck aufmerksam geworden, stößt man heutzutage auf Schritt und Tritt auf einen Abgrund. Der Begriff hat eindeutig Konjunktur.

Was aber dieser Abgrund, der in Krisenzusammenhängen gerne beschworen wird, nun eigentlich ist, das weiß man nicht so genau. Sicherlich gibt es grundsätzlich eine Neigung der Jugend, sich mit dem Abgrund auseinanderzusetzen. In der Pubertät drängt sich die Sinnfrage des Lebens in besonderer Weise auf und oft erscheinen einem die Rahmungen des Lebens künstlich und schal, so dass man tatsächlich leicht aus dem Rahmen fällt und dann gegebenenfalls auch den Boden unter den Füssen verliert. In der Regel fängt man sich dann irgendwann, beziehungsweise fangen einen das Leben, die gesellschaftlichen Notwendigkeiten und eben ein Gegenüber. Menschen, an die man sich halten kann, schaffen ein Netzwerk von Verbindungen, die einen verankern, sodass dieses Gefühl der Haltlosigkeit aller Konventionen dann überwunden wird in der Konstruktion einer Existenz im Zusammenspiel mit der Welt. Der grundsätzliche Befund einer mangelnden Letztbegründbarkeit solcher Lebenskonstruktionen mag jedoch in der einen oder anderen Form fortbestehen und kann entweder zu Verzweiflung oder zu kreativen Meisterleistungen führen. Es ist jedenfalls kein Wunder, dass man sich gerade in denjenigen Medien, die vor allem die Jugend ansprechen, vor Abgründen kaum retten kann. In Computerspielen wimmelt es nur so von unendlichen Tiefen, einsaugenden Spiralen und endlosem Fallen.

Nun ließe sich das leicht als pubertäre Verwirrung abtun, aber damit amputierte man dem Menschsein unseres Erachtens eine wesentliche Dimension.

---

1 BBC News, 1.11.2022, Permacrisis declared Collins Dictionary word of the year, https://www.bbc.com/news/entertainment-arts-63458467. Abgerufen am 5.1.2024.

Eine Auseinandersetzung mit dem Abgrund ist notwendig, will man der menschlichen Existenz auf den Grund gehen.

"It's just the abyss, dear. Try not to gaze into it."

ILLUSTRATION 1   Ellis Rosen: "It's just the abyss, dear. Try not to gaze into it."
QUELLE: INSTAGRAM ELLISJROSEN

Dieser Cartoon fasst die Situation gut zusammen. Die Mutter, die sich mit anderem beschäftigt, es sich in ihrem Sessel bequem macht und ihren Blick auf ihr Buch heftet, ist sich zwar darüber im Klaren, dass es den Abgrund gibt, aber sie hat Wege gefunden, ihr Leben zu leben, ohne sich in diesem Abgrund zu verlieren. Sie will sich nicht damit beschäftigen, oder wenn, dann auf indirektem Weg, ggfs. über die Literatur. Das Kind hingegen, das mit Superheldenfiguren spielt und in einer Phantasiewelt lebt, ist ganz fasziniert vom Abgrund, dargestellt als schwarzer Wirbel, als Loch in der Welt. Die Mutter warnt ihren Sohn mit den Worten: „Es ist nur der Abgrund, mein Schatz. Versuche, nicht hineinzustarren." Für die Jugend ist der Abgrund also noch unmittelbar gegeben. Wenn wir erwachsen sind, haben wir einen Umgang damit gefunden, Umwege. Wir wissen noch um den Abgrund, aber eben auch um dessen Gefahren, und versuchen entsprechend, eine direkte Auseinandersetzung mit ihm zu vermeiden. Aber alle Bemühungen, den Abgrund völlig zu verdrängen – so wie jede Verdrängungsleistung – fordert eben auch ihren Tribut. Den Abgrund zu denken, ist ein notwendiger Teil eines vollen menschlichen Lebens.

Die heutige Konjunktur des Abgrunds hat andererseits ebenso ihre konkreten Gründe und ist vielsagend für die Tendenzen und die Situation unserer Zeit. Gesellschaftliche Umbrüche, technologische virtuelle Weltzugänge, Infragestellungen des Menschen, Klimakatastrophe, Kriege – Zukunftsängste und Verunsicherungen aller Art drängen uns Abgrundvisionen auf. Was sagt uns das über uns und unsere Welt heute? Wie kann ein besseres Verständnis dieser bedrückenden und auch zum Teil berückenden Abgrundvorstellungen dazu beitragen, mit den Herausforderungen der Zeit umgehen zu lernen?

Aber kommen wir zunächst auf den Begriff zu sprechen. Ein *Begriff* ist ja ein Wort, mit dem man die Welt *begreift*. Unser Zugang zur Welt, die Art und Weise, wie wir die Welt begreifen, hängt von Sprache ab. In der Sprache schaffen wir uns eine intelligible Welt. Deshalb nannte Wilhelm von Humboldt Sprachen auch Weltansichten.[2] So wie wir über die Welt sprechen, sehen wir sie. Sprache bestimmt zum wesentlichen Teil unser Verhältnis zur Welt, und ebenso zu uns selbst. Insofern beinhaltet unser Gebrauch des Wortes Abgrund einen Aspekt der Welt- und Selbsterkenntnis und ein besseres Verständnis des Begriffs erhöht unser Bewusstsein und stellt eine Möglichkeit dar, die gegenwärtige geistesgeschichtliche Situation umfassender zu begreifen.

Im Deutschen nun ist der Begriff Abgrund besonders reich und die Ambivalenz von Untergang und Tiefgang besonders ausgeprägt. Dennoch ist der Begriff kaum systematisch untersucht worden. Die einzige umfangreichere systematische Studie wurde bereits 1968 von dem Germanisten Alfred Doppler vorgelegt.[3] Ansonsten verwenden selbst Studien, die den Ausdruck im Titel führen, Abgrund recht unreflektiert in besagter vulgärer Bedeutung von Untergang/ Katastrophe. Erst in den letzten Jahren gibt es wieder ausführlichere Veröffentlichungen, die sich zentral mit dem Abgrund beschäftigen, etwa eine Sondernummer der *Zeitschrift für Ideengeschichte* sowie einen Sammelband zum Abgrund in Literatur und Philosophie.[4] Und 2024 hat Marko Pajević bereits einen anderen Sammelband zum Begriff des Abgrunds

---

2 Wilhelm von Humboldt: *Gesammelte Schriften*. Band IV. Hg. von A. Leitzmann. Berlin: Behr 1903–36. Band IV. S. 27.
3 Alfred Doppler: *Der Abgrund. Studien zur Bedeutungsgeschichte eines Motivs*. Graz/ Wien/ Köln: Böhlau 1968. Eine kürzere Version ohne die Fallstudien ist leichter zu finden: *Der Abgrund des Ichs. Einige Beiträge zur Geschichte des poetischen Ichs im 19. Jahrhundert*. Graz/ Wien/ Köln: Böhlau 1985.
4 *Zeitschrift für Ideengeschichte*, Sondernummer *Abgrund*. Hg. von Wolfgang von Rahden/ Andreas Urs Sommer. V/2 (2011); und *Abgründe*. Hg. von Petra Gehring/ Kurt Röttgers/ Monika Schmitz-Emans: Reihe *Philosophisch-literarische Reflexionen*. Bd. 18. Essen: Die Blaue

herausgegeben, beziehungsweise zu seinen Entsprechungen oder zumindest Überlappungen in vierzehn Sprachen und Kulturen durch die Zeiten hindurch, von einigen alten Hochkulturen bis heute, und aus allen Weltgegenden.[5] Der folgende Abriss zur Wortbedeutung und Begriffsgeschichte greift Punkte aus der Einleitung jenes Bandes, auf die wir für eine detailliertere Abhandlung verweisen, in verkürzter Form wieder auf.[6]

In der Regel wird das Wort recht unreflektiert und undifferenziert einfach für alles verwendet, was man für katastrophal hält. Der alltägliche Sprachgebrauch legt ja diese Bedeutung als Verstärkung oder geradezu Superlativ von fast immer negativen Begriffen nahe, etwa in *abgrundhässlich, abgrundtief schlecht* oder *ein Abgrund an Niedertracht*. Der Abgrund ist eben endlos, er ist bodenlos. Zusammengesetzt ist das Wort aus dem Nomen Grund und der Vorsilbe ab-, die eine Trennung, eine Differenzierung und Distanz, oder auch einen Ausgangspunkt bezeichnen kann. Es kann ebenso eine Privation ausdrücken und das schwingt bei Abgrund eindeutig mit: der Grund fehlt. Grund wird natürlich meist als Grund und Boden, auf welchem man steht, verstanden, eher als der Grund im Sinne einer Motivation. Aber natürlich tun sich auch gerade in der Abwesenheit von Begründung Abgründe auf, und die Grund- als Sinnlosigkeit ist wohl einer der fürchterlichsten Abgründe, mit denen die Menschen zu kämpfen haben. Der Abgrund ist auch der Ungrund, wobei es sich bei un- um ein für diesen Begriff nicht mehr gebräuchliches Negationspräfix handelt, sodass bei dem Wort die Bedeutung ‚ohne Grund' mitschwingt. Der Abgrund stellt also den so grundlegenden philosophischen Satz vom Grunde, nachdem alles eine Ursache haben muss, in Frage.[7]

Der Abgrund ist im Deutschen etwas Unauslotbares, das sich eindeutiger Definition und rationaler Erkenntnis entzieht, andererseits enthält er ebenso Aspekte des Tiefgründigen und vertritt dementsprechend die Wahrhaftigkeit hinter der Fassade.

Aus dieser Herleitung vom Grund als Fundament erklärt sich auch, dass die Richtung immer vertikal ist, und zwar fast immer nach unten, aber es gibt auch Fälle, in denen der Abgrund oben liegt, der *Himmel als Abgrund*, wie es etwa bei Paul Celan an einer Stelle seiner Büchner-Preisrede *Der Meridian*

Eule 2016. Monika Schmitz-Emans gibt in ihrer Einleitung zu diesem Band ebenfalls einen kurzen Abriss zur Begriffsgeschichte: Variationen über Abgründe. In: *Abgründe*. S. 7–17.

5 *The Abyss as a Concept for Cultural Theory. A Comparative Exploration*. Hg. von Marko Pajević. Brill, Reihe *TextxeT. Studies in Comparative Literature*. Leiden: Brill 2024.

6 Vgl. Marko Pajević: Introduction: Thinking the Abyss as a Concept for Cultural Theory and the German 'Abgrund': The Ambivalence of the Human. In: Pajević: *Abyss*. S. 1–28.

7 Vgl. hierzu auch Leonhard Hermann in diesem Band.

heißt.[8] Das legt nahe, dass der Abgrund vor allem durch seine Endlosigkeit bestimmt ist. Das Wort im konkreten Sinn, nämlich als landschaftlicher Abfall, an einer Klippe oder Abbruchkante, wo ein Ende doch meist absehbar ist und der Boden nicht völlig fehlt, wird selten eingesetzt. Auch als Meeresuntiefe, wie häufig im englischen *abyss* und im französischem *abysse/ abîme*, kommt der Abgrund im Deutschen nicht wirklich vor. Für diese Bedeutung gibt es auch im Deutschen den (selten verwendeten) Ausdruck Abyssal, aber der Abgrund ist eben mehr als nur eine räumliche Bezeichnung. Das Abyssal leitet sich natürlich vom biblischen *abyssos* aus dem Griechischen her, das seinerseits für das hebräische *təhōm* steht (eigentlich Ursprungssee, Tiefe, Wasser),[9] und im Deutschen als Abgrund übersetzt wird, beziehungsweise in der dem ursprünglichen Hebräisch sehr nahestehenden Bibelübersetzung von Buber und Rosenzweig als *Urwirbel*.

Mit dieser Übersetzung kommen wir auch der Ambivalenz des Abgrundes näher, denn tatsächlich haben die meisten Kosmogonien eine solche ursprüngliche endlose Dimension, aus der sich dann erst die Welt entwickelt hat, in der sie dann allerdings auch wieder *zugrunde geht* (man beachte dieses schöne Verb!). Diese Dimension weist durchaus Übereinstimmungen mit dem deutschen Abgrund auf. Das ist auch bei dem biblischen Abgrund der Fall, der zunächst viel stärker die Bedeutung eines Ur-Magmas, aus dem alles entstanden ist, besaß und sich erst im Laufe der Zeit immer mehr zur Bedeutung eines Höllenortes entwickelte, an den das Böse verbannt wurde.[10] Besonders interessant ist das positive Verständnis des Abgrundes auch im hawaiianischen *Pō*, ein dem Abgrund in vielem entsprechender Begriff, der für diese Inselkultur eine zentrale Bedeutung einnimmt und sehr stark mit Kreativität verbunden ist. Dementsprechend wird er eindeutig positiv besetzt und ist geradezu grundlegend für die hawaiianische Kultur. Aus diesem *Pō* ist die Menschheit und alles andere hervorgegangen und es schafft damit eine Verbindung zwischen allen Elementen der Welt.[11]

In der deutschen Kultur hat der Abgrund immer wieder eine bedeutende Rolle eingenommen, bei den Mystikern des späten Mittelalters, Meister Eckhart, Heinrich Seuse und Johannes Tauler etwa, wurde der Begriff eingesetzt für Gott, der jenseits der menschlichen Ratio steht. Gott hat keinen Grund, weil er die Letztbegründung selbst darstellt, er ist der ultimative Grund

---

8   Paul Celan: *Gesammelte Werke*. Bd. 3. Hg. von Beda Allemann/ Stefan Reichert. Frankfurt am Main: Suhrkamp 1983. S. 195.
9   Siehe dazu Janika Päll: The Origins of the ἄβυσσος in Greek. In: Pajević: *Abyss*. S. 48–76.
10 Vgl. dazu Urmas Nõmmik: Praising God's Creation in Abyss: *təhōm* in the Biblical and Apocalyptic Literature. In: Pajević: *Abyss*. S. 31–47.
11 Vgl. dazu Michael David Kaulana Ing: Hānau ka Pō: The Abyss in Hawaiian Thought. In: Pajević: *Abyss*. S. 117–131.

und bedarf keiner Begründung. Insofern war Abgrund zwar ein negatives Denkkonstrukt, aber keineswegs negativ verstanden. Diese Denkweise wurde dann bei Jakob Böhme fortgesetzt. Abgrund enthielt derart eine Dimension zur Transzendenz.

Die Verbindung zum Göttlichen hielt sich auch durch die Barockzeit. Doppler fasst das folgendermaßen zusammen: „In der dreifachen Bedeutungsabstufung von Abgrund Gottes, Abgrund der Hölle und Seelenabgrund wird das Wort in der religiösen Lyrik der Barockzeit Sinnbild für die Spannungen von Vergänglichkeit und Heilsgewißheit, Angst und Zuversicht, Verzweiflung und Glauben."[12]

Während die Aufklärung zwar nicht unbedingt leugnete, dass es Abgründe gibt, wollte sie sich naturgemäß eher mit den Oberflächen und dem rational Nachvollziehbaren beschäftigen. Zugleich allerdings untergrub dieser Ansatz religiöse Gewissheiten und schuf damit die Bedingungen für eine eingehendere Untersuchung des Abgrunds im menschlichen Bereich. Ebenfalls tat sich dann mehr und mehr mit der Abschaffung der religiösen Grundlage der menschlichen Existenz der Abgrund des Nichts auf.

In der Romantik gewinnt der Abgrund dann an Raum. Kaum ein Denker und Dichter jener Zeit kommt ohne ihn aus, bei vielen – etwa bei Novalis, Schiller, Hölderlin, Kleist, Jean Paul, Tieck, E.T.A. Hoffmann, Wackenroder, Lenau – zieht sich eine Reflexion des Abgrunds durch das gesamte Werk.[13] So schreibt etwa Novalis in seinem 16. Blütenstaub-Fragment: „Nach innen geht der geheimnisvolle Weg. In uns, oder nirgends ist die Ewigkeit mit ihren Welten." Friedrich Schiller seinerseits schreibt in *Sprüche des Konfuzius*: „In die Tiefe mußt du steigen,/ Soll sich dir das Wesen zeigen. […]/ Und im Abgrund wohnt die Wahrheit." Diese Zitate stehen stellvertretend für eine Haltung, die eine Verschiebung des Abgrunds aus der religiösen Sphäre in diejenige des Menschen verinnerlicht hat. Nicht mehr Gott ist verantwortlich für die menschliche Seele, sondern der Mensch muss sich nunmehr selbst legitimieren. Die Endlosigkeit der menschlichen Existenz und ihrer Möglichkeiten liegt jetzt in der eigenen Verantwortung und niemand als der Mensch kann diese Bürde tragen, mit all ihren Mühen und Möglichkeiten. Diese Verortung des Abgrunds im Menschen selbst macht die Menschen mächtiger, aber belastet sie auch unmäßig. Sie führt zu einer extremen Auseinandersetzung mit dem Selbst. Je mehr der Abgrund im Selbst gesucht wird, desto grund-loser/ abgründiger wird das menschliche Dasein.

Die Romantik entwickelte also eine völlig neue Vorstellung der *condition humaine*. Caspar David Friedrichs berühmtes Bild *Wanderer über dem Nebelmeer* verdeutlicht die gesamte Geisteshaltung jener Epoche:

---

12   Doppler: *Der Abgrund*. S. 13.
13   Vgl. dazu Doppler: *Der Abgrund*.

EINLEITUNG 7

ILLUSTRATION 2 *Wanderer über dem Nebelmeer*, von Caspar David Friedrich (1818)
QUELLE: WIKIPEDIA.ORG

Der einzelne Mensch steht über einem von Nebel verdeckten Abgrund, nur einzelne Felsen schauen daraus hervor, ansonsten ist kein Grund zu erkennen. Wir sehen nur die Rückansicht dieses auf sich allein gestellten Menschen und sein zerzaustes Haar. Er hat einen Gipfel erklommen und kann von dort in die Ferne blicken und die Welt meditieren, die Grundlagen seiner Existenz hingegen sind ihm nicht einsehbar und unter dem Nebel verborgen. Der Betrachter teilt hier die kontemplative Position, aber sieht sozusagen sich selbst als einzelnen Menschen mit im Bild. Es wird deutlich, dass der Mensch sich zwar erheben kann, aber vieles ihm doch nicht bewusst zugänglich ist.

Doppler kommentiert dieses neue Bewusstsein folgendermaßen: „[der] Abgrund Gottes verwandelte sich in den Abgrund des Ichs, und worum man den alten Gott nicht mehr befragte, darum befragte man das Ich."[14] Diese Auseinandersetzung mit dem eigenen Inneren spiegelt sich auch in Versuchen mit Rauschgiften als Zugang zum tiefsten Ich.[15] Der eigene Abgrund wird nun auch zum Ort und Ursprung der Kreativität. Es sind nun die Künste, welche die Religion als Ort der Selbsterkenntnis und der Transzendenz ersetzen.

Allerdings, so stellt Doppler fest, führt dieser „Ich-Enthusiasmus" jener Zeit schnell zu „Ich-Schaudern, Ich-Ängsten und Ich-Wirrnissen".[16] Er verweist etwa auf Jean Paul, der im *Hesperus* schreibt: „Ich! Ich! du Abgrund, der im Spiegel des Gedankens tief ins Dunkle zurückläuft – Ich! du Spiegel im Spiegel – du Schauder im Schauder!" Mit diesem „Spiegel im Spiegel" taucht hier auch die Figur der *mise-en-abyme* auf, also einer unendlichen immer kleineren Vervielfachung, die im französischen Ausdruck wörtlich als ‚in-den-Abgrund-gestellt-sein' bezeichnet wird. Diese Form des Abgrunds ist also eine endlose Selbstreflexion. Vor dem Hintergrund dieser bodenlosen, abgründigen Selbstreflexion des Menschen lässt Georg Büchner seinen am menschlichen Sein verzweifelnden Woyzeck, der auf den Boden stampft und feststellt, dass darunter alles hohl sei, sagen: „Jeder Mensch ist ein Abgrund; es schwindelt einem, wenn man hinabsieht."[17]

Diese Begegnung mit dem Abgrund wird geradezu zur Schlüsselfigur der Moderne in den Künsten und der Literatur, in der das menschliche Selbstverständnis neu verhandelt wird.

Friedrich Nietzsche deutet diesen Tod Gottes und die sich daraus ergebende Abgründigkeit der menschlichen Existenz um in etwas Positives. Seine Philosophie ist das Ergebnis dieser Erkenntnis des Abgrunds als neuer *condition humaine*, aus welcher heraus der Übermensch den *horror vacui* in einer allgemeinen Ästhetisierung der menschlichen Existenz überwindet.

Auch die Psychoanalyse ist die logische Folge dieser Verschiebung des Abgründigen ins Innere des Menschen. Carl Gustav Jungs Tiefenpsychologie konzentriert sich genau darauf, er kritisiert Sigmund Freuds aufklärerischen

---

14 Doppler: *Der Abgrund*. S. 151.
15 Vgl. dazu Alexander Kupfer: *Die künstlichen Paradiese. Rausch und Realität seit der Romantik. Ein Handbuch*. Stuttgart: Metzler 1996, vor allem das Kapitel „Vom Abgrund der Erkenntnis". S. 411–420.
16 Doppler: *Der Abgrund*. S. 151.
17 Woyzeck zu Marie in Georg Büchner: *Woyzeck*. In: *Sämtliche Werke und Briefe. 2 Bände*. Bd. 1. Reinbek bei Hamburg: Rowohlt 1967. S. 165.

Ansatz als zu kurz gegriffen und als Hybris und kommentiert die moderne psychologische Situation folgendermaßen:

> Statt wilden Tieren, stürzenden Felsen, überflutenden Gewässern ausgesetzt zu sein, ist der Mensch jetzt seinen seelischen Elementargewalten ausgesetzt. Das Psychische ist eine Großmacht, die alle Mächte der Erde um ein Vielfaches übersteigt. Die Aufklärung, welche die Natur und die menschlichen Institutionen entgöttert hat, hat den einen Gott des Schreckens, der in der Seele wohnt, übersehen.[18]

Das bestärkt den diesem Band zugrundeliegenden Gedanken, dass wir den Abgrund bedenken müssen, wenn wir nicht eine reduzierte Aufklärung haben wollen, welche dann wieder neue Ungeheuer gebiert.

Auch bei Heidegger spielt der Abgrund eine wichtige Rolle. In seiner ontisch-ontologischen Differenz ist das Sein im Gegensatz zum Seienden ohne Grund:

> Sein [ist] im Wesen: Grund. Darum kann Sein nie erst noch einen Grund haben, der es begründen sollte. Demgemäß bleibt der Grund vom Sein weg. Der Grund bleibt ab vom Sein. Im Sinne solchen Ab-bleibens des Grundes vom Sein [ist] das Sein der Ab-Grund. Insofern das Sein als solches in sich gründend ist, bleibt es selbst grundlos.[19]

Der Abgrund des Seins ermangelt des Grundes und die „dürftige Zeit" unserer Epoche ist im Abgrund suspendiert. Eine Wende und damit Rettung aus dieser dürftigen Zeit ist für Heidegger nur möglich, wenn der Abgrund der Welt erfahren und ausgetragen wird. Dafür bedarf es der Wesen, die in den Abgrund reichen – für Heidegger sind das die Dichter, die „wagender sind als der Grund".[20] Das Wesen des Menschen erfüllt sich laut Heidegger in dieser Bereitschaft für den Abgrund, der sich in der Dichtung manifestiert.

Martin Buber hingegen kritisiert an Heideggers Denken, dass es sich um „ein geschlossenes System" handele,[21] da Heidegger nicht dialogisch denke, sondern nur von der eigenen Tiefe des Seins ausgehe. Diese ist aber für den Dialogiker Buber nicht ausreichend, die Ich-Du Beziehung mit einem Anderen ist

---

18   C.G. Jung: Nachwort zu „Aufsätze zur Zeitgeschichte". In: *Gesammelte Werke* 10. Solothurn und Düsseldorf: Walter Verlag 1995. S. 265.
19   Martin Heidegger: *Der Satz vom Grund*. Stuttgart: Neske 1997 [1957]. 8. Ausg. S. 93.
20   Martin Heidegger: Wozu Dichter? In: *Holzwege*. Frankfurt am Main: Vittorio Klostermann 1950. S. 249/ 274/ 293.
21   Martin Buber: Das Problem des Menschen. In: *Werke*. Bd. 1: *Schriften zur Philosophie*. München/ Heidelberg: Kösel-Verlag/ Verlag Lambert Schneider 1962. S. 307–407. Hier: S. 36.

notwendig. Dennoch spielt der Abgrund auch bei Buber eine wichtige Rolle, die Menschen müssen in den „wandlungsmächtigen Abgrund" steigen, um diesen zu verwirklichen.[22] Erst im Dialogischen, in der Begegnung von Ich und Du, kann der Abgrund gebannt werden.[23] Bubers Ich-Du-Beziehung ermöglicht also die Erfahrung des Abgrunds auf der Grundlage der in der Begegnung entstehenden Beziehung, in der Dimension des „Zwischen", das sich in dieser Beziehung auftut. Wir haben es dabei mit einer Form der Transzendenz zu tun, die im „Zwischenmenschlichen", also durchaus irdisch und konkret, gründet.

Die Postmoderne hingegen will den Abgrund in Oberflächen auflösen. Bei Gilles Deleuze und Michel Foucault gibt es nur noch Oberflächen und ihre Faltungen.[24] Allerdings behält auch diese Strömung mit dem Erhabenen, das vor allem von Jean-François Lyotard stark gemacht wurde, eine Form des Abgründigen bei.[25] Selbst bei Deleuze mit seinem *Unterschied an sich*, ebenso wie bei Jacques Derrida und seinem Begriff der *différance* lassen sich doch auch abgründige Dimensionen nachweisen.

Generell schwächen Naturbeherrschung und technischer Fortschritt das Gefühl des Erhabenen. Im Anthropozän wird der Abgrund eher zurückgedrängt, bzw. es gibt eine Verschiebung ins Technische, wobei die Technik selbst dann eine neue Form des Abgrunds für den Menschen generiert. Gerade Internet und Virtualität haben diese Tendenz verstärkt. Die Bodenlosigkeit des virtuellen Raums wird oft mit Figuren des Abgrunds dargestellt, man denke nur an Klassiker wie die Filme *Matrix* von den Wachowskis und *Inception* von Christopher Nolan oder den Cyberroman *Neuromancer* von William Gibson,[26] in denen die Matrix oder der Cyberspace als unendliche Abgründe vorgestellt werden. Figuren der endlosen Tiefe, der Bodenlosigkeit, Wirbel und Eingesaugtwerden begegnen einem in den kulturellen Imaginationen des digitalen Zeitalters allüberall. Im technischen Abgrund verschwindet das Menschliche.

Insofern möchten wir mit dem Buchumschlagbild auch den Akzent auf den zeitgenössischen statt auf den romantischen Abgrund legen.

---

22 Martin Buber: Daniel. Gespräche von der Verwirklichung. In: *Werke*. Bd. 1. S. 9–76. Hier S. 45.
23 Buber: Ich und Du. In: *Werke*. Bd. 1. S. 77–170. Hier: S. 122.
24 Gilles Deleuze: *Le pli. Leibniz et le Baroque*. Paris: Minuit 1988, und Michel Foucault: La pensée du dehors. In: *Dits et écrits I*. Paris: Gallimard 1994. S. 518–539. Erstveröffentlichung in *Critique*, 229 (Juni 1966). S. 523–546.
25 Jean-François Lyotard: *Le différend*. Paris: Minuit 1984.
26 William Gibson: *Neuromancer*. New York: ace 1984; Die Wachowskis: *Matrix* 1999; Christopher Nolan: *Inception* 2010.

EINLEITUNG 11

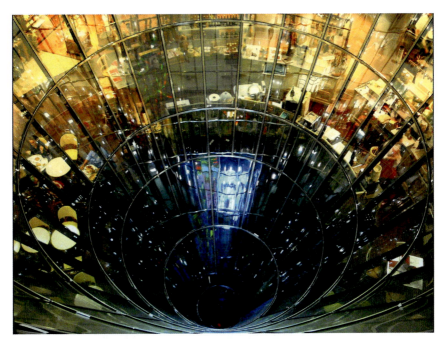

ILLUSTRATION 3   *Glaswände in einem modernen Einkaufszentrum, 271151*, von Cocoparisienne
QUELLE: PIXABAY.COM

Hier wird die glitzernde Konsumwelt dargestellt. Unsere Gesellschaft ist dem Schein verfallen, aber dieser schöne Schein befindet sich hinter einer Glaswand und der Blick auf dieser Darstellung ist von dieser Luxuswelt geschieden. Die Verlockungen und Versprechungen der Warenwelt sind überall sichtbar, im Bild jedoch sind wir in diesem Schacht, der in einen unendlichen Abgrund führt und uns jede direkte Teilnahme an und wirkliche Beziehung zu diesen materiellen Verführungen verwehrt. So reizvoll diese Welt daherkommt, so sehr ist sie selbst ein Abgrund, der den Menschen davon abhält, sich mit dem Leben zu verbinden.

In diesem Band werden Studien zu Figuren des Abgrunds in der deutschen und der baltischen Kultur versammelt. Im baltischen Raum, gerade in Lettland und Estland, sind die deutschen Traditionen ja lange Jahrhunderte kulturprägend gewesen und es gibt bis heute bedeutende Beziehungen zur deutschen Kulturgeschichte. Natürlich ist der baltische Kulturraum bei weitem kein einheitlicher, trotz der engen Nachbarschaft: Litauen hat ganz andere geschichtliche Einflüsse als Lettland und Estland, Ersteres ist Polen enger verbunden, Letzteres Deutschland. Bis ins frühe 20. Jahrhundert war die deutsche Kultur in diesem Raum prägend und auch wenn mit der nach dem 1. Weltkrieg gewonnenen Unabhängigkeit – und mehr noch mit der sowjetischen Besatzung ab dem 2. Weltkrieg – das Deutsche stark zurück-, wenn nicht gar verdrängt wurde, so lassen sich diese Grundlagen nicht wirklich leugnen, denn die lettische und estnische Kultur bauen auf ihnen auf.

Während die lettische und litauische Sprache als indoeuropäische Sprachen der baltischen Sprachfamilie miteinander relativ eng verbunden sind, gehört Estnisch einer ganz anderen Sprachfamilie an, nämlich der finno-ugrischen. Zwar finden sich im Baltikum keine Landschaften, die den Begriff ‚Abgrund' konkret nahelegen – die höchste Erhebung beträgt 318 Meter, der Suur Munamägi (Großer Eierberg) in Südestland. Dennoch gibt es selbstverständlich Begriffe, die auch diese geographischen Phänomene einer plötzlichen Tiefe bzw. eines landschaftlichen Abfalls abdecken, aber ebenso figurativ eingesetzt werden. Das litauische ‚bedugne' (‚be' ohne, ‚dugnas' Grund) and das lettische ‚bezdibenis' (‚bez' ohne, ‚dibens' Grund) weisen eine vergleichbare Konstruktion und Logik wie der deutsche ‚Abgrund' auf. Das Estnische hingegen verfügt über keine direkte Entsprechung. Im Estnischen gibt es mehrere Wörter, die Konnotationen des Deutschen ‚Abgrund' beinhalten: das gebräuchlichste Wort ist ‚kuristik', was eine tiefe Kluft oder eine gähnende Lücke bedeutet. ‚Kuristik' ist tatsächlich tief und gefährlich, aber nicht ganz ohne Grund, in glücklichen Fällen kann der *kuristik* überbrückt werden. In poetischer Sprache wird ‚kuristik' aber oft im selben abgründigen Sinne gebraucht wie das deutsche ‚Abgrund'.[27] Es gibt auch noch ‚põhjatus', was aus ‚põhi' (Grund) und dem Negativ-Suffix ‚-tus' besteht, also wortwörtlich ‚Grundlosigkeit' bedeutet – auch dieses Wort wird in der literarischen Sprache oft gebraucht. Interessanterweise bedeutet ‚põhi' auf Estnisch aber nicht nur den Grund, sondern auch die Himmelsrichtung Norden. In einem früheren Band über den Abgrund haben Hasso Krull und Jaanus Sooväli gezeigt, dass diese Tatsache nicht zufällig ist und dass in der estnischen Mythologie der Norden ein besonderer Ort außerordentlicher Kräfte der Vorfahren gewesen ist und einen abgründigen Grund für die Welt dargestellt hat.[28] Dementsprechend weist das estnische Wort für den Grund paradoxerweise Konnotationen des deutschen Abgrunds auf.[29]

---

27 Vgl. dazu den Beitrag von Rebekka Lotman in diesem Band.
28 Jaanus Sooväli/ Hasso Krull: Journey to the North: The Experience of the Abyss in Mythology and Philosophy. In: Pajević: *Abyss*. S. 205–217.
29 Dieser Umstand kann mit Dorothee Kimmichs Beitrag in diesem Band in Beziehung gebracht werden, in dem die Dynamik zwischen Grund und Abgrund beschrieben wird.

EINLEITUNG   13

Ein Großteil der hier versammelten Aufsätze wurde vorgetragen am 15.–16. Juni bei der von Marko Pajević organisierten Konferenz *Der Abgrund in deutscher und baltischer Kultur* an der Universität Tartu, Estland, finanziert durch das Baltisch-Deutsche Hochschulkontor (DAAD) sowie mit Zuschüssen von der Deutschen Botschaft in Estland und Marko Pajevićs Forschungs-Basisfinanzierung durch die Universität Tartu – wir danken an dieser Stelle noch einmal. Die angeregten Diskussionen und der direkte Austausch waren sicherlich bereichernd für das Denken aller Teilnehmer und auch wenn dem Abgrund nicht auf den Grund zu kommen ist und wir das auch gar nicht anstreben, so werden hier eine Reihe von Facetten angeboten, die diesen Begriff vertiefen, füllen und verknüpfen mit anderen Begriffen und kulturgeschichtlichen Phänomenen. Derart wird es in einer Umkreisung möglich, sich einer „Definition" anzunähern und größeres Bewusstsein für die Rolle des Abgrunds in diesen Kulturen und in deren Selbstverständnis zu gewinnen.

Der Band ist in vier Teile gegliedert: Kulturtheorie, Prosa, Lyrik und Bühne/Bildschirm. Im kulturtheoretischen Teil beginnt Dorothee Kimmichs Beitrag mit einer Betrachtung des Abgrunds in Bezug auf den festen Grund und legt nahe, dass es eine bewegliche Dynamik zwischen den beiden gibt – die Abgründe können etwas Grundlegendes und der Grund etwas Abgründiges werden. Das wird vor allem an den Beispielen von Johann Wolfgang von Goethes *Faust* und Theodor Storms *Schimmelreiter* gezeigt.

Siobhan Kattagos Beitrag untersucht Martin Heideggers und Hannah Arendts Umgang mit dem Abgrund und mehreren anderen Phänomenen. Nach Kattago sind die beiden Philosophen auf besondere Weise von Sophokles *Ödipus auf Kolonos* angezogen, aber die Tatsache, dass sie verschiedene Aspekte des Dramas hervorheben, verrät ein unterschiedliches Verhältnis zur Philosophie, zur Politik, zum Abgrund und zum Ereignis. Während Heidegger sich für die komplexe Beziehung zwischen Blindheit und Wissen interessiert, kommt es Arendt vor allem auf die *polis* und auf die zukünftige Politik an.

Im Teil zur Prosa beginnt Marko Pajević mit einer Untersuchung der in Esther Kinskys *Rombo* (2022) inszenierten *Abyssologie*. Kinsky spürt dem Erdbeben von 1976 in Nordost-Italien nach, wobei Rombo das grollende Begleit- bzw. Vorabgeräusch eines Erdbebens bezeichnet. Im Kapitel werden die Parallelen zwischen den Vorgängen im Berginneren und der menschlichen Erinnerung und Psyche herausgearbeitet, und das in den Berichten der zu Worte kommenden Zeugen, in den Beschreibungen des Geländes sowie im Aufbau und der Schreibweise des Buches. Kinskys *Rombo* ermutigt dazu, sich den Abgründen zu stellen und die darin enthaltenen Lebensspuren in eine bewusste Form zu bringen.

Leonhard Hermann untersucht Adalbert Stifters autobiographische Erzählung *Aus dem bairischen Wald* und Christoph Ransmayrs Roman *Der fliegende Berg* mit Hinblick auf den philosophischen Gehalt in Beziehung zum Abgrund und stellt fest, dass der Abgrund als räumliche Metapher einerseits die Grenzen des rationalen Verstehens markiert und andererseits die Frage aufwirft, ob die fiktionale Erzählung über diese Grenzen hinausgehen kann. Das Kapitel legt nahe, dass der Abgrund eine Figur des Anderen im Selbst und *vice versa* ist; literarische Erzählungen können helfen, den Abgrund zwischen den Menschen sowie innerhalb des eigenen Seins zu überbrücken.

Aigi Heeros Beitrag konzentriert sich auf die Analyse von Daniela Kriens Werk *Muldental*, das die Unsicherheiten und Stürze in den Abgrund im Osten nach der Wiedervereinigung Deutschlands beschreibt. Zum Vergleich wird auch zurückgegriffen auf einige Beispiele aus der estnischen Literatur nach der wiedergewonnenen Unabhängigkeit in den 1990er Jahren, wo die Betonung mehr auf den individuellen Herausforderungen liegt. In beiden Fällen erweist sich der Abgrund als eine mächtige Metapher, um die Umstürze der Gesellschaft, die Tiefe der menschlichen Natur und die Möglichkeiten neuer Anfänge zu erfassen.

Alexander Mionskowski geht dem Abgrund im Roman des lettischen Schriftstellers Jaroslav Melnik *Der weite Raum* (2008) nach. Diese Dystopie entwirft eine zweigeteilte Welt, in der es einerseits die im Luxus lebende Oberschicht der Sehenden gibt und andererseits die blinde Masse in der Megapolis. Der Protagonist kann beide Welten erfahren und wendet sich dennoch ganz von diesen Optionen des abgründigen Anthropozens ab, um in Einklang mit der Natur zu leben.

Monika Schmitz-Emans fokussiert in ihrem Beitrag auf die zeitgenössische deutsche und österreichische Literatur, am Beispiel der Werke von W.G. Sebald, Gerhard Roth und Michael Lentz. Bei Roth wird dargestellt, wie der Blick in die Abgründe menschlicher Gewalt eine Form literarischen Schreibens hervorbringt, das sich der kritischen Aufklärung eng verbunden fühlt – jedoch ohne deren Optimismus zu teilen. In zeitkritischer Hinsicht Roth nahe stehend, kommt bei Sebald eine existenzialistische Dimension hinzu: er beschreibt eine sinnlose Natur, eine unaufhaltsame Zeit, die alles in den Abgrund stürzen lässt. Sebald nimmt nach Schmitz-Emans vor allem den Schwindel in den Blick, der uns erfasst, wenn wir in den Abgrund schauen, aber auch den Reiz und das Spielerische dabei. In Lentz' Poetik wird der Abgrund in Bezug zur Ordnung gesetzt. Bei allen dreien nimmt der Abgrund eine zentrale Stelle in ihrer Poetik ein.

Im Teil zur Lyrik zeigt zunächst Rebekka Lotman, wie das estnische Wort ‚kuristik' und einige andere dem semantischen Feld des deutschen Abgrundes zugehörige Wörter (z.B. põhjatus, sügavik etc.) in der estnischen Dichtung durch die Geschichte hindurch, aber vor allem in zeitgenössischer Dichtung, als mächtige Metapher eingesetzt worden sind. Sie stellt fest, dass, während ‚kuristik' in Runenliedern vor allem Hindernisse auf einer langen Reise bezeichnet hat, das Wort in späteren Zeiten Bedeutungen angenommen hat, die dem deutschen Abgrund ganz ähnlich sind. Zum Beispiel hat das Wort in der estnischen Dichtung die unerreichbaren Tiefen der Persönlichkeit, die abgründige Kluft zwischen zwei Personen, die Grundlosigkeit des Jenseits, und neuerdings die unverständliche Natur, die der Mensch viel zu lange ausgebeutet und zugedeckt hat, bezeichnet.

Marit Heuss untersucht am Beispiel von Wolfgang Hilbigs Gedichtsammlung *abwesenheit* dessen besondere geschichtliche Situation als ein in der offiziellen DDR-Literatur „abwesender" Autor, was seinen persönlichen Abgrund darstellte. Über intertextuelle Bezüge zu Stéphane Mallarmé und Paul Fleming wird Hilbigs Abwesenheits-Thematik erhellt, die mittels der herausgearbeiteten elegischen Form an historischer Tiefe und Gewicht gewinnt.

Zane Šiliņa und Laila Niedre wenden sich in ihrem Beitrag dem vierten Aspekt des Bandes zu, also Bühne und Bildschirm, und untersuchen das lettische Wort ‚bezdibenis', das Äquivalent des deutschen Abgrundes. Um festzustellen, wie das Wort in der lettischen Literatur gebraucht worden ist, betrachten sie zwei Dramen der lettischen Nationaldichterin Aspazija. Die Analyse zeigt, dass der Schritt oder das Fallen in den Abgrund symbolisch mit einem geistigen Aufstieg in Beziehung gebracht wird, sodass das Wort in einem bestimmten Sinne die Gegensätze in sich einzuschließen scheint.

Die letzten beiden Beiträge beschäftigen sich mit digitalen Spielen, die heutzutage mit ihren historischen Inszenierungen auf viele Menschen prägend darauf einwirken, wie Geschichte und Welt verstanden und interpretiert werden. Milan Webers Beitrag konzentriert sich auf digitale Spiele und untersucht, inwieweit die Fragen nach dem Klimawandel und einem möglichen planetaren Abgrund im Sinne einer endgültigen Zerstörung Eingang in deren historische Inszenierungen finden. Der Beitrag stellt fest, dass die populären digitalen Spiele eine niedrigschwellige Möglichkeit für die Beschäftigung mit aktuellen Klima- und Abgrunddiskursen bieten.

Auch in Marie-Luise Meiers Beitrag geht es um ein digitales Spiel, nämlich um das populäre *Disco Elysium*, geschrieben und konzipiert von der estnischen Gruppe ZA/UM, deren Leiter der estnische Schriftsteller Robert Kurvitz ist. Meier zeigt, dass der Abgrund in diesem Spiel überall anwesend ist, vor allem in der Erzählung, in der Topographie von Revachol (eine Stadt im Spiel) und in den Persönlichkeiten der Charaktere.

Bibliografie

Abgründe. Hg. von Petra Gehring/ Kurt Röttgers/ Monika Schmitz-Emans: Reihe *Philosophisch-literarische Reflexionen.* Bd. 18. Essen: Die Blaue Eule 2016.

BBC News, 1.11.2022. https://www.bbc.com/news/entertainment-arts-63458467. Abgerufen am 5.1.2024.

Buber, Martin: Das Problem des Menschen. In: *Werke.* Bd. 1: *Schriften zur Philosophie.* München/ Heidelberg: Kösel-Verlag/ Verlag Lambert Schneider 1962. S. 307–407.

Buber, Martin: Daniel. Gespräche von der Verwirklichung. In: *Werke.* Bd. 1: *Schriften zur Philosophie.* München/ Heidelberg: Kösel-Verlag/ Verlag Lambert Schneider 1962. S. 9–76.

Buber, Martin: Ich und Du. In: *Werke.* Bd. 1: *Schriften zur Philosophie.* München/ Heidelberg: Kösel-Verlag/ Verlag Lambert Schneider 1962. S. 77–170.

Büchner, Georg: *Woyzeck.* In: *Sämtliche Werke und Briefe. 2 Bände.* Bd. 1. Reinbek bei Hamburg: Rowohlt 1967.

Celan, Paul: *Gesammelte Werke.* Bd. 3. Hg. von Beda Allemann/ Stefan Reichert. Frankfurt am Main: Suhrkamp 1983.

Deleuze, Gilles: *Le pli. Leibniz et le Baroque.* Paris: Minuit 1988.

Die Wachowskis: *Matrix* 1999.

Doppler, Alfred: *Der Abgrund. Studien zur Bedeutungsgeschichte eines Motivs.* Graz/ Wien/ Köln: Böhlau 1968.

Doppler, Alfred: *Der Abgrund des Ichs. Einige Beiträge zur Geschichte des poetischen Ichs im 19. Jahrhundert.* Graz/ Wien/ Köln: Böhlau 1985.

Foucault, Michel: La pensée du dehors. In: *Dits et écrits 1.* Paris: Gallimard 1994. S. 518–539. Erstveröffentlichung in *Critique,* 229 (Juni 1966). S. 523–546.

Gibson, William: *Neuromancer.* New York: ace 1984.

Heidegger, Martin: *Der Satz vom Grund.* Stuttgart: Neske 1997 [1957]. 8. Ausg.

Heidegger, Martin: Wozu Dichter? In: *Holzwege.* Frankfurt am Main: Vittorio Klostermann 1950.

Humboldt, Wilhelm von: *Gesammelte Schriften.* Bd. IV. Hg. von A. Leitzmann. Berlin: Behr 1903–36.

Ing, Michael David Kaulana: Hānau ka Pō: The Abyss in Hawaiian Thought. In: *The Abyss as a Concept for Cultural Theory.* Hg. von Marko Pajević. Leiden: Brill 2024. S. 117–131.

Jung, C.G.: Nachwort zu „Aufsätze zur Zeitgeschichte". In: *Gesammelte Werke* 10. Solothurn/ Düsseldorf: Walter Verlag 1995.

Kupfer, Alexander: *Die künstlichen Paradiese. Rausch und Realität seit der Romantik. Ein Handbuch.* Stuttgart: Metzler 1996.

Lyotard, Jean-François: *Le différend.* Paris: Minuit 1984.

Nolan, Christopher: *Inception* 2010.
Nõmmik, Urmas: Praising God's Creation in Abyss: *təhōm* in the Biblical and Apocalyptic Literature. In: *The Abyss as a Concept for Cultural Theory*. Hg. von Marko Pajević. Leiden: Brill 2024. S. 31–47.
Päll, Janika: The Origins of the ἄβυσσος in Greek. In: *The Abyss as a Concept for Cultural Theory*. Hg. von Marko Pajević. Leiden: Brill 2024. S. 48–76.
Schmitz-Emans, Monika: Variationen über Abgründe. In: *Abgründe*. Hg. Petra Gehring/ Kurt Röttgers/ Monika Schmitz-Emans: Reihe *Philosophisch-literarische Reflexionen*. Bd. 18. Essen: Die Blaue Eule 2016. S. 7–17.
Sooväli, Jaanus/ Krull, Hasso: Journey to the North: The Experience of the Abyss in Mythology and Philosophy. In: *The Abyss as a Concept for Cultural Theory*. Hg. von Marko Pajević. Leiden: Brill 2024. S. 205–217.
The Abyss as a Concept for Cultural Theory. A Comparative Exploration. Hg. von Marko Pajević. Reihe *TextxeT. Studies in Comparative Literature*. Leiden: Brill 2024.
Zeitschrift für Ideengeschichte. Sondernummer *Abgrund*. Hg. von Wolfgang von Rahden/ Andreas Urs Sommer. V/2 (2011).

PART 1

Der Abgrund in der Kulturtheorie /
The Abyss in Cultural Theory

∴

1
Abgründe als Niemandsländer: „Zonen der Ununterscheidbarkeit"

Dorothee Kimmich

Abstract

Abysses can be examined from many different angles. In this paper the relationship between abysses and their opposite, solid ground, will be emphasized. In this way, the horror that the abyss spreads, but also the promises that are associated with it, can be worked out more clearly. It turns out that we are dealing with a dynamic in which abysses take on something fundamental and at the same time the solid ground can turn into something abysmal. To further clarify the character of this dynamics, two examples are used – Goethe's *Faust* and Storm's *Schimmelreiter*. It can be shown that these are dynamics that tell of appropriation and ownership, of interventions in nature and their consequences. The cultivation of nature, its utilization and adaptation to human needs, i.e. the production and preservation of land, obviously inevitably sets in motion its destruction and the creation of abysses. This process is not intended. It develops a momentum of its own that is as uncanny as it is frightening. It is the abysmal in every solid ground that frightens.

Schlüsselwörter

Grund und Boden – Niemandsland – Nomos – Kolonisierung – Grenzen

1   Abgründe und ihre Gründe[1]

Den Abgründen möchte ich mich auf einem Umweg nähern, indem ich mich zunächst einmal mit ‚Gründen' befasse, oder besser: mit dem ‚Grund und

---

[1] Der Begriff bezieht sich auf eine Formulierung von Gilles Deleuze und Félix Guattari: *Capitalisme et Schizophrénie. Mille Plateaux.* Paris: Minuit 1980. S. 609. Dort ist von „zones d'indiscernabilité" die Rede. Übersetzt wird dies in der deutschen Fassung mit

Boden'. Der Grund bzw. ‚Grund und Boden' sind im Begriff des Abgrunds mit enthalten. Sowohl der Grund als auch der Abgrund haben nicht nur eine wörtliche, sondern auch übertragene Bedeutungen, die sich wiederum auch aufeinander beziehen lassen. Ein Grund oder auch eine Begründung haben eine ebenso stabilisierende Wirkung für Argumentationen, wie es der feste Grund für einen Körper oder darüber hinaus eigener Grund und Boden sogar für ein Dasein, für eine Biografie haben können. Das Fehlen von Grundlagen, Begründungen, Grundsätzen, guten Gründen, Grundsteinen und Grundstücken dagegen ist verbunden mit Unsicherheit, ja mit Gefährdung oder Verderben. Die metaphorischen Verwendungen von Grund und Abgrund evozieren die sehr körperlich gebundenen Emotionen einerseits von (Selbst-)Sicherheit als Stabilität, andererseits diejenigen von Schwindel, Angst und (Selbst-)Verlust.

Die Verschränkung von wörtlicher Bedeutung und metaphorischem Beiklang ist in der Raumsemantik besonders auffällig.[2] Daher bieten sich solche Begriffe auch entsprechend an, um ebenso konkrete wie bildliche Narrative zu entwickeln. Anders formuliert: Es *gibt* Abgründe, wie etwa die Tiefseerinnen im nordöstlichen Pazifik, den Kurilengraben oder den Boningraben. Alle Tiefseerinnen haben unvorstellbare Ausmaße, aber sie sind nicht bodenlos, sondern nur sehr tief. Versteht man den Abgrund jedoch in einem übertragenen Sinne, dann ist es gerade die Bodenlosigkeit, welche die entscheidende Rolle spielt. Dabei ist es unerheblich, ob der Abgrund wirklich ohne Grund, oder ob er – für ein menschliches Wesen – nur ‚unergründlich' ist.

„Unausmachbarkeit". Gilles Deleuze und Félix Guattari: *Tausend Plateaus. Kapitalismus und Schizophrenie*. Berlin: Merve 1992. S. 676. „Ununterscheidbarkeit" ist allerdings insofern hier besser, weil es sich damit um ein Wortfeld handelt, das deutlicher mit dem der „identité" und „mêmeté" verbunden ist. Vgl. dazu Art. Identität. In: *Vocabulaire européen des philosophies. Dictionnaire des intraduisibles*. Hg. von Barbara Cassin. Paris: Seuil 2004. S. 581–582. Hier: S. 581.

2   Nur drei Autoren sollen hier genannt werden für eine ganze Generation, die den Spatial turn ausgelöst hat: Jurij Lotman: *The Universe of the Mind. A Semiotic Theory of Culture*. London/ New York: Tauris 1990. Jurij Lotman: Dynamische Mechanismen semiotischer Systeme. In: Ders.: *Aufsätze zur Theorie und Methodologie der Literatur und Kultur*. Hg. von Karl Eimermacher. Kronberg, Ts.: Scriptor 1974. S. 430–437. Hier: S. 430. Michail M. Bachtin: *Chronotopos*. Frankfurt am Main: Suhrkamp 2008 [1975]. Michel Foucault: Von anderen Räumen [1967/1984]. In: Ders.: *Schriften in vier Bänden. Dits et écrits*. Hg. von Daniel Defert u. François Ewald. Frankfurt am Main: Suhrkamp 2005. Band 4. S. 931–942. Michel Foucault: *Die Ordnung der Dinge. Eine Archäologie der Humanwissenschaften*. Frankfurt am Main: Suhrkamp 1974 [1966]. Vgl. Doris Bachmann-Medick: *Cultural Turns. Neuorientierungen in den Kulturwissenschaften*. Reinbek bei Hamburg: Rowohlt 2006. *Spatial Turn. Das Raumparadigma in den Kultur- und Sozialwissenschaften*. Hg. von Jörg Döring/ Tristan Thielmann. Bielefeld: Transcript 2008. *Raumtheorie. Grundlagentexte aus Philosophie und Kulturwissenschaften*. Hg. von Jörg Dünne/ Stephan Günzel. Frankfurt am Main: Suhrkamp 2006.

Der zuverlässigste Grund ist derjenige, den man besitzt und folglich auch nutzen kann. Wenn der Grund und Boden, auf dem man sich häuslich einrichtet, einem nicht unter den Füßen weggezogen wird, wenn man nicht vertrieben werden kann von diesem Grund, ist man sicher und zuhause. Einen guten Grund *hat* man, Grund und Boden *besitzt* man, Abgründe hingegen kann man weder haben noch besitzen. Man kann sie auch nicht nutzen, kultivieren, nichts anbauen oder pflanzen.

Das Verhältnis von Menschen zu ihrem Grund und Boden ist entscheidend von der Frage geprägt, ob man diesen Grund besitzen, erwerben, nutzen und sogar ausbeuten, aber auch pflegen, verwalten und versorgen kann und muss. Mittlerweile gehört jedoch fast jeder Fleck der Erde jemandem, einer Privatperson, einem Staat, einer Gemeinde, einer Ethnie oder auch einem Unternehmen, die sich jeweils mit ihrem spezifischen Umgang – Ausbeutung oder Versorgung – den Boden aneignen. Nur Ozeane, der Meeresboden, Teile der Antarktis, ein Teil des Luftraums und wenige Orte in der subsaharischen Wüste sind noch echte Niemandsländer.[3]

Niemandsländer, also Landstriche und Gegenden, die niemandem gehören, sind heute so selten geworden, dass man sie eigentlich unter ‚Artenschutz' stellen müsste. Spricht man heute von einem Niemandsland, dann ist dies meist in einem metaphorischen und nicht in einem streng rechtlichen Sinne gemeint. Niemandsländer entstehen vielmehr dort, wo sich niemand, vor allem kein Staat, verantwortlich fühlt, zwischen und an Grenzen, wie etwa an der buffer zone in Zypern[4] oder an der ehemals deutsch-deutschen Grenze, in postapokalyptisch anmutenden Innenstädten, oder an Orten ökologischer Katastrophen wie im Gebiet um Tschernobyl.[5] Im allgemeinen Sprachgebrauch

---

3   Tilo Wesche u. Hartmut Rosa: Die demokratische Differenz zwischen besitzindividualistischen und kommunitären Eigentumsgesellschaften. In: *Berliner Journal für Soziologie* 28.1–2 (2018). S. 237–261. Tilo Wesche: Einleitung. In: *Deutsche Zeitschrift für Philosophie* 62.3 (2014). S. 409–414. Vgl. Daniel Loick: *Der Missbrauch des Eigentums*. Berlin: August Verlag 2016.
4   Vgl. Thomas Diez: Last Exit to Paradise? Cyprus, the European Union, and the Problematic „Catalytic Effect". https://ciaotest.cc.columbia.edu/wps/dito2/. COPRI-Working Paper 4-2000. Abgerufen am 15.11.2023.
5   Vgl. Noam Leshem: Spaces of Abandonment: Genealogies, Lives and Critical Horizons. In: *Environment and Planning D: Society and Space* 35.4 (2017). S. 620–636. Noam Leshem u. Alasdair Pinkerton: Re-Inhabiting No-Man's Land: Genealogies, Political Life and Critical Agendas. In: *Transactions of the Institute of British Geographers* 41.1 (2016). S. 41–53. Natacha Bustos u. Francisco Sánchez: *Tschernobyl. Rückkehr ins Niemandsland*. Berlin: Egmont Graphic Novel 2016. Heiko Roith: Projekt „Chernobyl30" – ein Mahnmal in Bildern. http://www.chernobyl30.com/. Abgerufen am 21.11.2023. Vgl. auch literarische Bearbeitungen: *Grenzgeschichten. Berichte aus dem deutschen Niemandsland*. Hg. von Andreas Hartmann/Sabine Künsting. Frankfurt am Main: Fischer 1990. Willi F. Gerbode: *Der Zaun. Roman*

werden also häufig solche Gebiete als Niemandsländer bezeichnet, die *anscheinend* niemandem gehören. Daher werden oft Stadtbrachen,[6] dysfunktionale Räume in Großstädten oder besonders unwirtliche Gegenden an den Peripherien von Städten als Niemandsländer angesehen. Es sind die in der Romantik berühmt gewordenen *terrains vagues*.[7] Niemandsländer sind also diejenigen Gebiete der Erde, die niemandem gehören oder niemandem zu gehören scheinen, weil niemand sie pflegt, einhegt und Anspruch auf sie erhebt, oder im Gegenteil, weil sie umkämpft sind und zwischen zwei feindlichen, oft unpassierbaren Grenzen liegen und daher auch verwildern und unbewohnbar sind.

Es sind unkultivierte Gebiete in doppeltem Sinne: *Cultura* bedeutet ursprünglich Ackerbau und, darauf weist auch Albrecht Koschorke hin, ist mit dem Bild des Pflügens, der Einkerbung, des Ziehens von Linien, Furchen und Grenzen verbunden.[8] Unkultiviert sind sie aber auch, weil sich an solchen Orten eine bestimmte Form von Ordnung und Staatlichkeit nicht durchsetzen kann. Im übertragenen Sinne haben all diese Orte etwas Abgründiges, sind sie doch meist – vor allem für Menschen, nicht immer gleichermaßen auch für Tiere und Pflanzen – Orte der Gefahr, der Schutzlosigkeit und der Unbehaustheit.

Mit Niemandsländern teilen Abgründe also eine wichtige Eigenschaft: Man kann sie nicht kultivieren. Sie sind unzugänglich, liegen brach und entziehen sich jeder Art der Bearbeitung und Fürsorge. Auch Abgründe entziehen sich menschlichen Eingriffen und Zugriffen. Auf eine seltsame Weise erscheinen sie somit als eine Figuration der Erde selbst, als begegne man in diesen Tiefen einer immer noch präsenten Urerde, die sich nicht nur menschlicher Bearbeitung, sondern auch deren Kategorien von Raum und Zeit entzieht.

---

aus Niemandsland. Rosendahl: Rothenberg 1999. Der Roman erzählt aus dem ehemaligen Grenzland zwischen BRD und DDR. Wolfgang Bittner: *Niemandsland*. Leipzig: Forum 1992. Hier ist das Niemandsland der Rand der Großstadt und zugleich die Nachkriegsgeschichte mit ihren Verwerfungen und Grenzziehungen. Vgl. Andrew J. Webber: *Berlin in the Twentieth Century: A Cultural Topography*. Cambridge: Cambridge University Press 2008.

6 Vgl. *Städtebau: Vielfalt und Integration. Neue Konzepte für den Umgang mit Stadtbrachen*. Hg. von Andreas Feldtkeller. Stuttgart-München: Deutsche Verlags-Anstalt 2001.

7 *Terrain vague* entspricht nicht genau dem, was ‚Brache' bedeutet. Der Begriff stammt aus der französischen Romantik und wurde von François-René de Chateaubriand 1811 zum ersten Mal verwendet, findet sich dann bei Honoré de Balzac und spielt in der französischen Moderne eine große Rolle. Vgl. dazu Jacqueline M. Broich/ Daniel Ritter: Tagungsbericht „Terrain vague: Die Brache in den Stadt- und Kulturwissenschaften". In: *Romanische Studien* 1.2 (2015). S. 379–393.

8 Vgl. Albrecht Koschorke: Codes und Narrative. Überlegungen zur Poetik der funktionalen Differenzierung. In: *Grenzen der Germanistik. Rephilologisierung oder Erweiterung?* Hg. von Walter Erhart. Stuttgart-Weimar: Metzler 2004. S. 174–185. Hier: S. 174.

Es ist, als würde sich Bruno Latours „Gaia"[9] aus den Abgründen zu Wort melden. An diesen Orten gilt menschliche Ordnung nicht, Orientierung wird unmöglich, Kategorien verfehlen ihre ordnende Wirkung und möglicherweise kommen so auch Sprache und Repräsentation an ihre Grenzen. Im Folgenden werde ich mich mit zwei Texten befassen, die solche Räume mit denjenigen verschränken, die im Gegenteil besonders gut genutzt, kultiviert und ökonomisch verwertet sind.

2 Der Nomos und seine Grenzen

„The primordial scene of the *nomos* opens with a drawing of a line in the soil",[10] konstatiert die Rechtshistorikerin Cornelia Vismann in ihrem Aufsatz über die mittlerweile ikonisch gewordenen Niemandsländer zwischen den Fronten des Ersten Weltkriegs. Sie fährt fort: „Cultivation defines the order of ownership in space."[11] Kultivierung, also im ursprünglichen Sinne landwirtschaftliche Bearbeitung von Boden, ist der Akt der Inbesitznahme und damit das Fundament, auf dem der menschliche Anspruch auf – rechtmäßiges – Eigentum am Boden, genauer an einem bestimmten Teil der Erde, ruht. Vismann bezieht sich dabei kritisch auf Carl Schmitts Werk *Der Nomos der Erde* (1950), das den „Nomos" als „ordo ordinans",[12] eine ordnende Verortung, definiert. Schmitt meint damit eine ganz konkrete wie lokalisierbare und keine abstrakte Verteilung von Grund und Boden: „Nomos ist das den Grund und Boden der Erde in einer bestimmten Ordnung einteilende und verortende Maß und die damit gegebene Gestalt der politischen, sozialen und religiösen Ordnung."[13] Zugleich ist damit auch Schmitts „terrane Existenz" bestimmt, die diese Eigentumsordnung und ihre Techniken durchsetzt: „Mittelpunkt und Kern einer terranen Existenz [...] ist das Haus. Haus und Eigentum, Ehe, Familie,

---

9 Bruno Latour: *Kampf um Gaia. Acht Vorträge über das neue Klimaregime.* Berlin: Suhrkamp 2020.
10 Cornelia Vismann: Starting from Scratch: Concepts of Order in No Man's Land. In: *War, Violence and the Modern Condition.* Hg. von Bernd Hüppauf. Berlin/New York: De Gruyter 1997. S. 46–64. Hier: S. 46. Vgl. Eric J. Leed: *No Man's Land. Combat and Identity in World War I.* Cambridge/New York: Cambridge University Press 1979. Vgl. dazu auch den Roman von Kurt Oesterle: *Die Stunde, in der Europa erwachte.* Tübingen: Klöpfer, Narr 2019. Hier werden die verwüsteten und verlassenen Schlachtfelder des Ersten Weltkriegs zum Schauplatz einer Annäherung zwischen Fremden und Gestrandeten.
11 Cornelia Vismann: Starting from Scratch. S. 47.
12 Carl Schmitt: *Der Nomos der Erde im Völkerrecht des Jus Publicum Europaeum.* Berlin: Duncker & Humblot. 5. Auflage 2011 [1950]. S. 47.
13 Ebd. S. 40.

und Erbrecht, alles das bildet sich auf der Grundlage terranen Daseins [...]."[14] Die Erde ist für Schmitt ursprünglich eine herrenlose „terra nullius", die erst durch die koloniale „Landnahme" – ein Begriff, der durch seine harmlos klingende Form über grausame Eroberung hinwegtäuscht – zum Eigentum moderner Staaten und ihrer Bürger wird. Für diese Behauptung kann sich Schmitt auf eine umfangreiche Tradition europäischer Eigentumstheorien berufen, die bis in die römische Antike zurückreicht.

Schmitts „Nomos der Erde" stiftet Ordnung und setzt Recht: „Völkerrecht ist Landnahme [...]".[15] Landnahme folgt also nicht einem bestimmten vorgängigen Rechtsverständnis, sondern bestimmt selbst das Recht: „Eine Landnahme begründet das Recht in doppelter Richtung, nach Innen und nach Außen."[16] Wie das im Detail geschieht, ist eine Frage der historischen Entwicklung und daher variabel.[17] Niemand kann sich auf ein Recht *vor* der Landnahme als einen rechtbegründenden „Ur-Akt"[18] berufen. Menschen, die bei der Verteilung des Bodens leer ausgehen, werden von jeglicher Nutzung ausgeschlossen.[19]

Diese brutalen Auffassungen prägen die Eigentumsdefinitionen der europäischen Rechtsphilosophie.[20] Sowohl der afrikanische als auch der

---

14 Carl Schmitt: Gespräch über den Neuen Raum. In: Ders.: *Gespräch über die Macht und den Zugang zum Machthaber. Gespräch über den Neuen Raum*. Berlin: Akademie-Verlag 1994. S. 35–64. Hier: S. 56. Die maritime Existenz dagegen ist nicht nur die mobile, in deren Mittelpunkt sich das Schiff befindet, sondern auch die genuin technische und fortschrittliche. Maritime Existenzen erobern die Welt, weil sie einen anderen Horizont kennen als „terrane" Lebensweisen, deren Stabilität zugleich auch Traditionalität und Rückschrittlichkeit bedeuten kann.

15 Schmitt: *Nomos der Erde*. S. 15.

16 Schmitt: *Nomos der Erde*. S. 16.

17 „This figure of justifying the primordial act of violence in law explains to some extent the attraction exerted by a notion of law stemming from the soil. Whereas the pure *jus scriptum* is set out by a superior authority, *the jus terrendi* bears out its own order within. It is ‚ontonom,' as Schmitt designates this legitimizing figure of factual necessity." Cornelia Vismann: Starting From Scratch. S. 49 [Hervorhebung im Original].

18 Carl Schmitt: *Nomos der Erde*. S. 16.

19 „Ob die Beziehungen der Eingeborenen zum Boden, in Ackerbau, Weide oder Jagd, wie sie der landnehmende Staat vorfand, als Eigentum anzusehen waren oder nicht, war eine Frage für sich und unterlag ausschließlich der Entscheidung des landnehmenden Staates. Völkerrechtliche Rücksichten zugunsten der Bodenrechte der Eingeborenen [...] gibt es auf kolonialem Boden zugunsten der Eingeborenen nicht. Der landnehmende Staat kann das genommene koloniale Land hinsichtlich des Privateigentums [...] als herrenlos behandeln." (Schmitt: *Nomos der Erde*. S. 171).

20 Vgl. Daniel Damler: *Wildes Recht. Zur Pathogenese des Effektivitätsprinzips in der neuzeitlichen Eigentumslehre*. Berlin: Duncker & Humblot 2008. *Das leere Land. Historische Narrative von Einwanderergesellschaften*. Hg. von Matthias Asche/ Ulrich Niggemann. Stuttgart: Franz Steiner 2015 (Historische Mitteilungen – Beihefte 92). Dorothee Kimmich:

amerikanische und der australische Kontinent galten den europäischen Mächten als Niemandsländer, was die Aneignung durch Kolonisation rechtfertigen sollte.[21] John Locke formuliert seine Vorstellungen von einem Naturzustand, der keine Ordnung, keinen Besitz und keine Kultur kennt, in einem Satz: „[I]n the beginning all the world was America."[22] Die Fiktion des leeren Landes steht am Anfang einer Narration von Kultivierung als Eroberung.

Diese Idee gilt es mit einem Zitat von Vine Deloria Jr., einem Yankton-Dakota-Aktivisten und Rechtswissenschaftler, zu konfrontieren, der in ganz anderer Weise „Amerika" und „Europa", Indigene und Siedler einander gegenüberstellt:

> When the domestic ideology is divided according to American Indian and Western European immigrant, however, the fundamental difference is one of great philosophical importance. American Indians hold their lands – places – as having the highest possible meaning, and all their statements are made with this reference point in mind. Immigrants review the movement of their ancestors across the continent as a steady progression of basically good events and experiences, thereby placing history – time – in the best possible light. When one group is concerned with the philosophical problem of time, then the statements of either group do not make much sense when transferred from one context to the other without the proper consideration of what is happening. Western European peoples have never learned to consider the nature of the world discerned from a spatial point of view.[23]

Leeres Land. Niemandsländer in der Literatur. Göttingen: Konstanz University Press 2021. Daniel Loick: *Der Missbrauch des Eigentums.* Berlin: Matthes & Seitz 2016.

21 Vgl. Helmut Janssen: *Die Übertragung von Rechtsvorstellungen auf fremde Kulturen am Beispiel des englischen Kolonialrechts. Ein Beitrag zur Rechtsvergleichung.* Tübingen: Mohr Siebeck 2000. Vgl. Norbert Finzsch: Der glatte Raum der Nomaden. Indigene Outopia, indigene Heterotopia am Beispiel Australiens. In: ‚Rasse' und Raum. *Topologien zwischen Kolonial-, Geo- und Biopolitik: Geschichte, Kunst, Erinnerung.* Hg. von Claudia Bruns. Trier: Reichert 2017 (Trierer Beiträge zu den Historischen Kulturwissenschaften 17). S. 123–144.

22 John Locke: Second Treatise of Government [1690]. In: Ders.: *Two Treatises of Government and A Letter Concerning Toleration.* Hg. von Ian Shapiro. New Haven/ London: Yale University Press 2003. Kap. 5. § 49. S. 100–209. Hier: S. 121. Vgl. auch: „Die Arbeit seines Körpers und das Werk seiner Hände, so können wir sagen, sind im eigentlichen Sinne sein. Was immer er also jenem Zustand entrückt, den die Natur vorgesehen und in dem sie es belassen hat, hat er mit seiner Arbeit gemischt und hat ihm etwas hinzugefügt, was sein eigen ist – folglich zu seinem Eigentum gemacht." (John Locke: *Zwei Abhandlungen über die Regierung.* Hg. von Walter Euchner. Frankfurt am Main: Europäische Verlagsanstalt 1967. Kap. 5. § 32. S. 221).

23 Vine Deloria Jr.: *God is Red.* New York: Delta 1973. S. 75–76.

Eine Existenz im Raum und eine in der Zeit scheinen zunächst nicht inkompatibel. Allerdings handelt es sich hier nicht um den Raum als Kategorie, sondern um die Erde als Subjekt. Eduardo Viveiros de Castro verdeutlicht dies mit der Feststellung: „Indigène' désigne une personne ou une communauté originaire d'un lieu déterminé, où elle vit et – ou auquel elle est attachée par un lien immanent; qui se sent une ‚propriété' de la terre et non le propriétaire de celle-ci."[24] Ein wirklicher *spatial turn*, so wird hier behauptet, ist also erst dann erreicht, wenn der Boden, der Grund oder die Erde eine eigene *Agency* zugesprochen bekommen.[25] Es geht nicht um die Tatsache, dass die Kategorie Raum bei bestimmten Fragestellungen auch eine Rolle spielt, sondern darum, dem Raum, vielmehr dem Ort, eine radikale Autonomie zuzugestehen. Neben Michel Foucault haben vor allem Gilles Deleuze und Félix Guattari Versuche unternommen, eine solche *Agency*, also eine Form der Eigenständigkeit des Raumes zu formulieren.

Würde man hier deren – zu – viel zitierte Nomenklatur verwenden, dann stünde der bebaute, kultivierte Grund für das Gekerbte, der Abgrund hingegen, genau wie das Meer, für das Glatte. Der glatte Raum gilt als ein „amorpher, informeller".[26] Einer simplen Wertung sollte man sich allerdings enthalten, denn: „Man sollte niemals glauben, dass ein glatter Raum genügt, um uns zu retten."[27] Beides ist – wie Deleuze und Guattari ausführlich darlegen – jeweils mit dem anderen verbunden und existiert nie allein: Wir müssen

> uns auch daran erinnern, daß die beiden Räume nur wegen ihrer wechselseitigen Vermischung existieren: der glatte Raum wird unaufhörlich in einen gekerbten Raum übertragen und überführt; der gekerbte Raum wird ständig umgekrempelt, in einen glatten Raum zurückverwandelt.[28]

„Die Konfrontation von Glattem und Gekerbtem, die Übergänge, die Wechsel und die Überlagerungen finden heute und in den unterschiedlichsten Richtungen

---

24 Eduardo Viveiros de Castro: Indigène. In: *On ne dissout pas un soulèvement. 40 voix pour les Soulèvements de la Terre*. Hg. von Collectif. Paris: Seuil 2023. S. 75–78. Hier S. 75.

25 Der etwas überstrapazierte Begriff lässt sich schlecht übersetzen, aber einigermaßen gut verstehen. Vgl.: „Il y a là une confirmation de l'effacement de la frontière actif/passif dans la définition de l'*agency*, et du pouvoir, qui a certainement des conséquences quant à la définition du sujet/agent politique." (Art. Agency. In: *Vocabulaire européen des philosophies. Dictionnaire des intraduisibles*. Hg. von Barbara Cassin. Paris: Seuil 2004. S. 26–32. Hier: S. 31).

26 Deleuze/ Guattari: *Tausend Plateaus*. S. 695.

27 Deleuze/ Guattari: *Tausend Plateaus*. S. 93.

28 Deleuze/ Guattari: *Tausend Plateaus*. S. 657.

statt."29 Es geht, wie Deleuze und Guattari betonen, also gerade nicht um eine starre Dichotomie, sondern vielmehr darum, einen ständigen Wandel, die Verwandlung des einen in das andere im Auge zu behalten. Die sehr komplexen Bestimmungen des Glatten und des Gekerbten ziehen sich durch musikalische, mathematisch-physikalische und geographisch-anthropologische Felder und sind nicht mit einfachen Entgegensetzungen etwa des Nomadischen und des Sesshaften zu erfassen. Vielmehr geht es um das Verhältnis zu verschiedenen Dimensionen und Praktiken:

> Der glatte Raum wird viel mehr von Ereignissen oder Haecceitates als von geformten oder wahrgenommenen Dingen besetzt. Er ist eher ein Affekt-Raum als ein Raum von Besitztümern. Er ist eher eine *haptische* als eine optische Wahrnehmung. Während im gekerbten Raum die Formen eine Materie organisieren, verweisen im glatten Raum die Materialien auf Kräfte oder dienen ihnen als Symptome. Es ist eher ein intensiver als ein extensiver Raum, ein Raum der Entfernungen und nicht der Maßeinheiten. Intensives *Spatium* anstatt *Extensio*. Organloser Körper statt Organismus und Organisation. Die Wahrnehmung besteht hier eher aus Symptomen und Einschätzungen als aus Maßeinheiten und Besitztümern. Deshalb wird der glatte Raum von Intensitäten, Winden und Geräuschen besetzt, von taktilen und klanglichen Kräften und Qualitäten, wie in der Steppe, in der Wüste oder im ewigen Eis.30

Der glatte Raum kennt wie etwa die Mandelbrot'schen Fraktale vielfach aneinandergrenzende Nachbarschaften:

> [E]in solcher amorpher, glatter Raum entsteht durch die Häufung von Nachbarschaften, und jede Häufung definiert eine *Zone der Unausmachbarkeit*, die dem Werden eigen ist (mehr als eine Linie und weniger als eine Oberfläche, kleiner als ein Volumen und größer als eine Oberfläche).31

Die Frage, wie sich Abgründe und das Glatte zueinander verhalten, ist nicht leicht zu beantworten. Die Modelle, die Deleuze und Guattari verwenden, zeigen die Verwandtschaft weniger in einem räumlichen als in einem eher grundsätzlichen Sinne, der das „Unausmachbare" betont:

---

29   Deleuze/ Guattari: *Tausend Plateaus*. S. 664.
30   Deleuze/ Guattari: *Tausend Plateaus*. S. 676 (Hervorhebungen im Original).
31   Deleuze/ Guattari: *Tausend Plateaus*. S. 676 (Hervorhebungen im Original). Im französischen Text heißt es auf S. 609: „zone d'indiscernabilité".

> In jedem Modell schien uns das Glatte zu einer grundlegenden Heterogenität zu gehören: Filz oder Patchwork und nicht Gewebe, rhythmische Werte und nicht Melodie-Harmonie. Riemannscher und nicht Euklidischer Raum – kontinuierliche Variation, die über jede Aufteilung von Konstanten und Variablen hinausgeht, Freisetzung einer Linie, die nicht zwischen zwei Punkten verläuft, Herauslösung einer Fläche, die nicht mit parallelen und senkrechten Linien vorgeht.[32]

Die Formulierungen von Deleuze und Guattari helfen dabei, den Abgrund nicht in einer simplen Weise als Tiefe oder metaphorisch als einfach gefährlichen Ort zu verstehen. Vielmehr weisen diese Modelle – auch wenn sie nicht immer durchsichtig und leicht verständlich sind – darauf hin, dass es bei den Abgründen, wenn man sie als glatte Räume verstehen will, um das „Unausmachbare", um „zones d'indiscernabilité" geht, die wiederum mit dem „Ausmachbaren" in ökonomischem Austausch stehen. Daher werden in den folgenden Beispielen auch immer das Abgründige und zugleich sein Pendant – einmal eine „offene Gegend" und einmal ein Deich – zusammen verhandelt. Zum Schluss möchte ich noch einmal auf die Fragen nach dem Besitztum, den Niemandsländern, der Fürsorge und den verlassenen Orten zurückkommen.

3 Faust und das Geklirr der Spaten

Das Gegenteil eines Abgrundes dürfte eine „Offene Gegend" sein, wie sie in der gleichnamigen Szene von Goethes *Faust II* genannt wird. Beginnend mit dieser Szene im fünften und letzten Akt des Dramas wird die Landnahme, die Kolonisierung von Land, die Vertreibung der ‚Ureinwohner', hier der uralten Einwohner Philemon und Baucis, und deren Tötung zur finalen Herausforderung für Faust:

> Die Alten droben sollen weichen,
> Die Linden wünsch ich mir zum Sitz,
> Die wenig Bäume, nicht mein eigen,
> Verderben mir den Weltbesitz.[33]

---

[32] Deleuze/Guattari: *Tausend Plateaus*. S. 676.
[33] Johann Wolfgang von Goethe: *Faust. Texte*. In: Ders.: *Sämtliche Werke*. Hg. von Albrecht Schöne. Frankfurt am Main: Deutscher Klassiker Verlag 1994 [1808]. Band 7.1. S. 434. V. 11239–11242.

Es ist immer ein Risiko, sich in einem Text auf Goethes *Faust*-Drama zu beziehen. Das Drama ist für fast jede Lesart bereits in Anspruch genommen worden und daher auch kaum mehr zu interpretieren.[34] Hier geht es deshalb eher um eine Zusammenstellung von Aspekten, die – vielleicht auch nicht neu – aber dann doch noch anregend sein kann.[35] Die Frage, ob wir es mit einer eindeutigen Fortschrittsideologie, also einem Drama der Zeit, des vergänglichen Augenblicks und seiner Tücken zu tun haben, oder doch auch der Raum, der Grund und Boden, zu seinem Recht kommt, ist nicht leicht zu beantworten. Zweifellos allerdings inszeniert der Schluss des *Faust II* eine breit angelegte, zum Teil durchaus technisch informierte Auseinandersetzung mit den Ambivalenzen ökonomischer und juristischer Fragen von Landgewinnung – Kolonisierung, Besiedelung, Enteignung und Okkupation von Land – und verbindet damit Fragen nach Glück, erfülltem Leben, Schuld und Verantwortlichkeit.[36]

Denn es bleibt in der Schwebe, offenbar unentscheidbar, ob es ein Unglück oder kalkulierter ‚Kollateralschaden' war, wenn Fausts Auftrag zur Vertreibung

---

34 Zitate aus dem *Faust* sind gewissermaßen immer ‚brauchbar'. Die Worte des Schlussmonologs konnten daher auch für die verschiedensten Anlässe adaptiert werden: „Das freie Volk auf freiem Grund ist die Forderung unserer Epoche geworden, aus der Forderung der Epoche Goethes hervorgehend", behauptete der Dichter und spätere DDR-Kulturminister Johannes R. Becher zur Feier des 200. Geburtstags von Goethe im Jahr 1949. Johannes R. Becher: Der Befreier. In: Ders.: *Gesammelte Werke in 18 Bänden*. Hg. von Johannes-R.-Becher-Archiv der Akademie der Künste. Berlin-Weimar: Aufbau 1979. Bd. 17: Publizistik III. S. 263–302. Hier S. 257. Der Geburtstag wurde international begangen; die beiden deutschen Staaten feierten getrennt unter anderem in Weimar, Berlin und Frankfurt am Main.

35 Hegel hält Goethes *Faust* für „die absolute philosophische Tragödie" und verleiht dem Text damit eine spezifische philosophische Dignität, die weit über das hinausgeht, was Kunst im Normalfall zu leisten in der Lage sei. Vgl. G.W.F. Hegel: *Vorlesungen über die Ästhetik III*. Werke, Band 15. Hg. von Eva Moldenhauer. Frankfurt am Main: Suhrkamp 1980. S. 557. Vgl. Rüdiger Bubner: *Hegel und Goethe*. Heidelberg: Winter 1978. S. 35ff. Die Problematik einer solchen Lesart ist bereits den Zeitgenossen deutlich geworden: Der Literaturhistoriker Julian Schmidt kritisiert Mitte des Jahrhunderts in der Zeitschrift *Die Grenzboten*: „Es ist mit jener Anforderung, das Drama solle eine ‚Weltanschauung' geben, nicht viel zu machen. Dieses leidige Wort [...] ist seit dem Faust durch unsere halbphilosophischen Kunstkritiker so im Katechismus festgesetzt, daß ein Drama, welches nicht eine Weltanschauung enthält [...] gar nicht mehr angesehen wird." (Julian Schmidt: Friedrich Hebbel. In: Die Grenzboten. Zeitschrift für Politik und Literatur 9.2 (1850). S. 721–733. Hier: S. 732).

36 Vgl. dazu Johann Wolfgang von Goethe: *Faust. Kommentare*. In: Ders.: *Sämtliche Werke*. Hg. v. Albrecht Schöne. Band 7.2. S. 717. Vgl. dazu auch: Dorothee Kimmich: Weltanschauung. In: *Faust-Handbuch*. Hg. von Carsten Rohde/ Thorsten Valk/ Mathias Mayer. Stuttgart: Metzler 2018. S. 348–356. Hier S. 351f.

von Philemon und Baucis auf schlimmstmögliche Weise ausgeführt wird: Die beiden sterben – durch Brandstiftung – zusammen mit dem zufällig anwesenden Gast.[37] Sie sollten ‚nur' umgesiedelt werden, damit Faust von ihrem Haus aus sein Werk, „des Menschengeistes Meisterstück",[38] bestaunen kann. Der mittlerweile erblindete Faust glaubt sich von Arbeitern umgeben, die sein Projekt der Kolonisierung, des Dammbaus, der Landgewinnung und globalen Herrschaft zu Ende bringen:

> Wie das Geklirr der Spaten mich ergötzt!
> Es ist die Menge, die mir frönet,
> Die Erde mit sich selbst versöhnet,
> Den Wellen ihre Grenze setzt
> Das Meer mit strengem Band umzieht.[39]

Kaum eine andere Stelle der Weltliteratur hätte Deleuze und Guattari so gut zur Illustration ihrer Theorie des Glatten und des Gekerbten dienen können wie diese, zumal Arbeit bzw. eine Ideologie der Arbeit, wie sie sich im 19. Jahrhundert entwickelt, eine zentrale Rolle spielt. Es handelt sich nicht um eine irgendwie vonstattengehende „Einkerbung", sondern um eine, die von Spaten, und zwar gleich von vielen, im Auftrag des einen Patrons unternommen wird. Paradigmatisch wird das glatte Meer mit ‚einem Band umzogen', das Meer bekommt eine Grenze und wird gewissermaßen ‚eingezäunt'.

Die Idee des Einzäunens und Besitzergreifens ist von grundlegender Bedeutung nicht nur für die Entstehung von Eigentumsvorstellungen, sondern für diejenige der Entstehung von Kulturen überhaupt, wie vor Kurzem wieder ausführlich von David Graeber und David Wengrow in *The Dawn of Everything: A New History of Humanity* ausgeführt.[40] „Der erste, der ein Stück Land mit

---

37 Ovid: *Metamorphosen*. Hg. von Niklas Holzberg. Berlin/ Boston: De Gruyter 2017. S. 423–431.
38 Goethe: *Faust*. S. 434. V. 11248.
39 Ebd. S. 445. V. 11539–11543. Vgl. Jochen Schmidt: *Goethes Faust. Erster und Zweiter Teil. Grundlagen – Werk – Wirkung*. München: Beck 2. Aufl. 2001. Wilhelm Voßkamp: ‚Höchstes Exemplar des utopischen Menschen'. Ernst Bloch und Goethes *Faust*. In: Ders.: *Emblematik der Zukunft. Poetik und Geschichte literarischer Utopien von Thomas Morus bis Robert Musil*. Berlin/Boston: De Gruyter 2016. S. 284–295. Inez Hedges: *Framing Faust. Twentieth-Century Cultural Struggles*. Carbondale: Southern Illinois University Press 2005. Vgl. auch: John K. Noyes: Goethe on Cosmopolitanism and Colonialism: *Bildung* and the Dialectic of Critical Mobility. In: *Eighteenth-Century Studies* 39.4 (2006). S. 443–462. Noyes weist darauf hin, dass koloniale Projekte bei Goethe meist sehr positiv dargestellt und nicht mit Verbrechen und Grausamkeit assoziiert sind.
40 David Graeber/ David Wengrow: *Anfänge. Eine neue Geschichte der Menschheit*. Stuttgart: Klett-Cotta 2022.

einem Zaun umgab und auf den Gedanken kam zu sagen ‚Dies gehört mir' und der Leute fand, die einfältig genug waren, ihm zu glauben, war der eigentliche Begründer der bürgerlichen Gesellschaft."[41] Was Rousseau von Grund und Boden sagen konnte, wirkt für die Ozeane zunächst einmal unplausibel, und doch sind es – so Deleuze und Guattari – gerade diese, also deren Urbarmachung durch Schiffsrouten, die Berechnung von Längen- und Breitengraden durch Kompass und Sextant, die wiederum die Eroberung ganzer Kontinente durch europäische Einwanderer erst möglich machten.[42] Das Projekt, das Faust hier zum Ende bringen will, steht unter dem Gesetz von Arbeit und Eroberung, Arbeit *als* Eroberung: „Das ist der Weisheit letzter Schluss: Nur der verdient sich Freiheit wie das Leben, / der täglich sie erobern muß."[43]

Zu einfach wäre es allerdings wiederum, dies nur als Aggression und kriegerische Handlung zu sehen, denn es ging zugleich immer auch um Emanzipation und Befreiung verarmter Bevölkerungsgruppen: „Auf freiem Grund mit freiem Volke stehn",[44] war das durchaus hehre Ziel, das mit den entsprechenden Verbrechen erreicht werden sollte. Faust hat sich bei seinem Kolonisierungsprojekt zwar mit den falschen Helfern eingelassen, kein Talent zur Führung und zum politischen Kompromiss gezeigt, ist dadurch mittelbar und unmittelbar schuldig geworden am Tode vieler Menschen, aber trotzdem scheint er die Freiheit im Blick gehabt zu haben.[45] Fausts mehrfache

---

41   Jean-Jacques Rousseau: *Abhandlung über den Ursprung und die Grundlagen der Ungleichheit unter den Menschen*. Hg. von Heinrich Meier. Stuttgart: Schöningh UTB. 6. Auflage 2008. S. 173.

42   „Der maritime Raum wird ausgehend von zwei Errungenschaften, einer astronomischen und einer geographischen, eingekerbt: durch *den Punkt* der Position, den man durch eine Reihe von Berechnungen auf der Grundlage einer genauen Beobachtung der Sterne und der Sonne bekommt; und durch *die Karte*, die die Meridiane und Breitenkreise, sowie die Längen- und Breitengrade verbindet und so die bekannten oder unbekannten Regionen rastert (wie das Periodensystem von Mendelejew). Muß man, einer portugiesischen These zufolge, von einem Wendepunkt um das Jahr 1440 ausgehen, der eine erste entscheidende Einkerbung bedeutete und die großen Entdeckungen ermöglichte?" (Gilles Deleuze/ Félix Guattari: *Tausend Plateaus*. S. 664).

43   Goethe: *Faust*. S. 446. V. 11574f.

44   Goethe: *Faust*. S. 446. V. 11577–80.

45   Den Aspekt der Kolonisierung als Projekt der Errettung oder der Aufklärung nimmt auch Sigmund Freud auf. Freud rekurriert immer wieder auf Werke Goethes und bezieht sich an zentralen Stellen seines anthropologischen Konzepts von Es und Ich auf den *Faust*: Das Ich zu stärken sei „Kulturarbeit etwa wie die Trockenlegung der Zuydersee" (Sigmund Freud: Neue Folge der Vorlesungen zur Einführung in die Psychoanalyse. In: Ders.: *Gesammelte Werke*. Hg. von Anna Freud. Frankfurt am Main: Fischer 4. Aufl. 1967. Band 15. S. 86). Er illustriert sein Projekt der Analyse also mit einem Bild, das als Anspielung auf Fausts Kolonialisierungsprojekt gelesen wurde. Thomas Mann wiederum verbindet 1936 seine Vorlieben für Freud und für Goethe und zitiert genau diesen Bezug:

Wiederholung der Begriffe „frei" und „Freiheit" in seinem Schlussmonolog weist darauf hin, dass Landbesitz und Kolonisierung nicht nur mit Eroberung, Raub und Knechtschaft verbunden, sondern auch mit der Befreiung von ehemals Leibeigenen oder Unterdrückten, mit Eigenständigkeit von Armen und Gemeinsinn assoziiert sind, also – so könnte man etwas plakativ formulieren – sich liberale und kapitalistische ebenso wie utopische und kommunistische Aspekte verbinden.

Faust bereut nicht und wird – im orthodox christlichen Sinne – auch nicht erlöst. Was allerdings dann genau in der letzten Szene des V. Akts in den „Bergschluchten"[46] geschieht, ist schwer zu entscheiden.

4   Faust und die Aufwinde im Abgrund

Wir befinden uns gewissermaßen im Gegensatz zur „Offenen Gegend" nun – endlich – in finsteren Abgründen.

> Waldung, sie schwankt heran,
> Felsen, sie lasten dran,
> Wurzeln, sie klammern an,
> Stamm dicht an Stamm hinan,
> Woge nach Woge spritzt,
> Höhle, die tiefste, schützt.
> Löwen, sie schleichen stumm-
> freundlich um uns herum,
> Ehren geweihten Ort,
> Heiligen Liebeshort.[47]

„Freud hat seine Traumlehre einmal ‚ein Stück wissenschaftlichen Neulandes' genannt, ‚dem Volksglauben und der Mystik abgewonnen'. In diesem ‚abgewonnen' liegt der kolonisatorische Geist und Sinn seines Forschertums. ‚Wo *Es* war, soll *Ich* werden', sagte er epigrammatisch, und selber nennt er die psychoanalytische Arbeit ein Kulturwerk, vergleichbar der Trockenlegung der Zuydersee. So fließen uns zum Schluß die Züge des ehrwürdigen Mannes, den wir feiern, hinüber in die des greisen Faust, den es drängt, ‚das herrische Meer vom Ufer auszuschließen, der feuchten Breite Grenze zu verengen.'" (Thomas Mann: Freud und die Zukunft. In: Ders.: *Gesammelte Werke*. Hg. von Peter de Mendelssohn. Frankfurt am Main: Fischer 1982. Band 8. S. 905–929. Hier: S. 929).

46   Goethe: *Faust II*. S. 456–464.
47   Goethe: *Faust II*. S. 456 V. 11843–11853.

Abgründe sind, so erfährt man hier, also gar nicht vollkommen leer und unbelebt, aber doch dem Zugriff von Staatlichkeit offenbar weitgehend entzogen. Solche Orte dienen Einsiedlern und Sonderlingen, Heiligen und Kranken, Verwirrten und Erleuchteten, Raubtieren und Liebenden als Unterschlupf und Versteck. Durch Dunkelheit, Nacht und Nebel geschützt, entstehen hier Nischen für besondere Wesen und besondere Ereignisse. Nicht selten findet sich in solchen Schluchten auch der Eingang zur Unterwelt, der Zugang zum Hades oder zum Venusberg.[48] Sie sind oft „Chronotopoi"[49], Orte, an denen man nicht nur in eine andere Welt, sondern auch in eine andere Zeit wechseln, sich selbst dabei verwandeln kann. Abgründe sind Orte der Metamorphose.

Auch im *Faust* ist dies die zentrale Funktion der Bergschluchten: Sie wird durch die Aufwärtsbewegung und eine Art stofflicher Verwandlung und Veränderung der sterblichen Überreste angedeutet. „Er ist nicht reinlich",[50] wird gleich festgehalten. Noch im „Puppenstand"[51] sei Faust, also wie eine Larve, und er muss von „Flocken"[52] befreit werden.

> Bei der Liebe, die den Füßen
> Deines gottverklärten Sohnes
> Tränen ließ zum Balsam fließen,
> Trotz des Pharisäerhohnes;
> Beim Gefäße, das so reichlich
> Tropfte Wohlgeruch hernieder,
> Bei den Locken, die so weichlich
> Trockneten die heilgen Glieder –[53]

---

48 Vgl. z. B. Novalis: *Heinrich von Ofterdingen* (1802). Ludwig Tieck: *Der Runenberg* (1804). Johann Peter Hebel: *Unverhofftes Wiedersehen* (1811). E.T.A. Hoffmann: *Die Bergwerke zu Falun* (1819). Heinrich Heine: *Die Götter im Exil* (1854). Ders.: *Der Tannhäuser* (1836). Schon Homers Odysseus begegnet im Hades den verstorbenen Gefährten und Verwandten, Vergil seiner Dido, Heinrich von Ofterdingen der Tiefengeschichte der Natur in Form von riesenhaften Fossilien. Zur Bergbaumetapher vgl. auch Hartmut Böhme: Geheime Macht im Schoß der Erde. Das Symbolfeld des Bergbaus zwischen Sozialgeschichte und Psychohistorie. In: *Natur und Subjekt*. Hg. von Hartmut Böhme. Frankfurt am Main: Suhrkamp 1988. S. 67–144. Vgl. auch: Carsten Lange: *Architekturen der Psyche. Raumdarstellungen in der Literatur der Romantik*. Würzburg: Königshausen & Neumann 2007. S. 183–196.
49 Michail M. Bachtin: *Chronotopos*.
50 Goethe: *Faust II*. S. 460. V. 11996.
51 Goethe: *Faust II*. S. 460 V. 11982.
52 Goethe: *Faust II*. S. 460 V. 11985.
53 Goethe: *Faust II*. S. 462 V. 12036–12044.

Magna Peccatrix, Mulier Samaritana und Maria Aegyptiaca sind zusammen mit dem ehemaligen Gretchen für die Reinigung von Faust verantwortlich und damit dafür, dass „aus ätherischem Gewande hervortritt erste Jugendkraft."[54] Auch wenn das Reinigungspersonal in dieser Szene – wie immer weiblich – fast durchweg aus der christlichen Mythologie stammt, entspricht das Geschehen nicht einer orthodoxen Purgation und entsprechenden Erlösungsvorstellungen, sondern gleicht eher – wie Albrecht Schöne ausführt[55] – dem Himmel des Origines und einer Apokatastasis.[56] Es ist gerade keine eindeutige Wiedereingliederung in das – von Adam und Eva verlassene – Paradies vorgesehen.

In Goethes *Faust II* bleibt das Geschehen – konsequenterweise – daher auch in der Schwebe, im ‚Unausmachbaren'. Im Nebel und im Ungefähren, zwischen Himmel und Erde, Paradies und Hölle, Erlösung und Purgatorium, Heilsversprechen und Katastrophe bleibt die Situation diffus. Statt eines klaren Urteils, statt einer moralischen, theologischen oder juristischen Be*gründung* für *entweder* Rettung und Freispruch *oder* Verurteilung und Bestrafung, finden sich nur vage Andeutungen auf einen unabgeschlossenen Übergang, eine letztlich unergründliche Transformation, die sich musikalisch gestaltet, nicht in messbarer Zeit abläuft und einem nicht mehr auslotbaren Raum zugehört.

Anders formuliert: Es ist der Abgrund, der hier regiert. Dabei ist er keineswegs leer oder entvölkert, sondern nur vollkommen anders organisiert, als man es gewohnt ist: Gefahr und Schutz liegen nahe beieinander. Geborgenheit und Schwindel sind kaum zu unterscheiden. Ungewöhnlich sind auch die ‚Nachbarschaften' der verschiedenen Heiligen und nicht ganz Heiligen: „[E]in solcher amorpher, glatter Raum entsteht durch die Häufung von Nachbarschaften, und jede Häufung definiert eine *Zone der Unausmachbarkeit*."[57] An die bereits erwähnte *Unausmachbarkeit* soll hier noch einmal erinnert werden. „Organloser Körper statt Organismus und Organisation" wäre eine gute Beschreibung des Zustandes von Faust und den Gestalten, die ihm begegnen.

---

54   Goethe: *Faust II*. S. 464. V. 12090.
55   Vgl. dazu ausführlich den Kommentar und die darin angeführten Quellen bzw. die Hinweise auf Gottfried Arnolds *Unpartheyische Kirchen- und Ketzer-Historie* (1729), die ebenfalls die „Herwiederbringung aller Dinge" unterstellt. Vgl. Albrecht Schöne: *Johann Wolfgang Goethe Faust Kommentare*. In: Johann Wolfgang Goethe: *Sämtliche Werke*. Band 7.2. Hg. von Albrecht Schöne. Frankfurt am Main: Deutsche Klassiker Verlag 1994. S. 788.
56   Vgl. Karl Aner: *Die Theologie der Lessingzeit*. Hildesheim: Olms 1964. S. 267. Manfred Beetz: Lessings vernünftige Palingenesie. In: *Aufklärung und Esoterik. Rezeption – Integration – Konfrontation*. Hg. von Monika Neugebauer-Wölk. Tübingen: Niemeyer 2008. S. 131–149.
57   Deleuze/ Guattari: *Tausend Plateaus*. S. 676.

„Die Wahrnehmung besteht hier eher aus Symptomen und Einschätzungen als aus Maßeinheiten und Besitztümern": Vor allem die Besitztümer scheinen nun plötzlich keinerlei Rolle mehr zu spielen. „Deshalb wird der glatte Raum von Intensitäten, Winden und Geräuschen besetzt, von taktilen und klanglichen Kräften und Qualitäten [...]."[58]

Die Eroberung und Kultivierung von Land durch die Trockenlegung und Einhegung des Meers und der tödliche Angriff auf die Ureinwohner markieren koloniale Besitzansprüche und verweisen auf ihre Versprechen und Verbrechen zugleich. Als Täter wird das moderne männliche, ständig strebende Subjekt identifiziert.

Im Nebel der Abgründe begegnen sich dann diverse Gestalten aus aller Welt und aus allen Himmeln. Das starke Subjekt und sein ebenso heldenhaftes wie verbrecherisches Tun lösen sich in den schattigen Abgründen auf, werden verwischt in einer verstörenden Reinigungszeremonie, in dem das Lösungsmittel für den maskulinen Schmutz ganz einfach ‚das Weibliche' zu sein scheint. Das männliche Ego verschwindet im Abgrund und gerettet wird vom ‚Ewig-Weiblichen' eine unstoffliche, geglättete Gestalt.

5 Hauke Haien und der Aufstieg am Deich

Auch Theodor Storms *Der Schimmelreiter*, die Geschichte eines Deichbaus, beginnt nicht mit einem Abgrund, sondern wieder eher mit dem Gegenteil eines Abgrunds: einem künstlichen Hügel, einem Deich. Wir befinden uns zunächst wieder in einer sehr „offenen Gegend", die in Polder und Koge, Priele und Weiden sorgsam unterteilt ist. Auch hier wird das Meer mit „strengem Band" umzogen, in eingekerbtes Land verwandelt.

> Der glatte Raum ist zuerst auf dem Meer gezähmt worden, auf dem Meer hat man ein Modell für die Raumaufteilung, für das Aufzwingen der Einkerbung gefunden, das überall zum Vorbild genommen werden konnte.[59]

Auch in Storms Novelle wird die Konfrontation von Land und Meer, Kultivierung und Chaos, Grund und Abgrund als ein Ineinander, als abwechselndes Bauen, Unterspülen, Konstruieren und Verwischen abgebildet.

---

58   Deleuze/Guattari: *Tausend Plateaus*. S. 676.
59   Deleuze/Guattari: *Tausend Plateaus*. S. 665.

Der Protagonist der Novelle, der junge Deichgraf Hauke Haien, hat sich mit Hilfe seiner Ausbildung, seines Wissens und seiner Arbeit aus einer inferioren gesellschaftlichen Position herausgearbeitet. Er lernt erst lesen, dann Euklid verstehen, dann selbst mathematische Berechnungen anstellen. Sein Aufstieg ist ein exemplarischer Bildungsaufstieg, ein sozialer und nicht nur ein materieller. Die eigentlichen Hindernisse für ein geglücktes Leben ergeben sich dann allerdings aus anderen Zusammenhängen: Sein nach langer Ehe spät geborenes und einziges Kind ist behindert und ein Sorgenfall. Sein technisches Wissen, seine aufgeklärte Haltung und sein unbeugsamer Glaube an den Fortschritt sehen sich zudem überraschend in Konflikt mit einem anderen Typus von Wissen, mit einem Wissen, das man üblicherweise als Aberglaube bezeichnet. Der Konflikt spaltet die dörfliche Gemeinschaft und führt zu einer Katastrophe.[60]

Storm beschreibt in seiner Erzählung ein Unbehagen an der Konfrontation von Fortschritt und Tradition, Wissen und Aberglaube und baut dies in die Geschichte des Deiches ein, wobei der Deich weder nur positiv gesehen werden kann – als Rettung der Menschen vor den Gewalten der Natur –, noch eine rein negative Zerstörung von Natur darstellt. Es scheint beides zugleich der Fall. In dieser Novelle werden nicht nur der Deich, sondern die diesem Denken zugrundeliegenden großen Trennungen von Natur und Kultur, Moderne und Vormoderne, Technik und Religion buchstäblich unterhöhlt, durchlöchert und weggespült. Wieder ist das ‚Unausmachbare' entscheidend

---

60 Es handelt sich beim Aberglauben – wie bei der Magie – letztlich weniger um ein Glaubens- als um ein Wissenssystem, das nicht mit naturwissenschaftlichen Methoden beschreibbar und nicht mit den Naturgesetzen kompatibel ist. Neben dem üblichen Alltagsaberglauben fällt unter dieses ‚andere' Wissen vor allem die Annahme von Sphären und Kräften, die man nicht sehen oder physikalisch nachweisen kann. Auch die Kommunikation mit unsichtbaren oder verstorbenen Wesen gehört in den Bereich des Aberglaubens oder des Magischen, wobei die Grenzen zu religiösem Glauben, Spiritualität oder Superstition nicht genau festzulegen sind. Aberglaube und magisches Wissen gelten als Formen vormodernen Wissens, das mit der Aufklärung obsolet geworden ist. „Aufklärung", so formuliert Immanuel Kant programmatisch in seiner *Kritik der Urteilskraft*, ist die „Befreiung vom Aberglauben". Magisches Denken dagegen sei ebenso heteronom wie obsolet. Das „Bedürfnis von andern geleitet zu werden" widerspräche diametral dem aufklärerischen Anspruch an eine autonome Urteilsfindung durch ein souveränes Subjekt. Immanuel Kant: Kritik der Urteilskraft [1790]. In: *Immanuel Kant. Schriften zur Ästhetik und Naturphilosophie*. Hg. von Manfred Frank/ Véronique Zanetti. Frankfurt am Main: DKV 1996. Band 3. § 40. S. 640. Vgl. Karl-Heinz Göttert: *Magie. Zur Geschichte des Streits um die magischen Künste unter Philosophen, Theologen, Medizinern, Juristen und Naturwissenschaftlern von der Antike bis zur Aufklärung*. München: Fink 2001. Vgl. auch Robert Stockhammer: *Zaubertexte. Die Wiederkehr der Magie und die Literatur 1880–1945*. Berlin: Akademie-Verlag 2000.

für die Einschätzung des Konflikts zwischen Hauke Haien und den anderen Dorfbewohnern.

Die Spannung entlädt sich, als der junge Deichgraf die Arbeiter dabei ertappt, wie sie in seinem gut berechneten Damm einen Hund opfern wollen. Er versucht, sie daran zu hindern und den Hund zu retten:

> [P]lötzlich aber scholl ein jammervoller Schrei des kleinen Tieres von unten aus der Schlucht herauf. Hauke blickte hinab; er hatte es von oben hinunterschleudern sehen; eine jähe Zornröte stieg ihm ins Gesicht. „Halt! Haltet ein!" schrie er zu den Karren hinunter; denn der nasse Klei wurde unaufhaltsam aufgeschüttet. „Warum?" schrie eine rauhe Stimme von unten herauf; „doch um die elende Hundekreatur nicht?"[61]

Die Arbeiter – auch hier wieder mit ihren Spaten zugange – fordern ein Bauopfer, wie es in vielen Ländern lange üblich war.

Hier sehen wir eine Form der Inbesitznahme, die anders als die Einzäunung von Land offenbar nicht durch eine Geste des Ausschlusses, sondern im Gegenteil durch einen Einschluss erfolgt. Was zunächst befremdlich erscheinen mag, hat Michel Serres ausführlich untersucht. Er weist darauf hin, dass Inbesitznahme von Land und Grund bei Weitem nicht nur durch Einzäunen und Befestigen bewerkstelligt wird:

> Ich gehe von der Suppe, die mit Spucke verschmutzt ist, zum dreckigen Laken über, oder vom Tisch zum Bett, um jetzt von der individuellen Aneignung zum Familieneigentum zu gelangen; und von der Stadtratte zur Landratte. Die Parzelle Ackerland, ein Stück Weinberg [...] gehörten eigentlich und tatsächlich dem bäuerlichen Familienstamm, begründet durch die Präsenz der Gebeine ihrer Vorfahren, die dort in einer Gruft oder unter einem Grabstein bestattet liegen.[62]

Vielmehr sind es, so Serres, Praktiken der Verschmutzung und des Opferns, die nachhaltig dafür sorgen sollen, dass etwas nicht von anderen entwendet oder besetzt wird:

---

61 Theodor Storm: Der Schimmelreiter. In: Ders.: Novellen 1881–1888. Sämtliche Werke in vier Bänden. Hg. von Dieter Lohmeier/ Karl Ernst Laage. Band 3. Frankfurt am Main: DKV 1988. S. 634–756. Hier: S. 721.
62 Michel Serres: Das eigentliche Übel. Verschmutzen, um sich anzueignen? Berlin: Merve 2009. Hier: S. 11 [franz. Le Mal propre. Polluer pour s'approprier? Paris: Pommier 2008].

Romulus tötete also Remus, der ihm gerade günstig in die Quere kam, und beeilte sich, ihn unter den Mauern der Stadt zu begraben, wodurch er genau deren Gründer, Eigentümer, der Herrscher und König wurde. Die blutigen Überreste seines Verbrechens besudelten die Erde, die er sich auf diese Weise aneignete, einem Gesetz folgend, das ich Naturrecht oder Lebensrecht nenne.[63]

Serres verweist dabei auf die vor allem in Südosteuropa weit verbreiteten Legenden zum ‚Bauopfer', bei dem Kinder, Frauen oder auch Tiere in die Fundamente von Brücken, Schlössern und anderen Gebäuden eingemauert werden, um deren Stabilität zu garantieren.[64] In Legenden und Märchen wird vor allem von eingemauerten Ehefrauen der Baumeister berichtet.

Einzäunen oder verschmutzen: Die beiden Formen der Inbesitznahme charakterisieren auch diejenigen, die sich die Welt zu eigen machen. Es handelt sich dabei aber keineswegs um jeweils moderne oder vormoderne Praktiken: Die Verschmutzung der Erde charakterisiert die Moderne und alles, was ihr folgt, mehr als alle vormodernen Zeiten.

Wen oder was auch immer das Opfer im Falle des Deichbaus besänftigen soll, diese Instanz gibt es in Hauke Haiens aufgeklärter Welt nicht:

„Halt! sag ich", schrie Hauke wieder; „bringt mir den Hund! Bei unserm Werke soll kein Frevel sein!" Aber es rührte sich keine Hand; nur ein paar Spaten zähen Kleis flogen noch neben das schreiende Tier. Da gab er seinem Schimmel die Sporen, daß das Tier einen Schrei ausstieß, und stürmte den Deich hinab, und alles wich vor ihm zurück. „Den Hund!" schrie er; „ich will den Hund!". Eine Hand schlug sanft auf seine Schulter, als wäre es die Hand des alten Jewe Manners; doch als er umsah, war es nur ein Freund des Alten. „Nehmt Euch in acht, Deichgraf!" raunte der ihm zu, „Ihr habt nicht Freunde unter diesen Leuten; laßt es mit dem Hunde gehen!"[65]

Denn die Männer sind sich einig darin, dass der Deich nur hält, wenn „was Lebiges"[66] eingemauert wird. Auf die entsetzte Gegenfrage von Hauke: „Was

---

63 Serres: *Das eigentliche Übel*. S. 19.
64 Vgl. Volker Schmidt: Tierische und menschliche Bauopfer bei den Nordwestslawen. In: *Studia Mythologica Slavica* 4 (2001). S. 25–34. Ion Taloş: Die eingemauerte Frau. Neuere Forschungsarbeiten über die südosteuropäische Bauopfer-Ballade. In: *Jahrbuch für Volksliedforschung* 34 (1989). S. 105–116.
65 Storm: Schimmelreiter. S. 721.
66 Storm: Schimmelreiter. S. 722.

Lebiges? Aus welchem Katechismus hast du das gelernt?",[67] reagiert der Arbeiter unwirsch:

> „Aus keinem, Herr!" entgegnete der Kerl, und aus seiner Kehle stieß ein freches Lachen; „das haben unsere Großväter schon gewußt, die sich mit Euch im Christentum wohl messen durften! Ein Kind ist besser noch; wenn das nicht da ist, tut's auch ein Hund!"[68]

Die Männer bauen nach physikalischen Regeln einen ausgemessenen und technisch ausgefeilten Damm, opfern aber doch zugleich einen Hund, ja, sie wären bereit, ein Kind zu opfern.[69]

6 Der Schimmelreiter und der Sturz in den Abgrund

Es tritt nach diesem großen Streit, den der Deichgraf für sich entscheidet, eine gewisse Ruhe ein. Offenbar scheinen die Menschen den Deich und den Deichgrafen zu akzeptieren. Als aber ein großes Unwetter hereinbricht, rebellieren die Leute aus dem Dorf erneut und versuchen, den neuen Deich zu zerstören, statt den alten auszubessern. Wieder ist Hauke Haien unterwegs und wieder gibt er seinem Pferd die Sporen, damit es ihn in die Tiefe befördert. Diesmal gilt es nicht, einen kleinen Hund zu retten, sondern seine Familie. Die Parallelität der Szenen macht es unmöglich, zu übersehen, dass statt dem Hund nun die Familie geopfert werden muss.

Hauke Haien stirbt bei dem Versuch, seine Familie zu retten:

> Da sank aufs neu ein großes Stück des Deiches vor ihm in die Tiefe, und donnernd stürzte das Meer sich hintendrein; noch einmal sah er drunten den Kopf des Pferdes, die Räder des Gefährtes aus dem wüsten Greuel emportauchen und dann quirlend darin untergehen. Die starren Augen des Reiters, der so einsam auf dem Deiche hielt, sahen weiter nichts. „Das Ende!" sprach er leise vor sich hin; dann ritt er an den Abgrund, wo unter ihm die Wasser, unheimlich rauschend, sein Heimatsdorf zu überfluten begannen; noch immer sah er das Licht von seinem Hause schimmern; es war ihm wie entseelt. Er richtete sich hoch auf und stieß dem Schimmel

---

67 Storm: Schimmelreiter. S. 722.
68 Storm: Schimmelreiter. S. 722.
69 Vgl. Bruno Latour: *Wir sind nie modern gewesen. Versuch einer symmetrischen Anthropologie*. Frankfurt am Main: Suhrkamp 1998.

die Sporen in die Weichen; das Tier bäumte sich, es hätte sich fast überschlagen; aber die Kraft des Mannes drückte es herunter. „Vorwärts!" rief er noch einmal, wie er es so oft zum festen Ritt gerufen hatte. „Herr Gott, nimm mich; verschon die anderen!"[70]

Als habe sich der Deichgraf im Angesicht des Abgrunds eines Besseren besonnen, bietet er sich nun selbst als Opfer an. Im Tausch gegen seine Familie möchte er selbst das Bauopfer darstellen und vergisst dabei, dass man weder mit Gott noch mit den Göttern verhandeln kann: Abgründe sind nicht die Sphären ökonomischen Handels. Im Gegenteil gelten Besitz und Warenwelt dort gerade nichts mehr, es gibt keine Preise und keinen Tausch. In der unausmachbaren Welt des Opferns geht es nicht um Gleichwertigkeit, um Gleichungen und Wert. Opfer gibt es nur, wenn sie akzeptiert werden.[71]

Hauke Haien ist jedoch nicht wirklich tot und verschwunden. Offenbar wurde sein Opfer nicht akzeptiert, er konnte weder Familie noch Deich retten und nicht einmal sich selbst töten: Als Gespenst reitet er zukünftig über seinen Deich. Nun gehört ausgerechnet er als Wiedergänger einem Zwischenreich des Aberglaubens an, unerlöst und untot. Er erscheint manchen Reisenden in stürmischen Nächten auf seinem Pferd. Unklar bleibt dabei, ob es sich um die Erzählungen böser Zungen, die Geschichten abergläubischer Bauern, poetische Erfindungen oder Halluzinationen handelt. Ist es eine Art Rache der Natur an der Technik? Der Sieg des Aberglaubens über die Mathematik? Ist im Abgrund die Hoffnung auf Fortschritt verschwunden? Ist der Deich nun selbst ein Abgrund?

Die Erzählung liefert keine Begründungen für diese seltsame Wendung. Man verliert buchstäblich den Boden unter den Füßen, denn es bleibt unausmachbar, was denn nun glaubhaft sein soll. Die in viele Rahmenerzählungen verschachtelte Novelle signalisiert auf der einen Seite Glaubhaftigkeit durch die genaue Nennung von Quellen und Dokumenten, zuverlässigen Berichterstattern und Zuhörern. Auf der anderen Seite verwischen die historische Tiefe und das Stimmengewirr den Anschein der Glaubhaftigkeit. Sein und Schein, Wasser und Land, Licht und Dunkelheit, Geist und Materie, Grund und Abgrund, Realität und Erzählung verschwimmen.

---

70 Storm: Schimmelreiter. S. 753.
71 Vgl. etwa: Jan Assmann: Der hebräische und der ägyptische Mose. Bilder und Gegenbilder. In: *Das Alte Testament und die Kultur der Moderne*. Hg. von Manfred Oeming/ Konrad Schmid/ Michael Welker. Münster: LIT 2004 (Altes Testament und Moderne 8). S. 147–155.

7 Erzählen am Abgrund

Der Deichbau bei Storm assoziiert Goethes *Faust* und seine Landgewinnungsmaßnahmen ganz explizit. Faust und Hauke Haien, diese gut ausgebildeten, klugen, tatkräftigen Männer haben sich dem Fortschritt, dem Wissen und der Technik verschrieben. Sie wollen Sicherheit und Freiheit für ihre Mitmenschen. Was ihnen als Ordnung, Fortschritt und Gesetz erscheint, erweist sich im Laufe der Geschichten jedoch als überraschend unzuverlässig, unbrauchbar, ja sogar als gewalttätig und grausam. Dabei stehen sich weder in Goethes Drama noch in Storms Novelle die beiden Seiten der Charaktere diametral entgegen, vielmehr gehören sie untrennbar zusammen und verwandeln sich ständig vom einen ins andere. Man kann hier noch einmal auf die Analogie zu den Räumen, in denen sie sich bewegen, verweisen: „[D]er glatte Raum wird unaufhörlich in einen gekerbten Raum übertragen und überführt; der gekerbte Raum wird ständig umgekrempelt, in einen glatten Raum zurückverwandelt."[72] Sie sind unterschieden, aber nicht voneinander getrennt.

Um das zu verdeutlichen, spricht Deleuze an anderer Stelle nicht von trennenden Linien, sondern von „Falten", die sowohl eine Kontinuität – wenn man sie ausfaltet – als auch – auf den ersten Blick – einen Abgrund darstellen.[73] Beide, Faust und Hauke Haien, befinden sich am Ende in solchen „Falten" zwischen Kultivierung und Ausbeutung, zwischen Befreiung und Tyrannei, zwischen Technik und Magischem, Erlösung und Tod. Im Bild der Falte versteht man die Gleichzeitigkeit von Unterschiedenheit und Kontinuität, Differenz und Nähe.[74] Faust und Haien sind weder im Himmel noch in der

---

[72] Deleuze/Guattari: *Tausend Plateaus*. S. 434.
[73] Vgl. Gilles Deleuze: *Le Pli. Leibniz et le Baroque*. Paris: Minuit 1988. Vgl. dazu Frederike Lausch: Gilles Deleuze und die Anyone Corporation. *Übersetzungsprozesse zwischen Philosophie und Architektur*. Bielefeld: transcript 2021. Nikolaus Largier: Die Falte. Barocke Figuration bei Gilles Deleuze und Walter Benjamin. In: *Frühe Neuzeit – Späte Neuzeit. Phänomene der Wiederkehr in Literaturen und Künsten ab 1970*. Hg. von Nordverbund Germanistik. Bern u.a.: Peter Lang 2011. S. 209–223. Gaja von Sychowski: *Die Falte rahmen? – ‚Ontologie' und ‚Virtualität' als terminologische Perspektiven auf Deleuzes Le Pli*. In: *Symposiumsbericht „Wege des Faches – Wege der Forschung?"*. Hg. von Klaus Pietschmann. Mainz: Schott Campus 2018. Rainer Zaiser: Le pli: Deleuze et le baroque. In: *Œuvres & Critiques* 32.2 (2007). S. 155–170.
[74] „In der Tat, Falten gibt es überall: in den Felsen, in Flüssen und Wäldern, in den Organismen, im Kopf oder Gehirn, in den Seelen oder im Denken, in den Skulpturen ... Dennoch ist die Falte kein Universal. ... Die Geraden gleichen sich, aber die Falten variieren, und jede verläuft anders. Es gibt keine zwei Dinge, keine zwei Felsen, die ähnlich gefaltet sind, und keine regelmäßige Falte für ein und dieselbe Sache. ... Der Begriff der Falte ist immer singulär, er kann nur dadurch Terrain gewinnen, daß er variiert, sich verzweigt, sich wandelt. Sobald man die Berge von ihren Faltungen ausgehend begreift

Hölle, sondern irgendwo in einer der vielen Wirklichkeitsfalten. Für Faust wird noch eine Art Rettung angedeutet, Hauke Haien dagegen scheint verdammt zu sein, seinen Deich und seine Familie ewig selbst zu retten. Der unglückliche Nachfahre von Faust hat selbst niemanden mehr, der ihn retten könnte. Die Zurichtung der Natur und die daraus entstehenden Probleme scheinen sich in der Novelle des späten 19. Jahrhunderts schon viel deutlicher zu artikulieren. Die aufziehende Angst vor dem Unauslotbaren, das durch menschliche Eingriffe in das Ökosystem aus dem Gleichgewicht geraten könnte, kennt kein Gegenmittel mehr.

In beiden Fällen – die sicherlich nicht repräsentativ sein müssen für Narrative des Abgrundes – ist auffallend, dass es gar nicht der Abgrund selbst ist, der Angst macht. Man kann – im *Faust* – dort sogar gerettet werden, oder – wie Hauke Haien – sogar selbst zum Retter (eines Hundes) werden. Das Unausmachbare, das „Indiscernable", liegt viel eher in der Dynamik, in dem Zusammenhang zwischen Grund und Abgrund, oder anders ausgedrückt, darin, wie schnell und unvermutet ein Grund zum Abgrund werden kann.

Bibliografie

Aner, Karl: *Die Theologie der Lessingzeit*. Hildesheim: Olms 1964.

Assmann, Jan: Der hebräische und der ägyptische Mose. Bilder und Gegenbilder. In: *Das Alte Testament und die Kultur der Moderne*. Hg. von Manfred Oeming/ Konrad Schmid/ Michael Welker. Münster: LIT 2004. S. 147–155.

Bachmann-Medick, Doris: *Cultural Turns. Neuorientierungen in den Kulturwissenschaften*. Reinbek bei Hamburg: Rowohlt 2006.

Bachtin, Michail M.: *Chronotopos*. Frankfurt am Main: Suhrkamp 2008 [1975].

Becher, Johannes R.: Der Befreier. In: Ders.: *Gesammelte Werke in 18 Bänden*. Bd. 17: Publizistik III. Hg. von Johannes-R.-Becher-Archiv der Akademie der Künste. Berlin-Weimar: Aufbau 1979. S. 263–302.

Beetz, Manfred: Lessings vernünftige Palingenesie. In: *Aufklärung und Esoterik. Rezeption – Integration – Konfrontation*. Hg. von Monika Neugebauer-Wölk. Tübingen: Niemeyer 2008. S. 131–149.

---

und vor allem sieht und anfaßt, verlieren sie ihre Härte, werden die Jahrtausende wieder, was sie sind, nicht Beständigkeit, sondern Geschmeidigkeit und Zeit im Reinzustand. Nichts ist aufregender als die unablässigen Bewegungen dessen, was unbeweglich zu sein scheint." (Valeska Bertoncini: Booklet zu Abécédaire – Deutsche Ausgabe. In: Pierre-André Boutang: *Gilles Deleuze von A bis Z* [*franz. L'Abécédaire de Gilles Deleuze*]. 3 DVDs mit Booklet. Frankreich: Sodaperage 2008. Unveränderte Neuauflage Fridolfing 2015. S. 59).

Bertoncini, Valeska: Booklet zu Abécédaire – Deutsche Ausgabe. In: *Gilles Deleuze von A bis Z [franz. L'Abécédaire de Gilles Deleuze]*. 3 DVDs mit Booklet. Hg. von Pierre-André Boutang Frankreich: Sodaperage 2008. Unveränderte Neuauflage Fridolfing 2015.

Bittner, Wolfgang: *Niemandsland*. Leipzig: Forum 1992.

Böhme, Hartmut: Geheime Macht im Schoß der Erde. Das Symbolfeld des Bergbaus zwischen Sozialgeschichte und Psychohistorie. In: *Natur und Subjekt*. Hg. von Hartmut Böhme. Frankfurt am Main: Suhrkamp 1988. S. 67–144.

Broich, Jacqueline M./ Ritter, Daniel: Tagungsbericht „Terrain vague: Die Brache in den Stadt- und Kulturwissenschaften". In: *Romanische Studien* 1.2 (2015). S. 379–393.

Bubner, Rüdiger: *Hegel und Goethe*. Heidelberg: Winter 1978.

Bustos, Natacha/ Sánchez, Francisco: *Tschernobyl. Rückkehr ins Niemandsland*. Berlin: Egmont Graphic Novel 2016.

Damler, Daniel: *Wildes Recht. Zur Pathogenese des Effektivitätsprinzips in der neuzeitlichen Eigentumslehre*. Berlin: Duncker & Humblot 2008.

Das leere Land. Historische Narrative von Einwanderergesellschaften. Hg. von Matthias Asche/ Ulrich Niggermann. Stuttgart: Franz Steiner 2015 (Historische Mitteilungen – Beihefte 92).

Deleuze, Gilles: *Le Pli. Leibniz et le Baroque*. Paris: Minuit 1988.

Deleuze, Gilles/ Guattari, Félix: *Tausend Plateaus. Kapitalismus und Schizophrenie*. Berlin: Merve 1992.

Deloria, Vine: *God is Red*. New York: Delta 1973.

Diez, Thomas: Last Exit to Paradise? Cyprus, the European Union, and the Problematic „Catalytic Effect". https://ciaotest.cc.columbia.edu/wps/dit02/. COPRI-Working Paper 4-2000. Abgerufen am 15.11.2023.

Finzsch, Norbert: Der glatte Raum der Nomaden. Indigene Outopia, indigene Heterotopia am Beispiel Australiens. In: *‚Rasse' und Raum. Topologien zwischen Kolonial-, Geo- und Biopolitik: Geschichte, Kunst, Erinnerung*. Hg. von Claudia Bruns. Trier: Reichert 2017. S. 123–144.

Foucault, Michel: *Die Ordnung der Dinge. Eine Archäologie der Humanwissenschaften*. Frankfurt am Main: Suhrkamp 1974 [1966].

Foucault, Michel: Von anderen Räumen [1967/1984]. In: Ders.: Schriften in vier Bänden. Dits et écrits. Bd. 4. Hg. von Daniel Defert/ François Ewald. Frankfurt am Main: Suhrkamp 2005. S. 931–942.

Freud, Sigmund: Neue Folge der Vorlesungen zur Einführung in die Psychoanalyse. In: Ders.: Gesammelte Werke. 4. Aufl., Bd. 15. Hg. von Anna Freud. Frankfurt am Main: Fischer 1967.

Gerbode, Willi F.: *Der Zaun. Roman aus Niemandsland*. Rosendahl: Rothenberg 1999.

Graeber, David/ Wengrow, David: *Anfänge. Eine neue Geschichte der Menschheit*. Stuttgart: Klett-Cotta 2022.

Goethe, Johann Wolfgang von: *Faust. Texte.* In: Ders.: Sämtliche Werke. Bd. 7.1. Hg. von Albrecht Schöne. Frankfurt am Main: Deutscher Klassiker Verlag 1994 [1808].

Grenzgeschichten. Berichte aus dem deutschen Niemandsland. Hg. Von Andreas Hartmann/ Sabine Künsting. Frankfurt am Main: Fischer 1990.

Göttert, Karl-Heinz: *Magie. Zur Geschichte des Streits um die magischen Künste unter Philosophen, Theologen, Medizinern, Juristen und Naturwissenschaftlern von der Antike bis zur Aufklärung.* München: Fink 2001.

Hebel, Johann Peter: *Unverhofftes Wiedersehen* (1811).

Hedges, Ines: *Framing Faust. Twentieth-Century Cultural Struggles.* Carbondale: Southern Illinois University Press 2005.

Hegel, Georg Wilhelm Friedrich: Vorlesungen über die Ästhetik III. In: Werke. Band 15. Hg. von Eva Moldenhauer. Frankfurt am Main: Suhrkamp 1980.

Heine, Heinrich: *Der Tannhäuser* (1836).

Heine, Heinrich: *Die Götter im Exil* (1854).

Hoffmann, E.T.A.: *Die Bergwerke zu Falun* (1819).

Janssen, Helmut: *Die Übertragung von Rechtsvorstellungen auf fremde Kulturen am Beispiel des englischen Kolonialrechts. Ein Beitrag zur Rechtsvergleichung.* Tübingen: Mohr Siebeck 2000.

Kant, Immanuel: *Kritik der Urteilskraft* [1790]. In: Immanuel Kant. *Schriften zur Ästhetik und Naturphilosophie.* Bd. 3. § 40. Hg. von Manfred Frank/ Véronique Zanetti. Frankfurt am Main: DKV 1996.

Kimmich, Dorothee: Weltanschauung. In: *Faust-Handbuch.* Hg. von Carsten Rohde/ Thorsten Valk/ Mathias Mayer. Stuttgart: Metzler 2018. S. 348–356.

Kimmich, Dorothee: *Leeres Land. Niemandsländer in der Literatur.* Göttingen: Konstanz University Press 2021.

Koschorke, Albrecht: Codes und Narrative. Überlegungen zur Poetik der funktionalen Differenzierung. In: *Grenzen der Germanistik. Rephilologisierung oder Erweiterung?* Hg. von Walter Erhart. Stuttgart-Weimar: Metzler 2004. S. 174–185.

Lange, Carsten: *Architekturen der Psyche. Raumdarstellungen in der Literatur der Romantik.* Würzburg: Königshausen & Neumann 2007.

Largier, Nikolaus: Die Falte. Barocke Figuration bei Gilles Deleuze und Walter Benjamin. In: *Frühe Neuzeit – Späte Neuzeit. Phänomene der Wiederkehr in Literaturen und Künsten ab 1970.* Hg. von Nordverbund Germanistik. Bern u.a.: Peter Lang 2011. S. 209–223.

Latour, Bruno: *Wir sind nie modern gewesen. Versuch einer symmetrischen Anthropologie.* Frankfurt am Main: Suhrkamp 1998.

Latour, Bruno: *Kampf um Gaia. Acht Vorträge über das neue Klimaregime.* Berlin: Suhrkamp 2020.

Lausch, Frederike: *Gilles Deleuze und die Anyone Corporation. Übersetzungsprozesse zwischen Philosophie und Architektur*. Bielefeld: transcript 2021.

Leed, Eric J.: *No Man's Land. Combat and Identity in World War I*. Cambridge/ New York: Cambridge University Press 1979.

Leshem, Noam/ Pinkerton, Alasdair: Re-Inhabiting No-Man's Land: Genealogies, Political Life and Critical Agendas. In: *Transactions of the Institute of British Geographers* 41.1 (2016). S. 41–53.

Leshem, Noam: Spaces of Abandonment: Genealogies, Lives and Critical Horizons. In: *Environment and Planning D: Society and Space* 35.4 (2017). S. 620–636.

Locke, John: *Zwei Abhandlungen über die Regierung*. Hg. von Walter Euchner. Frankfurt am Main: Europäische Verlagsanstalt 1967.

Locke, John: Second Treatise of Government [1690]. In: Ders.: *Two Treatises of Government and A Letter Concerning Toleration*. Hg. von Ian Shapiro. New Haven/ London: Yale University Press 2003. S. 100–209.

Loick, Daniel: *Der Missbrauch des Eigentums*. Berlin: Matthes & Seitz 2016.

Lotman, Jurij.: Dynamische Mechanismen semiotischer Systeme. In: Ders.: *Aufsätze zur Theorie und Methodologie der Literatur und Kultur*. Hg. von Karl Eimermacher. Kronberg, Ts.: Scriptor 1974. S. 430–437.

Mann, Thomas: Freud und die Zukunft. In: Ders.: *Gesammelte Werke*. Bd. 8. Hg. von Peter de Mendelssohn. Frankfurt am Main: Fischer 1982. S. 905–929.

Novalis: *Heinrich von Ofterdingen* (1802).

Noyes, John K.: Goethe on Cosmopolitanism and Colonialism: *Bildung* and the Dialectic of Critical Mobility. In: *Eighteenth-Century Studies* 39.4 (2006). S. 443–462.

Noyes, John K.: *The Universe of the Mind. A Semiotic Theory of Culture*. London/ New York: Tauris 1990.

Oesterle, Kurt: *Die Stunde, in der Europa erwachte*. Tübingen: Klöpfer, Narr 2019.

Ovid: *Metamorphosen*. Hg. von Niklas Holzberg. Berlin/ Boston: De Gruyter 2017.

Raumtheorie. Grundlagentexte aus Philosophie und Kulturwissenschaften. Hg. von Jörg Dünne/ Stephan Günzel. Frankfurt am Main: Suhrkamp 2006.

Roith, Heiko: Projekt „Chernobyl30" – ein Mahnmal in Bildern. http://www.chernobyl30.com/. Abgerufen am 21.11.2023.

Rousseau, Jean-Jacques: Abhandlung über den Ursprung und die Grundlagen der Ungleichheit unter den Menschen. Hg. von Heinrich Meier. Stuttgart: Schöningh UTB 2008.

Serres, Michel: *Das eigentliche Übel. Verschmutzen, um sich anzueignen?*. Berlin: Merve 2009.

Storm, Theodor: Der Schimmelreiter. In: Ders.: Novellen 1881–1888. Sämtliche Werke in vier Bänden. Bd. 3. Hg. von Dieter Lohmeier/ Karl Ernst Laage. Frankfurt am Main: DKV 1988. S. 634–756.

Städtebau: Vielfalt und Integration. Neue Konzepte für den Umgang mit Stadtbrachen. Hg. von Andreas Feldtkelle. Stuttgart-München: Deutsche Verlags-Anstalt 2001.

Schmidt, Jochen: *Goethes Faust. Erster und Zweiter Teil. Grundlagen – Werk – Wirkung.* München: Beck 2001.

Schmidt, Julian: Friedrich Hebbel. In: *Die Grenzboten. Zeitschrift für Politik und Literatur* 9.2 (1850). S. 721–733.

Schmidt, Volker: Tierische und menschliche Bauopfer bei den Nordwestslawen. In: *Studia Mythologica Slavica* 4 (2001). S. 25–34.

Schmitt, Carl: Gespräch über den Neuen Raum. In: Ders.: *Gespräch über die Macht und den Zugang zum Machthaber. Gespräch über den Neuen Raum.* Berlin: Akademie-Verlag 1994. S. 35–64.

Schmitt, Carl: *Der Nomos der Erde im Völkerrecht des Jus Publicum Europaeum.* Berlin: Duncker & Humblot 2011 [1950].

Schöne, Albrecht: *Johann Wolfgang Goethe Faust Kommentare.* In: Johann Wolfgang Goethe: *Sämtliche Werke.* Band 7.2. Hg. von Albrecht Schöne. Frankfurt am Main: Deutsche Klassiker Verlag 1994.

Stockhammer, Robert: *Zaubertexte. Die Wiederkehr der Magie und die Literatur 1880–1945.* Berlin: Akademie-Verlag 2000.

Spatial Turn. Das Raumparadigma in den Kultur- und Sozialwissenschaften. Hg. von Jörg Döring/ Tristan Thielmann. Bielefeld: Transcript 2008.

Sychowski, Gaja von: *Die Falte* rahmen? – ‚Ontologie' und ‚Virtualität' als terminologische Perspektiven auf Deleuzes *Le Pli*. In: *Symposiumsbericht „Wege des Faches – Wege der Forschung?".* Hg. von Klaus Pietschmann. Mainz: Schott Campus 2018.

Taloş, Ion: Die eingemauerte Frau. Neuere Forschungsarbeiten über die südosteuropäische Bauopfer-Ballade. In: *Jahrbuch für Volksliedforschung* 34 (1989). S. 105–116.

Tieck, Ludwig: *Der Runenberg* (1804).

Vismann, Cornelia: Starting from Scratch: Concepts of Order in No Man's Land. In: *War, Violence and the Modern Condition.* Hg. von Bernd Hüppauf. Berlin/ New York: De Gruyter 1997. S. 46–64.

Viveiros de Castro, Eduardo: Indigène. In: *On ne dissout pas un soulèvement. 40 voix pour les Soulèvements de la Terre.* Hg. von Collectif. Paris: Seuil 2023.

Vocabulaire européen des philosophies. Dictionnaire des intraduisibles. Hg. von Barbara Cassin. Paris: Seuil 2004.

Voßkamp, Wilhelm: ‚Höchstes Exemplar des utopischen Menschen'. Ernst Bloch und Goethes *Faust*. In: Ders.: *Emblematik der Zukunft. Poetik und Geschichte literarischer Utopien von Thomas Morus bis Robert Musil.* Berlin/Boston: De Gruyter 2016.

Webber, Andrew J.: *Berlin in the Twentieth Century: A Cultural Topography.* Cambridge: Cambridge University Press 2008.

Wesche, Tilo/ Rosa, Hartmut: Die demokratische Differenz zwischen besitzindividualistischen und kommunitären Eigentumsgesellschaften. In: *Berliner Journal für Soziologie* 28.1–2 (2018). S. 237–261.

Zaiser, Rainer: Le pli: Deleuze et le baroque. In: *Œuvres & Critiques* 32.2 (2007). S. 155–170.

2
Thinking through the Abyss with Oedipus, Heidegger, and Arendt

Siobhan Kattago

Abstract

In *The Event*, written in the years 1940–1941, Martin Heidegger begins with a quotation from Sophocles's *Oedipus at Colonus* whereby blind Oedipus is drawn to his destined grave in an isolated area near Athens. In 1963, the same year that she published *Eichmann in Jerusalem*, Hannah Arendt concluded *On Revolution* with different verses from the same tragedy. This chapter argues that although both Heidegger and Arendt were drawn to Sophocles's tragedy, their choice of quotation reveals different approaches to thinking about philosophy, politics, the abyss, and the event. It is the peculiar circumstances of Oedipus's blindness that attracts Heidegger in his reflection on the event during the very dark times that Arendt spent most of her life writing about. As Heidegger indicates, Oedipus's blindness is one of knowledge – of looking into the abyss with the dark realisation of his unintended actions. Arendt, on the other hand, focuses on the political implications of *Oedipus at Colonus*. In closing *On Revolution* with the chorus's lamentation that it is better never to have been born, she qualifies the pessimism of Silenus with the splendour of the polis as a political community that provides the worldly space for freedom and new beginnings. The promise of the polis is thus founded upon Theseus's hospitality to Oedipus and his sacred grave on the abysmal site of the Eumenides as the embodiment of justice, as well as the thin line between self-knowledge and ignorance, vision, and blindness.

Keywords

Oedipus – Heidegger – Arendt – event – abyss – tragedy – politics

1   Introduction

Although Martin Heidegger and Hannah Arendt were both fascinated by Sophocles's lesser performed play *Oedipus at Colonus*, their choice of verses reveals very different ways of thinking about philosophy and politics, as well as about origins and the abyss. Heidegger prefaced *The Event*, written during World War II in 1940–1941, with an early quotation whereby blind and old Oedipus wanders towards his future grave in an isolated area outside of Athens. In 1963, the same year that she published *Eichmann in Jerusalem*, Arendt concluded *On Revolution* with verses that occur towards the end of the tragedy. Given that revolutions are events that rupture ordinary time, and that Heidegger reflected on the meaning of the event within the historical context of the war and National Socialism, their reflections on *Oedipus at Colonus* can be read as an uncanny dialogue on the abyss. As they indicate, the relationship between Oedipus and the abyss into which he is fated to return can be understood as a tragic allegory for thinking about the dark nothingness from which thinking emerges, and from which mythical conceptions of political community originate.

Why does Heidegger return to the fatal temporality of Greek tragedy in his reflections on being, nothingness, truth, and the pain of experience? Why does Arendt think about the abyss in relation to revolutions as foundational events for the formation of a political community? What attracts Heidegger to the unique vision of Oedipus in his blindness and old age? Interesting enough, neither Heidegger nor Arendt turned to the blindness of Homer, the epic poet who depicted the overwhelming violence of war in *The Iliad* and the profound desire to return home in *The Odyssey*. Moreover, they did not reflect on blind Tiresias, who appears in *Oedipus Rex*, *Antigone*, and *The Odyssey*. Indeed, it was Tiresias, the blind soothsayer, who told Oedipus that the murderer he sought was within himself. Once again, what attracted Martin Heidegger and Hannah Arendt to old Oedipus, the blind and legendary outcast from Thebes, who wandered with his daughter, Antigone in exile, only to disappear mysteriously into the depths of the earth?

In much of her writing, Arendt sought to understand the historical events of her lifetime and wrote directly about the unprecedented nature of totalitarianism and world war. Heidegger, however, only obliquely reflected on those same events.[1] As this chapter seeks to demonstrate, it is the peculiar circumstances

---

1 Martin Heidegger: *Gesamtausgabe: IV. Abteilung: Hinweise und Aufzeichnungen. Vol. 96: Überlegungen XII–XV (Schwarze Hefte 1930–1941)*. Ed. by Peter Trawny. Frankfurt am Main: Vittorio Klostermann 2014. For the English translation, see Heidegger: *Ponderings II–VI. Black Notebooks 1931–1938*. Trans. by Richard Rojewicz. Cambridge, MA: MIT Press 2016. Heidegger: *Ponderings VII–XI. Black Notebooks 1938–1939*. Trans. by Richard Rojewicz. Cambridge, MA: MIT Press 2017. Heidegger: *Ponderings XII–XV. Black Notebooks 1939–1941*. Trans. by Richard Rojewicz. Cambridge, MA: MIT Press 2017. Also see Heidegger: The Question concerning Technology. In: *Basic Writings*. Ed. by David Farrell Krell. Abingdon: Routledge 1978. Pp.

of Oedipus's blindness that attracts Heidegger in his reflection on the abyss with respect to *Oedipus at Colonus*. As Heidegger indicates, Oedipus's blindness is one of knowledge – of looking into the abyss with the dark realisation of his unintended and tragic actions. Arendt, on the other hand, focuses on the political implications of *Oedipus at Colonus*. In closing *On Revolution* with the chorus's lamentation that it is better never to have been born and second best to die quickly, she qualifies the pessimism of Silenus with the splendour of the polis as a political community that provides the worldly space for freedom, plurality, and new beginnings.

2   Heidegger and the Abysmal Blindness of Oedipus

It is the peculiar circumstances of Oedipus's blindness that attract Heidegger in his reflection on the event during the very dark times that Arendt spent most of her life writing about. Oedipus was not blind at birth like Tiresias or Homer. Nor was Oedipus blinded by someone else like the cyclops was blinded by Odysseus. Young Oedipus blinded himself with the horrified knowledge that he could not bear to see what he had done. As Heidegger indicates, Oedipus's blindness is one of painful experience and knowledge – of looking into the abyss of himself with the recognition that he murdered his father, married his mother, and was the cause of her suicide. Seeing the reality of his actions spurred Oedipus to blind that which he could no longer bear to witness. With blood streaming from his eyes, Oedipus was banished from Thebes to lead the cursed life of a homeless vagrant. Once King of Thebes, whose parents tried to outwit the Fates by leaving him to die in the mountains as an infant, Oedipus recoils in horror from the devastation that his life has revealed. The knowledge that Oedipus was not the clever foreigner, who outwitted the Sphinx and spared the city of Thebes from the plague, but the son of King Laius meant that Oedipus was destined to live the life that the Fates had spun for him. As Heidegger begins *The Event*:

> And what, from a man who cannot look, is the warrant?
> Whatever we might say, we see in all that we say.[2]

307–342. See also Heidegger: *Country Path Conversations*. Trans. by Bret W. Davis. Indianapolis, IN: Indiana University Press 2010. Originally published as *Feldweg-Gespräche* (1944/45). In: Heidegger, Martin: *Gesamtausgabe: III. Abteilung: Unveröffentliche Abhandlungen. Vol. 77: Feldweg-Gespräche*. Ed by. Ingrid Schussler. Frankfurt am Main: Vittorio Klosterman 1995.

2   English translation of Sophocles in Martin Heidegger: *The Event*. Trans. by Richard Rojcewicz. Bloomington and Indianapolis, IN: Indiana University Press 2013. P. xxiii.

Und welches ist von einem Manne, der nicht blicken kann, denn die Gewähr?
Was wir auch sagen mögen, Alles sagend sehen wir.³

Heidegger's choice of Oedipus in the forward to *The Event* calls for consideration. In the 1940s, Heidegger gave a series of famous lectures at the University of Freiburg on Antigone and Hölderlin's poem, 'The Ister'. During those lectures, he reflected on the meaning of *unheimlich* as not being at home, the interpretation of art, poetics of thinking, and the uncanny.⁴ *The Event*, however, while related to the monstrous and uncanny, is a series of reflections on thinking with respect to the event as origin, inception and beginning, as well as its relationship to being and the abyss, as that which cannot be rationally understood. As Heidegger writes:

> The care of the abyss is a concern for what lacks holiness, wherein (in whose clearing) the holy and the unholy are first decided and are destined. The care of the abyss is preparation for the dispensation out of which destiny comes forth.⁵

> Die Sorge des Ab-grundes ist die Behutsamkeit für das Heil-lose, worin (in dessen Lichtung) erst das Heilige und das Un-heil sich entscheiden und Schicksal sind. Die Sorge des Ab-grundes ist die Bereitung der Fügung, aus der das Schicksal kommt.⁶

Blindness and vision, holy and unholy, abyss and destiny are entwined in the horrified moment when painful recognition of his actions leads Oedipus to blind himself. Likewise, one might argue that holy and unholy, abyss and destiny are united at his grave in Colonus.

It is important to note that the lines from *Oedipus at Colonus* that Heidegger reflects on were not spoken by one person. Rather, after Oedipus states that he can offer Athens a gift, and asks to speak with King Theseus, it is a citizen

---

3　German translation of Sophocles in Martin Heidegger: *Gesamtausgabe: III. Abteilung: Unveröffentliche Abhandlungen. Vol. 71: Das Ereignis.* Ed. by Friedrich-Wilhelm von Herrmann. Frankfurt am Main: Vittorio Klostermann 2009. P. 3.
4　Martin Heidegger: *Gesamtausgabe: II. Abteilung: Vorlesungen 1925–1944. Vol. 53: Hölderlins Hymne 'der Ister'.* Ed. by Walter Biemel. Frankfurt am Main: Vittorio Klostermann 1984. English translation: *Hölderlin's Poem 'Der Ister'.* Trans. by William McNeil and Julie Davis. Bloomington and Indianapolis, IN: Indiana University Press 1996.
5　Heidegger: *The Event.* P. 220.
6　Heidegger: *Gesamtausgabe 71: Das Ereignis.* P. 255.

of Colonus, who, in turn, asks: "And what, from a man who cannot look, is the warrant?" To which blind Oedipus responds: "Whatever we might say, we see in all that we say."[7] In the exchange between the citizen and Oedipus, Heidegger calls attention to three words:

ἄρκεσις   "warrant" – what he offers on a solid basis.
          "Gewähr" – was er bietet an haltbarem Anhalt.

βλέπειν   "to look" – to have a view of beings, of things and incidents. In all such matters, this man is lost. He is blind with respect to all beings.
          "blicken" – den Anblick haben vom Seienden, von den Dingen und Begebenheiten. In all diesem versieht sich dieser Mann. Er ist blind für das Seiende.

ὁρᾶν   "to see" – to have an eye for "being" – destiny – the truth of beings. This seeing is the sight of the pain of experience. The capacity to suffer, up to the affliction of the complete concealment of going away.
          "sehen" – das Auge haben für das »Sein« – das Geschick – die Wahrheit des Seienden. Dieses Sehen ist die Sicht des Schmerzes der Erfahrung. Das Leidenkönnen bis zum Leid der völligen Verborgenheit des Wegganges.[8]

Heidegger is drawn to *Oedipus at Colonus* for the intertwinement of blindness and vision; ignorance and knowledge, concealment and unconcealment. In recounting how a citizen questions Oedipus's "warrant" or "*Gewähr*", he reflects on the difference between the verb "to look" (*blicken*) and "to see" (*sehen*). As Heidegger writes, Oedipus seems "to have a view of beings, of things and incidents." (*den Anblick haben vom Seienden, von den Dingen und Begebenheiten.*) And yet, although he is physically blind, Oedipus can see into the future. "This seeing is the sight of the pain of experience." (*Dieses Sehen ist die Sicht des Schmerzes der Erfahrung*). He can see or sense that he has wandered to the place where he has been prophesised to die. As Heidegger writes, Oedipus has

---

7   For the English translation by Robert Fagles that I follow for the remainder of this chapter: "CITIZEN: 'And what's there to gain from a man who cannot see?' OEDIPUS: 'Whatever I say, there will be great vision in every word I say.'" Sophocles: *The Three Theban Plays*. Trans. by Robert Fagles. New York: Penguin 1984, lines 88–89. While Fagles's translation is very similar to Richard Rojcewicz's translation from German into English in footnote 2, Heidegger did not indicate that the lines were a dialogue between a citizen of Colonus and Oedipus. The dialogue is apparent when one reads the play in Greek, German or English.

8   For the English translation, see Heidegger: *The Event*. P. xxiii. For the German translation of Sophocles, see Heidegger: *Gesamtausgabe 71: Das Ereignis*. P. 3. For ease of comparison of Heidegger's commentary to *Oedipus at Colonus*, the English translation from *The Event* is immediately followed by Heidegger's original German.

"an eye for 'being'" and the "capacity to suffer." (*das Auge haben für das "Sein", das Leidenkönnen bis zum Leid*). Again, it is an individual citizen, not the chorus of old citizens who asks, at the opening of the tragedy, what is the warrant or lesson that one can learn from the tragic life of Oedipus. As Heidegger indicates, Oedipus's blindness may allow for a greater understanding of truth because his knowledge stems from the cathartic realisation of painful experience. As an exile, Oedipus has lived at the edge of the abyss. Rejected and reviled, he confronts his unwitting transgression of the moral codes of human conduct. Oedipus's recognition of his deeds as King of Thebes pushed him into the dark chasm of that which was unfathomable.

The Event is comprised of unpublished reflections on the process of descending and withdrawing into the abyss of thought. In many ways, as Daniela Vallega-Neu maintains, *The Event* depicts Heidegger's move towards a more poetic form of thinking that is attentive to listening and attuning oneself to the call of being.[9] Rather than rely on images of vision and sight, Heidegger confronts the tragic pain of experience.

>   The pain of inceptual separateness
>   The horror of the abyss
>   The bliss of the departure.
>
>   Der Schmerz der anfänglichen Geschiedenheit
>   Der Schrecken des Abgrundes
>   Die Wonne des Abschieds.[10]

Although Oedipus was previously dependent on Antigone, once he approached the site of the Eumenides, he no longer needed her guidance, but walked alone to his grave. As Heidegger suggests, it is precisely Oedipus's blindness and resolve to descend into the abyss that allows him to respond to the call of Beyng. Heidegger began using the archaic spelling of Beyng (*Seyn*) in the 1930s as an attempt to move away from the metaphysical connotations of being. From his lectures on Hölderlin in 1934–1935 (GA39), he turned to the origin or inception of being/ beyng as that which allows existence to emerge. As Mark A. Wrathall suggests in his entry to the *Cambridge Heidegger Lexicon*: "Beyng is

---

9   Daniela Vallega-Neu: Heidegger's Reticence: From Contributions to *das Ereignis* and towards *Gelassenheit*. In: *Research in Phenomenology* 45 (2015). Pp. 1–32.
10 Heidegger: *The Event*. P. 55. Heidegger: *Gesamtausgabe 71: Das Ereignis*. P. 68.

that 'in-between', the 'essential, abyssal ground of the in-between' (GA69:116) that sustains and structures relations."[11]

As Oedipus approaches Athens in *Oedipus at Colonus*, he is a broken and blind man, and yet calmly determined to find his final place of rest. Led by his daughter, Antigone, whose tragic fate is familiar to the audience, Oedipus grows in strength as he nears his future tomb. The citizens of Colonus warn him:

> It's untouchable, forbidden – no one lives here.
> The Terrible Goddesses hold it for themselves,
> The Daughters of Earth, Daughters of the Darkness.[12]

The Event is Heidegger's attempt to find a new way of thinking that privileges listening to seeing but is ironically prefaced by the powerful image of blind Oedipus and the citizen of Colonus speaking near the dreaded place of the Eumenides. The interplay of vision and blindness, monstrous knowledge buried within, coupled with the mystery of self-knowledge are perennial themes of fascination for readers of *Oedipus Rex*. In her book, *Relating Narratives: Storytelling and Selfhood*, Adriana Cavarero compares Oedipus's knowledge of himself with that of the philosopher seeking universal truths. Able to answer the Sphinx's question of what walks on four legs at morning, two at noon, and three in the evening, Oedipus recognises man as a universal idea. What remains unknown, however, is the truth about his family origins. It is Oedipus who does not know himself. Only the audience is aware of the secrets buried within the tragic story of his identity.

> It would therefore seem that there is something constitutively monstrous about the knowledge of Man. It is almost as though it is the attribution of universality itself that makes a monster of Man. The legacy of the Sphinx is burdensome. Philosophy in Thebes, despite the relief of the city, seems to be borne under a bad omen.[13]

---

11   Mark A. Wrathrall: Beyng. In: *The Cambridge Heidegger Lexicon*. Ed. by Mark A. Wrathall. Cambridge: Cambridge University Press 2021. P. 122.
12   For the English translation of subsequent verses from *Oedipus at Colonus* that are not quoted by Heidegger in *The Event* or by Arendt in *On Revolution*, I refer to the translation of Sophocles by Robert Fagles: *The Three Theban Plays*. Vv. 45–46.
13   Adriana Cavarero: *Relating Narratives. Storytelling and Selfhood*. Trans. by Paul A. Kottman. Abington: Routledge 2000. P. 8.

Philosophy, as Cavarero reminds us, following Hannah Arendt, asks the question "what is man?" The question in *Oedipus Rex* and *Oedipus at Colonus* is concerned with the identity and fate of one unique man. The tragic question is not "what is man?" in general but "who are you?" Knowledge of oneself does not occur alone or in a vacuum. Rather self-knowledge occurs within a community. As Arendt writes in *The Human Condition*:

> Action and speech are so closely related because the primordial and specifically human act must at the same time contain the answer to the question asked of every newcomer: 'Who are you?'[14]

In the spirit of Cavarero and Arendt, the question that Sophocles poses in *Oedipus Rex* and *Oedipus at Colonus* is: Who is Oedipus, in his unique being and fated destiny? The philosophical question of "what is man?" is posed by the monstrous Sphinx who threatens to devour Oedipus, if he is wrong. If, however, Oedipus answers correctly, the Sphinx will disappear into the abyss from which she emerged. In responding to the Sphinx, Caverero argues, Oedipus answered like a philosopher, while remaining hidden from his own identity and family origins. "While Oedipus may have been a philosopher in front of the Sphinx, now he is no longer one. The philosophical undertaking concluded with the monster. For Oedipus, the adventure of the narration has just begun."[15]

3 The Wisdom of Silenus and Arendt's Admiration for the Immortality of the Polis

Given that Arendt closes *On Revolution* by focusing on the transformative power of Oedipus's death in Colonus, it is important to recall the political significance of Oedipus's grave as the place honouring the Eumenides. In the play, Oedipus seeks the place of the Eumenides, also known and greatly feared in their earlier form as the Furies before Athena transformed them into the Kindly Ones in Aeschylus's *Oresteia*. Since Aeschylus wrote before Sophocles, the story of Orestes, Athena, and her transformation of the Furies from the goddesses of vengeance into the merciful or Kindly Ones was well known. Likewise, since the Furies are the daughters of Night, they are primordial and ancient goddesses from which justice as eternal punishment emerges. Unlike Nemesis, for whom retribution aims at the balance of justice, the Furies

---

14 Hannah Arendt: *The Human Condition*. Chicago: University of Chicago Press 1998. P. 178.
15 Cavarero: *Relating Narratives: Storytelling and Selfhood*. P. 11.

embody the guilty conscience without absolution. Before Orestes killed his mother, Clytemnestra, she called upon the ancient Furies to relentlessly follow him. After being chased by the Furies at length, Orestes sought refuge at the temple of Apollo at Delphi, where the oracle spoke the sacred truth. Although Apollo appears to defend Orestes against the Furies, he is unable to stop them. Only after Athena appears in the temple do the Furies agree to her proposal. As Athena assembles the first jury in the acropolis of Athens, she makes it clear that, if necessary, she will cast the deciding vote. Because the citizens of Athens are divided in their assessment of Orestes's guilt, Athena casts the deciding vote to acquit Orestes. To appease the Furies, she transforms them into the Kindly Ones or the Eumenides with the power to represent the merciful aspect of justice and a new beginning for Orestes. Moreover, Athena promises that the Athenians will respect the Eumenides.

> By all my rights I promise you your seat
> In the depths of earth, yours by all rights –
> Stationed at hearths equipped with glistening thrones,
> Covered with praise! My people will revere you.[16]

After having gained a sacred place of honour in Athens, the Eumenides retreated into the darkness of the earth at Colonus in the same hallowed ground that was destined to be Oedipus's grave. According to Apollo's prophecy, Oedipus will return to the Eumenides, who originated from Night, nothingness, and primordial chaos. While the resting place of the Eumenides symbolised the merciful side of justice, with the tomb of Oedipus, the immortality of the Athenian polis was safeguarded. As the chorus states, the sacred place at Colonus where blind Oedipus stood was: "the Brazen Threshold of this earth, the holy bulwark of Athens."[17] Before moving closer to this hallowed ground that inspires dread among the citizens of Athens, Oedipus prays to the Eumenides asking for refuge:

> You queens of terror, faces filled with dread!
> Since yours is the first holy ground
> Where I've sat down to rest in this new land,
> I beg you, don't be harsh to Apollo, harsh to me.[18]

---

16   Aeschylus: *The Eumenides*. In: *The Oresteia*. Trans. by Robert Fagles. New York: Penguin 1977. Vv. 816–819.
17   Sophocles: *Oedipus at Colonus*. Vv. 68–69.
18   Sophocles: *Oedipus at Colonus*. Vv. 102–105.

Whilst both Heidegger and Arendt draw attention to the suffering that Oedipus has endured as an outcast and refugee, Heidegger focuses on the interplay of physical blindness and Oedipus's uncanny ability to look for and see his abyssal grave. Arendt, on the other hand, concludes *On Revolution* with the famous words of the chorus as they lament old age with the verses:

> Not to be born prevails over all meaning uttered in words; by far the second-best for life, once it has appeared, is to go as swiftly as possible whence it came.[19]

> Nicht geboren zu sein, übertrifft
> Jeden Begriff. Doch wann's erschien,
> Ist das zweite weithin dies,
> Eilends zu gehen, von wannen es kam.[20]

Indeed, Arendt reminds her readers that the verses are "the famous and frightening lines" (*berühmten und erschreckenden Worte*). Why though is Arendt attracted to the sentiment that because life is one of suffering, it is best not to be born at all? Moreover, how can she agree with the chorus that the second best is to die early?[21] As George Kateb argues, it is not by accident that Arendt concluded *On Revolution* with a response to Silenus's Dionysian pessimism.[22] Indeed, she agrees with Nietzsche in *The Birth of Tragedy* that Sophocles's chorus represents the wisdom of Dionysus and the satyrs. Following Nietzsche, Oedipus's life is a confrontation with the abyss and horror of existence.

> It is as though the myth whispered to us that wisdom, and especially Dionysiac wisdom, is an unnatural crime, and that whoever, in pride of knowledge, hurls nature into the abyss of destruction, must himself experience nature's disintegration.[23]

---

19 Arendt, quotation from *Oedipus at Colonus*. In: *On Revolution*. New York: Penguin 1988. P. 281.
20 Arendt, quotation from *Oedipus at Colonus*. In: *Über die Revolution*. Munich: Piper Verlag 1963. P. 361.
21 Arendt: *On Revolution*. P. 281. Arendt: *Über die Revolution*. P. 361.
22 George Kateb: Freedom and Worldliness in the Thought of Hannah Arendt. In: *Political Theory* 5.2 (1977). Pp. 141–182.
23 Friedrich Nietzsche: *The Birth of Tragedy and The Genealogy of Morals*. Trans. by Francis Golffing. New York: Doubleday 1956. P. 61. Original: Friedrich Nietzsche: *Die Geburt der Tragödie, Unzeitgemässe Betrachtungen I–IV. Nachgelassen Schiften 1870–1873*. Ed. By Giorgio Colli/Mazzino Montinari. Munich: Deutscher Taschenbuch Verlag 1988. P. 67.

> Ja, der Mythus scheint uns zuraunen zu wollen, dass die Weisheit und gerade die dionysische Weisheit ein naturwidriger Greuel sei, dass der, welcher durch sein Wissen die Natur in den Abgrund der Vernichtung stürzt, auch an sich selbst die Auflösung der Natur zu erfahren habe.

Although Arendt acknowledges the pain of existence, she is not resigned to inaction. Nor does she withdraw from the world into philosophical contemplation or the history of Beyng. As Kateb contends: "Her invocation of Sophocles is no mere rhetorical flourish. No higher claim for politics can be imagined than that which she makes."[24] Dionysian wisdom stems from the satyrs and suggests the wildness of life in contrast to the formal order of Apollo. The tragic beauty of art saves human beings from the pain of existence. What at first seems to be a contradiction, namely the pessimism of Silenus and Arendt's philosophy of new beginnings and natality, is instead a celebration of the poetic power of storytelling. After all, Arendt argued that because human beings are not only born, but born into the world, politics is rooted in natality, new beginnings, and generational change. It is stories which provide a poetic and historical continuity between past and present. "Action, in so far as it engages in founding and preserving bodies, creates the conditions for remembrance, that is, for history."[25] Arendt, like Nietzsche and Heidegger, admires the cathartic aspect of tragedy because stories help individuals deal with the difficulties of existence. Storytelling is a way in which individuals can deal with loss and abandonment. As Arendt quotes Isak Dinesen: "All sorrows can be born if you put them into a story or tell a story about them."[26]

The lamentation of the chorus is spoken before Oedipus speaks angrily to Polynices and refuses to return with him to Thebes. In refusing to help his son, Oedipus condemns Thebes into losing against Athens. Although the Furies have been transformed into the Eumenides, they continue to inspire terror among the citizens of Colonus. If Heidegger focuses on the individual tragedy of Oedipus as a human being, Arendt calls attention to the political implications of his death at the site of the Furies and Eumenides. Poetry and stories transform suffering into that which might be endured – which is perhaps Arendt's answer to Heidegger's question of what is the "warrant" or "*Gewähr*" that one might learn from the story of Oedipus at Colonus. The pain of experience can be endured through the power of stories and the public realm of the polis. For Arendt, the profound pessimism of Silenus is that despite suffering,

---

24   Kateb: Freedom and Worldliness in the Thought of Hannah Arendt. P. 141.
25   Arendt: *The Human Condition*. P. 9.
26   Arendt: *The Human Condition*. P. 175.

words and deeds are worldly. Moreover, it is political action, speech, and poetry that make life not only bearable but beautiful.

If Heidegger reflects on Oedipus's blindness and vision in relation to philosophical truth and knowledge, Arendt draws attention to the fact that it is not only the tragic character of Oedipus; it is the symbolic power of his broken and blind body as it secures the victory of Athens over Thebes and the immortality of the polis. The place of the Eumenides is a threshold between the earth and the abyss. When Oedipus walks towards the place of the Eumenides in Colonus, he seeks the protection of King Theseus. Furthermore, he states that whoever grants him refuge will benefit politically from his death because his grave will grant protection to their city. As Oedipus implores: "I will round the last turn in the torment of my life: a blessing to the hosts I live among, disaster to those who sent me, drove me out."[27]

When the chorus learns that the blind man is none other than Oedipus, they recoil in terror and try to banish him from Colonus. Antigone pleads for compassion and throws herself at the mercy of the citizens. Oedipus asks to speak with Theseus, ruler of Athens, who, after listening to him, grants him refuge. With loud thunder as a sign from Zeus, Oedipus walks alone to the sacred grave and Sophocles writes: "The lightless depths of Earth bursting open in kindness to receive him."[28]

Oedipus was not buried by his family or friends. No one saw him die. Rather, he performed libations on himself and disappeared into the very place that inspired horror in the citizens of Colonus. The only person who was allowed to accompany Oedipus to the dreaded place of the Furies and Eumenides was King Theseus. In death, Oedipus returned to darkness, the abyss from which primeval ideas of justice as revenge merge with younger ideas of mercy and political reconciliation for the sake of peace. Oedipus's unmarked tomb guaranteed victory for Athens against Thebes in the pending battle and precipitated the fratricide of Oedipus's sons and suicide of his daughter, Antigone. His tomb ensured the immortality of the Athenian polis with its laws, dialogue, plurality, and place of freedom. As Arendt closes *On Revolution*, she writes:

> It was the polis, the space of men's free deeds and living words, which would endow life with splendour – τὸν βίον λαμπρὸν ποιεῖσθαι.
>
> Es war die Polis, der eingezäunte Raum der freien Tat und des lebendigen Wortes, die „das Leben aufglänzen machte" – τὸν βίον λαμπρὸν ποιεῖσθαι.[29]

---

27   Sophocles: *Oedipus at Colonus*. Vv. 111–113.
28   Sophocles: *Oedipus at Colonus*. Vv. 1886–1887.
29   Arendt: *On Revolution*. P. 281. Arendt: *Über die Revolution*. P. 362.

For Arendt, the spirit of revolution is a new beginning in search of an "appropriate institution" (angemessenen Institution). If, for Heidegger, modern life is characterised by the forgetfulness of being, for Arendt, it is the forgetfulness of the polis as a fragile institution that houses spontaneity, freedom, and the worldly splendour of words and deeds. It is, as Arendt concludes *On Revolution*, the power of his transformed life that ensures victory for Athens. Oedipus's grave at the site of the abyss where the Eumenides returned to the dark centre of the earth transforms his painful existence into a blessing for the polis. His return to the abyss is the treasure that will ensure the immortality of the Athenian polis. Given that *On Revolution* is a mediation on political origins, and that revolutions are ruptures with tradition that can either found durable free institutions or descend into violence, Arendt's choice of verses from *Oedipus at Colonus*, like Heidegger's, indicates the relationship between abyss and new beginnings. Oedipus's disappearance into the abyss of the cursed place at Colonus was the promise of a new beginning for the city of Athens. By granting Oedipus asylum and ruling justly, King Theseus ensured its immortality.

While *Origins of Totalitarianism* focuses on elements that crystallised into an unprecedented regime of terror and ideology, *On Revolution* focuses on origins and political beginnings, hence Arendt's choice of verses on old age and the burden of life as Oedipus prepares to walk to his grave. *On Revolution* is concerned with breaks in time, ruptures, foundations, negation, and creation. It is above all, an analysis of a new secular order or *novus ordo saeclorum*. As Arendt maintains:

> The relevance of the problem of beginning to the phenomena of revolution is obvious. That such a beginning must be intimately connected with violence seems to be vouched for in the legendary beginnings of our history as both biblical and classical antiquity report it: Cain slew Abel, and Romulus slew Remus; violence was the beginning, and by the same token, no beginning could be made without using some violence, without violating.

> Dass das Problem des Anfangs oder Ursprungs für das Phänomen der Revolution von ausschlaggebender Bedeutung ist, ist offenbar. Dass ein enger Zusammenhang zwischen einem solchen Anfang und der Gewalt besteht, scheint durch die Ursprungslegenden der biblischen wie der klassischen Tradition bezeugt: Kain erschlug Abel, Romulus erschlug Remus; Gewalt stand am Anfang, woraus zu folgen scheint, dass kein Anfang ohne Gewaltsamkeit möglich ist, dass jeder Neubeginn etwas vergewaltigt.[30]

---

30 Arendt: *On Revolution*. P. 20. Arendt: *Über die Revolution*. P. 21.

Even more darkly, Arendt concludes her Introduction to *On Revolution*:

> The tale spoke clearly: whatever brotherhood human beings may be capable of has grown out of fratricide; whatever political organization men may have achieved has its origin in crime.

> Die Legende sprach es klar aus: Am Anfang aller Brüderlichkeit steht der Brudermord, am Anfang aller politischen Ordnung steht das Verbrechen.[31]

Arendt's tragic view of history, which is most pronounced in *The Origins of Totalitarianism* and *Eichmann in Jerusalem* is also where she confronts the abyss in her own lifetime. As she remarked in a famous interview with Günter Gaus on West German television, when she learned about the concentration camps in 1943, a rupture occurred in her lifetime that she described as an "abyss" or "*Abgrund*".

> It was really as if an abyss had opened. Because we had the idea that amends could somehow be made for everything else, as amends can be made for just about everything at some point in politics. But not for this. *This ought not to have happened.*[32]

> Aber dies ist anders gewesen. Das war wirklich, als ob der Abgrund sich öffnet. Weil man die Vorstellung gehabt hat, alles andere hätte irgendwie noch einmal gutgemacht werden können, wie in der Politik ja alles einmal wieder gutgemacht werden können muss. Dies nicht. Dies hätte nie geschehen dürfen.[33]

Knowledge of the camps opened a gap or chasm which she subsequently described as the disappearance of tradition and authority. As Anson Rabinbach underscored, for many intellectuals of Arendt and Heidegger's generation, references to the abyss were attempts to comprehend historical experiences that defied understanding.

---

31   Arendt: *On Revolution*. P. 20. Arendt: *Über die Revolution*. P. 21.
32   Arendt: What Remains? The Language Remains? In: *The Portable Hannah Arendt*. Ed. By Peter Baehr. New York: Penguin 2000. Pp. 13–14.
33   Hannah Arendt: Zur Person: Hannah Arendt im Gespräch mit Günter Gaus. Was bleibt? Es bleibt die Muttersprache. RBB Fernsehen. 28.10.1964. https://www.rbb-online.de/zur person/interview_archiv/arendt_hannah.html. Accessed 25.11.2023.

The apocalyptic 'event', becomes a kind of negative ground for philosophical reflection, or a 'groundless' ground, to use Heidegger's term (in German, *Abgrund*, or abyss, is also the un-ground), from which historical progress, the autonomy of the self-reflecting ego, and even language itself are deprived of a secure foundation.[34]

Oedipus's death promised a new beginning for Athens and the stability of King Theseus's reign. For Arendt, the promise of a new beginning requires the durability of the public sphere in which individuals can appear to and engage with one another. As she writes in *The Life of the Mind*:

> The foundation legends, with their hiatus between liberation and the constitution of freedom indicate the problem without solving it. They point to the *abyss* of nothingness that opens up before any deed that cannot be accounted for by a reliable chain of cause and effect and is inexplicable in Aristotelean categories of potentiality and actuality.[35]

The "*abyss* of freedom" exists between the old order and the new, between the *ancien régime* and that which is yet to be born. The abyss of freedom, for Arendt, is a temporal space that exists between past and future. It is the transfiguration of Oedipus from cursed outcast to welcome guest that fascinates her. Moreover, it is his relationship with King Theseus which guarantees his peaceful death.

> The tragic hero becomes knowledgeable by re-experiencing what has been done in the way of suffering, and in this pathos, in resuffering the past, the network of individual acts is transformed into an event, a significant whole. The dramatic climax of tragedy occurs when the actor turns into a sufferer; therein lies the peripeteia, the disclosure of denouement.[36]

While Theseus, Polynices, and Eteocles looked upon Oedipus's potential gravesite as a political asset, it was only Theseus who promised to care for Oedipus and his daughters. After performing libations and prayers, blind Oedipus reached the sacred grove of the Eumenides and addressed Theseus with these final words:

---

34 Anson Rabinbach: *In the Shadow of Catastrophe. German Intellectuals between Apocalypse and Enlightenment.* Berkeley, CA: University of California 1997. P. 5.
35 Hannah Arendt: *The Life of the Mind.* Vol. II. New York: Harcourt Brace Jovanovich 1978. P. 207.
36 Hannah Arendt: *Men in Dark Times.* New York: Harcourt Brace Jovanovich 1983. P. 20.

Dearest friend,
You and your country and your loyal followers,
May you be blessed with greatness,
And in your great day remember me, the dead,
The root of all your greatness, everlasting, ever-new.[37]

Theseus was the paradigmatic Athenian citizen because he listened to Oedipus hospitably. Moreover, Theseus defended Athens as a political community of law and justice that honours agreements made between individuals. It was Theseus who persuaded Oedipus to listen to the arguments of King Creon and his son, Polynices instead of dismissing them outright. Oedipus's spiteful anger towards his sons resembled the wrath of the Furies rather than the mercy of the Eumenides. Theseus, legendary founder of Athens, understood the symbolic power of Oedipus's grave. As Robert Pirro argues, in his final words to Theseus, Oedipus transformed his life of tragic suffering into a memory that would ensure the immortality of Athens.[38] In their reflections on the importance of tragedy in Arendt's political philosophy, Pirro and Kateb emphasise the connection between Greek tragedy and the democratic polis. Both tragedy and the polis require a stage or political space for the performance of words and deeds. Greek tragedy was a public spectacle in which the audience knew the stories very well, and yet watched in horror as the actors came to terms with the terrifying reality of their lives.

4 Conclusion

While Heidegger reflects on the Thebes plays within the history of being/beyng, care of the abyss, thinking and seeing, Arendt's interpretation of *Oedipus at Colonus* takes place within the context of the lost treasure of revolution. Heidegger marvels at the interplay of abyss and being. Moreover, he focuses on the connections between vision and knowledge, blindness and ignorance. It is Oedipus's youthful hubris and confidence in his own knowledge that enabled him to answer the Sphinx correctly. Oedipus's recognition of his self-deception and moral transgression resulted in his decision to blind himself. And yet, as Heidegger underscores, Oedipus in his old age achieved a kind of vision that did not require eyesight. Hence, the lesson or warrant (Gewähr) that prefaces *The Event*. Oedipus's vision was the result of the pain of experience.

---

37 Sophocles: *Oedipus at Colonus*. Vv. 1762–1765.
38 Robert C. Pirro: *Hannah Arendt and the Politics of Tragedy*. DeKalb: Northern Illinois Press 2001. P. 85.

Arendt, however, examines the political aspects of the tragedy. The immortality of the polis is founded on the life and death of a man whose knowledge of himself caused self-willed blindness. The Oresteia trilogy, as an older tragedy depicted the transformation of the Furies into the Kindly Ones, thereby distinguishing Athens as the community of merciful and measured justice. However, it is Oedipus's unmarked grave on the sacred place, where the Eumenides returned to the abyss that ensures the immortality of the polis. Like Pericles's "Funeral Oration", which commemorates the first soldiers who died fighting Sparta for the freedom of Athens, the polis is rooted in the sacred and spectral bond between the living and the dead.[39]

Although Arendt closes *On Revolution* with the chorus's lamentation that it is better never to have been born, she qualifies the pessimism of Silenus with the splendour of the polis as a political community, which provided the worldly space for appearance. It is the power of poetry, imagination, thinking, and judgment that saves the world from ruin. Indeed, it is with this message that Arendt ends *On Revolution*. If totalitarianism revealed an unprecedented evil which was both radical and banal, an unfathomable abyss of self-destruction and shattering of a common world, new beginnings offer the promise of action, plurality, judgment, and freedom. The promise of the polis is thus founded upon Theseus's hospitality to Oedipus, his sacred grave on the site of the Eumenides as the former Furies, and the thin line between self-knowledge and ignorance, vision and blindness. Whilst Heidegger and Arendt chose very different verses from *Oedipus at Colonus* for their reflections on the abyss, they shared a deep appreciation for the poetic power of Greek tragedy to illuminate the enduring paradoxes of the human condition.

Bibliography

Aeschylus: *The Eumenides*. In: *The Oresteia*. Trans. by Robert Fagles. New York: Penguin 1977.
Arendt, Hannah: *Über die Revolution*. Munich: Piper Verlag 1963.
Arendt, Hannah: Zur Person: Hannah Arendt im Gespräch mit Günter Gaus. Was bleibt? Es bleibt die Muttersprache. RBB Fernsehen. 28.10.1964. https://www.rbb-online.de/zurperson/interview_archiv/arendt_hannah.html. Accessed 25.11.2023.
Arendt, Hannah: *The Life of the Mind*. Vol. II. New York: Harcourt Brace Jovanovich 1978.
Arendt, Hannah: *Men in Dark Times*. New York: Harcourt Brace Jovanovich 1983.
Arendt, Hannah: *On Revolution*. New York: Penguin 1988.

---

39 Thucydides: *The Peloponnesian War*. Trans. by Martin Hammond. Oxford: Oxford University Press 2009.

Arendt, Hannah: *The Human Condition*. Chicago: University of Chicago Press 1998.

Arendt, Hannah: What Remains? The Language Remains? In: *The Portable Hannah Arendt*. Ed. by Peter Baehr. New York: Penguin 2000.

Cavarero, Adriana: *Relating Narratives. Storytelling and Selfhood*. Trans. by Paul A. Kottman. Abington: Routledge 2000.

Heidegger, Martin: The Question concerning Technology. In: *Basic Writings*. Ed. by David Farrell Krell. Abingdon: Routledge 1978. Pp. 307–342.

Heidegger, Martin: *Gesamtausgabe: II. Abteilung: Vorlesungen 1925–1944. Vol. 53: Hölderlins Hymne 'der Ister'*. Ed. by Walter Biemel. Frankfurt am Main: Vittorio Klostermann 1984.

Heidegger, Martin: *Gesamtausgabe: III. Abteilung: Unveröffentliche Abhandlungen. Vol. 77: Feldweg-Gespräche*. Ed by. Ingrid Schussler. Frankfurt am Main: Vittorio Klosterman 1995.

Heidegger, Martin: *Hölderlin's Poem 'Der Ister'*. Trans. by William McNeil/ Julie Davis. Bloomington/Indianapolis, IN: Indiana University Press 1996.

Heidegger, Martin: *Gesamtausgabe: III. Abteilung: Unveröffentliche Abhandlungen. Vol. 71: Das Ereignis*. Ed. by Friedrich-Wilhelm von Herrmann. Frankfurt am Main: Vittorio Klostermann 2009.

Heidegger, Martin: *Country Path Conversations*. Trans. by Bret W. Davis. Bloomington/Indianapolis, IN: Indiana University Press 2010.

Heidegger, Martin: *The Event*. Trans. by Richard Rojcewicz. Bloomington/ Indianapolis, IN: Indiana University Press 2013.

Heidegger, Martin: *Gesamtausgabe: IV. Abteilung: Hinweise und Aufzeichnungen. Vol. 96: Überlegungen XII–XV (Schwarze Hefte 1930–1941)*. Ed. by Peter Trawny. Frankfurt am Main: Vittorio Klostermann 2014.

Heidegger, Martin: *Ponderings II–VI. Black Notebooks 1931–1938*. Trans. by Richard Rojewicz. Cambridge, MA: MIT Press 2016.

Heidegger, Martin: *Ponderings VII–XI. Black Notebooks 1938–1939*. Trans. by Richard Rojewicz. Cambridge, MA: MIT Press 2017.

Heidegger, Martin: *Ponderings XII–XV. Black Notebooks 1930–1941*. Trans. by Richard Rojewicz. Cambridge, MA: MIT Press 2017.

Kateb, George: Freedom and Worldliness in the Thought of Hannah Arendt. In: *Political Theory* 5.2 (1977). Pp. 141–182.

Nietzsche, Friedrich: *The Birth of Tragedy and The Genealogy of Morals*. Trans. by Francis Golffing. New York: Doubleday 1956.

Nietzsche, Friedrich: *Die Geburt der Tragödie, Unzeitgemässe Betrachtungen I–IV, Nachgelassen Schiften 1870–1873*. Ed. by Giorgio Colli/ Mazzino Montinari. Munich: Deutscher Taschenbuch Verlag 1988.

Pirro, Robert C.: *Hannah Arendt and the Politics of Tragedy*. DeKalb: Northern Illinois Press 2001.

Rabinbach, Anson: *In the Shadow of Catastrophe. German Intellectuals between Apocalypse and Enlightenment.* Berkeley, CA: University of California 1997.

Sophocles: *The Three Theban Plays.* Trans. by Robert Fagles. New York: Penguin 1984.

Thucydides: *The Peloponnesian War.* Trans. by Martin Hammond. Oxford: Oxford University Press 2009.

Vallega-Neu, Daniela: Heidegger's Reticence: From Contributions to *das Ereignis* and towards *Gelassenheit.* In: *Research in Phenomenology* 45 (2015). Pp. 1–32.

Wrathrall, Mark A.: Beyng. In: *The Cambridge Heidegger Lexicon.* Ed. by Mark A. Wrathall. Cambridge: Cambridge University Press 2021. P. 122.

PART 2

Der Abgrund in der Prosa / The Abyss in Prose Texts

∴

3
„Abgründe des Vergessens" in Esther Kinskys Roman *Rombo* (2022)

Marko Pajević

Abstract

Esther Kinsky traces in her book *Rombo* (2022) the devastating earthquakes in northeast Italy in 1976 on the basis of natural and cultural observations and the memories of those affected. Earthquakes suddenly open up chasms that shake our certainties. They are caused by underground displacements and collapses of the so-called *abissi*, that is, abysses or cavities in the rock. In structuring her novel, Kinsky quotes writings from abissology, a branch of early geology, and subtly draws connections between nature and the human condition. The chapter explores this primarily through the representation and role of memory and emphasises how the text works with fragments, linking observations of nature, photographs, (partly) fictitious memory logs and reflection, science and folklore. How do people deal with the experience of the abyss? How does trauma shape our understanding of life and the world? How does memory serve to draw a parallel between the mountain interior and the human? The interplay between remembering and forgetting plays a decisive role in this process and gains clarity in the abissi. The abissi can also be found allegorically in people's memories, where they harbour important signs of life and experiences. The trauma locked away in these cavities continues to have an effect and can suddenly have a destructive impact. If we ignore it, it will destroy us when we are shaken. If we track it down, we can emerge anew from the collapse. Kinsky's *Rombo* is therefore a plea to pursue the abyss, the trauma, and to translate the traces of life it contains into a conscious form.

Schlüsselwörter

Abgrund – Abissologie – Esther Kinsky – Rombo – Erdbeben – Erinnerung – Vergessen – Trauma

1 Erdbeben und Abgrund

Rombo, der Titel des mit dem Kleist-Preis gewürdigtem Roman von Esther Kinsky (2022), bezeichnet in Kalabrien das grollende Geräusch, das ein Erdbeben begleitet bzw. ihm kurz vorausgeht.[1] Dieses Geräusch, „summend, surrend, grollend, murmelnd, donnernd, polternd, rauschend",[2] wie Kinsky sich ihm mit Worten tastend nähert, wird verursacht durch die im Inneren des Berges oder der Erde zusammenstürzenden Höhlen. Es handelt sich bei dem Buch um einen Erdbebenroman – Erdbeben spielen ja eine bedeutende Rolle in der Kulturgeschichte. Sie werden immer wieder auch in der Literatur thematisiert. Das gewaltige Erdbeben von Lissabon im Jahre 1755 hat den Glauben an einen gütigen Gott ebenso wie den Zukunftsoptimismus der Aufklärung erschüttert: *Wie kann Gott so etwas zulassen?*, lautet die eine Frage, *Wie können wir Menschen unser Leben unter Kontrolle haben, wenn sich die Natur als so überwältigend und unvorhersehbar zeigt?*, lautet die andere. In den Worten der Romanfigur Gigi am Ende des Buches wird die die menschliche Kraft und Vernunft überwältigende und umwälzende Gewalt eines solchen Ereignisses deutlich:

> Was ist ein Erdbeben? Ein Erdbeben ist doch, als bewegte sich etwas Gewaltiges im Traum. Oder als wäre einem Riesen nicht wohl im Schlaf. Und das Erwachen ist eine neue Ordnung der Dinge in der Welt. Da wird der Mensch mit seinem Leben so klein wie der kleinste Stein im Fluss. (Kinsky S. 254)

Diese verheerenden Kräfte liegen unter der Oberfläche, ja, sie reißen die Oberfläche buchstäblich auf und eröffnen allesverschlingende Abgründe – dieser Umstand bereits wäre Grund genug, dieses Buch zum Nachdenken über den Abgrund heranzuziehen. Doch natürlich geht es dabei immer um weit mehr als um die rein physische Seite eines unsicheren Grundes, auf dem wir Menschen stehen und bauen. Es geht bei der Frage des Abgrundes immer um Menschliches, um das durch das Abgründige geprägte Selbstbild des Menschen.

---

1 So wird gleich auf der ersten Seite des Buches, einem Auszug aus einem geologischen Lehrbuch von 1838, angegeben. Esther Kinsky: *Rombo. Roman*. Suhrkamp: Berlin 2022. S. 9.
2 Nadine Kreuzahler erstellt diese Liste von Kinskys Wörtern für den Rombo in: *rbbKultur*, https://www.rbb-online.de/rbbkultur/themen/literatur/rezensionen/buch/2022/09/esther-kinsky-rombo.html. Abgerufen am 20.12.2022.

2   Das Buch *Rombo* von Esther Kinsky

Am 6. Mai 1976 wurde eine ganze Gebirgsregion in Nordost-Italien in wenigen Sekunden von einem Erdbeben verwüstet, nahezu zehntausend Menschen kamen um, etwa achtzigtausend mussten ihre Existenz neu aufbauen. Im September des gleichen Jahres wurden die mittlerweile geleisteten Aufbauarbeiten durch weitere Beben zunichtegemacht. „Das Erdbeben ist überall", heißt es gleich im zweiten kurzen Textabschnitt, „Beben" betitelt (Kinsky S. 13–14): eingestürzte Häuser, Risse in Gebäuden, ausgestorbene Dörfer, hässliche neue Siedlungen. Doch auch die Schwierigkeit, über das Ereignis zu sprechen, wird sofort aufgegriffen, so endet ein Satz mit das Erdbeben aussparenden drei Punkten, derart selbst einen Hohlraum, einen Abgrund bildend: „falls es noch einmal ..." (Kinsky S. 13). Nach Jahrzehnten noch ist „die Schrift, mit der es sich in aller Gedächtnis eingeschrieben hat, [...] nicht verblasst, sie wird immer neu gekerbt vom Wiedererinnern, vom Reden über all die Wos und Wies" (Kinsky S. 13). Kinsky beschreibt hier gleich zu Anfang ihr eigenes Unternehmen, nämlich „Mit all den beschworenen Bildern" die ganze Strecke zum Berggipfel auszulegen, „Alles gebirgig buchstabiert." (Kinsky S. 14) Das Buch besteht aus solchen „Erdbebenerinnerungsbildern". Die Erzählstimme wünscht sich einen windstillen Tag für eine solche „Bilderauslegung" – womit deutlich wird, dass hier nicht nur eine Strecke ausgelegt wird mit Bildern, sondern dass diese Bilder dabei auch ausgelegt, also gedeutet werden müssen. Es geht bei dieser Sammlung von Erinnerungsbildern um einen Überblick und um Erkenntnis dessen, was ein solches Ereignis bedeutet für das eigene Sein. Allerdings, so wird gleich gewarnt: „Doch der Tag ist windig." (Kinsky S. 14) Die Auslegungsarbeit ist keine einfache, geruhsame, sondern mühsam und aufwühlend. Gleich hier kommt der erste Zeuge ins Spiel, Anselmo, der auf dem Friedhof per Telefon weggezogenen Menschen vom Grab ihrer Verwandten berichtet. Am Ende des Gesprächs sagt er: „Die Erinnerung ist ein Tier, das aus vielen Mäulern bellt." (Kinsky S. 14)

Dementsprechend spürt das Buch diesen Ereignissen aus diversen Perspektiven nach. Suhrkamp schreibt auf dem Buchcover „Roman", die Bezeichnung ist jedoch eher irreführend, da es sich nicht um eine handlungsgetragene Erzählung handelt.[3] Das Buch besteht aus sieben Kapiteln, denen jeweils ein Foto und ein

---

[3] Gallus Frei kommentiert in seiner Rezension im *Literaturblatt*: „*Rombo* ist ein Erinnerungsbuch, ein Buch, das ganz eigen ist, kein Roman, keine Erzählung, kein Bericht. *Rombo* ist ein Album der Erinnerungen, manchmal mit real beschriebenen Fotos angereichert, mit Erzählungen, Erinnerungen." https://literaturblatt.ch/esther-kinsky-rombo-suhrkamp/. Abgerufen am 20.12.2022.

kurzer Auszug aus Geologie-Büchern des 18. und 19. Jahrhunderts vorangestellt sind. Die Fotos, die als „Fundstücke" bezeichnet werden, zeigen Einritzungen von Steinmetzen und Pilgern, die in der zerstörten Kirche von Venzone derart Spuren ihrer Existenz oder Passage zurückgelassen haben. Die geologischen Zitate entstammen der sogenannten *Abissologie*, einer frühen Abteilung der Geologie, die sich, wie dem Begriff zu entnehmen ist, den Abgründen im Gestein verschrieben hat und eine Lehre von den Hohlräumen erarbeitet. Der Text selbst besteht aus Hunderten von kurzen Abschnitten, in denen jeweils ein Naturphänomen aus Geologie, Flora und Fauna, Beschreibungen des Geländes, der Sitten, der Geschichten und Mythen des Friaul sowie die Auswirkungen und die Geschichte der Erdbeben erzählt werden, aber auch Bruchstücke aus dem Leben von sieben Personen, die das Erdbeben erlebt haben und deren Erinnerungen derart festgehalten bzw. später im Buch dann in direkter Rede aus der Ich-Perspektive wiedergegeben werden. Dabei geht es zum Teil um Erlebtes, zum Teil um Reflektionen des Erlebten und der Auswirkungen auf das eigene Leben und Sein. Auch Überlegungen zur Fotografie und zur Erinnerung selbst spielen eine wesentliche Rolle, zum Teil werden auch Fotos beschrieben. Kinsky lebt zum Teil im Friaul und diese Zeugen und ihre Berichte mögen zumindest teilweise fiktiv sein, bauen aber sicher auf tatsächlich geführten Gesprächen auf.[4]

Das Buch ist derart selbst fragmentarisch und wie die zerstörten Häuser in Bruchstücke zerschlagen, die keine Gesamtperspektive ergeben, sich aber multiperspektivisch an das Unfassbare herantasten wollen. Die Natur wird zur Allegorie auf das Menschliche.[5] Das liest sich trotz der präzisen und poetischen Sprache nicht immer einfach,[6] es gibt keinen klaren Handlungsfaden, dem

---

[4] *Nadine Kreuzahler* behauptet in ihrer Besprechung: „als habe Kinsky Interviews protokolliert. Was gar nicht so abwegig wäre, weil die Autorin tatsächlich seit einigen Jahren zur Hälfte in einem Dorf in Friaul lebt. Dort ist das Erinnern an das Beben omnipräsent. Die Charaktere in *Rombo* sind aber fiktiv. Interviews hat sie nicht gezielt geführt, wohl aber Gespräche geführt, wenn diese sich ergeben haben." In: *rbbKultur*, https://www.rbb-online.de/rbbkultur/themen /literatur/rezensionen/buch/2022/09/esther-kinsky-rombo.html. Abgerufenn am 20.12.2022.

[5] Vgl. Helmut Böttiger: Esther Kinsky: „Rombo". Das Seufzen der Materie. In: *Deutschlandfunk* 11.02.2022, „Der Kalkstein, bestimmte Vögel, bestimmte Farben der Landschaft und des Himmels verbinden sich in diesem Text mit großen Fragen nach Menschlichkeit und Gemeinschaft." https://www.deutschlandfunkkultur.de/esther-kinsky-rombo-100.html. Abgerufen am 20.12.2022. Auch die bezüglich des Textes skeptische Christiane Pöhlmann gesteht zu: „Auf metaphorischer Ebene gibt der Roman einiges her". Akribische Achtlosigkeit. In: *Frankfurter Allgemeine Zeitung* 31.3.2022.

[6] Björn Hayer weist darauf hin, dass Kinsky Lyrikerin ist und so vernimmt er „weniger die Konstrukteurin eines Plots als vielmehr die Sprachkomponistin, die mit Soundfarben und Synästhesien arbeitet." Gebirge, wir hören dich! In: *nd* 23.3.2022. https://www.nd-aktuell.de /artikel/1162424.fantastik-gebirge-wir-hoeren-dich.html.

man folgen möchte, sondern es sind einzelne, meist nur sehr lose miteinander verbundene Beobachtungen und Aspekte. Das Buch sprengt jedes Genre, es vereinigt Gedächtnisprotokolle, vermutlich auch Fiktion, Kulturgeschichte, Folklore und Wissenschaft. Die genauen Naturbeschreibungen verorten es weiterhin im sogenannten *nature writing*, wobei Kinsky dem Begriff skeptisch gegenübersteht und selbst den Begriff der Landschaft zugunsten des Geländes vermeidet,[7] obgleich sie für einen Auszug des Buches bereits 2020 den *Deutschen Preis für Nature Writing* erhielt. Sie hatte stattdessen ihrem Roman *Hain* aus dem Jahr 2018 den Untertitel *Geländeroman* gegeben. Der bereits erwähnte Kleist-Preis suggeriert natürlich eine Verbindung zu Kleists Erzählung *Das Erdbeben von Chili* aus dem Jahre 1807. Der W.-G.-Sebald Literaturpreis, ein weiterer bereits vorab vergebener Preis für einen Auszug, bringt Sebalds große Themen Erinnerung und Trauma ins Spiel. Der Begriff Trauma kommt in *Rombo* zwar nicht vor,[8] das Thema aber allemal, und Erinnerung und Vergessen sind zentral und werden es auch in diesem Aufsatz sein.

3 Abgründe und Berge

Die große Bedeutung des Bergbaus und der Mineralogie für die Romantiker ist häufig bemerkt worden.[9] Novalis etwa war selbst Bergbauingenieur, Goethe hat intensive mineralogische Forschungen betrieben, die Geschichte der Bergwerke von Falun ist gleich von drei deutschen Schriftstellern jener Zeit festgehalten worden[10] – das hängt sicherlich mit der Rolle des Unterirdischen

---

7   Vgl. das Interview von Katharina Teutsch mit Esther Kinsky: Nature Writing. Über Natur schreiben heißt über den Menschen schreiben. In: *Deutschlandfunk* 28.1.2018: https://www.deutschlandfunk.de/nature-writing-ueber-natur-schreiben-heisst-ueber-den-100.html. Abgerufen am 20.12.2022.
8   Darauf verweist auch Veit Lehmann in seiner Besprechung: Bohrkern des Lebens – Esther Kinsky: Rombo. In: *Aufklappen* 1. Juni 2022, https://aufklappen.com/2022/06/01/bohrkern-des-lebens-esther-kinsky-rombo/. Er fügt hinzu, dass der Begriff des Traumes bei ihr ansonsten wohl mit „Leben" übersetzt werden müsste. Allerdings wird die traumatische Natur des Erdbebens in den Erzählungen nachvollziehbar, etwa wenn die Figur Toni sagt: „ich bin nur gerannt, und ich hatte Angst, dass sich auf einmal ein Abgrund auftut" (Kinsky S. 246).
9   Vgl. Hartmut Böhme: Geheime Macht im Schoß der Erde: Das Symbolfeld des Bergbaus zwischen Sozialgeschichte und Psychohistorie. In: Ders. *Natur und Subjekt*. Frankfurt am Main: Suhrkamp 1988. S. 67–144.
10 Von Johann Peter Hebel, E.T.A. Hoffmann und Friedrich Rückert. Vgl. für die Rolle des Bergbaus und des Unterirdischen Thea Dorn/ Richard Wagner: *Die deutsche Seele*. München: Knaus 2011. S. 22–28.

und des Abgrunds in der Romantik zusammen. Damals entwickelte sich ein Interesse für die ‚Natur' als Gegenraum zur Kultur,[11] die beginnende Industrialisierung und Verstädterung trug bei zur Idealisierung eines ursprünglichen Naturraumes. Die Bergwelt bot mit ihren schroffen und mächtigen Aspekten überdies ein Paradebeispiel für das Erhabene. Dieses Interesse am Erhabenen hing sicherlich mit der Infragestellung Gottes und des Christentums zusammen, die erhabene Natur konnte dem Menschen noch Ehrfurcht einhauchen, auch wenn der Gottesglaube wich. Ohnehin verschob sich damals die Dimension der Unendlichkeit vom Göttlichen ins Menschliche. Der Mensch selbst wurde jetzt Ort der Schöpferkraft: nicht mehr durch göttliche Inspiration, sondern aus sich selbst schöpfte er. Dafür lag der Abgrund des Unendlichen nun in ihm selbst, mit all der stolzen Selbstermächtigung als auch mit der Verzweiflung und Unruhe des auf sich allein gestellten Ich.

Die Aufklärung hatte den Gottesglauben untergraben, Nietzsches „Tod Gottes" kündigte sich bereits an und damit der Abgrund der mangelnden Letztbegründbarkeit der menschlichen Existenz, Nichts und Nihilismus bildeten den neuen Horizont. Dementsprechend bemühten sich die Denker des deutschen Idealismus um einen neuen soliden Grund für das Denken, „Grundlegung", „Grundsatz", „Anfangsgründe" waren allgegenwärtige Begriffe.[12] Für die „dunklen Vorstellungen" und „den tiefen Abgrund der menschlichen Erkenntnisse" fühlte sich die Aufklärung nicht zuständig, von diesem Abgrund meinte Kant, dass wir „ihn nicht erreichen können".[13] Damit übernahm eine überhöhte Natur die Rolle des Göttlichen. Die Kulturgeschichte schuf sich mit dem neuen Naturbegriff eine neue Unendlichkeitsdimension. Edmund Burkes wirkmächtige Ästhetik des Erhabenen sprach der erhabenen Natur die Rolle zu, den menschlichen Kräften ihre Grenzen aufzuweisen und durch den derart hervorgerufenen „delightful horror" Kreativkräfte zu entfalten.[14]

---

11   Vgl. Norbert Elias: *Über den Prozeß der Zivilisation. Soziogenetische und psychogenetische Untersuchungen*. Frankfurt am Main: Suhrkamp 1976.

12   Ansgar Mohnkern: Grund/Abgrund. On Kant and Hölderlin. In: *Anti/Idealism. Re-interpreting a German Discourse*. Hg. von Juliana de Albuquerque/ Gert Hofmann. Berlin/Boston: de Gruyter 2019. S. 187–208.

13   Immanuel Kant: *Vorlesungen über Psychologie*. Leipzig 1889, zitiert in Carl Gustav Jung: *Die Beziehungen zwischen dem Ich und dem Unbewussten*. In *Gesammelte Werke*, Bd. 7. Solothurn und Düsseldorf: Walter-Verlag 1983. S. 127–250. Hier: S. 177. Bemerkenswerterweise wies Kant Wilhelm von Humboldts Theorie zum Geschlechtsunterschied und seine Sexualisierung des Denkens als Dialog zwischen männlich und weiblich streng zurück als „Abgrund des Denkens", vgl. Jürgen Trabant: *Apeliotes oder der Sinn der Sprache*. München: Fink 1986. S. 23. Es scheint, als ob Kant gewisse Abgründe des Menschen zu denken verweigerte.

14   Edmund Burke: *A philosophical enquiry into our ideas of the sublime and beautiful*. London: Routledge 2008 [1757]).

Die Berge mit ihren Höhlen und Tiefen wurden dadurch eine große Allegorie des Menschlichen. Selbst wenn Kinsky keine Romantisierung der schönen oder erhabenen Natur im Sinne einer Idyllisierung vornimmt, so gibt es doch gewisse romantische Elemente einer Zuschreibung von Eigenständigkeit, wenn nicht gar Personifizierung von Natur in *Rombo*. Immer wieder wird der Natur ein eigenes Agens zugeschrieben.[15] Vor allem aber kann man einen Vergleich des Selbst und des menschlichen Inneren mit dem Berginneren erkennen. Und dieser Vergleich wird in erster Linie über die Frage der Erinnerung und des Vergessens gezogen. Wie in der Romantik der Abgrund der Existenz ins Menschliche verschoben wurde, so erscheint auch in *Rombo* die Erinnerung mitsamt dem Vergessen als ein im Menschen sich eröffnender Abgrund. Paul Jandl bemerkt: „Die Philosophie ist der hintergründige Teil von *Rombo*, die Erzählungen der Figuren sind voller Abgründe."[16]

4 Erinnerung und Vergessen

Jandl erkennt ebenfalls die herausragende Stellung der Erinnerung: „Wie vielleicht alle grosse Literatur ist auch *Rombo* ein Versuch über das Erinnern." Und er zieht die Verbindung zur allgemeinen gesellschaftlichen Stimmung einer Zeitenwende, in der ein dumpfes unterirdisches Grollen, der Rombo, auf die drohenden ökologischen und gesellschaftlichen Katastrophen hinweist. Er fügt dem ebenso eine psychologische Dimension hinzu: „Manche hören den Rombo auch schon in sich selbst."[17]

---

15 Verschiedene Rezensentinnen und Rezensenten weisen auf diese Autonomie der Natur in Kinskys Werk hin, etwa Nele Honig: Philosophien der kollektiven Erinnerung. Esther Kinskys neuer Roman „Rombo" vermischt menschliche, ökologische sowie mythische Erzählmomente und lässt sie zu einem Strudel kollektiver Traumata werden. In *Literaturkritik*: https://literaturkritik.de/kinsky-rombo,28718.html. Abgerufen am 20.12.2022.
   Ebenso Nadine Kreuzahler oder Florian Baranyi: Esther Kinskys „Rombo". Im Tal der Erinnerung. In: ORF 19.2.2022, https://orf.at/stories/3247818/, der die Natur als „eigentlichen Protagonisten des Romans" bezeichnet und eben gerade nicht als durch Menschenhand geformte „Landschaft". Abgerufen am 20.12.2022. Christiane Pöhlmann spricht von „Erinnerungsfotografie", bei denen allerdings die Natur über- und die Menschen unterbelichtet würden. In: *Frankfurter Allgemeine Zeitung* 31. März 2022.

16 Paul Jandl: Schwere Erdstösse erschütterten 1976 Friaul. Nur die Vögel spürten die Katastrophe bereits, ehe sie eintrat, *Neue Zürcher Zeitung* 9 Februar 2022. https://www.nzz.ch/feuilleton/esther-kinskys-grandioser-roman-ueber-das-erdbeben-in-friaul-ld.1667753. Abgerufen am 20.12.2022.

17 Siehe oben. Steffen Richter schlägt in seiner Besprechung in die gleiche Kerbe der gesellschaftlichen und ökologischen Probleme unserer Zeit und bezeichnet *Rombo* als einen „Roman über die verdrängte Prekarität des Lebens". Verdrängte Prekarität: Das

Nachdem im ersten Teil in vielen Abschnitten Eindrücke vom Erdbebengeschehen und den Auswirkungen auf das „Gelände" gegeben wurden und die sieben Zeugen vorgestellt wurden, kommen diese am Ende dieses Teils in unmarkierter direkter Rede zu Wort und äußern ihre Haltung zur Erinnerung, jeweils gefolgt von einem Absatz zum Gelände (um Kinskys Bezeichnung auch weiter zu folgen und den Landschaftsbegriff zu vermeiden).

Olga beginnt mit grundsätzlichen Überlegungen zur Erinnerung:

> Was ist die Erinnerung? Sie kommt und geht, wie sie will. Sie verschwindet und drängt sich auf, ohne dass wir etwas daran ändern können. Ich sehe die Mauer, ich erinnere mich an eine Carbon. Ich erinnere mich an eine Carbon, die Erinnerung an das Erdbeben kommt zurück. So ist alles miteinander verbunden und verwoben. Ich höre Hühner und denke an meine Kinderjahre in Venezuela. An den süßen Duftbaum im Hof und die Sonnenflecken auf dem Fußboden. Alles wurde anders, aber das ist noch da. Die Erinnerung ist etwas, an dem ständig gewoben wird. Alles, was man also sieht und hört und denkt und riecht, ist wie ein Faden in diesem gewebten Erinnerungstuch. Das Tuch wird immer länger; wenn man älter wird, wird es praktisch so lang wie vom oberen Ende des Tals bis an seinen Ausgang, nur liegt das alles fest gefaltet im Kopf. Und das Blut in den Adern strömt daran vorbei, unaufhörlich, und dann lösen sich winzige Fasern und schwemmen an eine andere Stelle, und dann hat man etwas vergessen. Aber irgendwo im Kopf liegt es noch. Ja, was ist die Erinnerung? Die Erinnerung, das sind wir selbst. (Kinsky S. 51)

Olgas Erinnerungsbeschreibung erinnert an Freuds Gedächtnistheorie in seiner schönen kurzen Skizze *Notiz über den Wunderblock*.[18] Dort erklärt er am Beispiel des Wunderblocks die Funktionsweise unseres Erinnerungsapparats, der in der Lage ist, immer neue Eindrücke aufzunehmen trotz der begrenzten Fähigkeit, alle immer präsent zu haben. Bei dieser besonderen Schreibtafel schreibt man mit einem Griffel auf einer Folie, deren Spuren durch Abheben von der darunterliegenden Matrize immer wieder gelöscht werden und die somit immer neue Eindrücke aufnehmen kann, während die früheren Eindrücke zwar von der Oberfläche verschwinden, in der nicht sichtbaren darunterliegenden Matrize jedoch erhalten bleiben. Allerdings kreuzen sich diese

---

Beben. In *Tagesspiegel* 23.4.2022. https://www.tagesspiegel.de/kultur/das-beben-5426119.html. Abgerufen am 20.12.2022.

18　Sigmund Freud: Notiz über den Wunderblock. In: Psychologie des Unbewußten. *Studienausgabe in zehn Bänden*. Band 3. S. 363–369.

Eindrücke in der Matrize und je tiefer ein Eindruck, desto stärker wird er andere Erfahrungen mitbestimmen. Das Erdbeben war ein solch tiefer Eindruck, der wieder aufgerufen wird durch begleitende bzw. gekreuzte Eindrücke, bei Olga hier etwa die Schlange, die Carbon, die sie vor dem Erdbeben sah, sodass jetzt jede Carbon die Erinnerung an das Erdbeben hervorruft. Wie Olga erklärt, verändert sich die Erinnerung auf diese Weise unentwegt – neue Eindrücke fädeln sich ein, das Gewebe der Erinnerung wird weitergesponnen. Alles bleibt da, aber die Dinge tauchen manchmal in anderen Zusammenhängen wieder auf bzw. verschwinden für eine Weile. Olga behauptet, dass dieses Spiel der Erinnerung und die damit einhergehenden Verschiebungen unserer Identität uns selbst ausmacht. Der Mensch wäre demnach sozusagen ein Abgrund von unzähligen sich kreuzenden Eindrücken.

Auch Anselmo betont die Bedeutung der Erinnerung für die menschliche Existenz. Er zieht die Verbindung zur Geschichte vom Menschen, der seinen Schatten verkauft, die in der deutschen Literatur von Adalbert von Chamisso als *Peter Schlemihls wundersame Geschichte* erzählt wurde.

> Die Erinnerung, die ist wie ein Schatten. Sie folgt einem überallhin. Und wenn sie nicht da wäre, dann würde man vielleicht genauso merkwürdig dastehn wie ohne Schatten. Wie in der Geschichte von dem, der seinen Schatten verkauft hat. Wenn man seinen Schatten verkauft hat, ist es so, als ginge man ohne Spur durch die Welt. Und wenn man sich an nichts mehr erinnert, ist es so, als hätte man von der Welt keine Spur mehr in sich. (Kinsky S. 52)

Die Erinnerung verbindet Mensch und Welt, sie ist die Spur der Welt im Menschen. Ohne sie ist der Mensch nicht denkbar. Gigi hingegen behauptet, sich nicht an viel zu erinnern und nicht viel an früher zu denken, allerdings sagt er auch: „Trotzdem, man braucht die Erinnerung. Wer wäre man denn, wenn man alles vergäße? Aber die Erinnerung kann auch hart sein und weh tun. Dann ist das Vergessen besser." (Kinsky S. 53) Auch er bemerkt den Mangel an Kontrolle darüber, welche Erinnerungen wann kommen: „Aber dann kommen andere Erinnerungen auch ungerufen und fahren dazwischen. Man hat keine Macht über die Art von Erinnerung. Und auch nicht über das Vergessen." (Kinsky S. 53) Für ihn ist dementsprechend jeder „zu seinem Gedächtnis verurteilt. Zu dem, was in Erinnerung bleibt, und dem, was vergessen ist." (Kinsky S. 53)

Silvia hingegen hat „viele Erinnerungen. Aber sie sind nicht geordnet." (Kinsky S. 54) Auch sie verweist auf die willkürlichen Verknüpfungen der Erinnerung und bezeichnet die Erinnerung als Scherbenhaufen, den man ständig kehrt und somit neue Verbindungen schafft. Beim Reiben der Scherben aneinander bilde sich auch Staub, der sich ablagert. Das Obenaufliegende beim ständigen Hin-und Herkehren sei einem gerade bewusst, der Rest nicht, aber ein Knirschen und Klirren dieser Erinnerungsbruchstücke sei immer präsent. Auch diese Erinnerungsallegorie lässt sich gut mit Freuds Theorie in Einklang bringen.

Toni hingegen stößt sich daran, nicht die Worte für die Erinnerungen zu finden, Bild und Sprache decken sich nicht, außerdem sähen die anderen dabei nicht sein Erinnerungsbild. Deshalb führe das Erzählen der Erinnerungen nahezu zum Vergessen (55–56). Mara erzählt von ihrer dementen Mutter, deren Vergessen sie für notwendig hält, um mit dem Leben fertig zu werden. Sie bezeichnet es als „Eine Art, Ordnung zu halten. Im Schmerz. Und im Leben überhaupt. Der Kopf würde uns ja platzen ohne das Vergessen. Und das Herz auch." (Kinsky S. 57) Lina hingegen redet „gern von früher" (Kinsky S. 57), allerdings gibt es Unstimmigkeiten mit den Erinnerungen der Anderen. Deshalb teilt sie einige Erinnerungen nicht, sondern schreibt sie auf und behält sie für sich, damit im Erinnerungsstreit mit den Anderen „die schöne Erinnerung" nicht in die Brüche geht (Kinsky S. 58).

Alle sieben rücken also andere Aspekte des Erinnerns – oder Vergessens – ins Licht, aber alle wissen um die Subjektivität ihrer Erinnerungen und darum, dass der Mensch durch seine Erinnerung ausgemacht wird, diese jedoch sich entziehende oder auch bedrängende Dimensionen enthält, über welche man keine Kontrolle hat.

5   Höhlen und Vergessenes

Dafür nun spielen die *abissi*, also die Höhlen der Abissologie eine entscheidende Rolle. Diese Abissi, was ja Abgründe bedeutet, sind wie gesagt der Grund für den Rombo, das Geräusch der Gesteinsverschiebungen im Inneren des Berges, bei denen die Abgründe zusammenbrechen bzw. neue entstehen. Diese unterirdischen Bewegungen äußern sich auch auf der Oberfläche in Form von Erdbeben und sich eröffnenden Abgründen. Die bereits erwähnten den sieben Teilen vorangestellten Zitate aus alten geologischen Lehrbüchern stammen in drei Fällen aus einem Buch mit dem Titel *Das Antlitz der Erde*. Für Teil III finden sich die folgenden Formulierungen: „Spuren einer Reihe grosser abyssischer Vorgänge" und „das passive Absinken grosser Schollen und ausgedehnter Tafeln in gewaltige Tiefen" (Kinsky S. 107). Sowohl Buchtitel als auch die beschriebenen geologischen Aktivitäten im Zusammenhang mit Erdbeben lassen sich trefflich mit den genannten Erinnerungsprozessen in Einklang bringen, es wird eine Parallelsetzung vom Inneren des Menschen und der Erde vorgenommen, wie ja bereits der Titel suggeriert. Auch das Zitat für Abschnitt V zeigt eine solche Parallele zwischen Gestein und Gedächtnis auf, wenn erklärt wird, dass ein frischer Bruch im Kalkstein schwarz ist, sich aber allmählich weiß brennt und die Steine „allmälig an der Oberfläche" „verbleichen" (Kinsky S. 193). Und im Zitat zu Abschnitt VI heißt es, dass die „seismische Bewegung" selten als ein einziger Schlag auftritt:

> Weit häufiger erscheint eine ganze Reihe von Erderschütterungen, mit oder ohne Begleitung von unterirdischem Getöse, von wechselnder Intensität, ja öfters sogar auf einer bestimmten Linie das Maximum der Intensität von Ort zu Ort verschiebend. (Kinsky S. 233)

Auch diese Formulierung passt gut auf traumatische Symptome bei Menschen.

Ohnehin haben wir es in diesem Fall bei den Abgründen mehr mit Höhlen als mit unendlichen Tiefen zu tun, wobei es allerdings enge Verbindungen gibt. Die Höhle spielt ja eine grundlegende kulturgeschichtliche Rolle. „Die Höhle lockt als Metapher, als Denkbild", schreiben die Herausgeber eines Bandes zu *Höhlen. Obsession der Vorgeschichte*, der sich mit dieser kulturgeschichtlichen Bedeutung der Höhlen auseinandersetzt und sich großteils mit den sich in Höhlen befindenden Ursprüngen der Kunst und somit des Menschlichen befasst.[19] Es sind „Räume der Selbstverständigung" (*Höhlen* S. 12) für den Menschen. Franck Hofmann verweist auf die Konjunktur der Höhlenforschung in Umbruchzeiten:

> Nach dem Verlust der Transzendenz und einer genealogischen Ordnung zielt der sich verlassen wähnende Höhlenkundler darauf, seine Geschichtlichkeit retrograd zu übersteigen. In dieser Rückwendung soll etwas zu finden sein, so die Hoffnung, das die Menschheit als Menschheit ausmacht: über alle Zeiten hinweg und jenseits der symbolischen Ordnungen, in denen allein der Mensch sich als Mensch in den Blick nehmen und aussprechen kann.[20]

Hans Blumenberg stellte bereits fest, „Wir alle sind aus Höhlen gekommen, und jeder kommt aus einer",[21] damit nicht nur auf die Steinzeitmenschen, sondern

---

19   Markus Messling/ Marcel Lepper/ Jean-Louis Georget: Höhlenbilder. Von der Vorgeschichte zur Geschichte der Vorgeschichte. In: *Höhlen. Obsession der Vorgeschichte*. Berlin: Matthes & Seitz 2019. S. 7–29. Hier: S. 28.
20   Franck Hofmann: Im Höhlenmuseum der modernen Welt. In: *Höhlen.* S. 41–79. Hier: S. 47.
21   Hans Blumenberg: *Höhlenausgänge*. Frankfurt am Main: Suhrkamp 1989. Klappentext, von Blumenberg selbst verfasst.

eben auch auf jedes aus dem Mutterleib kommende Individuum verweisend. Blumenberg hat die Höhle als Ort der Geborgenheit und folglich der Kultur herausgearbeitet: In Höhlen machten sich die Menschen über Geschichten, Mythen und Religionen die Wirklichkeit da draußen vertraut und gefügig. Die kulturgeschichtliche Bedeutung von Höhlen als ambivalentes Niemandsland und Möglichkeitsraum hat Dorothee Kimmich herausgearbeitet.[22]

Diese anthropologische Dimension der Höhle als Ursprung des Menschlichen[23] muss mitbedacht werden, wenn hier von Höhlen die Rede ist. Zu diesen abgründigen Höhlen, den *abissi*, heißt es:

> Am Monte Canin liegen die tiefsten Höhlen der Erde. Schluchten, Klüfte, Abgründe, *abissi*, aus denen nichts mehr ans Licht findet, was einmal hineingeraten ist. Abgründe des Vergessens. Was macht die Höhle aus – die Abwesenheit von Gestein, Erde, Licht oder die Anwesenheit der Wände, die sie umgeben? Die Dunkelheit drinnen oder Licht draußen? Wann wird das Nicht-Erinnern zum Doch-Vergessen? Am Anfang der Geologie gab es eine Wissenschaft der Abissologie. Eine Lehre von den Klüften, Abgründen, Hohlräumen, in denen eingeschlossen wie im Mandelstein Vergessenes liegt. Abhandengekommenes. (Kinsky S. 56)

Kinsky nähert mit ihrer Betonung der Tiefe diese Höhlen, die explizit Abgründe genannt werden, der Unendlichkeit des Abgrunds an: der Abgrund verschlingt laut dieser Textstelle dauerhaft und unwiederbringlich. Das steht im Gegensatz zu den Zeugenberichten im Textumfeld, in denen immer wieder auf das unvermutete Wiederauftauchen des Vergessenen hingewiesen wird. Hier spricht Kinsky von „Abgründe[n] des Vergessens" – das Vergessen ist unendlich. Oder es sind eben doch Abgründe im Sinne der *abissi*, Hohlräume, die dann durch Verschiebungen zusammenbrechen und neue Ordnungen an der Oberfläche verursachen – mitsamt den einhergehenden Zerstörungen.

Die anschließenden Fragen nach dem Charakter der Höhle geben zu denken: welche Perspektive nehmen wir ein? Schauen wir auf den Freiraum oder auf die diesen umgebende Wände? Sind die *abissi* das, was da ist, die schutzbietenden Wände, oder die fehlende Materie innerhalb dieser Wände? Betrachten

---

22   Dorothee Kimmich. Höhlen. Niemandsländer in der Tiefe. In: *Tiefe. Kulturgeschichte ihrer Konzepte, Figuren und Praktiken*. Hg. von Dorothee Kimmich/ Sabine Müller. Berlin/ Boston: de Gruyter 2020. S. 183–200.

23   Vgl. dazu auch Jürgen Trabants Darstellung von Vicos Speläologie, in der ebenfalls aus der Höhlensituation das Menschliche erwächst: Philologische Speläologie: Höhlen als Orte des Sprachursprungs. In: *Höhlen* S. 165–189.

wir das Innen oder das Außen? Ist die Höhle passiv oder aktiv? Zwar gehen alle diese Fragen von einer endlichen Höhle aus, etwas Abgegrenztem, aber sie weisen auf die Perspektive hin, die die Haltung dazu maßgeblich beeinflusst. Die zitierte Passage folgt auf Tonis Überlegung, der das Erzählen seiner Erinnerung dem Vergessen annähert, und es bietet sich an, sie als Kommentar zu lesen. Kinskys Andeutungen lassen sich hier nicht vollständig in eine nachvollziehbare Logik bringen.

Eventuell muss man hier die Höhle als den Blumenbergschen Ort des Erzählens verstehen, als Bemühungen um eine Lesbarkeit und ein Verständnis der gefährlichen Welt da draußen.

Im Abgrund scheint hier nicht die Erinnerung zu sein, sondern das Vergessene, „Abhandengekommenes". Kinsky spricht hier vom Mandelstein, der mit dem Abgrund verglichen wird, in dem das Vergessene liegt. Mandelsteine sind eine Strukturform vulkanischer Gesteine, deren ursprüngliche Hohlformen, auch Blasen genannt, durch später gebildete Mineralien gefüllt sind. Diese oft mandelförmigen ‚Steine' sind häufig innen mit Kristallen versehen. Aber hier wäre auch der Bezug auf den Mandelkern (Amygdala) passend. Dieser hat eine enge Beziehung zur Erinnerung. Er ist ein paariges Kerngebiet des Gehirns und Teil des limbischen Systems. Im Mandelkern werden Erfahrungen mit Emotionen verknüpft und gespeichert. Besonders für traumatische Erlebnisse spielt das eine große Rolle und die Erinnerung an das Trauma, selbst wenn die Situationen objektiv nicht vergleichbar sind, aber über die oben beschriebenen Erinnerungsmechanismen subjektiv miteinander verbunden werden, kann psychische und körperliche Symptome wie zum Beispiel Panik, Apathie, Übelkeit oder Ohnmacht auslösen. Deshalb wird dabei auch vom Körpergedächtnis gesprochen. Das vom Abgrund Verschlungene macht sich weiterhin bemerkbar.

6   Lebensspuren im Abgrund

Am Ende dieser Erinnerungsüberlegungen und der zugeordneten Naturbeschreibungen fragt die Erzählstimme, ob der Berg eine Erinnerung habe, ob es Spuren gäbe der fliehenden Menschen und Tiere und deren Geräuschen. Interessanterweise wird auch hier Freuds Metapher des Ritzens für die Erinnerungsarbeit aufgegriffen, Kinsky formuliert „ein Muster, von Tönen in die Flächen gefurcht, winzige Furchenadern, von Klängen geritzt" und spricht dann von „Furchennetze[n]", über die der Wind streicht und derart ein Sirren bildet, einen „unverzagte[n] Laut der Erinnerung." (Kinsky S. 58)

Anschließend wird noch ein Fluss beschrieben in dieser Landschaft, die, wie behauptet wird, in allem von den Bewohnern benannt wurde:

> Jeder Flecken Erde und jede Armlänge Wasser hat hier einen Namen und mit dem Namen eine Geschichte oder die Geschichte einer Geschichte. Das Wasser schreibt das Gelände vor und bestimmt die Wege, trägt ab, trägt zu und hinterlässt Vertiefungen, Schründe, Klüfte, Schluchten in dem weichen Stein aus abgestreiften Schalen, Hülsen, Gräten, Wirbeln, Leben, die *abissi*, an die eingeweihte Kalksteinergründer das Ohr legen und nach fernstem Echo von Lebenszeichen lauschen. (Kinsky S. 59)

Auch das Wasser prägt die Landschaft, ritzt sie und hinterlässt Spuren. Das Land ist wie die Erinnerung der Menschen eine Matrize, in der vielfältige Einritzungen hinterlassen wurden. Und wie man in den Menschen hineinhorchen kann, so gibt es auch die „Kalksteinergründer", die in das Gelände hineinlauschen nach „Lebenszeichen". Diese Erkenntnis vom eingeritzten Leben kann man den *abissi*, den Abgründen, ablauschen. Dort gibt es noch die Klangspuren von fernstem Leben.

Der allerletzte Kurzabschnitt dieses ersten Teils ist ungewöhnlich lang, dreieinhalb Seiten, und ist „Abgrund" betitelt. Er beschreibt einen Bergweg, den früher die Begräbniszüge entlanggingen zum Friedhof, zum Teil „dicht am Abgrund" (Kinsky S. 61), wo auch ein Schild an die „Sage" des Ziegenhirten Gigi erinnert, der vermeintlich dort mitsamt seinen Tieren bei einem Felsabbruch in die Tiefe gestürzt ist. Das Bild auf der Tafel ist „schon etwas ausgeblichen, überzogen mit einem feinen Netz kleiner Risse. Eine Craquelure." (Kinsky S. 62) Auch hier ist wieder ein Netz von Spuren über die Erinnerung gezogen, es ist zugleich „Wegschild: Gigis abisso. Zu den Almen geht es weiter dort entlang, wo der Pfad sich vom Abgrund abwendet." (Kinsky S. 62) Dieses Kapitelende suggeriert, dass die Beschäftigung mit dem Abgrund dem Weiden auf der Alm, also dem ruhigen Überleben, entgegensteht. Dieser Gedanke wird gegen Ende des Buches noch einmal aufgegriffen. Die Erzählstimme berichtet, dass sich, falls sich das enge Tal eines Tages durch geologische Verschiebungen ganz verschließen sollte, ein mühsamer Bergweg einen Ausweg böte, aber „Hände und Füße wird man brauchen auf dem Pfad mit seinen zweifelhaften Wegsamkeiten, den Blick vom Abgrund abgewandt halten, nicht auf das stete Geröllknurren lauschen." (Kinsky S. 259) Auch hier kann übergeordnet gelesen werden: um dem Trauma des Erdbebens zu entgehen, muss der Abgrund des Erlebten ignoriert werden, man darf dem Rombo, bzw. dem leisen Klirren und Knirschen des Scherbenhaufens der Erinnerung, wie Silvia es beschrieb, nicht nachlauschen. Was ja genau das Gegenteil von Kinskys Unternehmen mit diesem Buch wäre. Geht es um die richtige Balance zwischen Abgrundsaufmerksamkeit und Lebenszugewandtheit?

Gigi beschreibt die Tage des Erdbebens, während derer er sich mit seinen Ziegen in die Berge zurückzog und dort für „Vielleicht eine Woche, vielleicht mehr" blieb. Er hörte dort das dumpfe Donnern von den „tiefen Abgründe[n] im Berg, die einstürzten". Das Wissen um das schreckliche Geschehen unten im Dorf, vor dem er geflohen war, belastete ihn und er stellte sich quasi tot: „Ich habe mich fast nicht bewegt." (Kinsky S. 173) Diese Erfahrung beschreibt er als „Loch": „Diese Tage sind immer wie ein Loch in meinem Leben geblieben. Wie ein Loch, durch das ich in etwas anderes schauen konnte, in eine unbekannte Welt. Aber das war gut so." (Kinsky S. 173) Ein Loch ist selbst ein solcher Abgrund, und ermöglicht hier offenbar Einblick in eine andere Sphäre. Auch wenn Gigi keine Sprache für diese Erfahrung findet, so erkennt er hier eine gute Erweiterung seiner Welt an. Insofern wären die Abgründe Teil des Lebens, in denen man sich nicht verlieren darf, die aber als Perspektive durchaus miteinbezogen werden sollten.

7 Fotografie und die Erhaltung des Vergangenen

Fotografie spielt im Buch eine bedeutende Rolle, die Beziehungen zur Erinnerung sind offensichtlich und werden durch Rückblicke in die Entwicklung der Fotografie mit dem Kalkstein verknüpft. Das Thema erscheint vor allem im Teil V (Kinsky S. 191–230), in dem sich auch eine ganze Reihe von „Fundstück[en]" finden, kurze Abschnitte, in denen eine Fotografie beschrieben wird. Auch die russische Kamera von Tonis Vater leitet zuvor in das Thema ein (Kinsky S. 188–89). Auf metaphorischer Ebene für das Gedächtnis bedeutsam sind aber in erster Linie die dargestellten ersten fotografischen Versuche des französischen Chemikers Joseph Nicéphore Niépce im frühen neunzehnten Jahrhundert. In einem Abschnitt mit dem Titel „Natur" (Kinsky S. 199) wird der erste Versuch beschrieben, den Niépce *Heliographie* nannte: Er bestrich eine Zinnplatte mit Asphalt und ließ diese in einer Kamera belichten – das Licht verhärtete den Asphalt, sodass nach einer langen Belichtungszeit die belichteten Teile sich nicht mehr ablösen ließen, während die unbelichteten weggewaschen werden konnten. Derart traten die abgelichteten Umrisse grob gekörnt hervor. Etwas später folgt ein weiterer Abschnitt zu Niépces Experimenten, um „Bilder mittels Licht auf eine Platte einzuätzen" (Kinsky S. 215). Dieser Abschnitt ist mit „Zersetzung" überschrieben, womit eventuell auch auf den von Toni beschriebenen Gedanken angespielt wird, dass das Erzählen von Erinnerungen diese zerstört. Dabei suchte er nach Säuren, die sich unter Lichteinfall zersetzen, sodass sich die Säuren je nach Lichtintensität unterschiedlich in den mit den Säuren bestrichenen Kalkstein ätzen würden – erfolglos: „Er lernte an diesem Vorgang jedoch, dass auch ein an sich unsichtbarer Prozess unter der Einwirkung von Licht das Erscheinen eines Bildes als chemische Reaktion hervorbringen konnte." (Kinsky S. 215) Mit diesem abschließenden Satz kommt die allegorische Dimension wieder stark heraus: Auch die unsichtbaren Prozesse im Inneren der Menschen werden, wenn sie ans Licht geholt werden, Bilder hervorbringen. Und solche Bilder, Gedächtnisbilder, führen zum *grande finale* des Buches.

Der letzte knapp zwei Seiten lange Abschnitt des Buches ist mit „Memorial" überschrieben (263–65) und es wird vom durch die Erdbeben zerstörten Dom von Venzone berichtet. Zunächst wird erzählt, wie zwei Flüsse die Steine herantragen, also wieder beginnt es mit der Natur. Dann finden die von den Steinmetzen hinterlassenen Markierungen auf den Blöcken Erwähnung, die im Bauwerk unsichtbar waren, beim Wiederaufbau es jedoch ermöglichten, den Dom wieder original zusammenzusetzen:

> Unsichtbar im Ganzen, weil sie in den Fugen verschwanden, und gewiss nicht mit dem Gedanken an das Zerbrechen des Bauwerks vorgenommen, und doch als Inschrift vorhanden und vor Auslöschung bewahrt und bewahrend, heimliche Zeugnisse der Urheberschaft. (Kinsky S. 264)

Wir haben hier ein unsichtbares Gedächtnis, Jahrhunderte versteckt, das im richtigen Moment ans Tageslicht tritt und hilft.

Beim Wiederaufbau sollten die Spuren der Zerstörung sichtbar bleiben als Erinnerung an das Erdbeben: „Brüche, Verschiebungen, Versehrungen blieben sichtbar, Lücken unvertuscht." (Kinsky S. 264) Diese Sichtbarmachung des Traumas ist ein Einschreiben des Geschehens in die Geschichte, wohingegen man zuvor dem Trauma nicht ins Auge blicken wollte. Vorher wurde gesagt, dass nach dem größten Erdbeben in der Geschichte der Gegend vor über 600 Jahren und trotz ständiger leichter Beben, „mahnende Stöße unter der Oberfläche" (Kinsky S. 158), kein offener Umgang damit herrschte: „Trotz Hunderter kleiner Erdstöße und Erschütterungen im Lauf der Jahrhunderte war Erdbeben nicht ins Gedächtnis eingeschrieben, allenfalls ein mit Zauber fernzuhaltendes Geschehen." (Kinsky S. 158) Die Architektur blieb völlig ungeeignet: „Nichts an den Bauten konnte einem Erdbeben gewachsen sein." (Kinsky S. 158) Die mangelnde Auseinandersetzung mit dem Unterirdischen, sowohl mit den geologischen Prozessen unter der Erdoberfläche als auch mit den Traumata des menschlichen Erlebens und Erinnerns, bedeutet dementsprechend eine Gefahr für die Zukunft.

Noch weitere Zeichen sind bewahrt worden. Ein Streifen von einem zerstörten Fresko wurde gerettet, auf dessen unterem Rand Pilger über die Jahrhunderte Inschriften hinterlassen hatten: „Das Bild, dem die Pilgerschaft selbst oder ein Teil des Weges galt, ist verschwunden, geblieben ist die Marginalie." (Kinsky S. 264) Wir haben es also mit Verschiebungen zu tun, bei denen die von den Flüssen verschobenen Steinbrocken behauen und zu einer Kirche zusammengefügt wurden. Dabei wurden sie markiert, bemalt und mit Zeugnissen der wandernden Menschen versehen. Nach der Zerstörung durch unterirdische Gesteinsverschiebungen wurde das Gebäude mit Hilfe von solchen Spuren wiederaufgebaut, der Grund für die Pilgerschaften verschwand, doch ein Zeugnis daran blieb, die „Marginalien" verweisen auf die Leere, das „Loch", und erlauben somit den Blick in die Tiefe der Geschichte. Wir haben Zeugnisse eines Abgrundes, eines nicht mehr Anwesenden, die sich, wie es heißt, „mit einem Zeichen gegen das Vergessen stemmen wollten." (Kinsky S. 265)

Die Erzählstimme hält diesen „Appell an Gedächtnis und Gedenken" (Kinsky S. 265) für meist unbewusst, also wieder etwas unter der Oberfläche, in den Tiefen des Seins Verborgenes. Sie sieht darin einerseits „Ein vielfaches ‚Hier bin ich' als Antwort auf den biblischen Ruf nach Gegenwart" (Kinsky S. 265). In der Bibel antworten die Menschen mit diesem „Hier bin ich" auf den göttlichen Anruf und stellten sich ihm damit zur Verfügung, auch für schwere Aufgaben, es ist eine Verpflichtungserklärung und die Übernahme einer Verantwortung. Andererseits wird dieses „Hier bin ich" selbst als Ruf bezeichnet, „eine Anrufung an das Gedächtnis des Orts. Ein unentzifferbares Zeichenband, eine brüchige Erzählung aus angedeuteten, von der Zeit verschlüsselten Bildern, die vom Erinnern als Aufgabe handeln." (Kinsky S. 265)

Mit diesem Satz und Gedanken endet der Roman. Es geht um „Erinnern als Aufgabe", das hier nahezu sakrale Elemente enthält. Dieses Erinnern ist einem Ort eingeschrieben, sowohl über die Gegebenheiten der Natur, des Geländes, als auch über die Kultur, die Einschreibungen in das Gelände und die Menschen und die Bearbeitungen dieses Geländes durch die Menschen. Die Zeichen sind als Band, als Linearität „unentzifferbar", sie bilden „eine brüchige Erzählung" – wie das Berginnere ist die Erzählung der Welt fragmentarisch, mit Abgründen, *abissi*, und ständigen Verschiebungen. Und diese Form nimmt auch Kinskys „Roman" an, er ist brüchig, er besteht aus Brocken,[24] kurzen Abschnitten,

---

24 Markus Müller greift in seiner Buchbesprechung den von Stephanie von Oppen in ihrer Einschätzung des Buches für den Deutschen Buchpreis geprägten Begriff der „Steinbruch-Stilistik" auf und führt das aus: „Und das gleich doppelt, steht der Bruch von Steinen ja im eigentlichen Mittelpunkt des Buchs. Aber auch die Erzählweise des Buchs selbst ist so ein Steinbruch, weist er doch keinen nennenswerten erzählerischen Bogen auf, sondern

die Flora, Fauna, Geologie und Menschen miteinander in Beziehung setzen. Allerdings bleibt es dem Leser überlassen, daraus die Welt zu lesen. Die Welt selbst ist nur bruchstückhaft, Kinsky bietet kein Ganzes, keine gedeutete Welt, aber sie bietet Elemente an, „aus angedeuteten, von der Zeit verschlüsselten Bildern" (Kinsky S. 265), die eine *Lesbarkeit der Welt*, um auf einen weiteren Buchtitel von Hans Blumenberg zu verweisen, ermöglichen. Kinskys Buch fordert vom Leser, die Welt zu lesen. Doch jede Lektüre besteht aus Zeichen und deren Zwischenräumen, die jeder Leser füllen muss.[25] Wie in der jüdischen Lektüretradition des Talmuds schreiben sich die Leser in das Band der ursprungslosen und unendlichen Schrift ein und führen damit die Welt fort.

Fotografien, wie anfangs kurz erwähnt, erscheinen dabei auch in Streifenform, wie ein Band, vor den sieben Teilen. Es handelt sich um Fotografien der Einritzungen in bzw. unter das verschwundene Fresko der Kirche, die sich jeweils als recht schmaler Streifen von links nach rechts über eine ganz Seite hinziehen und somit eine Durchgängigkeit durch das Buch suggerieren. *Rombo* selbst schreibt derart das Band der Geschichte fort und erhält das Unsichtbare, das unter der Oberfläche Liegende bzw. anderwärtig Verschwundene, in Bildern und Worten. Die *abissi* der Geologie, der Geschichte und der menschlichen Erinnerung und Psyche, die Abgründe finden somit eine Form, wenngleich es eine Form für die Abwesenheit sein mag, aber der Abgrund des Seins wird mit einbezogen in das Verständnis der *conditio humana*. Die abissi, die Hohlräume im Berginneren, lassen sich allegorisch auch in der Erinnerung der Menschen finden, wo sie wesentliche Lebenszeichen und Erfahrungen bergen. Wenn wir sie ignorieren, werden sie uns bei Erschütterungen zerstören. Wenn wir ihnen nachspüren, können wir aus dem Zusammenbruch neu hervorgehen. Insofern versteht sich diese Form der Literatur als ein Monument gegen die „Abgründe des Vergessens" und für die Abgründe des Erinnerns sowie für das Erinnern der Abgründe.

---

kreist um das Erdbeben, dessen Bild sich aus den verschiedenen Augenzeugenberichten langsam zusammensetzt." Buch-haltung, https://buch-haltung.com/esther-kinsky-rombo-suhrkamp-rezension/. Abgerufen am 20.12.2022.

Paul Jandl in der NZZ vom 9.2.2022 kommentiert in der Hinsicht: „Der Roman *Rombo* ist selbst wie ein Erdbeben. Ein kunstvoll hergestelltes Chaos der Sphären und der Wörter." https://www.nzz.ch/feuilleton/esther-kinskys-grandioser-roman-ueber-das-erdbeben-in-friaul-ld.1667753. Abgerufen am 20.12.2022.

25 Eva Behrendt erkennt diese Anforderung an den Leser: „Auch im Folgenden fordert seine Lektüre hohe Konzentration und ja, Arbeitslust, denn hier wird niemand an die Hand genommen und entlang einer Handlung durch den Text gelotst; Orientierung muss man selber suchen." TAZ, 19.3.2022: Das Grollen in der Natur: https://taz.de/Das-Grollen-in-der-Natur/!5841983/. Abgerufen am 20.12.2022.

Bibliografie

Baranyi, Florian: Esther Kinskys „Rombo". Im Tal der Erinnerung. In: ORF 19.2.2022, https://orf.at/stories/3247818/. Abgerufen am 20.12.2022.

Behrendt, Eva: in TAZ, 19.3.2022: Das Grollen in der Natur: https://taz.de/Das-Grollen-in-der-Natur/!5841983/. Abgerufen am 20.12.2022.

Blumenberg, Hans: *Höhlenausgänge*. Frankfurt am Main: Suhrkamp 1989.

Böhme, Hartmut: Geheime Macht im Schoß der Erde: Das Symbolfeld des Bergbaus zwischen Sozialgeschichte und Psychohistorie. In: Ders. *Natur und Subjekt*. Frankfurt am Main: Suhrkamp 1988. S. 67–144.

Böttiger, Helmut: Esther Kinsky: „Rombo". Das Seufzen der Materie. In: *Deutschlandfunk* 11.02.2022. Abgerufen am 20.12.2022.

Burke, Edmund: *A philosophical enquiry into our ideas of the sublime and beautiful*. London: Routledge 2008 [1757]).

Dorn, Thea/ Richard Wagner: *Die deutsche Seele*. München: Knaus 2011.

Elias, Norbert: *Über den Prozeß der Zivilisation. Soziogenetische und psychogenetische Untersuchungen*. Frankfurt am Main: Suhrkamp 1976.

Frei, Gallus: In: *Literaturblatt*. Abgerufen am 20.12.2022.

Freud, Sigmund: Notiz über den Wunderblock. In: *Psychologie des Unbewußten. Studienausgabe in zehn Bänden*. Band 3. S. 363–369.

Hayer, Björn: Gebirge, wir hören dich! In: *nd* 23.3.2022. https://www.nd-aktuell.de/artikel/1162424.fantastik-gebirge-wir-hoeren-dich.html. Abgerufen am 20.12.2022.

Hofmann, Franck: Im Höhlenmuseum der modernen Welt. In: *Höhlen. Obsession der Vorgeschichte*. Hg. von Markus Messling/ Marcel Lepper/ Jean-Louis Georget. Berlin: Matthes & Seitz 2019. S. 41–79.

Honig, Nele: Philosophien der kollektiven Erinnerung. Esther Kinskys neuer Roman „Rombo" vermischt menschliche, ökologische sowie mythische Erzählmomente und lässt sie zu einem Strudel kollektiver Traumata werden. In: *Literaturkritik*. https://literaturkritik.de/kinsky-rombo,28718.html. Abgerufen am 20.12.2022.

Jandl, Paul: Schwere Erdstösse erschütterten 1976 Friaul. Nur die Vögel spürten die Katastrophe bereits, ehe sie eintrat. In: *Neue Zürcher Zeitung* 9 Februar 2022. https://www.nzz.ch/feuilleton/esther-kinskys-grandioser-roman-ueber-das-erdbeben-in-friaul-ld.1667753. Abgerufen am 20.12.2022.

Jung, Carl Gustav: *Die Beziehungen zwischen dem Ich und dem Unbewussten*. In: *Gesammelte Werke*, Bd. 7. Solothurn und Düsseldorf: Walter-Verlag 1983. S. 127–250.

Kant, Immanuel: *Vorlesungen über Psychologie*. Leipzig 1889.

Kimmich, Dorothee: Höhlen. Niemandsländer in der Tiefe. In: *Tiefe. Kulturgeschichte ihrer Konzepte, Figuren und Praktiken*. Hg. von Dorothee Kimmich/ Sabine Müller. Berlin/ Boston: de Gruyter 2020. S. 183–200.

Kinsky, Esther: *Rombo. Roman*. Suhrkamp: Berlin 2022.

Kreuzahler, Nadine: In: *rbbKultur*. https://www.rbb-online.de/rbbkultur/themen/litera tur/rezensionen/buch/2022/09/esther-kinsky-rombo.html. Abgerufen am 20.12.2022.

Lehmann, Veit: Bohrkern des Lebens – Esther Kinsky: Rombo. In: *Aufklappen* 1. Juni 2022. https://aufklappen.com/2022/06/01/bohrkern-des-lebens-esther-kinsky-rombo/. Abgerufen am 20.12.2022.

Messling, Markus / Marcel Lepper/ Jean-Louis Georget: Höhlenbilder. Von der Vorgeschichte zur Geschichte der Vorgeschichte. In: *Höhlen. Obsession der Vorgeschichte*. Berlin: Matthes & Seitz 2019. S. 7–29. Hier: S. 28.

Mohnkern, Ansgar: Grund/Abgrund. On Kant and Hölderlin. In: *Anti/Idealism. Re-interpreting a German Discourse*. Hg. von Juliana de Albuquerque/ Gert Hofmann. Berlin/Boston: de Gruyter 2019. S. 187–208.

Müller, Markus: Buch-haltung. https://buch-haltung.com/esther-kinsky-rombo-suh rkamp-rezension/. Abgerufen am 20.12.2022.

Pöhlmann, Christiane: Akribische Achtlosigkeit. In: *Frankfurter Allgemeine Zeitung* 31.3.2022.

Richter, Steffen: Verdrängte Prekarität: Das Beben. In: *Tagesspiegel* 23.4.2022. https://www.tagesspiegel.de/kultur/das-beben-5426119.html. Abgerufen am 20.12.2022.

Teutsch, Katharina: Interview mit Esther Kinsky: Nature Writing. Über Natur schreiben heißt über den Menschen schreiben. In: *Deutschlandfunk* 28.1.2018. https://www.deutschlandfunk.de/nature-writing-ueber-natur-schreiben-heisst-ueber-den-100.html. Abgerufen am 20.12.2022.

Trabant, Jürgen: *Apeliotes oder der Sinn der Sprache*. München: Fink 1986.

Trabant, Jürgen: Philologische Speläologie: Höhlen als Orte des Sprachursprungs. In: *Höhlen. Obsession der Vorgeschichte*. Hg. von Markus Messling/ Marcel Lepper/ Jean-Louis Georget. Berlin: Matthes & Seitz 2019. S. 165–189.

4

Das Bild der anderen in uns: Abgründe des Erzählens bei Adalbert Stifter und Christoph Ransmayr

Leonhard Herrmann

Abstract

This chapter examines the abyss as a motif for epistemological (self)reflection of literary narratives. Using two texts as examples – Adalbert Stifter's autobiographical narration "From the Bavarian Forrest" ("Aus dem bairischen Wald", 1867) and Christoph Ransmayr's novel *The Flying Mountain* (*Der fliegende Berg*, 2006) – I will show that the abyss as a spatial metaphor is twofold: First, it marks the limits of rational understanding, and secondly, it raises the question whether fictional narration has the ability to reach beyond these limits. As both texts closely connect the abyss to interpersonal relations, the chapter finally suggests a dialogical reading of the motif: The abyss is the image of the other within ourself and vice versa; (literary) narration means the mutual appreciation of these images and forms a bridge over the abyss that exists between us.

Schlüsselwörter

Abgrund – Bergmotivik – Erkenntniskritik – Erhabenheit – Anerkennung

1   Der Abgrund als Erzählmotiv

Dass der Abgrund nicht allein deshalb ein häufig genutztes Erzählmotiv ist, weil er spektakuläre Naturerfahrungen oder Aussichten auf idyllische Landschaften bietet, ist seit langem Bestandteil der Abgrund-Forschung: „Wie Licht, Luft, Feuer, Wasser, Meer und Nacht gehört auch der Abgrund zu den Unendlichkeitsmetaphern, die Natur abbilden, zugleich aber auch auf das weisen, was über die Natur hinausreicht",[1] beginnt die Habilitationsschrift des

---

[1] Alfred Doppler: *Der Abgrund. Studien zur Bedeutungsgeschichte eines Motivs.* Köln u.a.: Böhlau 1968. S. 9.

Grazer Literaturwissenschaftlers (und späteren Stifter-Herausgebers) Alfred Doppler. Als ein solches Unendliches ist der Abgrund dem menschlichen Erkenntnisvermögen verschlossen: „Als undurchdringliche Finsternis ist er das Unerforschliche schlechthin."[2] Diese Bedeutungsdimension besitzt der Begriff bereits durch den Schöpfungsbericht in der Genesis. Bei Augustinus wird aus diesem Abgrund, der der Ursprung allen Seins ist, „sowohl ungeformte Natur (Chaos) als auch ungeformte Natur des Lebens."[3] Auch den Prozess der Säkularisierung überdauert die ursprünglich stark religiös konnotierte Abgrund-Metaphorik: Als säkulares Surrogat des Idealismus für den christlichen Schöpfergott ist auch das Konzept des ‚Unbegreiflichen' durch den Abgrund symbolisiert.[4] Im Nihilismus und Existentialismus ist der Abgrund schließlich ein Bild für das grundlose Nichts.

In literarischen Texten ist der Abgrund einerseits Ausgangspunkt für das Erzählen – denn etwas, das epistemologisch un- oder unterbestimmt ist und mithin rätselhaft bleibt, ist im Mindesten seit der Romantik häufig Gegenstand literarischen Schreibens. Andererseits ist dieser Ausgangs- auch der Zielpunkt eines Erzählens, das im Abgrund die eigenen Grenzen erfährt: Kommt die menschliche Wahrnehmung an ihre Grenzen, so erreicht die menschliche Sprache auch die ihrige; das literarische Schreiben bemüht sich um die Erweiterung und findet diese im Wesentlichen in der Reflexion genau dieses Umstands: das nämlich hier, am Abgrund, Vernunft, Logik und das auf der Übertragung apriorischer Schemata beruhende Erkennen des Menschen ebenso wenig weiter kommen wie es der physische Mensch könnte. Um sich nicht im Abgrund zu verlieren, bleiben beide – Mensch und Sprache – an der Abbruchkante der Gewissheit stehen und blicken staunend über diese hinaus, finden dort aber nichts, das erkenn- oder erzählbar wäre. Und dennoch hat dieser Blick ins Nichts des Abgrunds einen hohen epistemischen Wert: Denn gerade in ihrer Unwirksamkeit angesichts einer Grenzerfahrung offenbart sich, wie die eigenen Erkenntnisinstrumente unter Alltagsbedingungen wirken.

2 Der Abgrund als Ungrund

Die Verbindung von räumlichem Abgrund und der Grenze des Erkennens ist bereits etymologisch vorgeprägt: Sowohl der epistemologische als auch der räumliche „Abgrund" sind Negationsformen des ‚Grundes' sowohl in räumlicher

---

2 Doppler: *Der Abgrund*. S. 9.
3 Doppler: *Der Abgrund*. S. 16.
4 Doppler: *Der Abgrund*. S. 18.

als auch in epistemologischer Hinsicht. Im erkenntnistheoretischen Sinne ist der Abgrund damit eine Wirkung, von der keine Ursache angegeben werden kann, obwohl nach dem Satz vom Grunde („nihil est sine ratione") jede Wirkung eine Ursache hat. Deutlicher als im Falle des ‚Abgrunds' tritt diese epistemologische Dimension im Begriff des ‚Ungrunds' in Erscheinung, bei dem das unüblich gewordene Negationspräfix ‚ab-' durch das heute üblichere ‚un-' ersetzt worden ist. Das Grimmsche Wörterbuch verzeichnet zunächst zwei Hauptbedeutungen von „Ungrund": erstens die räumliche im Sinne des „Abgrunds" und zweitens eine im Sinne von „uneigentlich", wobei zunächst eine juristische Verwendung im Zentrum stand im Sinne von „unbegründet", „unberechtigt" oder „falsch begründet"; und diese juristische Bedeutung dehnte sich aus auf weitere Bereiche, insbesondere den philosophischen. Als historisch jüngste Begriffsentwicklung verzeichnet das *Deutsche Wörterbuch* eine zuerst bei Jakob Böhme nachweisbare, später von Schelling erneuerte philosophische Bedeutung von Ungrund als Ausdruck für das „urwesen, den Weltgrund oder das Wesen der unoffenbaren Gottheit, den irrationalen theil in gott, die wenige natur, zweiheit in gott als den unergründeten grund".[5] In Jakob Böhmes *Theosophischen Sendbriefen* heißt es über einen Moment der ekstatischen Erkenntnis, in diesem sei ihm „die Pforte eröffnet worden / daß ich in einer Viertheil Stunden mehr gesehen und gewust habe / als wann ich wäre viel Jahr auf hohen Schulen gewesen".[6] Der Grund für diesen Moment universaler Wissensvermittlung ist die Anschauung Gottes, der hier mit dem ‚Ungrund' identisch ist: „Dann ich sahe und erkannte das Wesen aller Wesen / den Grund und Ungrund: Idem, die Geburt der Heil. Dreyfaltigkeit / das Herkommen und den Urstand dieser Welt / und aller Creaturen / durch die Göttliche Weißheit".[7] Im *Cherubischen Wandersmann* des Angelus Silesius – etwa zur selben Zeit entstanden wie Jacob Böhmes mystische Schriften – wird dieser „Ungrund" als die erste Ursache der Welt verbunden mit dem räumlichen „Abgrund": „Im Ungrund ist zwar Gott, doch wem er sich soll zeigen / Der muss bis auf die spitz der ewgen Berge steigen".[8]

Im deutschen Idealismus greift Schelling den Begriff ‚Ungrund' auf und nutzt ihn zur Bezeichnung des unanschaubaren „Absoluten" im Sinne des

---

5 Art. ungrund. In: *Deutsches Wörterbuch von Jacob Grimm und Wilhelm Grimm*. Bd. 24, Sp. 1030. Digitalisierte Fassung im *Wörterbuchnetz des Trier Center for Digital Humanities*, Version 01/23, <https://woerterbuchnetz.de/?sigle=DWB&lemid=U08398>. Abgerufen am 5.1.2024.
6 Jacob Böhme: *Theosophische Send-Briefe* [...]. Amsterdam 1682. S. 75.
7 Böhme: *Theosophische Send-Briefe*. S. 75.
8 Johannis Angelius Silesius: *Cherubinischer Wandersmann, oder Geist-Reiche Sinn- und Schluß-Reime* [...] Glatz 1675. S. 178.

Ursprungs von Freiheit.[9] Zwar wird der Begriff im Laufe des 19. Jahrhunderts immer seltener und heute schließlich kaum mehr verwendet,[10] doch im literarischen Motiv des „Abgrunds" schwingt, so möchte ich im Folgenden zeigen, diese philosophisch-epistemologische Bedeutung des „Ungrunds" mit: Im Abgrund zeigt sich eine Wirkung, ohne dass ihre Ursache erkennbar wäre. Als ein solcher „Ungrund" verweist der Abgrund in religiöser Hinsicht auf die göttliche Schöpfung, in existenzialphilosophischer Hinsicht auf die nicht mehr begründbare Wesenhaftigkeit des Seins. Kurt Röttgers folgert in diesem Sinne nach und mit Heidegger: „Der Abgrund ist zwar der Grund aller Gründe und Gründungen, aber er ist genau deswegen auch nicht aussagbar, er kann nur erschwiegen werden."[11]

3   Der Abgrund als Wahrnehmungsgrenze

Exemplarisch soll die Korrelation von (räumlichem) Abgrund und fehlender epistemologischer Begründbarkeit im Folgenden zunächst an Stifters Erzähltext „Aus dem bairischen Wald" deutlich werden. Der etwa 30 Druckseiten umfassende Text, der als biografische Erinnerung markiert ist, gilt als Stifters letzte Erzählung. Sie entstand zwei Monate vor seinem Tod und wurde erst posthum 1868 publiziert – und zwar in einer Zeitschrift mit dem Titel *Die katholische Welt*. Dieser religiöse Publikationskontext ist für die Deutung des ‚Abgrunds' als ‚Ungrund' sehr relevant. Der Text schildert einen längeren Aufenthalt im Bayrischen Wald, wohin Stifter gemeinsam mit seiner Frau, seiner Nichte sowie einer Magd im Frühsommer des Jahres 1866 aufbricht. Doch von Beginn an erhält das Geschehen der autobiografisch verbürgten Erzählung einen symbolhaft-exemplarischen Charakter, der aus der Sicht der Erzählinstanz, die hier aufgrund der autobiografischen Erzählsituation als mit Stifter identisch zu denken ist, der Faktualität der Erzählung eigentlich entgegensteht:

---

9   Vgl. dazu Hans-Joachim Friedrich: *Der Ungrund der Freiheit im Denken von Böhme, Schelling und Heidegger* Stuttgart/ Bad Canstatt: Fromann-Holzboog 2009.

10 DWDS-Wortverlaufskurve für „Ungrund", erstellt durch das Digitale Wörterbuch der deutschen Sprache, https://www.dwds.de/r/plot/?view=1&corpus=dta%2Bdwds&norm =date%2Bclass&smooth=spline&genres=0&grand=1&slice=10&prune=0&window=3& wbase=0&logavg=0&logscale=0&xrange=1600%3A1999&q1=Ungrund. Abgerufen am 5.1.2024.

11 Kurt Röttgers: Gründe und Abgründe. In: *Abgründe*. Hg. von Petra Gehring/ Kurt Röttgers/ Monika Schmitz-Emans. Essen: Verlag Die Blaue Eule 2016. S. 19–26. Hier: S. 26.

> Es möge mir erlaubt sein, ein Ereignis aus meinem Leben zu erzählen, in welchem eine Naturerscheinung und eine Schickung so seltsam verbunden waren, daß, wenn die Sache eine Dichtung wäre, man ihr den Vorwurf der Absichtlichkeit machen würde, und doch hat sich das alles zugetragen, und ich werde es erzählen, wie es sich zugetragen hat.[12]

Gemäß dieses Einleitungssatzes ist der Erzählgestus streng chronologisch und nennt in einer weit über das erforderliche Maß hinausgehenden Präzision Daten, Aufenthalte und Reiserouten der Beteiligten, die gemeinsame, immer wieder aber auch getrennte Wege gehen; der Aufenthalt selbst erfolgt auf den Rat eines Arztes hin, Stifter solle zu „guter Nachwirkung des Heilwassers" einer Kur in Karlsbad „einen Landaufenthalt in einer hochgelegenen Waldgegend, womöglich in einem Nadelwalde" (PRA 15, 321) anschließen, woraufhin Stifter – wie bereits im Jahr zuvor – einen Aufenthalt im Bayrischen Wald[13] antritt. Bereits die Anreise zieht eine komplexe und sicher kostspielige Logistik nach sich: Stifter und seine Frau reisen mit dem Zug von Karlsbad bis Passau, während Marie mit dem Dampfschiff von Stifters Wohnort Linz nach Passau reist.[14] Doch schon hier trennen sich die Wege wieder: Stifters Frau reist, begleitet von Marie, wieder mit dem Schiff zurück nach Linz, Stifter selbst und seine Nichte Amalia fahren mit der Kutsche „dem Walde zu" (PRA 15, 322).

Hier nun erwarten die Leserinnen und Leser aufgrund von Stifters Einleitungssatz zweierlei – eine „Naturerscheinung" und eine weitere „Schickung" (PRA 15, 321), die in enger Beziehung zueinander stehen. Als eine weitere Vorausdeutung berichtet Stifter, er sei bei der Abreise seiner Frau von einer nie gekannten „bänglichen Ahnung" befallen worden, sie könne erkranken; die Art der „Schickung" ist also schon angedeutet, die „Naturerscheinung" hingegen noch nicht.

---

12 Adalbert Stifter: Aus dem Bairischen Wald (1867). In: *Adalbert Stifters Sämmtliche Werke.* [Prag-Reichenberger Ausgabe]. Fünfzehnter Band: Vermischte Schriften. Zweite Abtheilung. Hg. von Gustav Wilhelm. Reichenberg: Verlag Franz Kraus 1935. S. 321–353. Hier: S. 321. Im Folgenden zitiert unter der Sigle PRA 15.

13 Wolfgang Frühwald weist ferner darauf hin, dass der Bayrische ebenso wie der Böhmerwald erst im Verlauf von Stifters Leben zu einem agrarisch und touristisch erschlossenen Gebiet wird – Rodungen, die durch Stifter an anderen Stellen geschrieben werden, treiben erst im Lauf des 19. Jahrhunderts Schneisen in einen der letzten Urwälder Mitteleuropas. Vgl. Wolfgang Frühwald: Adalbert Stifter erzählt die Natur. Nachwort. In: *Sonnenfinsternis und Schneesturm. Adalbert Stifter erzählt die Natur. Ein Lesebuch.* Hg. von Wolfgang Frühwald. Köln: DuMont 2002. S. 377–413. Hier: S. 385.

14 Zur Bedeutung des Aufkommens dampfgetriebener Verkehrsmittel für die Naturwahrnehmung der Zeitgenossen allgemein und die Naturbeschreibungen Stifters im Besonderen, vgl. Frühwald: Adalbert Stifter erzählt die Natur. S. 377–380.

Stifter und seine Nichte nehmen, wie schon im Jahr zuvor, in einem der „Lackerhäuser" (PRA 15, 332) unterhalb des Dreisesselberges Quartier, und zwar in einem Haus, das durch die Größe und den Komfort aus der ländlich-einfachen Atmosphäre herausragt. „Mathias Rosenberger" (PRA 15, 323) habe es, so Stifter, im Jahr 1818 erbaut, seine Familie habe Ausstattung und Besitz bis in die eigene Zeit kontinuierlich erweitert. Der Dreisesselberg und der Familienname Rosenberger – ein historisches Adelsgeschlecht aus dem Böhmischen – spielen auch in Stifters *Witiko* eine wichtige Rolle, denn die ‚Rosenberger' sind Nachfahren der von Stifters Protagonisten Witiko begründeten Witigonen; in ersten Überlegungen bezeichnet Stifter seinen Witiko als ‚Rosenberger-Roman'.[15] Die Stammburg der Rosenberger, mit deren Ruine Stifter biografische Erinnerungen verband, ist zugleich der zentrale Handlungsort in der Erzählung „Hochwald". Entsprechend beginnt die Erzählung „Aus dem bairischen Wald" mit der Schilderung der seinen Leserinnen und Lesern überaus bekannten „Stifter-Landschaft".[16] Der Blick aus dem Fenster des komfortabel ausgestatteten Hauses bietet zunächst ein typisch Stiftersches Landschaftsidyll: Vielfalt und Ordnung, Mensch und Landschaft, Natur und Kultur fügen sich zu einem harmonischen Ganzen, das ewig Bestand hat – das erwartete „Naturereignis" erscheint damit zunächst in denkbar größter Ferne.

> Es ist ein reizender Blick aus den Fenstern dieser Wohnung. Ist er nicht so ergreifend wie der in eine erhabene Alpengehend, so schmeichelt er sich je länger desto lieblicher in die Seele. Ein Kreis Land liegt gegen Mittag, dessen Ränder zu beiden Seiten des Hauses nahe, weiter weg etwa zu zwei bis fünf Meilen entfernt sind. Berge, Hügel, Abhänge, Schluchten, Thäler, Flächen, Wälder, Wäldchen, Wiesen, Felder, unzählige Häuser und mehrere Ortschaften mit Kirchen sind in diesem Kreise. Man kann jahrelang hier weilen, und ersättigt sich nicht an der Mannigfaltigkeit der Gestaltungen. (PRA 15, 324–325)

Die Wirkung auf den Einzelnen ist eine Gesundung im umfassendsten Sinne:

> Nicht bloß gesundheitbringend, sondern auch stillend und seelenberuhigend ist es, wenn man hier wandelt und alles auf sich wirken läßt: das

---

15 Vgl. Wolfgang Wiesmüller: Witiko In: *Stifter-Handbuch. Leben – Werk – Wirkung*. Hg. von Christian Begemann/ Davide Guiriato. Stuttgart: J.B. Metzler 2017. S. 109–119. Hier: S. 109.

16 Isolde Schiffermüller: „Wirkungen, die über mein Wissen gingen." Adalbert Stifters Schriftverkehr „Aus dem bairischen Walde". In: *Adalbert Stifters artifizieller Realismus. Ordnung – Raum – Ritual*. Hg. von Sabina Becker. Heidelberg: Winter 2007. S. 175–192. Hier: S. 177.

Gras an dem Wege mit den tausendartigen Waldblumen und den weißen Stein darin und den ernsten Baum und die hellen Wiesen und das einfärbige Getreide der Felder und die glänzenden Dächer der Hütten und die Hügel und Wäldchen und den Duft der Ferne mit manchem weißen Punkte einer Kirche und die unermeßliche leuchtende Himmelsglocke über dem Haupte. (PRA 15, 326–327)

Zur Beschreibung der Natur nutzt Stifter eine zentrale Kategorie der Ästhetik des ausgehenden 18. Jahrhunderts:[17]

Ueberall, wo man in den reizenden Gefilden herum geht, und es sind der Wanderwege unzählige, einer lieblicher als der andere, zieht die Würde des Waldes den Blick an sich, und die Gegend, deren Anmuth man vielleicht auch anderwärts anträfe, erhält durch diese Würde erst ihre Erhabenheit. (PRA 15, 325–326)

Lesende sind aber in der Erwartung eines katastrophalen Ereignisses – entsprechend erweist sich die Idylle schon von Beginn an als brüchig: „Man *glaubt*, die Welt ist voll Ruhe und Herrlichkeit." (PRA 15, 327, Hervor. L.H.) Der preußisch-österreichische Krieg des Jahres 1866 ist Stifter nur eine kursorische Erwähnung wert – sein Landaufenthalt wird nur im August für eine Reise nach Linz unterbrochen; im September reist er zusammen mit Amalia zurück in das Rosenbergerhaus, Ende Oktober reist Amalia zunächst allein wieder zurück; Stifter bleibt noch, „um die Heilsamkeit des Waldes bis auf die letzte Möglichkeit auf mich wirken zu lassen" (PRA 15, 334), umsorgt von der Haushälterin Anna, die aus einem der umliegenden Häuser stammt.

Das eigentliche dramatische Geschehen setzt erst ein, nachdem Amalia Ende Oktober wieder im heimischen Linz angekommen ist; Stifter erhält einen Brief seines Arztes mit einigen beiläufigen Mitteilungen und dem abschließenden Hinweis, er habe Amalia „etwas fiebernd mit Ergriffenheit der Leber" (PRA 15, 334) angetroffen. Trotz gegenteiliger Beteuerung des Arztes will Stifter sofort nach Linz zurückkehren, sorgt sich aber, wie seine Frau reagieren möge, wenn er sie „unvorbereitet" (PRA 15, 336) – und das bedeutet wohl: angemessen bekleidet und frisiert – antrifft. Er tauscht sich in dieser Hinsicht brieflich mit Marie aus, die ihm – anders als der Arzt – *ex post* die ganze Wahrheit offenbart,

---

17   Zur Bedeutung von Schillers Kategorie des ‚Erhabenen' für die Geschichte der Abgrund-Motivik, vgl. Doppler: *Der Abgrund*. S. 34–38. Sowie Monika Schmitz-Emans: Variationen über Abgründe – Vorbemerkungen. In: *Abgründe*. S. 7–17. Hier: S. 10–11. Im folgenden Zitat fallen mit den Begriffen ‚Anmut', ‚Würde' und ‚Erhabenheit' drei Schlüsselwörter aus Schillers ästhetischer Theorie.

indem sie schreibt, Amalia habe inzwischen „das Bewußtsein wieder" (PRA 336). Am 15. November schließlich erfolgt die Entwarnung durch den Arzt: „Ihre Frau Gemahlin ist außer Gefahr" (ebd.) – eine Gefahr, vor der er selbst jedoch gar nicht gewarnt hatte.

Ist die Erkrankung seiner Frau die angekündigte „Schickung", so wird die geplante Abreise Stifters durch eben jenes „Naturereignis" verhindert, das ebenfalls von Beginn an angekündigt war: Aus einem Sturm und einem rapiden Temperaturabfall wird ein Wettergeschehen, das Stifters Erkenntnisfähigkeiten kategoriell überschreitet – „das ich nie gesehen hatte, das ich nicht für möglich gehalten hätte, und das ich nie vergessen werde, solange ich lebe" – ein „Schneesturm, wie ich ihn nie ahnte", mit „Wirkungen, die weit über mein Wissen gingen" (PRA 15, 338). Angesichts des tobenden Schneesturms erweist sich der räumliche Abgrund als epistemologischer Ungrund, indem Stifter Wirkungen sieht, deren Gründe er nicht erkennt. Der eigentlich idyllische Blick aus dem Fenster wandelt sich zu einem Blick ins Nichts; alle Formen lösen sich auf und geben den Blick frei auf das Chaos zu Beginn der biblischen Schöpfung:

> Die Gestaltungen der Gegend waren nicht mehr sichtbar. Es war ein Gemische da von undurchdringlichem Grau und Weiß, von Licht und Dämmerung, von Tag und Nacht, das sich unaufhörlich regte und durcheinander tobte, Alles verschlang, unendlich groß zu sein schien, in sich selber bald weiße, fliegende Steifen gebar, bald ganze weiße Flächen, bald Balken und andere Gebilde und sogar in der nächsten Nähe nicht die geringste Linie oder Grenze eines festen Körpers erblicken ließ. Selbst die Oberfläche des Schnees war nicht klar zu erkennen. Die Erscheinung hatte Furchtbares und großartig Erhabenes. Die Erhabenheit wirkte auf mich mit Gewalt, und ich konnte mich von dem Fenster nicht trennen. (PRA 15, 338–339)

Der ‚Abgrund' der sich vor dem Fenster des komfortablen Hauses auftut, hat damit beide Varianten der „Erhabenheit" im Sinne Schillers realisiert: Entspricht der Blick auf die Naturidylle dem „Kontemplativerhabenen", in dem der Mensch seine physische Unterlegenheit gegenüber der Natur nur als mögliche Gefahr, nicht aber als tatsächliche Bedrohung wahrnimmt, so realisiert der Schneesturm das „Pathetischerhabene", das sich im Angesicht einer tatsächlichen, seine Existenz bedrohenden Gefahr einstellt.[18] Letztere

---

18 Zur Gegenüberstellung vgl. Friedrich Schiller: Vom Erhabenen. In: *Friedrich Schiller: Sämtliche Werke in 5 Bd.* Hg. von Peter-André Alt/ Albert Meier/ Wolfgang Riedel. Bd. 5: *Erzählungen. Theoretische Schriften.* München: dtv 2004. S. 489–512. Hier: S. 504; S. 509.

ist für Schiller mit dem Tragischen korreliert, das Stifter hier aber als reale Naturerfahrung wahrnimmt, die Zeit und Raum als die für Kant grundlegenden Kategorien unserer Wahrnehmung außer Kraft setzt:

> Ich konnte nichts tun, als immer in das Wirrsal schauen. Das war kein Schneien wie sonst, kein Flockenwerfen, nicht eine einzige Flocke war zu sehen, sondern wie wenn Mehl von dem Himmel geleert würde, strömte ein weißer Fall nieder, er strömte von links gegen rechts, von rechts gegen links, von allen Seiten gegen alle Seiten, und dieses Flimmern und Flirren und Wirbeln dauerte fort und fort und fort, wie Stunde an Stunde verrann. Und wenn man von dem Fenster weg ging, sah man es im Geiste, und man ging lieber wieder zum Fenster. (PRA 15, 340–341)

Relevant für Schillers Kategorie des Pathetischerhabenen ist die reale Bedrohung nicht im Hinblick auf die eigene Person, sondern in Bezug auf eine andere, mit der sich jener Mensch, der pathetische Erhabenheit empfindet, identifiziert. Entsprechendes lässt sich auch für Stifter beobachten. Der Schneesturm bedroht nicht Stifter selbst, der sich im Inneren des komfortablen und sicheren Hauses befindet, sondern – wie er zwar nicht sicher weiß, aber als sicher annimmt – seine Frau. Der gesamte Postverkehr ist zusammengebrochen, und Stifters Sorge ist nun, dass durch das plötzliche Ausbleiben seiner Nachrichten seine Gattin aus Sorge um ihn abermals erkrankt. Anlass dieser Sorge Stifters ist der vorherige intensive Briefwechsel mit seiner Frau, ein „Zwangsritual",[19] das nun nicht mehr dem Umgang mit der Angst dient, sondern seinerseits Ängste auslöst und „zur Falle [wird], die den Autor in ausweglose Panik versetzt."[20] Diese führt zum unbedingten Wunsch einer sofortigen Heimreise, obwohl ein Verlassen des eingeschneiten Bergdorfs nur unter größten Gefahren wiederum für Stifter selbst möglich ist, woraufhin sich dann eine Rückreise nach Linz anschließt.

Zuhause angelangt, ist nicht mehr der Gesundheitszustand Amalias, sondern sein eigener im Zentrum des Interesses. Der Anblick der Naturgewalten hat Stifter nicht allein epistemologisch herausgefordert, sondern seine Wahrnehmungsorgane auch physiologisch geschädigt – ein Umstand, dem wiederum wahrnehmungspsychologisch begegnet wird: durch die Re-Etablierung zwischenmenschlicher Beziehungen und durch die Ansicht der Dingwelt, deren überzeitlicher Dauer und struktureller Stabilität das Ich sich erneut versichert und daraufhin seine ursprünglichen Erkenntnisgewissheiten partiell

---

19 Schiffermüller: Stifters Schriftverkehr. S. 185.
20 Schiffermüller: Stifters Schriftverkehr. S. 185.

wieder herstellt – bereichert allerdings um das Wissen ihrer prinzipiellen Zerbrechlichkeit.[21]

> Ich hatte etwas wie Fieber und große Angst. Der Arzt sagte, es sei ein Ergriffensein der Nerven, das Gegenmittel sei ungemeine Ruhe. Ich fand dieses Gegenmittel und fand noch ein besseres: die herzliche Liebe aller derer, die in meiner Wohnung sind. [...] Eines war aber da, merkwürdig für den Naturforscher; mir jedoch hätte es, wenn es sich nicht täglich gemindert hätte, wirkliche Verzweiflung gebracht. Ich sah buchstäblich das Lackerhäuserschneeflirren durch zehn bis vierzehn Tage vor mir. Und wenn ich die Augen schloß, sah ich es erst recht. Nur durch geduldiges Fügen in das Ding und durch ruhiges Anschauen desselben als eines, das einmal da ist, ward es erträglicher und erblaßte allmählich. Ich kann die Grenze seines Aufhörens nicht angeben, wie es, wenn es auch nicht mehr da war, doch wieder erschien, sobald ich lebhaft daran dachte. Endlich verlor es sich, und ich konnte daran denken und davon erzählen. (PRA 15, 352–353)

Stifters Zustand normalisiert sich, indem er sein Wahrnehmungs- und Erkenntnissystem in einer durch Gewohnheiten geprägten Atmosphäre neu kalibriert. Der physiologische Apparat reagiert dabei offenbar schneller als der geistige, doch auch dieser bleibt nicht dauerhaft in Unordnung:

> Auch die Unruhe der Nerven wich. Jedoch Monate lang, wenn ich an die prachtvolle Waldgegend dachte, hatte ich statt des grün und rötlich und violett und blau und grau schimmernden Bandes nur das Bild eines weißen Ungeheuers vor mir. Endlich entfernte sich auch das, und das lange eingebürgerte, edle Bild trat wieder an seine Stelle. (PRA 15, 353)

In den „Ungrund" geblickt zu haben, hat für Stifter also epistemologische Folgen, die über das Ereignis selbst hinausgehen. Der Schneesturm, der die Auflösung aller ihm bekannten Formen nach sich zieht, verdeutlicht ihm, dass es eine Wirklichkeit gibt, der wir unterworfen sind und die wir Menschen weder schauen noch begreifen können. In diesem Unterworfensein unter unerklärbare, unerkennbare Mächte berühren sich das „Naturereignis" und die „Schickung" – die Erkrankung Amalias. Beide Ereignisse sind nicht allein symbolisch-motivisch, sondern in ihren Wirkungen auf Stifter kausal verknüpft,

---

21 Schiffermüller: Stifters Schriftverkehr. S. 190.

indem ihre Bedrohlichkeit sich gegenseitig verstärkt: Ohne die vorherige Krankheit Amalias wäre der Schneesturm eine Sache des Abwartens gewesen, und ohne den Schneesturm wäre die Krankheit zum Zeitpunkt der Handlung bereits eine zurückliegende, keine aktuelle Gefahr mehr. Doch kann Stifter – und gerade der religiöse Publikationskontext der Erzählung legt dies nahe – eine uneinsehbare teleologische Verbindung der beiden naturgesetzlich eigentlich unverbundenen Ereignisse in Erwägung gezogen haben: Beide Ereignisse könnten, wenngleich kausal nicht verknüpft, eine gemeinsame Finalursache haben und mithin als an ihn selbst gerichtetes Zeichen zu lesen sein. Dass der Text seine, Stifters, letzte Erzählung sein würde, die erst posthum erschien, konnte er selbst zum Zeitpunkt des Schreibens natürlich nicht wissen; ein Bewusstsein aber für seinen unguten Gesundheitszustand ist ihm ganz sicher zu unterstellen, zumal sich dieser Zustand aufgrund eigenen Verhaltens einstellte. Womöglich ist Stifters Erzählung also eine Reflexion der eigenen Vergänglichkeit, an die er durch die „seltsame" Verbindung eines „Naturereignisses" und einer „Schickung" (PRA 15, 321) durch eine Instanz erinnert wird, die sein ‚Urgrund' ist. Für den Dichter Stifter steht im Schneechaos zudem das eigene, an die Dinglichkeit gebundene poetische Verfahren zur Disposition: Der Abgrund unterhalb seines Fensters ist einer jener „Grenzorte seines Gestaltprojekts [...], an denen das nennende Erscheinenlassen der Gegenstände immer wieder gegen ihre Löschung erprobt und behauptet werden muss".[22]

4   Der Abgrund als Daseinsmetapher

Christoph Ransmayr – wie Stifter in den Bergen qua Geburt und in der Naturbeschreibung qua Beruf zu Hause[23] – hat das Abgrund-Motiv an verschiedenen Stellen seines Oeuvres aktualisiert: nicht allein in dem im Folgenden intensiver behandelten Roman *Der fliegende Berg* (2006), sondern

---

22   Sabine Schneider: Bildlöschung. Stifters Schneelandschaften und die Aporien realistischen Erzählens. In: *Variations* 16 (2008). S. 175–186. Hier: S. 177.

23   Zu Parallelen zwischen der Bergmotivik bei Stifter und Ransmayr vgl. Erika Hammer: Wege zur weißen Spitze. Bergbesteigungen und dunkle Geheimnisse in Christoph Ransmayrs *Der fliegende Berg* und Thomas Glavinics *Das größere Wunder*. In: *Bis zum Ende der Welt. Ein Symposium zum Werk von Christoph Ransmayr*. Hg. von Attila Bombitz. Wien: Praesens 2015. S. 117–135. Hier: S. 117. Hammer verweist insbesondere auf Stifters Novelle *Bergkristall*. Sicher nicht zufällig hat Ransmayr unmittelbar nach Erscheinen von *Der fliegende Berg* eine Lesung im Stifter-Haus gehalten, vgl. Manfred Mittermayer: „Daß, was ist, nicht bleiben kann". Zu Christoph Ransmayrs Roman *Der fliegende Berg*. Einführung zur Lesung im Stifterhaus. 17. Oktober 2006. In: *Die Rampe* 3 (2009). S. 105–108.

auch in *Atlas eines ängstlichen Mannes* (2012) und dem Romanerstling *Die Schrecken des Eises und der Finsternis* (1984). Die eigene Vergänglichkeit und/oder existenzielle Gefahren stehen auch hier in engem Zusammenhang mit räumlichen Abgründen und den Grenzen des eigenen Verstehens. In *Der fliegende Berg* berichtet ein homodiegetischer Erzähler von seinem gemeinsam mit seinem Bruder unternommenen Versuch, einen bisher unentdeckten Berg im Himalaya zu ersteigen, den die Einheimischen den „fliegenden Berg" nennen. Der Berg ist stets von Nebel umgeben; seine Höhe ist daher nicht von unten zu messen, aber – so hoffen die beiden Brüder – er könnte höher sein als der Mount Everest. Der Text setzt ein mit der Schilderung eines Todesnäheerlebnisses:

> Ich starb
> 6840 Meter über dem Meeresspiegel
> am vierten Mai im Jahr des Pferdes.[24]

Der Abgrund ist in dieser Situation eine universale Daseinsmetapher; nicht befindet sich der Abgrund unter ihm, sondern umgibt ihn von allen Seiten:

> Durch die bodenlosen Abgründe zu meinen Füßen
> trieben Wolkenfäuste aus Südost
> [...]
> Der Grat, der von meiner Zuflucht
> weiter und weiter
> bis zur Pyramide des Gipfels emporführte,
> verlor sich in jagenden Eisfahnen,
> aber der Himmel über den höchsten Höhen
> blieb von einem so dunklen Blau,
> daß ich darin Sternbilder zu erkennen glaubte:
> den Bärenhüter, die Schlange, den Skorpion. (DfB, 9)

Im Sinne des Abgrunds als religiös-göttlichem ‚Ungrund' ist die Bergmetaphorik (nicht allein) bei Ransmayr auch religiös konnotiert: Anders als bei Stifter, der vom bequemen Wohnhaus aus in den Abgrund schaut, ist dieser Anblick bei Ransmayr mit einem gefährlichen, körperlich zehrenden Aufstieg verbunden, der das eigentliche Ziel der dem Text unterlegten Reise ist. Ransmayrs Text steht damit in der Tradition der auf Petrarcas Besteigung des Mont Ventoux

---

[24] Christoph Ransmayr: *Der fliegende Berg. Roman.* Frankfurt am Main: S. Fischer 2006. S. 9. Im folgenden zitiert unter der Sigle DfB.

zurückgehenden Bergsteigermotivik. Diese hat ihre religiöse Grundierung dadurch erhalten, dass Petrarca schildert, wie er auf dem Gipfel des südfranzösischen Berges das zehnte Buch von Augustinus Bekenntnissen liest.[25] Wenngleich nicht im zehnten Kapitel, so doch an verschiedenen anderen Stellen erwähnt Augustinus den auf den Schöpfungsbericht zurückgehenden Abgrund – insbesondere als etwas Bedrohliches, aus dem oder von dem der adressierte Gott Rettung oder Schutz verspricht.

Ob die beiden Brüder den „fliegenden Berg" erklimmen, erklommen haben, ob der Berg überhaupt existiert oder nicht etwa ein wetterbedingtes Wahrnehmungsphänomen, ein religiöser Glaube der Einheimischen oder eine wahnhafte Vorstellung des Bruders ist, bleibt bis zum Schluss des Textes offen. Der Ich-Erzähler kommt aufgrund seiner Wahrnehmungseinschränkungen nicht als Zeuge in Frage, und der Bruder, der ihn rettet und ihm beim Abstieg hilft, stirbt später selbst. Gilt dem Bruder der „fliegende Berg" als „unverrückbare[r] Ort unter einem / unverrückbaren[n] Himmel" (DfB, 28), so sind alle noch so präzisen Vermessungsbemühungen nicht imstande, seine Existenz zu objektivieren. Nur im „Gedächtnis des Clans, / in Geschichten und Liedern, / aber auf keiner von Liams Karten" erscheint der Phur Ri, der Berg, der flog. Ein chinesischer Bomberpilot ist der erste, der ihn erblickt; doch der entsprechende Funkspruch ist unzuverlässig überliefert. Das Flugzeug zerschellt in den Bergen und der Pilot bleibt vermisst. Der Bruder Liam will im (2006 offenbar noch als unergründlich begriffenen) Internet auf ein Foto des Berges gestoßen sein und überredet seinen Bruder zum Aufbruch – wissend um das Risiko von „Irrtum, Fehlmessung, Scherz / oder bloße[r] Lüge" (DfB, 41). Vor allem in den Köpfen der Brüder – und weniger auf den realweltlichen Landkarten der Region – entsteht daraufhin der „[m]akellos weiße[-] Fleck, / in den wir dann ein Bild unserer Tagträume / einschreiben können" (DfB 43) und der sie dazu veranlasst, über viele Jahre die entsprechende Expedition zu planen und schließlich zu unternehmen. Der Unterschied zwischen Imagination und Wirklichkeit wird bewusst ignoriert: „Wahr und wirklich: schon die Worte wurden mir verhaßt" (DfB, 57). Und ähnlich geht es dem Bruder: „Liam wollte nichts sehen, / Liam wollte nichts hören. / Liam entwarf. Liam träumte" (DfB 95). Die Unbedingtheit in Liams Planung und Durchführung der Expedition lässt gar vermuten, dass er selbst gar nicht daran dachte, den Rückweg ins heimische Irland überhaupt anzutreten. Als „Routenmarkierungen für den Weg aus der Zeit" (DfB, 168) nimmt auch Pádraic die Gebetsfahnen wahr, mit

---

25 Hammer: Wege zur weißen Spitze. S. 117.

denen die örtlichem Kham die Bergrücken markieren. Und auch die Mythen der Kham warnen vor einem entsprechenden Aufstieg:

> Wer den Gipfel eines fliegenden Berges betrete,
> gerate in die Gefahr, vor seiner Zeit
> aus der Welt geschleudert zu werden
> oder hinauszufallen in den Raum. (DfB, 292)

Pádraic fühlt sich von Liam für das Verfolgen seiner zunehmend wahnhaften Ziele vereinnahmt und instrumentalisiert; Liam geht mit einer Unbedingtheit zu Werk, die dem Bruder Angst macht. Doch letztlich verschreiben beide ihr Leben der Suche nach dem „fliegenden Berg". In Gestalt eines klapprigen Pritschen-Lasters, der das Expeditionsgebiet durchquert, lässt Pádraic die letzte Möglichkeit einer Heimreise verstreichen, mit der er sich von der Dominanz des Bruders[26] hätte befreien können. Durch eine Reihe von als zuverlässig eingeschätzten Sichtungen ist auch er schließlich überzeugt, dass der Berg existiert, und seinem Bruder zuliebe macht er sich auf den Weg:

> Der Gipfel, es sollte der Gipfel sein.
> Ich wollte ihm den Gipfel
> des fliegenden Berges schenken. (DfB, 339)

Doch nicht nur die toxische Abhängigkeit zu seinem Bruder[27] hält ihn im Himalaya – Pádraic liiert sich mit Nyema.[28] Sie gehört dem örtlichem Kham-Clan

---

26 Zur agonalen Motivik in Ransmayrs Text vgl. Maike Schmidt: Über Abgründe hinwegerzählen. Versepische Gattungskonventionen und -innovationen am Beispiel von Christoph Ransmayrs *Der fliegende Berg* (2006). In: *Forcierte Form. Deutschsprachige Versepik des 20. und 21. Jahrhunderts im europäischen Kontext*. Hg. von Kai Bremer/ Stefan Elit. Berlin: Metzler 2020. S. 241–260. Hier: S. 253.

27 Zur Beziehung der beiden Brüder als einer „Seilschaft" und der Rolle der Liebe zu Nyema vgl. auch Sabine Frost: Vom Erzählen zwischen Meereshöhen und Meerestiefen. Christoph Ransmayrs *Der fliegende Berg*. In: *Literarische Entdeckungsreisen. Vorfahren – Nachfahrten – Revisionen*. Hg. von Hansjörg Bay/ Wolfgang Struck. Köln: Böhlau 2012. S. 93–104. Hier: S. 99. Peter Brandes deutet Nyemars Eigenschaft, eine „Himmelsbraut" zu sein, dagegen als Lizenz zur Polyamourie, von der sie auch gegenüber Pádraic Gebrauch macht; ihrerseits liegt damit keine exklusive Beziehung zu Pádraic vor. Vgl. dazu Peter Brandes: Gewagte Ästhetik. Christoph Ransmayrs Darstellungsexperimente und die Risiken der Form. In: *Literatur als Wagnis. DFG-Symposion 2011*. Hg. von Monika Schmitz-Emans unter Mitarbeit von Georg Braungart/ Achim Geisenhanslüke/ Christine Lubkoll. Berlin/ Boston: de Gruyter 2013. S. 724–746. Hier: S. 732.

28 Zur Relevanz der Abgründe überwindenden Liebe zu Nyema vgl. Schmidt: Über Abgründe hinwegerzählen. S. 249.

an, der das Treiben der beiden Brüder mit großer Skepsis verfolgt, weil es ihre religiösen Tabus bricht.[29] Zugleich besitzt Nyema eine Vermittlungsfunktion zwischen dem örtlichen Clan und den irischen Bergsteigern – und als solche hat sie eine metanarrative Funktion für den Roman als Ganzen. Bereits die Anbahnung der Liebesbeziehung zwischen den beiden erfolgt durch das Erzählen: „Wir erzählten und hörten einander zu" (DfB, 207). Gegenstände des Erzählens sind jedoch weniger die Menschen in ihrer Umgebung oder die jeweilige Vergangenheit der Liebenden, sondern „der Weg von Lhasa nach Kham" (DfB, 207), den beide kennen – Pádraic hat ihn bei der Anreise zur geplanten Bergbesteigung im Geländewagen kennen gelernt, Nyema bei der Rückkehr zu ihrem Clan, den sie aufgrund einer Ehe verlassen hatte. Erst nach dem frühen Tod ihres Mannes kann sie zurückkehren und gebiert unterwegs ihren Sohn. Dieses Wenige an gemeinsamer Erfahrung reicht aber aus, um eine innige Beziehung zu stiften; Pádraic scheint es,

> als würde dieser jüngste, schmale Streifen
> unserer Lebensgeschichten alle Jahre aufwiegen
> die wir davor in einer unendlich weit entfernten,
> dem jeweils Zuhörenden vielleicht unvorstellbare Welt
> verbracht hatten, wie sich wenigstens die Schauplätze
> dieser Erinnerung glichen. (DfB, 207)

Erst auf dieser Basis ist dann auch ein Erzählen möglich, das sich auf Gegenstände bezieht, die der jeweils andere nicht kennen kann; der Austausch über nicht Bekanntes erfolgt erst, nachdem sie „über die Meere, Gebirge und Abgründe *hinweg*erzählten" (DfB, 209). Eine durch das Erzählen entstehende Liebe überbrückt also räumliche und kulturelle Unterschiede, hat aber in diesen Abgründen zugleich den Grund ihres Entstehens. Am Ufer eines Sees bringt Pádraic Nyema schließlich das Schreiben bei; für Nyema ist Schreiben eine magische Fähigkeit, die Zeitlichkeit hinter sich zu lassen – eine „Arznei gegen die Sterblichkeit", mit der der Mensch „imstande sei, / seine Zeit und seinen Ort zu verlassen wie eine Gottheit" (DfB, 212).

Auch der Begriff des „fliegenden Bergs" geht auf Nyema zurück. Sie erzählt dem Ich-Erzähler eine lange Geschichte, die in der Wiedergabe durch Pádraic als Kapitel unter dem Titel „Der fliegende Berg: Nyemas Geschichte" (DfB, 138–157) Eingang in den Roman findet. Diese Geschichte ist in der Sagenwelt der Kham angesiedelt und handelt von der Natur als einem den Menschen

---

29   Für die örtlichen Kham stellt der Versuch, einen Berg zu besteigen, einen religiösen Tabubruch dar, vgl. dazu Frost: Vom Erzählen. S. 100.

umfassendes, hoch dynamisches Geschehen. In ihr erweist sich Nyema als die Einzige unter den handelnden Figuren, die den ontologischen Status des Berges angemessen beschreiben kann als das, was er unbestritten ist: eine Erzählung;[30] und zwar „keine Erzählung am Feuer", oder „eine Geschichte im Kreis von Freunden / Familien oder vor irgendeiner anderen Zuhörerschaft", sondern „nur eine Frage zwischen zwei Menschen, von denen einer zuhörte und der andere sprach". Und aus dieser Situation heraus wird der „fliegende Berg" zu einer je individuellen Vorstellung und damit zu einer Quelle persönlicher Identität: „Jeder sollte daraus seine eigene Erzählung, / seine eigene Geschichte und sie dadurch / zu etwas Unverwechselbarem, Einzigartigem machen, / zu etwas, an das er glauben konnte wie an sich selbst" (DfB, 149). In seiner volatilen Struktur erinnert der „fliegende Berg", so Nyema weiter, den Menschen an die dynamischen Prozesse in der Natur, und zugleich daran, selbst ihnen unterworfen zu sein. Anders als die an der Küste aufgewachsenen, von der westlichen Rationalität geprägten Männer Liam und Pádraic kann sie, für die die Bergwelt seit jeher ihre Lebenswelt bestimmt, mit diesem Unterworfensein unter etwas Unbestimmbares umgehen. Für Nyema ist der fliegende Berg vor allem ein Symbol. In seiner fraglichen Existenzweise erinnert er den Menschen daran, „daß nichts, nichts!, / und sei es noch so mächtig, so schwer [...] für immer bleiben durfte, sondern daß alles davonmußte, / verfliegen!" (DfB, 155). Die tibetanischen Gebetsfahnen erinnern auch die beiden Bergsteiger bei ihrem Aufstieg an „Routenmarkierungen für den Weg aus der Zeit" (DfB, 168) hinein in den Abgrund.

5   Der Abgrund als Beziehungsgeflecht

Anhand von Nyemas Deutung des „fliegenden Bergs" lässt sich die Verbindung von Abgrund und Zwischenmenschlichkeit erklären, die sowohl in Ransmayrs als auch in Stifters Text auffällig ist und die Geschichte des Motivs kontinuierlich und in gewiss noch deutlicher auszuarbeitender Weise[31] begleitet. Sowohl

---

30   Zur metafiktionalen Funktion dieser Äußerungen Nyemas vgl. Schmidt: Über Abgründe hinwegerzählen. S. 252; sowie Frost: Vom Erzählen. S. 100.

31   So lässt sich bereits bei Friedrich Hölderlin eine „wechselweise[-] Beziehung zwischen dem Begriff ‚Abgrund' und dem Personalpronomen ‚wir'" feststellen, und zwar in einem hinsichtlich seiner Struktur umstrittenen Gesangsentwurf im Homburger Folioheft, vgl. Anke Bennholdt-Thomasen/ Afredo Guzzoni: „Vom Abgrund nemlich haben / Wir angefangen ..." In: Hölderlin-Jahrbuch 42 (2020–2021). S. 246–271. Hier: S. 246. Für beide bezieht sich dieses ‚wir' auf eine größere Gruppe – etwa die französische Nation, die später in dem Gedicht erwähnt wird. Inwiefern sich ein Hölderlinscher Sprecher

Stifters autobiografische Erzählung als auch Ransmayrs hochtoniges Erzählexperiment kombinieren die Abgrund-Thematik mit einem komplexen Geflecht aus Zweierbeziehungen, durch die der Abgrund erst seine Gefährlichkeit erhält, die selbst durch den Abgrund gefährdet werden oder im Angesicht seiner Bedrohlichkeit neu entstehen oder deutlich intensiviert werden. In Ransmayrs Text betrifft dies die Beziehungen zwischen Pádraic und Liam, zwischen Nyema und Pádraic, aber auch das latent von Konflikten (weil von Konkurrenzen geprägte) Verhältnis zwischen Liam und Nyema. Auch Stifters Erzählung ist von solchen Zweierkonstellationen geprägt, zuvorderst natürlich von derjenigen zwischen Stifter und seiner Frau; enge Beziehungen, von Zuneigung, aber auch existenzieller Abhängigkeit geprägt, unterhält Stifter zu seiner Nichte Katharina, zu seiner Magd Marie, zu seiner Versorgerin Anna oder zum Bauern Josef, der ihn auf seinem Schlitten aus dem Gefahrengebiet herausbringt. Und vergleichbares zeigt sich in anderen Abgrund-Texten, etwa dem Inselroman *Tristan da Cunha* von Raoul Schrott oder dem ebenfalls von einer Schneekatastrophe geprägten Alpen-Epos *Das Hospiz auf dem Großen St. Bernhard* von Annette von Droste-Hülshoff, und – ganz ähnlich wie in dem hier besprochenen Text – in Stifters Novelle „Der Bergkristall".

Womöglich wird aus der Idee des Abgrunds als transzendentem Gegenüber ein innerweltliches Bild zwischenmenschlicher Beziehungen, das dem literarischen Motiv des Abgrunds seit der Mitte des 19. Jahrhundert eingeschrieben ist und sich in der Gegenwart besonders deutlich zeigt. Indem die räumlich-epistemologischen Abgründe bei Stifter und Ransmayr zu zwischenmenschlichen Phänomenen werden, zeigen sie uns unseren eigenen Ab- und Ungrund als das Bild des Anderen in uns. Wir haben unseren Ursprung als Individuen nicht mehr (oder zumindest nicht mehr nur) in einem göttlichen Wesen, sondern in jenem Bild, das sich die anderen von uns machen. Ein solcher dialogisch gedachter Abgrund, wie er sich ganz deutlich in den Gesprächen zwischen Nyema und Pádraic zeigt, hätte seine Wurzeln aber gleichwohl in einem religiösen Ab- oder Ungrund. Alfred Dopplers Durchgang durch die Geschichte der theologisch-philosophischen Abgrund-Motivik erkennt eine wichtige Stufe im dialogischen Denken bei Ferdinand Ebner und Martin Buber. Beide verlegen den als unüberbrückbar angelegten Abgrund zwischen ein Ich und ein Du – wobei dieses Du zwischenmenschlich als andere Person, oder auch als ein seinerseits unergründlicher Gott oder ein Naturganzes gedacht wird. Begegnungen zwischen zwei Dialogpartnern sind durch den Abgrund

---

mit dieser identifizieren sollte, bleibt aber unklar; womöglich wäre auch hier eine Zweierkonstellation – ein Ich und ein Du – als Referenzrahmen denkbar, wie es sich in der antikisierenden Lyrik Hölderlins immer wieder zeigt.

verunmöglicht, und in seiner Entfernung wird uns der Andere zum Rätsel. Für Doppler artikuliert sich hier die „innere Zweiheit des Abgrund-Motivs",[32] die er auch bei Schiller und Hölderlin nachweist. In den hier besprochenen Texten von Stifter und Ransmayr zeigt sie sich in den Figurenkonstellationen, die von der existenziellen Abhängigkeit zwischen jeweils zwei handelnden Figuren geprägt ist. Nur diese Zweiheit macht es möglich, den räumlich vorgestellten Abgrund zu überwinden oder seine Gefahren zu beherrschen. Doch ist es, wie Stifter deutlich macht, gerade die Zweiheit, die den Abgrund so gefährlich macht.

Ransmayrs Figur der Nyema hält diese Idee des Abgrunds, der zwischen einem Ich und einem Du liegt, bei, wendet ihn aber positiv: Im „Sprechen" und „Zuhören" – ergo: im Erzählen – ist er einerseits überbrückbar, andererseits notwendig. Denn ohne die Unterscheidung von Ich und Du gibt es keine Erzählung. Ersetzt man an dieser Stelle den Abgrund durch den ‚Ungrund', und damit noch etwas deutlicher als ‚Ursprung', dann steckt in Ransmayrs Dichterin *avant la lettre* eine Idee von Intersubjektivität, die einerseits konstruktivistisch, andererseits anerkennungstheoretisch gestaltet ist: Eine andere Person ist immer nur das Bild, das wir uns von ihr machen. Sie hat damit ihren Ursprung und ‚Ungrund' in uns, und umgekehrt: wir in ihr – in jenem Bild, das sie von uns hat. Miteinander sprechen bedeutet die wechselseitige Anerkennung dieser Bilder, und der ‚Ungrund', den wir im Anderen haben, ist nicht die Verunmöglichung, sondern die Bedingung von Kommunikation. ‚Die Anderen' sind nicht etwa die ‚Hölle', wie es bei Sartre heißt, sondern unsere Daseinsbedingung, und die Begegnung mit ihnen ist eine Begegnung mit unserem eigenen Ursprung. Mit dem Blick in den Abgrund schauen wir unser Bild im Anderen. Einander Abgrund zu sein, ist die Bedingung für, die Aufforderung zum und der Anfang von Dialog.

Bibliografie

Bennholdt-Thomasen, Anke / Guzzoni, Afredo: „Vom Abgrund nemlich haben / Wir angefangen ..." In: *Hölderlin-Jahrbuch* 42 (2020–2021). S. 246–271.
Böhme, Jacob: *Theosophische Send-Briefe* [...]. Amsterdam 1682.
Brandes, Peter: Gewagte Ästhetik. Christoph Ransmayrs Darstellungsexperimente und die Risiken der Form. In: *Literatur als Wagnis. DFG-Symposion 2011*. Hg. von Monika

---

32 Doppler: *Der Abgrund*. S. 32.

Schmitz-Emans unter Mitarbeit von Georg Braungart/ Achim Geisenhanslüke/ Christine Lubkoll. Berlin/ Boston: de Gruyter 2013. S. 724–746.

Digitales Wörterbuch der Deutschen Sprache: Wortverlaufskurve für „Ungrund". Online verfügbar unter https://www.dwds.de/r/plot/?view=1&corpus=dta%2Bdwds&norm=date%2Bclass&smooth=spline&genres=0&grand=1&slice=10&prune=0&window=3&wbase=0&logavg=0&logscale=0&xrange=1600%3A1999&q1=Ungrund. Abgerufen am 5.1.2024.

Doppler, Alfred: *Der Abgrund. Studien zur Bedeutungsgeschichte eines Motivs.* Köln u.a.: Böhlau 1968.

Friedrich, Hans-Joachim: *Der Ungrund der Freiheit im Denken von Böhme, Schelling und Heidegger* Stuttgart/ Bad Canstatt: Fromann-Holzboog 2009.

Frost, Sabine: Vom Erzählen zwischen Meereshöhen und Meerestiefen. Christoph Ransmayrs *Der fliegende Berg.* In: *Literarische Entdeckungsreisen. Vorfahren – Nachfahren – Revisionen.* Hg. von Hansjörg Bay/ Wolfgang Struck. Köln: Böhlau 2012. S. 93–104.

Frühwald, Wolfgang: Adalbert Stifter erzählt die Natur. Nachwort. In: *Sonnenfinsternis und Schneesturm. Adalbert Stifter erzählt die Natur. Ein Lesebuch.* Hg. von Wolfgang Frühwald. Köln: DuMont 2002. S. 377–413.

Hammer, Erika: Wege zur weißen Spitze. Bergbesteigungen und dunkle Geheimnisse in Christoph Ransmayrs *Der fliegende Berg* und Thomas Glavinics *Das größere Wunder.* In: *Bis zum Ende der Welt. Ein Symposium zum Werk von Christoph Ransmayr.* Hg. von Attila Bombitz. Wien: Praesens 2015. S. 117–135.

Mittermayer, Manfred: „Daß, was ist, nicht bleiben kann". Zu Christoph Ransmayrs Roman *Der fliegende Berg.* Einführung zur Lesung im Stifterhaus. 17. Oktober 2006. In: Die Rampe 3 (2009). S. 105–108.

N.N.: Art. ungrund. In: *Deutsches Wörterbuch* von Jacob Grimm und Wilhelm Grimm. Bd. 24, Sp. 1030. Digitalisierte Fassung im Wörterbuchnetz des Trier Center for Digital Humanities, Version 01/23, <https://woerterbuchnetz.de/?sigle=DWB&lemid=U08398>. Abgerufen am 5.1.2024.

Ransmayr, Christoph: *Der fliegende Berg. Roman.* Frankfurt am Main: S. Fischer 2006.

Röttgers, Kurt: Gründe und Abgründe. In: *Abgründe.* Hg. von Petra Gehring/ Kurt Röttgers/ Monika Schmitz-Emans. Essen: Verlag Die Blaue Eule 2016. S. 19–26.

Schiffermüller, Isolde: „Wirkungen, die über mein Wissen gingen." Adalbert Stifters Schriftverkehr „Aus dem bairischen Walde". In: *Adalbert Stifters artifizieller Realismus. Ordnung – Raum – Ritual.* Hg. von Sabina Becker. Heidelberg: Winter 2007. S. 175–192.

Schiller, Friedrich: Vom Erhabenen. In: *Friedrich Schiller: Sämtliche Werke in 5 Bd.* Hg. von Peter-André Alt/ Albert Meier/ Wolfgang Riedel. Bd. 5: *Erzählungen. Theoretische Schriften.* München: dtv 2004. S. 489–512. Hier: S. 504; S. 509.

Schmidt, Maike: Über Abgründe hinwegerzählen. Versepische Gattungskonventionen und -innovationen am Beispiel von Christoph Ransmayrs *Der fliegende Berg* (2006). In: *Forcierte Form. Deutschsprachige Versepik des 20. und 21. Jahrhunderts im europäischen Kontext.* Hg. von Kai Bremer/ Stefan Elit. Berlin: Metzler 2020. S. 241–260.

Schmitz-Emans, Monika: Variationen über Abgründe – Vorbemerkungen. In: *Abgründe*. Hg. von Petra Gehring/ Kurt Röttgers/ Monika Schmitz-Emans. Essen: Verlag Die Blaue Eule 2016, S. 7–17.

Schneider, Sabine: Bildlöschung. Stifters Schneelandschaften und die Aporien realistischen Erzählens. In: *Variations* 16 (2008). S. 175–186.

Silesius, Johannis Angelius: *Cherubinischer Wandersmann, oder Geist-Reiche Sinn- und Schluß-Reime* [...] Glatz 1675. S. 178.

Stifter, Adalbert: Aus dem Bairischen Wald (1867). In: *Adalbert Stifters Sämmtliche Werke.* [Prag-Reichenberger Ausgabe]. Fünfzehnter Band: Vermischte Schriften. Zweite Abtheilung. Hg. von Gustav Wilhelm. Reichenberg: Verlag Franz Kraus 1935. S. 321–353.

Wiesmüller, Wolfgang: Witiko. In: *Stifter-Handbuch. Leben – Werk – Wirkung.* Hg. von Christian Begemann/ Davide Guiriato. Stuttgart: J.B. Metzler 2017. S. 109–119.

5

„Nicht nur die Mauer ist gefallen": Ein Blick in die Abgründe der Nachwendezeit

Aigi Heero

Abstract

The present article analyses Daniela Krien's work *Muldental*, which describes the profound impact of the post-reunification era on East Germany. Focusing on the „Wendeverlierer" (losers of reunification), the narratives of this volume depict a plunge into uncertainty, symbolised as an *abyss*. This condition embodies challenges of the post-reunification period, exploring human behaviour amid societal upheaval. Contrasting with *Muldental*, examples from Estonian literature emphasise rather individual challenges during the transformation period and focus less on the collective trauma of the transformation. When analysing the narratives, the *abyss* serves as a potent metaphor, symbolising the societal changes, the depths of human nature and the potential for rising above challenges, enabling the discovery of new life journeys.

Schlüsselwörter

Abgrund – Daniela Krien – Wende – DDR – memory studies – Madina Tlostanova – postsowjetische Literatur

1   Einleitung[1]

Im Jahr 1991 fasste Heiner Müller in seinem Gedicht *Glückloser Engel 2* die Stimmung in Deutschland nach der Wende wie folgt zusammen:

---

[1] Dieser Artikel ist Teil des Projekts *Translating Memories: The Eastern European Past in the Global Arena,* für das Fördermittel des Europäischen Forschungsrats (ERC) im Rahmen des Programms der Europäischen Union für Forschung und Innovation *Horizont 2020* bereitgestellt wurden (Finanzhilfevereinbarung Nr. 853385).

> Zwischen Stadt und Stadt
> Nach der Mauer der Abgrund
> Wind an den Schultern die fremde
> Hand am einsamen Fleisch
> Der Engel ich höre ihn noch
> Aber er hat kein Gesicht mehr als
> Deines das ich nicht kenne.[2]

Nach diesem Gedicht wurde 2013 ein Sammelband zur DDR-Literatur benannt, es wurde im Rahmen dieses Werks auch ausführlich interpretiert.[3] Die zweite Zeile: „Nach der Mauer der Abgrund" erlangt einen besonderen Symbolwert im Kontext der Nachwendezeit: Das darin enthaltene Motiv des „Abgrunds" beschreibt treffend die Herausforderungen und Unsicherheiten der deutschen Gesellschaft nach der Wende. Generell hat dieses Gedicht eine breite Palette an Interpretationen erfahren. In diesen Deutungen wird wiederholt auf Motive der Resignation, der Unterlegenheit und des Gefühls des Überwältigtseins hingewiesen.[4] Man kann erkennen, dass die Mauer hier die Teilung zwischen Ost und West repräsentiert, und dass ihr Zusammenbruch als Moment der Befreiung und Wiedervereinigung gefeiert wurde. Das Wort ‚Abgrund' aber suggeriert, dass die Beseitigung der Mauer als physische Barriere nicht zwangsläufig die komplexen Probleme löste, die sich über Jahrzehnte der Trennung und des ideologischen Konflikts hinweg entwickelt hatten. Das Wort „Abgrund" vermittelt deshalb ein Gefühl von Gefahr, Unsicherheit oder drohender Katastrophe und symbolisiert einen Sturz in eine ungewisse Zukunft.

Der Fall der Berliner Mauer im November 1989 war ein epochales Ereignis, das symbolisch den Zusammenbruch des gesamten kommunistischen Systems in Osteuropa verkörperte. Die Ereignisse von 1989 hatten weitreichende

---

2 Heiner Müller: *Werke 1. Die Gedichte*. Hg. von Frank Hörnigk. Frankfurt am Main: Suhrkamp 1998. S. 236.
3 Norbert Otto Eke: ‚Nach der Mauer der Abgrund'? (Wieder-)Annäherungen an die DDR-Literatur. In: *‚Nach der Mauer der Abgrund'? (Wieder-)Annäherungen an die DDR-Literatur*. Hg. von Norbert Otto Eke. Amsterdamer Beiträge zur neueren Germanistik 83. Amsterdam/New York: Rodopi 2013. S. 7–25. Hier S. 7–9.
4 Janine Ludwig: ‚Die Wörter verfaulen / Auf dem Papier' – Heiner Müllers Schreibkrise nach dem Untergang des Sozialismus. In: *Mauerschau 4.2: Durststrecken* (2009). S. 29–44. Hier: S. 39–40. Norbert Otto Eke: Utopie als/der Störung: Heiner Müller und die ‚Lücke im Ablauf'. In: *Rhetorik* 39.1 (2020). S. 71–85. Hier: S. 74–75. Jutta Schlich: Heiner Müllers Engel. Bezüge, Befindlichkeiten, Botschaften. In: *Heiner Müller. Probleme und Perspektiven. Bath-Symposium 1998*. Hg. von Ian Wallace/ Dennis Tate/ Gerd Labroisse. Amsterdamer Beiträge zur neueren Germanistik 48. Amsterdam-Atlanta: Rodopi 2000. S. 323–346. Vgl. auch Stephan Pabst: *Post-Ost-Moderne: Poetik nach der DDR*. Göttingen: Wallstein 2016. S. 35–64.

Auswirkungen auf die zerfallende Sowjetunion sowie andere Ostblockländer, in denen die Bürger ebenfalls für politische Freiheit und Demokratie kämpften. Es waren jedoch nicht nur politische Veränderungen, sondern auch wirtschaftliche Umstrukturierungen und soziale Herausforderungen, die diese Nationen nach dem Ende des Kalten Krieges erwarteten.[5]

Im Falle der DDR lief die Etablierung einer marktwirtschaftlichen Gesellschaft möglicherweise weniger radikal ab als in anderen Staaten des ehemaligen Ostblocks, da sie weitgehend im Rahmen des sozialen Rechtsstaates der BRD stattfand.[6] Gleichzeitig muss aber hervorgehoben werden, dass das westdeutsche Staatswesen die politische Führung der ehemaligen DDR am Anfang der 1990er Jahre praktisch übernommen hatte. Die deutlichsten Auswirkungen dieses Prozesses sind u.a. die bis heute bestehende Diskussion um „Gewinner" und „Verlierer" der Wende, ein gewisses Minderwertigkeitsgefühl der Ostdeutschen gegenüber Westdeutschen und der geringe Anteil ostdeutscher Führungskräfte an Deutschlands politischen Eliten.[7] Die Wende hinterließ also tiefe Spuren in der Gesellschaft und warf tiefgreifende Fragen nach Identität, Zugehörigkeit und Erinnerung auf.[8]

Viele bedeutende Werke der deutschsprachigen Gegenwartsliteratur beschäftigen sich mit der Zeit der Wende und mit der DDR-Vergangenheit im Rückblick; dabei wird eine breite Palette von Perspektiven eingesetzt. Neben kritischen Behandlungen des schweren DDR-Erbes und der Darstellung dieser Ära als trostlose Zeit unter Bedingungen einer Diktatur, finden sich

---

5 Vgl. zu diesem Thema Piotr Sztompka: The Trauma of Social Change: A Case of Postcommunist Societies. In: *Cultural Trauma and Collective Identity*. Hg. von Jeffrey C. Alexander/ Ron Eyerman/ Bernard Giesen/ Neil J. Smelser/ Piotr Sztompka. Berkeley: University of California Press 2004. S. 155–95. Hier: S. 162–66. Michael Gehler: Vom Glanz und Elend der Revolutionen. Die Umstürze in Mittel- und Osteuropa 1989 mit Blick auf die Jahre 2001 und 2011. In: *Welthistorische Zäsuren 1989-2001-2011*. Hg. von Michael Corsten/ Michael Gehler/ Marianne Kneuer. Hildesheim/ Zürich/ New York: Georg Olms 2016. S. 37–66. Hier: S. 46–53.
6 Vgl. Helmut Wiesenthal: *Einheit als Privileg. Vergleichende Perspektiven auf die Transformation Ostdeutschlands*. Frankfurt a.M: Campus 1996. S. 10–12.
7 Vgl. Marcus Böick/ Christoph Lorke: *Zwischen Aufschwung und Anpassung. Eine kleine Geschichte des „Aufbau Ost"*. Bonn: Bundeszentrale für politische Bildung 2022. S. 47–55. Tom Thieme/ Tom Mannewitz: Integration und Identität – Deutschland 30 Jahre nach der Wiedervereinigung. In: *Deutschland ist eins: vieles. Bilanz und Perspektiven von Transformation und Vereinigung*. Hg. von Judith C. Enders/ Raj Kollmorgen/ Ilko-Sascha Kowalczuk. Frankfurt a.M./ New York: Campus 2021. S. 159–251. Hier 208–22.
8 Vgl. Ilko-Sascha Kowalczuk: *Die Übernahme. Wie Ostdeutschland Teil der Bundesrepublik wurde*. München: C.H. Beck 2019. S. 10–17. Michael Lühmann: Identitäten und Anerkennungen im Vereinigungsprozess. In: *Deutschland ist eins: vieles. Bilanz und Perspektiven von Transformation und Vereinigung*. Hg. von Judith C. Enders/ Raj Kollmorgen/ Ilko-Sascha Kowalczuk. Frankfurt a.M./ New York: Campus 2021. S. 253–360.

auch ironisch-witzige Erzählungen über die Absurditäten der sozialistischen Gesellschaft, nostalgische Rückblicke in die Jugendzeit in der DDR sowie Generationenromane im traditionellen Stil. Auch das Thema der Wende wird auf unterschiedliche Weise literarisch verarbeitet.[9] Diese vielfältigen literarischen Stimmen bzw. Erzähl- und Erinnerungsmuster sind nicht zuletzt durch die unterschiedlichen Generationen der Autoren geprägt.[10] Die vorliegende Studie konzentriert sich hauptsächlich auf ein Werk, das nicht nur die Erinnerung an die DDR, sondern auch die Zeit nach der Wende in den Fokus rückt. Es handelt sich um Daniela Kriens *Muldental*, eine Sammlung von Kurzgeschichten, die im Jahr 2014 erstmals veröffentlicht wurde; 2020 erschien die erweiterte Neuausgabe.[11] Die Autorin wurde am 25. August 1975 in Neu-Kaliß, Mecklenburg-Vorpommern geboren. Sie studierte in Leipzig Kultur- sowie Kommunikations- und Medienwissenschaften und veröffentlichte 2011 ihren ersten Roman. Für *Muldental* bekam sie 2014 den Nicolas-Born-Debütpreis.[12]

Die Untersuchung der Wende- und der Nachwendezeit in der Literatur ist von Interesse, da sie nicht nur Einblicke in die individuellen Erfahrungen und kollektiven Herausforderungen der Menschen in dieser Ära bietet, sondern auch die gesellschaftlichen Umbrüche und Identitätskrisen, die mit solchen politischen Veränderungen einhergehen, reflektiert. Tatsächlich empfanden viele Menschen im ehemaligen Ostdeutschland die Wende nach einer anfänglichen Euphorie als einen schmerzhaften Sturz ins Bodenlose, bei dem sie das Gefühl hatten, etwas von ihrem bisherigen Leben und ihren Gewissheiten verloren zu haben. Dieses Spannungsfeld zwischen Hoffnung und Enttäuschung, zwischen Aufbruch und Verlust, bildet den Hintergrund für die vorliegende Studie. Dabei wird vor allem das theoretische Konzept des „Abgrunds" implementiert.[13] Anlehnend an Marko Pajević kann behauptet werden,

---

9   Nicole Leier: Wendeliteratur – Literatur der Wende? Der Mauerfall in ausgewählten Werken der deutschen Literatur. In: *Info DaF* 37.5 (2010). S. 494–515.

10 Vgl. Martin Sabrow: Die DDR erinnern. In: *Erinnerungsorte der DDR*. Hg. von Martin Sabrow. München: C.H. Beck 2009. S. 11–27. Hier: S. 13–19. Katarzyna Norkowska: Polyphonie ostdeutscher Erinnerung an die DDR. Zum generationsspezifischen Narrativ in autobiographischen Schriften. In: *Oxford German Studies* 49.3 (2020). S. 263–280. Hier: S. 267–71.

11 In der vorliegenden Studie wird folgende Ausgabe verwendet: Daniela Krien: *Muldental*. Zürich: Diogenes 2020. Die Zitate aus diesem Werk werden im Haupttext mit der Seitenangabe in runden Klammern angegeben.

12 Vgl. https://www.diogenes.ch/foreign-rights/authors.html?detail=4a41e733-20e9-4406-a32a-49b69efa22b7. Abgerufen am 01.11.2023.

13 Marko Pajević: Introduction: The Abyss as a Concept for Cultural Theory, and the German 'Abgrund': The Ambivalence of the Human. In: *The Abyss as a Concept for Cultural Theory. A Comparative Exploration*. Hg. von Marko Pajević. Leiden: Brill 2024. S. 1–28.

dass dieses Konzept als symbolische Darstellung der Ungewissheit und Ernsthaftigkeit der Herausforderungen der Wendezeit in der ehemaligen DDR dasteht. Es verweist nicht nur auf den wirtschaftlichen Niedergang, sondern auch auf die individuellen „Abstürze", die Einzelpersonen erlitten.

Des Weiteren wird Madina Tlostanovas Konzept der „postsozialistischen Leere" bzw des „Sturzes in die Leere" herangezogen.[14] Laut Tlostanova habe das Ende des Ostblocks die ehemalige sozialistische Welt sowohl im Westen als auch in den postsozialistischen Ländern selbst in eine prekäre und unzureichend konzeptualisierte Lage, in ein „Vakuum" (void) gebracht. Diese weit verbreitete Interpretation des Postsozialismus als „Vakuum" wird von dem Gefühl der Unsicherheit, Instabilität und Desorientierung dominiert. Der „Sprung in die Leere" (leap into the void) beziehe sich nach Tlostanova auf den radikalen Sprung oder die plötzliche Veränderung, die als eine Art metaphorischer Sturz in den Abgrund interpretiert werden könnte, in dem die Menschen das Gefühl haben, ihre Identität, ihre Verbindungen und ihre Sicherheit zu verlieren. Nach dem Zusammenbruch der alten ideologischen Grundlagen hätten sich in dieser Leere neue gesellschaftliche Wissens- und Wertestrukturen etabliert, jedoch vorwiegend nach dem westlichen Vorbild.[15] Daher sei nun ein Prozess der Dekolonisierung oder eine Ablösung von der Logik der Kolonialität, die die Wissensproduktion im postsozialistischen Kontext prägt, notwendig.[16] Ein möglicher Weg, diesen Prozess zu initiieren und das (post)sozialistische Erbe umzudeuten, wäre der künstlerische Umgang mit dieser „Leere". Die Motive des „Abgrunds", des „Sturzes" und des „Aufstiegs" bilden somit das Rückgrat dieser Untersuchung.

2 *Muldental* (2014/2020) und das Konzept des Abgrunds

Daniela Krien gehört zu den Autor*innen, die in der DDR aufgewachsen sind und die politischen Veränderungen nach der Wende miterlebt haben. In ihren Werken versucht diese Generation oft, ihre eigene Geschichte, die Kindheit in der DDR und den Übergang ins Erwachsenenleben nach der Wende zu reflektieren. Dabei wird die Kindheit in der DDR

---

14   Madina Tlostanova: *Postcolonialism and Postsocialism in Fiction and Art. Resistance and Re-existence*. Cham: Palgrave Macmillan 2017. S. 1–21.
15   Tlostanova: *Postcolonialism and Postsocialism*. S. 4–6. Vgl. auch Iveta Silova/ Zsuzsa Millei/ Nelli Piattoeva: Interrupting the Coloniality of Knowledge Production in Comparative Education: Postsocialist and Postcolonial Dialogues after the Cold War. In: *Comparative Education Review* 61.S1 (2017). S. 74–102.
16   Tlostanova: *Postcolonialism and Postsocialism*. S. 3–4.

rekonstruiert und als fester Bestandteil der Identität in den eigenen Erfahrungshorizont wieder einverleibt. Es geht dabei nicht um große Lebensbilanzen, sondern eher um die Archivierung von Erlebnissen und Sozialisationsbedingungen, die die Protagonisten mitgeprägt haben.[17]

Muldental befasst sich einerseits mit der Problematik der DDR-Vergangenheit und zeigt, wie das schwere Erbe einer Ära auch Jahre später einen Einfluss auf Menschen ausüben kann. Doch noch stärker setzt dieses Werk den Fokus auf die Nachwendezeit und versucht, Geschichten von unterschiedlichen Menschen zu erzählen und durch diese Erzählung die individuellen Schicksale zu würdigen. Im Mittelpunkt stehen nicht die Erfolgsgeschichten der Wende, sondern die sogenannten „Wendeverlierer". Dieser Begriff bezieht sich auf die Menschen, die nach der Wende benachteiligt wurden, im Gegensatz zu Wendegewinnern, die von dem gesellschaftlichen Umsturz profitierten.[18] Dabei werden verschiedene Aspekte wie soziale Ungleichheit, Identitätsverlust und Entfremdung in der Gesellschaft thematisiert.

In der Erstausgabe von *Muldental* werden in zehn separaten Geschichten Personen in den Fokus gestellt, die in den Dörfern und Kleinstädten der Muldental-Region leben. Die Erzählungen porträtieren Menschen, die sowohl von der DDR-Ära als auch von der Wendezeit stark geprägt wurden. In diesen Geschichten ist das zentrale Motiv der Absturz, also der Fall in den Abgrund, nicht nur im finanziellen, sondern auch im sozialen und menschlichen Sinne. Interessanterweise wird der Abgrund schon im Titel des Romans, *Muldental*, impliziert. Der Titel bezieht sich auf die gleichnamige Region in Sachsen, die vom Fluss Mulde durchzogen wird. Die Bedeutung des Muldentals als geographischer Ort geht jedoch über eine bloße Bezeichnung hinaus und nimmt im Roman eine symbolische Rolle ein. Das Tal, das sich bei Regen stets mit Wasser füllt, steht hier als Metapher für die Ansammlung von Schicksalen und Geschichten, die in der Region verwurzelt sind. Ferner soll angemerkt werden, dass eine Mulde auch eine flache Bodenvertiefung oder Bodensenke

---

17　Katarzyna Norkowska: Generationsspezifische Erzählmuster? Die DDR in Texten von Autorinnen und Autoren der Aufbau-Generation, der Entgrenzten Generation und der Wende-Kinder nach 1989. In: *Zeitschrift für Germanistik. Neue Folge* 31.3 (2021). S. 494–512. Hier: S. 508.

18　Vgl. Rüdiger Müller: Be Careful What You Wish for: A Story of Broken Promises. Thirty Years After the Fall of the Berlin Wall. In: *Europe Now Journal* (16.01.2020). https://www.europenowjournal.org/2020/01/15/be-careful-what-you-wish-for-a-story-of-broken-promises-thirty-years-after-the-fall-of-the-berlin-wall/. Abgerufen am 23.11.2023.

bezeichnen kann.[19] Also wird die Idee des Fallens, der Tiefe und des Abgrunds schon im Titel angedeutet.

Daher lässt sich im Rahmen dieser Studie der Begriff des Abgrunds auf verschiedene Weise einsetzen. Er wird beispielsweise verwendet, um den Untergang, den Absturz im wirtschaftlichen, sozialen oder politischen Sinne zu beschreiben. Weiterhin bezieht sich der Begriff auf die Situation, in der man „am Rande des Abgrunds" steht, also in akuter Gefahr ist, kurz vor einem kompletten Zusammenbruch oder dem Fall ins Unbekannte bzw. in die Leere.[20]

Alle Hauptfiguren der Geschichten haben nach der Wende etwas Wichtiges verloren – sei es ihren Job, ihren gesellschaftlichen Status, ihre Familie oder ihren Wohlstand. Manche Charaktere werden auch von den Schatten der (Stasi-)Vergangenheit eingeholt, die ihr Leben auch heute noch beeinflussen. In dieser Hinsicht wird der Abgrund zu einem symbolischen Ort der Unsicherheit und Entfremdung,[21] in dem sich die Schwierigkeiten der Nachwendezeit manifestieren.

In Zeiten des schnellen Wandels kann es auch passieren, dass das Schlimmste im Menschen zum Vorschein kommt, was oft durch das Bild oder Konzept des Abgrunds ausgedrückt wird. Hierbei handelt es sich um die Idee der dunklen Seite im Menschen, die als eine Manifestation der „Abgründe des Menschlichen" beschrieben werden kann.[22] In diesem Zusammenhang geht es um die unergründlichen menschlichen Emotionen, aber auch um die tiefere Wahrheit hinter den Erscheinungen: Wenn die schöne Fassade wegfällt, wird offenbart, was sich hinter dem Äußerlichen verbergen kann.[23]

Des Weiteren finden sich im Buch auch Hinweise auf die vergangenen DDR-Zeiten. Wie wir wissen, übte der Staat eine umfassende Überwachung, etwa durch die Stasi, aus, die auf alle Bereiche des Lebens ausgedehnt war. Es gab ein ausgeprägtes System der Zensur und Repression, das auf Oppositionelle, Andersdenkende und Abweichler angewandt wurde. Das Regime in der DDR wurde auch als undemokratisch und autoritär betrachtet, da es keine freien Wahlen gab und die Menschen keinen Einfluss auf politische Entscheidungen hatten.[24] Angesichts dieser Charakteristika kann die DDR auch als Abgrund

---

19 Vgl. Mulde. In: https://www.dwds.de/wb/Mulde. Abgerufen am 02.01.2024.
20 Pajević: Introduction: *The Abyss*. S. 6.
21 Pajević: Introduction: *The Abyss*. S. 6.
22 Pajević: Introduction: *The Abyss*. S. 6.
23 Pajević: Introduction: *The Abyss*. S. 7.
24 Vgl. Ralph Jessen: Partei, Staat und „Bündnispartner": Die Herrschaftsmechanismen der SED-Diktatur. In: *DDR-Geschichte in Dokumenten: Beschlüsse, Berichte, interne Materialien und Alltagszeugnisse*. Hg. von Matthias Judt. Berlin: Links 1998. S. 27–43. Ulrich Mählert: *Kleine Geschichte der DDR*. München: C.H. Beck 2010. S. 41–76.

bezeichnet werden, da sie als eine Art ‚schwarzes Loch' fungierte, das Freiheit und Demokratie verschlang. Der Vergleich des DDR-Regimes mit einem Abgrund kann auch dazu beitragen, die Auswirkungen seiner politischen und sozialen Repressionen auf die Menschen zu verdeutlichen, die unter diesem Regime gelebt haben. Gleichzeitig erscheint der Westen bzw. die neue Gesellschaft, die nach dem Konzept des Westens aufgebaut wird, in Kriens Geschichten manchmal als ein Abgrund, in dem menschliche Verbindungen aufgelöst sind und von der Seite des Staates nur Kälte und Indifferenz erlebt werden.

Dennoch versuchen die Protagonisten von Kriens Geschichten auch, sich gegen ihre schwierige Situation zur Wehr zu setzen. Daher geht es im Folgenden nicht nur darum, die Gründe für den Sturz, den die Charaktere erlebt haben, zu verstehen oder die Abgründigkeit ihrer Situation zu erforschen, sondern es wird ebenfalls untersucht, ob die Protagonisten Wege finden, aus diesem Abgrund herauszukommen bzw. ob und wie sie versuchen, die Leere, die sich nach der Wende aufgetan hat, mit Bedeutung zu füllen und einen neuen Sinn in ihrem Leben zu finden. Neben *Muldental* werden auch Beispiele aus estnischer Gegenwartsliteratur als Vergleich herangezogen.

3 Die DDR als Abgrund oder der lange Schatten der Vergangenheit

In *Muldental* werden zwei Geschichten erzählt, die die DDR-Vergangenheit thematisieren und das Leben in dem totalitären Staat als Existenz im Abgrund darstellen. Marie, die Protagonistin der ersten Geschichte (*Muldental*), befand sich 1983 in einer Zwangslage, als sie von der Stasi zur Zusammenarbeit gezwungen wurde. Sie war einer Erpressung ausgesetzt, nachdem die Stasi erfuhr, dass sie ihren behinderten Ehemann betrogen hatte (14–18). Die Bedrohung erstreckte sich auch auf ihren Mann Berthold und ihren kleinen Sohn Thomas. Für Marie war dies ein moralischer Abgrund mit doppeltem Boden – zunächst die Affäre und dann das Spitzeln für die Stasi. Diese Belastung führte zu täglicher Verzweiflung und quälenden Schuldgefühlen (25). Nach der Wende entscheidet sich Marie, alles ihrem Mann zu gestehen. Doch anstatt Vergebung zu finden, stößt sie auf Unverständnis und Ablehnung. Ihr Mann fordert von ihr, ihm „in Demut" zu „dienen" (24), das bedeutet, seine Launen zu erfüllen und seine Wünsche zu befriedigen. Diese Erfahrung treibt Marie noch tiefer in den emotionalen Abgrund. Erst durch ihren Eintritt in die Kirche und ihre Hinwendung zur Religion sowie den Tod ihres Mannes (wahrscheinlich durch Selbstmord) erlangt sie die ersehnte Erlösung und findet zur Lebensfreude zurück (29). Dennoch hat die DDR-Vergangenheit einen prägenden Einfluss auf ihr Leben. Maries Erfahrungen verdeutlichen, wie schwer es ist, aus dem Abgrund der Vergangenheit zu entkommen. Auch wenn sie einen neuen Anfang finden kann, bleiben die Narben und der Schatten der Vergangenheit unauslöschlich in ihrer Seele verankert, was zeigt, dass die Überwindung eines solchen Abgrunds oft eine lebenslange Herausforderung darstellt.

Die Geschichte von Gunnar (*Heimkehr*) illustriert ebenfalls das Leben in der DDR als ein Leben in ständiger Gewalt und Angstzuständen, also als Existenz im psychischen Abgrund. Als Kind hatte Gunnar möglicherweise eine leichte, allerdings nie diagnostizierte geistige Behinderung, die ihm die Sozialisation in einem Kollektiv und die Kommunikation mit anderen Menschen schwer machte. Aufgrund seiner Andersartigkeit (z. B. lutschte er ständig am Daumen, um seinen Stress zu erleichtern) wurde er von anderen Kindern gehänselt und ausgeschlossen: „Mundpups, sagten die anderen Kinder. Daumenlutscher hat Mundpups." (126) Außerdem wurde er von seinen Eltern physisch und psychisch misshandelt. Das Töten von jungen Kätzchen auf Befehl seiner Mutter und danach auch der alten Katze, damit sie nicht „noch einmal Junge" (127) bekommt, führt zur Eskalation der Gewalt: Da Gunnar auch gegen seinen Vater nicht ankommt, tötet er zwei Mädchen aus der Nachbarschaft (134). Dieses Ereignis verdeutlicht seine verzerrte Psyche, also seine seelischen Abgründe, die nicht zuletzt durch dysfunktionale Familienbeziehungen verursacht wurden. Gleichzeitig wird in dieser Geschichte die totalitäre schulische Erziehung in der DDR aufgeführt, bei der Kinder wie Gunnar nicht nur missachtet, sondern oft auch brutal ausgeschlossen wurden. Der Druck, sich anzupassen und seine wahre Identität zu unterdrücken, führt ihn zu emotionaler Verzweiflung, die in einer Gewalttat mündet. Gunnars Geschichte ist somit ein tragisches Beispiel für die dunklen Seiten einer Gesellschaft, die Andersartigkeit nicht akzeptierte und stattdessen zu Unterdrückung und Gewalt griff.

Die Beispiele von Marie und Gunnar zeigen, wie die Erfahrungen in einem totalitären Staat wie der DDR das Leben der Menschen prägen und beeinflussen können. Der Totalitarismus selbst kann auch als ein symbolischer Abgrund betrachtet werden, der die Freiheit und die freie Entwicklung einer Persönlichkeit verschlingt und die Menschen in eine dunkle, gefährliche Welt zieht. In diesem Sinne ist der Abgrund in diesen Geschichten auch ein Symbol für die Gefahren, die mit totalitären Regimen einhergehen. Es wird sichtbar, dass das Leben im Abgrund manchmal das Schlimmste im Menschen („die Abgründe des Menschlichen") zum Vorschein bringen kann.[25]

---

25 Pajević: Introduction: *The Abyss*. S. 6.

4 Die Wende oder der Sturz in den Abgrund

Die gesellschaftlichen Umwälzungen können auch das Leben eines einzelnen Menschen tiefgreifend verändern. Manchmal können sie einen tiefen Sturz mit sich bringen. Dies wird in den Geschichten von Maren (*Plan B*) und Otto (*Sommertag*) sichtbar.

Maren ist um die Wendezeit ein attraktives Mädchen, doch einige Warnzeichen weisen darauf hin, dass sich in ihrer Nähe womöglich ein Abgrund auftut. Das können wir z. B. an der Beschreibung eines Fotos aus der Zeit vor der Wende sehen: „Da steht sie: Maren. Auf einem Felsen über dem Fluss, mit ausgebreiteten Armen, bereit zum Sprung oder zum Flug, in einem langen, engen Ledermantel. Ihr Gesicht ist im Halbprofil zu sehen, die Haare wehen im Wind." (69) Doch als alleinerziehende junge Mutter ohne richtige Ausbildung nach der Wende braucht sie einen „Plan B". Der Schritt, den sie macht, um ihre finanzielle Situation zu verbessern, führt sie jedoch in den Abgrund: Sie wird zur Prostituierten. Ihr Fall wird nochmals verdeutlicht bei der Beschreibung ihres ersten Kunden: Er möchte, dass sie sich hinkniet und ihn oral befriedigt (66). Doch als einen noch tieferen Sturz empfindet sie die Situation, wenn sie von ihrem Zuhälter, der gleichzeitig ein Freund aus der Jugendzeit ist, zum Sex gezwungen wird (68). Kontrastiert wird ihr Fall durch eine Rückblende in ihre Vergangenheit, die ihre Begegnung mit einem „Manager" aus Westdeutschland schildert. Auch er wollte sie nur sexuell ausnutzen, doch damals hat sie Nein sagen können (70–71). Nun, durch äußerst ungünstige Umstände, muss sie quasi im Abgrund bleiben.

Auch Ottos Geschichte schildert einen persönlichen sowie gesellschaftlichen Absturz. Es wird wie folgt zusammengefasst: „Otto kann den Tag, als sein Ruin begann, genau benennen. Es war der 9. November 1989. ‚Nicht nur die Mauer ist gefallen', sagt er oft, ‚auch ich, und zwar auf die Fresse.'" (106) Unmittelbar nach der Wende konnte er seinen Betrieb retten und sogar finanziell aufsteigen. Doch die Konsumeuphorie, die Möglichkeit, endlich mal „wie im Westen" leben zu können, ruiniert seine Firma relativ schnell. Der Sturz ist tief und schmerzhaft. Deshalb sinkt Otto selbst noch tiefer – in den Alkoholismus, der ihn dazu noch von seiner Familie und Freunden entfremdet. Letztlich bietet nur der Selbstmord einen Ausweg. Symbolisch ist, dass er sich erhängt – also stürzt auch er nochmal in die Tiefe, in die Tiefe des Todes (119).

Ebenfalls einen tiefen Absturz illustriert *Der Zigarettensammler*, die Geschichte eines Obdachlosen, der keinen Namen hat. Man weiß nur, dass er in der DDR-Zeit Mechaniker war, doch nun gibt es keine Betriebe mehr, „die solch mechanisches Zeug herstellen, wie er es dreißig Jahre getan hatte. (...) Dazu kam, dass er keine Leuchte war und es ihm schon immer schwergefallen war, etwas Neues zu lernen." (195) Er ist nun Alkoholiker, der vor dem Konsum-Laden Zigaretten schnorrt und sich nicht mehr daran erinnert, wer er war und woher er kommt: „Die DDR war seine Heimat, geistig und räumlich und überhaupt." (193) Er stirbt, ähnlich wie Otto, durch einen Sturz, als er von einem Radfahrer angefahren wird, sich beim Fallen den Kopf aufschlägt und eine Hirnblutung erleidet (198).

Der symbolische Absturz in den Tod von Otto und dem Zigarettensammler nach der Wende lässt sich als Ausdruck ihrer existentiellen Krise in einer Zeit des tiefgreifenden gesellschaftlichen Wandels deuten. Durch den Fall in den Tod wird der Abgrund als Metapher für die Erfahrung von Orientierungslosigkeit und Verlorenheit greifbar,[26] die auch viele andere Menschen in dieser Zeit empfanden. Die Tatsache, dass beide durch einen Sturz sterben, kann als Ausdruck ihrer Hilflosigkeit und Ohnmacht gegenüber den Ereignissen der Wende gesehen werden. Maren hingegen erlebt keinen physischen Sturz bzw. den Sturz in den Tod, aber ihre berufliche und persönliche Situation gerät nach der Wende ins Wanken. So zeigt sich auch bei ihr eine Art Absturz in eine ungewisse Zukunft und die Erfahrung von Verlust, Unsicherheit und Ausweglosigkeit. Diese drei Charaktere erleben also einen doppelten „Sprung in die Leere": Erstens einen Moment der Desorientierung und des Auflösens bisheriger Gewissheiten[27] nach dem Zusammenbruch des sozialistischen Systems, und zweitens einen persönlichen Absturz bzw. sogar den Tod.

5 Leben im (neuen) Abgrund

In interessantem Kontrast zu den drei tragischen Schicksalen von Maren, Otto und dem Zigarettensammler steht die Umgebung, die teilweise einem Werbefoto gleicht. Die neue Lebenswelt scheint äußerst ordentlich und sauber: Häuser sind charmant und gepflegt, gutaussehende Menschen fahren teure Autos und verdienen gutes Geld. Dieser Kontrast hebt die prekäre Lage der Protagonist*innen noch schärfer hervor und verstärkt das Bild eines persönlichen Abgrunds.[28] Trotz dieser scheinbaren Fülle an Ressourcen kommen sie

---

26 Pajević: Introduction: *The Abyss*. S. 6.
27 Tlostanova: *Postcolonialism and Postsocialism*. S. 4–6.
28 In anderen deutschsprachigen Gegenwartsromanen, wie zum Beispiel in Clemens Meyers *Als wir träumten*, wird eine andere Perspektive auf die postwendezeitliche Umgebung eröffnet. In diesem Werk wird Leipzig als eine Stadt im Chaos, als ein Ghetto nach der Wende beschrieben, was auch mit dem düsteren, von Drogen und Gewalt dominierten Leben der Hauptfiguren korreliert. Vgl. Clemens Meyer: *Als wir träumten*. Frankfurt am Main: Fischer 2021. S. 8–11.

nicht voran und erhalten weder von der Gesellschaft noch von ihren Familien Unterstützung. So kann die neu aufgebaute Gesellschaft nach dem westlichen Vorbild im *Muldental* als ein Ort der Kälte und Entfremdung erscheinen, als eine trostlose und leere Landschaft, die nicht nur den Körper, sondern auch die Seele erstarren lässt.

Die Gefühllosigkeit der westlichen Gesellschaft wird etwa durch die Beschreibung der neuen Lebens- und Arbeitswelt deutlich. Die Arbeitsstellen erscheinen steril und kalt – die „Desinfektionsspender sind aufgefüllt" und die Karteikarten „bereits nach Terminabfolge geordnet" (33). Diese Kälte bestimmt auch die Beziehungen zwischen Kollegen, die von Oberflächlichkeit und aufgesetzter Freundlichkeit gezeichnet sind: „Abendessen beim Italiener, fröhliches Beisammensein, erzwungenes Wir-Gefühl, die Suche nach Gemeinsamkeiten, Gespräche über Sonderangebote und Last-Minute-Reisen." (48–49) Das Fehlen von tieferen emotionalen Verbindungen kann metaphorisch als ein Abgrund betrachtet werden, der nicht nur zwischen den Menschen, sondern auch zwischen ihren Gefühlswelten besteht.[29] Es verdeutlicht die Einsamkeit und Entfremdung, die viele individuelle Erfahrungen nach der Wende geprägt haben könnten.

So wird zum Beispiel in Annes Geschichte (*Mimikry*) eindrucksvoll dargestellt, wie sie als junge Frau aus dem Osten in einer fränkischen Stadt mit Vorurteilen konfrontiert wird. Als Zahnarzthelferin darf sie eine Patientin nicht behandeln, denn diese habe gesagt, sie „habe nichts gegen Ostdeutsche, aber die hätten doch andere Bakterien als die Westdeutschen, und beim letzten Mal [...] habe sie danach einen ekligen Ausschlag bekommen" (43), beim Weihnachtsessen mit Kollegen und Kolleginnen muss sie sich Schimpftiraden über „Ossis" anhören (51) und von ihrem Chef erfährt sie keine öffentliche Unterstützung, sondern lediglich die Empfehlung, dies „nicht persönlich" (43) zu nehmen. Diese sehr markanten Beispiele zielen offenbar darauf ab, die Herausforderungen und Diskriminierung zu verdeutlichen, die Menschen aus dem Osten in dieser Zeit erfahren haben könnten.[30] Deshalb muss Anne ihre ostdeutsche Herkunft verschleiern, um in der neuen gesamtdeutschen Gesellschaft zurechtzukommen. Dies spiegelt sich auch im Titel der Geschichte, *Mimikry*, wider. In der postkolonialen Theorie wird der Begriff Mimikry benutzt,

---

29　Pajević: Introduction: *The Abyss*. S. 6.
30　Hierbei könnte auch die postkoloniale Perspektive, wie von Tlostanova dargestellt, erwähnt werden. Laut Tlostanova sind Postkolonialismus und Postsozialismus im Kontext Osteuropas miteinander verwoben, wodurch postsowjetische Länder ähnlich den Erfahrungen kolonisierter Nationen einer Domination ausgesetzt waren, vgl. Tlostanova: *Postcolonialism and Postsocialism*. S. 17–20. Vgl. auch Kowalczuk: *Übernahme*. S. 89–90.

um die komplexe Dynamik der kulturellen Anpassung und Identitätsmaskierung zu beschreiben. Laut Homi Bhabha bleibt dem kolonisierten Subjekt nur die Option, sich zu assimilieren bzw. zu maskieren und die für ihn vom Kolonisator konstruierte Identität anzunehmen.[31] In Annes Fall bedeutet es, die Verhaltensweisen der westdeutschen Kolleg*innen nachzuahmen und dadurch die westliche „Hülle" anzuziehen.

Die Empfindungen des Nicht-Dazugehörens können sich verstärken, wenn man durch persönliche Tragödien wie den Verlust des Arbeitsplatzes oder schwere Schicksalsschläge ohnehin schon angeschlagen ist und sich vom System im Stich gelassen fühlt. In solchen Fällen kann der Staat mitsamt seinen Institutionen als kalt, bürokratisch und teilnahmslos empfunden und das Leben in diesem neuen Staat mit einem Abgrund verglichen werden. Ilko-Sascha Kowalczuk vermerkt, dass die DDR eine „Arbeitsgesellschaft" war, das heißt, die Arbeit, die Arbeitsstelle und das Kollektiv bildeten mehr oder minder den Lebensmittelpunkt einer Person. Die Kombinate, staatliche Betriebe und Dienstleistungsinstitutionen besaßen neben Produktion auch Polikliniken, Krankenhäuser, Wohnheime, Ferienanlagen und vieles mehr: Es gab fast nichts im Leben eines Menschen, was nicht mit der Arbeit in Zusammenhang stand. Der komplette Zusammenbruch dieses Systems von einem Tag auf den andern war weit mehr als der Verlust der Arbeit – es bedeutete auch den Verlust des sozialen Zusammenhalts.[32] Laut Berthold Vogel zeichnete sich die Arbeitslosigkeit in Ostdeutschland nach der Wende durch einen spezifischen Erfahrungshorizont aus. Die erwerbsbiographische Kontinuitätserwartung bzw. der Gedanke, dass es immer eine neue Arbeitsstelle geben würde, wurde durch die schmerzhafte Realität des Arbeitsplatzverlustes zerstört. Des Weiteren wurden die Arbeitssuchenden als Außenseiter und Unterlegene im gesellschaftlichen Kampf um Status und Identität wahrgenommen.[33] Steffen Mau führt aus, dass die massive Arbeitslosigkeit nach der Wende in der ehemaligen DDR als gemeinsames Schicksal empfunden wurde, das nach dem Mauerfall

---

31   Vgl. Homi Bhabha: Of Mimicry and Man: The Ambivalence of Colonial Discourse. In: *Discipleship: A Special Issue on Psychoanalysis* 28 (1984). S. 125–133. Hier: S. 126. Zur postkolonialen Leseart der Literatur über die DDR und die Wende siehe Paul Cooke: Beyond a *Trotzidentität?* Storytelling and the Postcolonial Voice in Ingo Schulze's *Simple Storys*. In: *Forum for Modern Language Studies* 39.3 (2003). S. 290–305.

32   Kowalczuk: *Übernahme*. S. 138–45.

33   Berthold Vogel: Arbeitslosigkeitserfahrungen im ostdeutschen Transformationsprozeß. In: *Differenz und Integration: die Zukunft moderner Gesellschaften. Verhandlungen des 28. Kongresses der Deutschen Gesellschaft für Soziologie im Oktober 1996 in Dresden. Band 2: Sektionen, Arbeitsgruppen, Foren, Fedor-Stepun-Tagung.* Hg. von Karl-Siegbert Rehberg. Opladen: Westdeutscher Verlag 1997. S. 851–55. Hier: S. 852–853.

zur Identitätskrise führte, denn viele Menschen verloren nicht nur ihren Job, sondern auch den Bezug zur eigenen Identität und zu sozialen Strukturen. Der Schock der Vermarktlichung, die Öffnung der Lohnskala nach unten und diskontinuierliche Beschäftigungsformen bedeuteten erhöhten Druck und permanenten (sozialen) Stress für die Arbeitssuchenden. Obwohl sich ihre Lebenssituation in bestimmten Aspekten trotz des Arbeitsplatzverlustes verbessert hatte, waren sie dennoch von den neuen Standards der materiell-kapitalistischen Kultur ausgeschlossen.[34]

Dieses Gefühl spiegelt sich deutlich in Daniela Kriens Buch wider, in dem die Motive der Arbeitssuche und des Arbeitsverlusts eine entscheidende Rolle spielen. Am Beispiel des Zigarettensammlers konnte man etwa sehen, wie der Arbeitsplatzverlust seine Persönlichkeit grundlegend verändert und letztlich seinen tödlichen Absturz verursacht hat. Auch das Jobcenter ist ein zentrales Element in mehreren Geschichten. Es steht da wie eine kalte und anonyme Institution:

> Ab und zu bekommt sie Einladungen vom Jobcenter. Eine Einladung hatte nichts mit einer Einladung zu tun. Einladungen waren freundliche Bitten, denen man nachkommen konnte oder nicht. Diese Einladungen jedoch zogen bei Nichteinhaltung die Kürzung oder Streichung der staatlichen Stütze nach sich. (85)

Es wird hier als Ort der bürokratischen Härte dargestellt, aber auch als ein Ort der Verzweiflung: In der Geschichte *Versuchung* wird auf einen nüchternen Zeitungsbericht über einen Vorfall hingewiesen, bei dem ein Mann seine Arbeitsvermittlerin im Jobcenter mit einem Messer angegriffen hat (103–104). Interessanterweise finden sich in Kriens Buch auch andere staatliche Institutionen, die ähnlich kalt, anonym und seelenlos beschrieben werden, was auf subtile Weise die emotionale Leere und Entfremdung in der Gesellschaft nach der Wende verdeutlicht. In Evas Geschichte (*Freiheit*) wird die Abtreibung ihres behinderten Kindes in geradezu naturalistischer Weise geschildert. Der Schmerz und die emotionalen Turbulenzen, die mit dieser schwerwiegenden Entscheidung verbunden sind, werden intensiv und schonungslos dargestellt. Die institutionelle Emotionslosigkeit verstärkt sich durch die sterile und leblose Atmosphäre des Krankenhauses, in dem die Abtreibung durchgeführt wird (165–167) und den nüchternen Kommentar der Frau Dr. Schott: „Gott sei Dank muss man so ein Kind heutzutage nicht mehr austragen." (170) Dieses Bild

---

34   Steffen Mau: *Lütten Klein. Leben in der ostdeutschen Transformationsgesellschaft*. Berlin: Suhrkamp 2019. S. 150–65.

unterstreicht nicht nur die medizinische Realität, sondern auch die emotionalen Abgründe, mit denen Frauen in solchen Situationen konfrontiert sind, und betont zugleich die Kälte und Unpersönlichkeit des staatlichen Systems.

6 Aus dem Abgrund heraus

Aufgrund des oben Gesagten kann man behaupten, dass Kriens Figuren quasi einen doppelten Abgrund erlebt haben – zunächst das staatliche System der DDR, das zwar sozialen Zusammenhalt und Bindungen etwa über Arbeitsstellen ermöglichte, aber zugleich massive Einschränkungen und Repressionen durch die Stasi mit sich brachte.[35] Das Leben in der neuen Gesellschaft, wie aus Kriens Geschichten ersichtlich wird, bietet zwar neue Freiheiten, führt aber auch zu einer kälteren und distanzierteren Atmosphäre, in der alte Bindungen an Bedeutung verlieren.

Demnach ist die Leere oder das Vakuum durch den Übergang von einem sozialistischen zu einem kapitalistischen System entstanden, vergleichbar mit einem Abgrund. Doch kann der Abgrund auch etwas Positives bieten. Der Aufstieg aus dem Abgrund ist nicht nur ein persönlicher Triumph, sondern auch ein Zeichen von Widerstandsfähigkeit und Überlebenskraft. Pajević weist darauf hin, dass diese Erfahrung des Abgrunds auch eine Quelle der Kreativität sein kann.[36] Der Kampf gegen die Dunkelheit des Abgrunds kann somit zu einer tiefen inneren Transformation führen, die eine größere Wertschätzung für das Leben und eine gestärkte Selbstachtung mit sich bringt. Ähnlich argumentiert Tlostanova, dass die postsozialistische Leere auch alternative Denkweisen und Möglichkeiten jenseits des traditionellen westlichen Denkens eröffnet, was unter anderem in der aktivistischen Kunst der ehemaligen Ostblockländer zu sehen ist.[37]

Die Leere bietet Raum für kreative Entfaltung und die Suche nach neuen Identitäten und Lebensmodellen, die nicht unbedingt den westlichen Normen entsprechen. In *Mimikry* ist Anne gezwungen, in ihrem beruflichen Umfeld ihr wahres Selbst zu leugnen, aber sie lebt sich anderswo aus. Gemeinsam mit einem Freund, Mattis, kreiert sie in öffentlichen Räumen ungewöhnliche Situationen, um westliche Bürger zu irritieren. Zum Beispiel schieben sie im Supermarkt den vollbeladenen Einkaufswagen eines Mannes weg, und als dieser aggressiv und unhöflich reagiert, antworten sie ganz ruhig: „Sie glauben

---

35 Vgl. dazu Anna Funder: *Stasiland: Stories from Behind the Berlin Wall*. London: Granta 2003.
36 Pajević: Introduction: *The Abyss*. S. 13.
37 Tlostanova: *Postcolonialism and Postsocialism*. S. 31–35.

also, Sie haben den Wagen für die eine Mark, die Sie da reingesteckt haben, gekauft? [...] Haben Sie die [Einkäufe] bezahlt? Können Sie mir den Kassenzettel zeigen?" (39–40) Diese Gestaltung des Lebens als eine Art Performance hilft Anne, in einer Welt, die ihr oft fremd und entfremdend erscheint, zurechtzukommen. Dieses Verhalten kann auch mit einer „ostdeutschen Trotzidentität" verglichen werden: Viele Ostdeutsche litten nach der Wende unter einem Gefühl der Benachteiligung und Fremdbestimmung, wie aus verschiedenen Umfragen hervorgeht. Als Reaktion auf diese Wahrnehmungen bildete sich als Bewältigungsstrategie eine „Abgrenzungsidentität" heraus, die im öffentlichen Diskurs oft als „Trotzidentität" bezeichnet wird.[38] Es ist zu betonen, dass Anne und Mattis sich provokativ verhalten und kleinere Unannehmlichkeiten verursachen mögen, aber im Gegensatz zu vielen anderen in ihrer Umgebung keine Autos demolieren oder schwerwiegende kriminelle Handlungen begehen (51). Obwohl ihre Lebensumstände einem Abgrund der Nachwendezeit (Benachteiligung am Arbeitsplatz, verbale Belästigung, große psychologische Belastung) gleichen, fallen sie nicht noch tiefer, indem sie sich in wirklich kriminelle Aktivitäten verwickeln. Dies zeigt, dass trotz ihrer schwierigen Situation eine Grenze existiert, die sie nicht überschreiten, und sie behalten eine gewisse moralische Integrität bei.

Ein ähnliches Muster sehen wir in Julianes Geschichte (*Versuchung*). Juliane, eine offiziell arbeitslose Putzfrau, führt ein bescheidenes Leben. Während ihrer Arbeit stößt sie auf Beweise für die langjährige Affäre ihrer erfolgreichen Bekannten und gleichzeitigen Arbeitgeberin Wiebke – nämlich die Liebesbriefe ihres Liebhabers (87). Durch die Enthüllung dieses Geheimnisses wird Wiebkes vermeintlich makellose Fassade in Julianes Augen zerstört. Dies verweist auf die Vorstellung von dunklen Facetten im menschlichen Charakter, die als „die Abgründe des Menschlichen"[39] beschrieben werden können und sich in den tief verwurzelten Emotionen und der verborgenen Wahrheit hinter den äußeren Erscheinungen manifestieren. Juliane, die dringend mehr Geld benötigt, als sie derzeit hat, erwägt zunächst, Wiebke zu erpressen – „Wie viel wären Wiebke die Briefe wert?" (93) – oder sie auf andere Weise zu bestrafen. Doch dann erkennt sie, dass ihre Gedanken von Neid geleitet sind. Schließlich

---

38 Vgl. Cooke: Beyond a 'Trotzidentität'?. S. 302. Funder: *Stasiland*. S. 116–21. Aline Sierp: Nostalgia for Times Past. On the Uses and Abuses of the *Ostalgie* Phenomenon in Eastern Germany. In: *Contemporary European Studies* 4.2 (2009). S. 45–58. Hier: S. 48–49. Elke Sieber: Erinnerung an die DDR. Zwischen (N)Ostalgie und Totalverdammung. In: *Jahrbuch für historische Kommunismusforschung*. Berlin: Metropol 2014. S. 17–28. Hier: S. 24–25.
39 Pajević: Introduction: *The Abyss*. S. 6.

entscheidet sie sich dazu, die Briefe zurückzulegen. Somit fällt auch sie nicht tiefer in ihren persönlichen Abgrund. Die Beispiele von Anne und Juliane verdeutlichen, dass Menschen, wenn sie vor moralischen Entscheidungen stehen, selbst in komplizierten Situationen den richtigen Weg wählen können und dass auch in den schwierigsten Zeiten das Potenzial für persönliches Wachstum vorhanden ist. Dies kann auch als ein möglicher Ausweg aus dem Abgrund betrachtet werden.

Für die überarbeitete Ausgabe von *Muldental* aus dem Jahr 2020 schrieb Krien eine neue Erzählung, *Muldental II*, die eine bemerkenswerte Wendung für Maren (Hauptfigur der Erzählung *Plan B*) und Thomas (Nebenfigur der Erzählung *Muldental*, Maries Sohn) darstellt. Nach einer langen Zeit ist es nun den beiden schließlich gelungen, ein stabiles Leben aufzubauen und die Vergangenheit hinter sich zu lassen. Sie haben sich wieder getroffen, verliebt und sie begrüßen ein neues Baby in ihrer Familie. Diese positive Wendung kann man als eine exemplarische Darstellung der seelischen Kraft und Resilienz interpretieren, die es ihnen ermöglicht haben, aus dem tiefsten Abgrund herauszukommen. In *Muldental II* treffen wir auch andere Menschen, die es nach einer langen Zeit der Unsicherheit und des Kampfes ums Überleben geschafft haben, einen Weg nach vorne zu finden: „Es sind freundliche Leute. Gebrochen und wiederauferstanden wie die meisten hier." (217) Somit stellt die letzte Geschichte des *Muldentals* nicht nur einen individuellen Triumph, sondern auch eine kollektive Reise dar, die die Geschichte und den Lebensweg der Menschen im Osten Deutschlands wertschätzt.

7 Exkurs: Vergleich mit der estnischen Literatur

Die Erfahrungen der Menschen in Ostblockländern haben in vielerlei Hinsicht parallele Entwicklungen aufzuweisen. Der Zusammenbruch des sozialistischen Staates, die Einführung marktwirtschaftlicher Prinzipien und die Suche nach nationaler Identität waren gemeinsame Themen, die überall auftraten. Es sollte jedoch betont werden, dass das Erlebnis der Wende als Abgrund der Instabilität, Ungewissheit und Unsicherheit bzw. der „postsozialistischen Leere" sich nicht zwangsläufig auf alle Länder des ehemaligen Ostblocks gleichermaßen bezieht.

In Estland etwa gab es nach dem Ende der sowjetischen Okkupation und der Wiederherstellung der unabhängigen Republik im Jahr 1991 keine allgemeine Sehnsucht nach der Vergangenheit und keine stark ausgeprägte Nostalgie für das Sozialistische. Die Transformation wurde vielmehr als ein Schritt in

Richtung Europäische Union und NATO sowie als Rückkehr in den westlichen Kulturraum wahrgenommen. Die singende Revolution[40] gilt als eine der größten Errungenschaften der estnischen Geschichte und wird vorwiegend als positiv erinnert – auch wenn schwere gesellschaftliche Änderungen damit einhergingen, etwa der Zusammenbruch der sozialistischen Landwirtschaft, dessen Folgen und negativer Einfluss auf das Landleben noch heute zu spüren sind.[41]

In die estnische Literatur führte die Transformationszeit neue und interessante Tendenzen ein. Es sind viele Texte erschienen, die in der Sowjetzeit so nicht hätten publiziert werden können. Literarisch behandelt wurden Themen, die bisher Tabu waren (etwa die Intimsphäre des Menschen).[42] Hervorzuheben ist die Aufarbeitung der sowjetischen Vergangenheit und die Diskussion um die Verbrechen des Kommunismus. Die literarischen Texte, die die Erfahrung des GULAGs reflektierten oder die Deportationen, Zwangskollektivierung und andere historische Traumata behandelten, können durchaus als Umgang mit dem Abgrund-Erlebnis gesehen werden.[43]

Muldental hat gezeigt, wie das Leben in der Zeit nach der Wende mit dem Abgrund verglichen werden kann. Auch in der estnischen Literatur finden wir ähnliche Tendenzen, doch interessanterweise wird eher das Leben in der zweiten Hälfte der 1980er Jahre als Leben im Abgrund dargestellt. Es war die Zeit des Übergangs und die Zeit, in der das sowjetische System immer weiter kollabierte – was ein Gefühl des Endes und der Unsicherheit vermitteln kann. Zu nennen wäre etwa Lilli Luuk, die in ihrer Novelle *Kolhoosi miss* (*Die Schönheitskönigin der Kolchose*)[44] das trost- und auswegslose Leben in einer Kolchose im Jahr 1988 beschreibt. Es herrschen dort Armut, Trunksucht und häusliche Gewalt. Die junge Friseuse dieser Kolchose, die von den Einwohnern als 'Schönheitskönigin' bezeichnet wird (was pejorativ gemeint ist), weil

---

40 So wird der friedliche Prozess der Transformation 1988–1991 genannt. In dieser Zeit fanden oft Volksversammlungen und Demonstrationen gegen die Sowjetmacht statt, bei denen auch gemeinsam gesungen wurde.

41 Vgl. Liia Hänni: Maareform kui omandireformi osa [Die Landreform als ein Teil der Besitztumsreform]. In: *Maareform 30. Artiklid ja meenutused*. Tallinn: Maa-amet 2021. S. 73–92.

42 Rutt Hinrikus: 1990-ndate aastate Eesti proosa [Estnische Prosa der 1990er Jahre]. In: *Keel ja Kirjandus* 1 (1997). S. 31–36. Vgl. auch Tiit Hennoste: Kirjandus kui vastupanu nõukogude Eestis [Literatur als Widerstand in der ESSR]. In: *Ajalooline Ajakiri* 164–165/2–3 (2018). S. 225–251.

43 Hinrikus: 1990-ndate aastate Eesti proosa. S. 33.

44 Lilli Luuk: *Kolhoosi miss*. Äksi: Saadjärve kunstikeskus 2022. S. 25–45.

sie es wagt, bunte Kleider zu tragen und sich nicht wie anderen Frauen zu benehmen, wird eben dafür bestraft: Sie wird vergewaltigt und wahrscheinlich umgebracht.

In dem Roman *Kummiliimiallikad* (*Gummiklebstoffquellen*)[45] stellt Künstler und Schriftsteller Kiwa die späten 1980er Jahre als eine Zeit des permanenten narkotischen Rausches durch Gummiklebstoff dar: „Der neue Parteivorsitzende hatte das sogenannte ‚trockene Gesetz' eingeführt und damit ungewollt den siegreichen Einzug der Haushaltschemie freigesetzt."[46] Die Welt wird als ein permanenter, ekelerregender Untergang angesehen, gefüllt von Ökokatastrophen, kriminellen Aktivitäten und sinnlos gewordenen sowjetischen Ritualen; nur alternative Musik zeigt einen Ausweg.

Eine interessante Darstellung der Wendezeit bieten auch die Werke der russischsprachigen Literatur in Estland.[47] Als Beispiel können wir den Roman *Elena* (*Helena*) von Gohar Markosjan-Käsper nennen, der das Schicksal einer aus Armenien stammenden russischsprachigen Frau schildert.[48] Markosjan-Käsper analysiert in diesem Roman scharfsinnig den Verlust eines imperialen Lebensgefühls der russischsprachigen Einwohner als den Verlust einer vertrauten Welt und als einen Absturz in eine nie erlebte Situation. Veranschaulicht wird dieser Sturz durch den Hinweis auf das Erdbeben im armenischen Spitak im Jahr 1988.[49] Dieses Ereignis dient als Metapher für den Zusammenbruch der Sowjetunion und damit auch einer bestimmten Lebensweise und Kultur. In diesem Roman sehen wir aber auch einen Weg aus dem Abgrund heraus: Estland, das im Roman metaphorisch als eine misshandelte Ehefrau dargestellt wird, übernimmt nach der Transformation die Machtposition und bestimmt nunmehr die Ordnung des Lebens im Land.[50]

Auch in Estland folgten dem Optimismus der singenden Revolution die Verwirrung und die Klarheit, dass man in der marktwirtschaftlichen Realität angekommen ist. Die Folgen dieses Übergangs werden vorwiegend positiv, aber auch kritisch betrachtet. Egge Kulbok-Lattik führt aus, dass nach der

---

45   Kiwa: *Kummiliimiallikad*. Tallinn: Tänapäev 2021.
46   Kiwa: *Kummiliimiallikad*. S. 14. Übersetzung ins Deutsche von mir. Angespielt wird hier auf die Reform von M. Gorbatschow, der 1985 den Kampf gegen Alkoholismus in der Sowjetunion begann.
47   Vgl. zu diesem Thema Irina Belobrovtseva: Vene kirjandus Eestis: eile ja täna [Russische Literatur in Estland: gestern und heute]. In: *Looming* 1 (2018). S. 102–21.
48   Gohar Markosjan-Käsper: *Helena*. Ins Estnische übersetzt von Kalle Käsper. Tallinn: Faatum 2004.
49   Markosjan-Käsper: *Helena*. S. 78.
50   Markosjan-Käsper: *Helena*. S. 96.

Wiederherstellung der Republik Estland und dem Neuaufbau politischer Institutionen, die Kulturschaffenden und Intellektuellen, die in den Jahren der singenden Revolution eine wichtige Rolle spielten, zunehmend in den Hintergrund gerieten. In den Vordergrund trat die wirtschaftliche und politische Elite.[51] Werke wie *Kooparahvas läheb ajalukku* (*Höhlenvolk*)[52] von Mihkel Mutt zeigen das Zerplatzen der Träume der Intellektuellen nach der Wende und ihren Schock bzw. ihre tiefe Enttäuschung darüber, dass die Freiheit auch die Akzeptanz der neuen Gesellschaftsordnung und der Gesetze des Marktes mit sich brachte – und damit auch einen gewissen Verlust der künstlerischen Freiheit bzw. den Vormarsch der kommerziellen Kunst.[53] Also sind die Literaten metaphorisch abgestürzt – von einer sehr hohen Position nach unten. Auch wenn in Mutts Roman die Wende und die neu errungene Unabhängigkeit begrüßt werden, ist ein kritischer Unterton zu spüren, der Skeptizismus gegenüber der neuen gesellschaftlichen Situation ausdrückt.

Auch über die Auswirkungen der Landreform wird in der Literatur kritisch reflektiert. Mats Traat beschreibt in seinem Roman *Kodu on ilus* (*Zu Hause ist es schön*) die Zeit der singenden Revolution und das immense Gemeinschaftsgefühl, das damals herrschte.[54] Dies steht jedoch im krassen Gegensatz mit dem Zusammenbruch der Lebenswelt der Landbewohner sowie zur Habgier einiger Menschen, die versuchen, die von der Sowjetmacht enteigneten Ländereien und Höfe zurückzuerlangen.[55] Diese Darstellung wirft einen kritischen Blick auf die dunkleren Seiten dieses historischen Umbruchs und zeigt, wie menschliche Gier und der Wunsch nach persönlichem Gewinn (vergleichbar mit einem ‚Abgrund des Menschlichen') das kollektive Streben nach Freiheit und bessere Zukunft überschatten können.

Diese Werke zeigen, dass auch in der estnischen Literatur über die Phänomene des Abgründigen reflektiert wird, die mit den Auswirkungen des

---

51   Egge Kulbok-Lattik: Eesti kultuuripoliitika ajaloolisest periodiseerimisest [Über die historische Periodisierung der estnischen Kulturpolitik]. In: *Acta Historica Tallinnensia* 12 (2008). S. 120–44. Hier: S. 138.

52   Mihkel Mutt: *Kooparahvas läheb ajalukku* [*Das Höhlenvolk geht in die Geschichte ein*]. Tallinn: Fabian 2012. Mihkel Mutt: *Das Höhlenvolk: Lebensbilder aus der estnischen Gesellschaftschronik*. Aus dem Estnischen übersetzt von Cornelius Hasselblatt. Zürich: Kommode 2017.

53   Kulbok-Lattik: *Kultuuripoliitika*. S. 138–39.

54   Mats Traat: *Üksi rändan. Kodu on ilus* [*Alleine wandere ich. Zu Hause ist es schön*]. Tallinn: SE & JS 2011. S. 574.

55   Traat: *Kodu on ilus*. S. 563–567.

Transformationsprozesses verbunden sind. Allerdings scheint die Betonung in der estnischen Literatur weniger auf dem Verlust einer kollektiven Identität zu liegen, als eher auf den individuellen Enttäuschungen und Schwierigkeiten, die durch den Übergang verursacht wurden. Das heißt, in Estland mag die Betrachtung der Wende und ihrer Folgen in der Literatur weniger von einem Gefühl des „postsozialistischen Vakuums" geprägt sein, dennoch werden die negativen Seiten der damaligen Zeit dargestellt.

8   Zusammenfassung

In der Analyse von Daniela Kriens Werk *Muldental* wurde deutlich, wie tiefgreifend die Auswirkungen der Wendezeit in der DDR auf das individuelle und kollektive Leben waren, und dass die Wende tatsächlich ein Sturz in die Unsicherheit eines Abgrunds (wie in Heiner Müllers Gedicht angedeutet) sein kann. Die „Wendeverlierer", Menschen, die nach der Wende unter den sozialen und wirtschaftlichen Veränderungen leiden und einen Absturz in die Ungewissheit und Instabilität, in einen Abgrund oder in eine Leere erleben, sind Helden dieser Erzählungen. Der Abgrund steht in diesen Geschichten als symbolischer Ort der Unsicherheit und Entfremdung da, in dem sich unterschiedliche Schwierigkeiten der Nachwendezeit manifestieren. Die Erzählungen werfen auch einen kritischen Blick auf das Abgründige im Menschen – auf den Wunsch nach persönlichem Gewinn im Kontext des gesellschaftlichen Wandels. Doch gleichzeitig zeigen sich in diesen Geschichten auch menschliche Resilienz und Stärke, die helfen, einen Weg aus dem Abgrund heraus zu finden.

Im Gegensatz zu *Muldental* geht es in den Beispielen aus der estnischen Literatur mehr um die individuellen Herausforderungen und Enttäuschungen, die mit der Transformation verbunden waren. Gemeinsam sind diesen Werken die kritische Aufarbeitung der sozialistischen Vergangenheit mit allen damit verbundenen Problemen sowie die intensive Auseinandersetzung mit den Schattenseiten des menschlichen Verhaltens in Zeiten des gesellschaftlichen Umsturzes. Der Abgrund ist eine kraftvolle Metapher, um diese Umstände zu beschreiben. Er zeigt eine vertikale Dimension, die sowohl nach unten als auch nach oben führt. In der Tiefe des Abgrunds spiegeln sich die dunklen Aspekte der menschlichen Natur und die tiefen Wahrheiten wider, die oft im Verborgenen bleiben. Der Abgrund stellt zugleich eine Herausforderung und eine Möglichkeit dar, sich über die Schwierigkeiten zu erheben und neue (Lebens-)Wege zu finden.

Bibliografie

Belobrovtseva, Irina: Vene kirjandus Eestis: eile ja täna [Russische Literatur in Estland: gestern und heute]. In: *Looming* 1 (2018). S. 102–21.

Bhabha, Homi: Of Mimicry and Man: The Ambivalence of Colonial Discourse. In: *Discipleship: A Special Issue on Psychoanalysis* 28 (1984). S. 125–133.

Böick, Marcus/ Lorke, Christoph: *Zwischen Aufschwung und Anpassung. Eine kleine Geschichte des „Aufbau Ost"*. Bonn: Bundeszentrale für politische Bildung 2022.

Cooke, Paul: Beyond a Trotzidentität? Storytelling and the Postcolonial Voice in Ingo Schulze's Simple Storys. In: *Forum for Modern Language Studies* 39.3 (2003). S. 290–305.

Eke, Norbert Otto: ‚Nach der Mauer der Abgrund'? (Wieder-)Annäherungen an die DDR-Literatur. In: *‚Nach der Mauer der Abgrund'? (Wieder-)Annäherungen an die DDR-Literatur*. Hg. von Norbert Otto Eke. Amsterdamer Beiträge zur neueren Germanistik 83. Amsterdam/ New York: Rodopi 2013. S. 7–25.

Eke, Norbert Otto: Utopie als/der Störung: Heiner Müller und die ‚Lücke im Ablauf'. In: *Rhetorik* 39.1 (2020). S. 71–85.

Funder, Anna: *Stasiland: Stories from Behind the Berlin Wall*. London: Granta 2003.

Gehler, Michael: Vom Glanz und Elend der Revolutionen. Die Umstürze in Mittel- und Osteuropa 1989 mit Blick auf die Jahre 2001 und 2011. In: *Welthistorische Zäsuren 1989-2001-2011*. Hg. von Michael Corsten/ Michael Gehler/ Marianne Kneuer. Hildesheim/ Zürich/ New York: Georg Olms 2016. S. 37–66.

Hennoste, Tiit: Kirjandus kui vastupanu nõukogude Eestis [Literatur als Widerstand in der ESSR]. In: *Ajalooline Ajakiri* 164–165/2–3 (2018). S. 225–251.

Hinrikus, Rutt: 1990-ndate aastate Eesti proosa [Estnische Prosa der 1990er Jahre]. In: *Keel ja Kirjandus* 1 (1997). S. 31–36.

Hänni, Liia: Maareform kui omandireformi osa [Die Landreform als ein Teil der Besitztumsreform]. In: *Maareform 30. Artiklid ja meenutused*. Tallinn: Maa-amet 2021. S. 73–92.

Jessen, Ralph: Partei, Staat und „Bündnispartner": Die Herrschaftsmechanismen der SED-Diktatur. In: *DDR-Geschichte in Dokumenten: Beschlüsse, Berichte, interne Materialien und Alltagszeugnisse*. Hg von Matthias Judt. Berlin: Links 1998. S. 27–43.

Kiwa: *Kummiliimiallikad* [Gummiklebstoffquellen]. Tallinn: Tänapäev 2021.

Kowalczuk, Ilko-Sascha: *Die Übernahme. Wie Ostdeutschland Teil der Bundesrepublik wurde*. München: C.H. Beck 2019.

Krien, Daniela: *Muldental*. Zürich: Diogenes 2020.

Krien, Daniela. In: https://www.diogenes.ch/foreign-rights/authors.html?detail=4a41e 733-20e9-4406-a32a-49b69efa22b7. Abgerufen am 01.11.2023.

Kulbok-Lattik, Egge: Eesti kultuuripoliitika ajaloolisest periodiseerimisest [Über die historische Periodisierung der estnischen Kulturpolitik]. In: *Acta Historica Tallinnensia* 12 (2008). S. 120–44.

Leier, Nicole: Wendeliteratur – Literatur der Wende? Der Mauerfall in ausgewählten Werken der deutschen Literatur. In: *Info DaF* 37.5 (2010). S. 494–515.

Ludwig, Janine: ‚Die Wörter verfaulen / Auf dem Papier' – Heiner Müllers Schreibkrise nach dem Untergang des Sozialismus. In: *Mauerschau* 4.2: *Durststrecken* (2009). S. 29–44.

Lühmann, Michael: Identitäten und Anerkennungen im Vereinigungsprozess. In: *Deutschland ist eins: vieles. Bilanz und Perspektiven von Transformation und Vereinigung*. Hg. von Judith C. Enders/ Raj Kollmorgen/ Ilko-Sascha Kowalczuk. Frankfurt a.M./ New York: Campus 2021. S. 253–360.

Luuk, Lilli: *Kolhoosi miss* [Die Schönheitskönigin der Kolchose]. Äksi: Saadjärve kunstikeskus 2022.

Mählert, Ulrich: *Kleine Geschichte der DDR*. München: C.H. Beck 2010.

Markosjan-Käsper, Gohar: *Helena*. Ins Estnische übersetzt von Kalle Käsper. Tallinn: Faatum 2004.

Mau, Steffen: *Lütten Klein. Leben in der ostdeutschen Transformationsgesellschaft*. Berlin: Suhrkamp 2019.

Meyer, Clemens: *Als wir träumten*. Frankfurt am Main: Fischer 2021.

Müller, Heiner: *Werke 1. Die Gedichte*. Hg. von Frank Hörnigk. Frankfurt am Main: Suhrkamp 1998.

Müller, Rüdiger: Be Careful What You Wish for: A Story of Broken Promises. Thirty Years After the Fall of the Berlin Wall. In: *Europe Now Journal* (16.01.2020). https://www.europenowjournal.org/2020/01/15/be-careful-what-you-wish-for-a-story-of-broken-promises-thirty-years-after-the-fall-of-the-berlin-wall/. Abgerufen am 23.11.2023.

Mulde. In: https://www.dwds.de/wb/Mulde. Abgerufen am 02.01.2024.

Mutt, Mihkel: *Kooparahvas läheb ajalukku* [Das Höhlenvolk geht in die Geschichte ein]. Tallinn: Fabian 2012.

Mutt, Mihkel: *Das Höhlenvolk: Lebensbilder aus der estnischen Gesellschaftschronik*. Aus dem Estnischen übersetzt von Cornelius Hasselblatt. Zürich: Kommode 2017.

Norkowska, Katarzyna: Polyphonie ostdeutscher Erinnerung an die DDR. Zum generationsspezifischen Narrativ in autobiographischen Schriften. In: *Oxford German Studies* 49.3 (2020). S. 263–80.

Norkowska, Katarzyna: Generationsspezifische Erzählmuster? Die DDR in Texten von Autorinnen und Autoren der Aufbau-Generation, der Entgrenzten Generation und der Wende-Kinder nach 1989. In: *Zeitschrift für Germanistik*. Neue Folge 31.3 (2021). S. 494–512.

Pabst, Stephan: *Post-Ost-Moderne: Poetik nach der DDR*. Göttingen: Wallstein 2016.

Pajević, Marko: Introduction: The Abyss as a Concept for Cultural Theory, and the German 'Abgrund': The Ambivalence of the Human. In: *The Abyss as a Concept for Cultural Theory. A Comparative Exploration*. Hg. von Marko Pajević. Leiden: Brill 2024. S. 1–28.

Sabrow, Martin: Die DDR erinnern. In: *Erinnerungsorte der DDR*. Hg. von Martin Sabrow. München: C.H. Beck 2009. S. 11–27.

Schlich, Jutta: Heiner Müllers Engel. Bezüge, Befindlichkeiten, Botschaften. In: *Heiner Müller. Probleme und Perspektiven. Bath-Symposium 1998*. Hg. von Ian Wallace/ Dennis Tate/ Gerd Labroisse. Amsterdamer Beiträge zur neueren Germanistik 48. Amsterdam-Atlanta: Rodopi 2000. S. 323–346.

Sieber, Elke: Erinnerung an die DDR. Zwischen (N)Ostalgie und Totalverdammung. In: *Jahrbuch für historische Kommunismusforschung*. Berlin: Metropol 2014. S. 17–28.

Sierp, Aline: Nostalgia for Times Past. On the Uses and Abuses of the Ostalgie Phenomenon in Eastern Germany. In: *Contemporary European Studies* 4.2 (2009). S. 45–58.

Silova, Iveta / Millei, Zsuzsa / Piattoeva, Nelli: Interrupting the Coloniality of Knowledge Production in Comparative Education: Postsocialist and Postcolonial Dialogues after the Cold War. In: *Comparative Education Review* 61.S1 (2017). S. 74–102.

Sztompka, Piotr: The Trauma of Social Change: A Case of Postcommunist Societies. In: *Cultural Trauma and Collective Identity*. Hg. von Jeffrey C. Alexander/ Ron Eyerman/ Bernard Giesen/ Neil J. Smelser/ Piotr Sztompka. Berkeley: University of California Press 2004. S. 155–95.

Thieme, Tom / Mannewitz, Tom: Integration und Identität – Deutschland 30 Jahre nach der Wiedervereinigung. In: *Deutschland ist eins: vieles. Bilanz und Perspektiven von Transformation und Vereinigung*. Hg. von Judith C. Enders/ Raj Kollmorgen/ Ilko-Sascha Kowalczuk. Frankfurt a.M./ New York: Campus 2021. S. 159–251.

Tlostanova, Madina: *Postcolonialism and Postsocialism in Fiction and Art. Resistance and Re-existence*. Cham: Palgrave Macmillan 2017.

Traat, Mats: *Üksi rändan. Kodu on ilus* [Alleine wandere ich. Zu Hause ist es schön]. Tallinn: SE & JS 2011.

Vogel, Berthold: Arbeitslosigkeitserfahrungen im ostdeutschen Transformationsprozeß. In: *Differenz und Integration: die Zukunft moderner Gesellschaften. Verhandlungen des 28. Kongresses der Deutschen Gesellschaft für Soziologie im Oktober 1996 in Dresden. Band 2: Sektionen, Arbeitsgruppen, Foren, Fedor-Stepun-Tagung*. Hg. von Karl-Siegbert Rehberg. Opladen: Westdeutscher Verlag 1997. S. 851–55.

Wiesenthal, Helmut: *Einheit als Privileg. Vergleichende Perspektiven auf die Transformation Ostdeutschlands*. Frankfurt a.M: Campus 1996.

6

„am Vorabend des Nichtseins": Jaroslav Melniks Zukunftsroman *Der weite Raum* (lt. 2008; dt. 2021)

Alexander Mionskowski

Abstract

The conception of abyss in Jaroslav Melnik's dystopian future novel *Remote Space* showing a matured Anthropocene is coined in different ways: aesthetic, anthropologic, lingual, philosophic, social, spatial and temporal. The constellation of these facets evokes a dystopian panorama of a future without evolution – including a possible exit strategy. The people in this retro-modern future drawn by the Lithuanian-Ukrainian author live opposing types of human existence, a recursive "Apartheid", separated by a concretized "architecture of reason" (Robert Audi): the Megapolis. This kind of Matrix/ Metropolis world is for the (quite symbolically) blind, while the leading class of the seeing lives in a luxurious idyllic rural place outside: the "Peaceful Corner". The people gathered in the reality of the Megapolis are unaware of the circumstances of their lives, which they spend like naked mole rats or termites. The absolute majority has lost the sense of any exterior like in Plato's famous parable of the cave. Conversely, the external elite has no real insight into the conditions of the megapolis on which they depend, they control it with the help of computers, but do not govern it. The protagonist Gabr, who gets to know both realities through a favorable genetic mutation, wants to leave the terrifying Megapolis but is not convinced by the luxurious model of decadent elitist existence either. He searches for the reality of wide space and distances. At the end he leaves this contrasting and entropic model of "abyssal civilization" to live in harmony with nature. The paper analyses lingual and spatial conceptions and pictures of abyss in the novel against the background and causes of this depicted gloomy future and relates it to postmodern models of apocalypse and the discourse of (un)suspended transformation after 1989. Thus, it also argues for a possible continuation of the theologically connoted ecocriticism since the 1980s.

Schlüsselwörter

Anthropozän – Apokalypse – Dissidenz – Dystopie – Fortschrittskritik – Transformation – Zukunftsroman

1 Einleitung

Der folgende Beitrag eröffnet eine Perspektive auf die konzeptuelle Verbindung von Abgrund und Apokalypse bei Jaroslav Melnik. Sie ist tradiert schon seit der biblischen Vorstellung des an Land kommenden Seeungeheuers Leviathan, das, aus den Tiefen des maritimen Abyssals hervorstoßend, zusammen mit den weiteren apokalyptischen Tieren (dem Stier Behemoth und dem Vogel Ziz) den jüngsten Tag heraufbringt.[1] Für Thomas Hobbes wurde er bekanntlich zum „sterblichen Gott" und Allegorie des Staates, der durch den Behemoth, Allegorie der Revolution, bedroht wird.[2] Eine vergleichbare Vehemenz im Bildlichen in der Gegenwartsliteratur kann daher nur auf den ersten Blick überraschen; deren Fortschreibung von Säkularisaten aus der Tradition christlich-jüdischer Endzeitvorstellungen ist insbesondere an futuristischen dystopischen und v.a. ökokritischen Werken zu bemerken, die sich – wie vor ihr die Staatsphilosophie der Neuzeit – an den Arsenalen des Sakralen bedienen.[3] Sie ist schon durch die Präsenz von zeitgenössischen Bewegungen wie *Extinction Rebellion* oder *Last Generation* evident, die ihren Aktionen und Forderungen hierdurch eine sakrale Aufwertung und Dringlichkeit verleihen, ohne sie mit heilsgeschichtlichen Erwartungen zu verknüpfen.

---

1 Zur anthropologischen und politisch-theologischen Dimension vgl. Giorgio Agamben: *Das Offene. Der Mensch und das Tier*. Übers. von D. Giurato. Frankfurt am Main: Suhrkamp 2003. Bei Gestaltungen wäre etwa an die *Bamberger Apokalypse* zu denken. Online: http://digital.bib-bvb.de/view/bvb_mets/viewer.0.6.5.jsp?folder_id=0&dvs=1707778939093~45&pid=13423867&locale=de&usePid1=true&usePid2=true (Abgerufen am 12.02.2024). Zur Zeitlichkeit gerade der ‚urbanen Apokalypse': Jürgen Bründl: Die Städte der Apokalypse – urbane Topographien von Gericht und Vollendung. Zum geschichtstheologischen Potenzial der Johannes-Offenbarung und ihrer spezifischen Raumkonstruktion. In: *Zeichenlandschaften. Religiöse Semiotisierungen im interdisziplinären Diskurs*. Hg. von J. Bründl/ Thomas Laubach/ Konstantin Lindner. Bamberg: University Press 2021. S. 611–648.
2 Thomas Hobbes: *Leviathan oder Stoff, Form und Gewalt eines kirchlichen und bürgerlichen Staates*. Frankfurt am Main: Suhrkamp 1984.
3 Vgl. Bernd U. Schipper: Zwischen apokalyptischen Ängsten und chiliastischen Hoffnungen. Die religiöse Dimension moderner Utopien. In: *Utopie und Apokalypse in der Moderne*. Hg. von R. Sorg/ S.B. Würffel. München: Wilhelm Fink 2010. S. 47–62. Ferner: Richard Grigg: *Science Fiction and the Imitation of the Sacred*. London/ New York: Bloomsbury 2018. Allerdings kommt etwa die Apokalypse der Netzwelt in Eugen Ruges Weltuntergangsroman *Follower* (2016) auf poetologischer Ebene (des *discours*) ganz ohne sakrale Anleihen aus; auf Figurenebene (*histoire*) werden sie ironisiert – vgl. Alexander Mionskowski: Anatomie postsozialer Depressivität oder: Erinnerungen an eine Zukunft, die ausbleibt. In: *Erosion der sozialen Ordnung. Zeitdiagnostik in neuesten dystopischen Entwürfen*. Hg. von Torsten Erdbrügger/ Joanna Jabłkowska/ Inga Probst. Frankfurt am Main u.a.: Peter Lang 2022. S. 171–200.

Ohne Zweifel aber geht es bei den Probebohrungen und Vermessungen von Abgründen stets um Deutungshoheit und Autorität, und um Wahrheit, auch und gerade (in) der Literatur – auch dann, wenn das endzeitliche Geschehen beispielsweise im Zeichen der Groteske steht: „Die Gewalt der Kunst unterscheidet sich nicht dahingehend von der Gewalt der Schläge, dass die Kunst im Schein verbliebe, sondern im Gegenteil dadurch, daß die Kunst an das – bodenlose – Reale rührt [...]."[4] Ein Blick in den Abgrund – in welchem Szenario er sich auch auftut – kann also in der Tat einen Schlag versetzen, durch gelungene Darstellung im Fiktiven einen realen Schock auslösen – wenn sich darin die Spannung von Schein und Wirklichkeit, zwischen Schweben und Absturz ‚entlädt'. Walter Benjamin sprach diesbezüglich in seiner 17. geschichtsphilosophischen These von einer „gesättigten Konstellation".[5] Eine solche gilt es auch in Melniks Roman zu besichtigen und aus ihrem narrativen Spannungsfeld heraus zu analysieren. Hierbei liegt der Fokus auf unterschiedlichen Konzeptionen des Abgrunds (hierzu 4. a und b), vorab wird eine knappe Kontextualisierung des Romans in der litauischen Gegenwartsliteratur vorgenommen (2.) und für bessere Nachvollziehbarkeit dessen Inhalt wiedergegeben (3.). Dem im Roman nur noch angedeuteten Ausgang aus der Apokalypse des Anthropozäns wird als Ausgleich der Abgründe und Aufgabe der vertikalen Dimension gedeutet (5.), zum Abschluss folgt eine Einordnung des Romans im Rahmen einer Poetik der (hier weithin suspendierten) Transformation (6.).

2 Werk und Umfeld – Dystopisches und Apokalyptisches in der litauischen Gegenwartsliteratur (Gavelis, Melnik)

Lässt man den 2002 verstorbenen Ričardas Gavelis noch als Gegenwartsautor gelten, so ist mit seinem Roman *Vilniaus Pokeris* (1989) zu beginnen – einer apokalyptischen Groteske auf die zusammenbrechende Sowjetgesellschaft, in der eine anonyme obskure Macht die Menschen bannt, zu einer entleerten Existenz zwingt und Vilnius, die heutige litauische Hauptstadt, in eine Nekropole verwandelt.[6] Gavelis veröffentlichte dann in seinem

---

4 Jean-Luc Nancy: *Am Grunde der Bilder*. Übers. von E. Alloa. Zürich/ Berlin: diaphanes 2006. S. 48.
5 Walter Benjamin: Über den Begriff der Geschichte. In: *Gesammelte Schriften I/2*. Hg. von R. Tiedemann/ H. Schweppenhäuser. Frankfurt am Main: Suhrkamp 1991. S. 691–704. Hier: S. 702–703.
6 R. Gavelis: *Vilniaus Pokeris. Romanas*. Vilnius: Krantai 1989. Gavelis schrieb während der 80er Jahre an seinem Roman über die Höhlenexistenz der litauischen Subkultur aus der

Todesjahr einen vielleicht noch makabreren Roman *Sun-Tzu gyvenimas šventame Vilniaus mieste* (Das Leben Sun-Tsus in der heiligen Stadt Vilnius), in dem die litauische Transformationszeit mit ihren Begleiterscheinungen der Parvenüs, Mafiosi, Drogen- sowie Sexual-Exzessen und Obsessionen letztlich zum existenziellen Prinzip erklärt wird. Der anonym bleibende Ich-Erzähler mit dem Decknamen des chinesischen Militärstrategen Sun-Tsu, ein zum Obergangster aufgestiegener Künstler (wenn man ihm denn trauen dürfte), bezeichnet das Leben im post-sowjetischen Litauen gar als Interim; ein jeder befinde sich in seinem Übergangssarg. Auch hier fehlt es nicht an der apokalyptischen Dimension: sie steigt aus den Abgründen der Kanalisation unter der Stadt herauf, zu lesen auch als Underground prekärer Künstlerexistenzen.[7]

Die in Litauen maßgeblich von Gavelis begründete postmoderne Tradition der Apokalypse ist in einer Kontinuität mit der Literaturpolitik sowjetischer Dissidenten früherer Jahrzehnte zu sehen, deren Werke häufig im Samisdat kursierten.[8] 2022 fand dies z.B. einen populär angelegten Nachfolger in Viktor Denisenkos ebenfalls in der barocken litauischen Hauptstadt angesiedelten Roman *Vilniaus apokalipsė* („Wilnaer Apokalypse"), in dem Zombies durch eine postapokalyptische Stadtlandschaft ziehen.[9] Eine intellektuell weitreichendere Wirkung dürfte Gavelis' kritische Poetik der Transformation in ihrer kontinuierlichen Gesellschaftskritik aber auch auf den in der Ukraine gebürtigen Autor Jaroslav Melnik gehabt haben, der bereits 2004 und 2006 Sammlungen von Kurzgeschichten mit eschatologischen Themensetzungen in litauischer Sprache veröffentlichte (*Rojalio kambarys* und *Pasaulio pabaiga*, engl. 2018 *The Last Day*). Überhaupt sind religiöse Fragen eine der Dominanten in Melniks Werk, in dem sich auch Titel wie *Kelias į rojų* (2019, Die Straße zum Paradies) finden. Insofern überrascht es nicht, im Zukunftsszenario des *Weiten Raumes* ebenfalls endzeitliche Anklänge zu finden, die allerdings auch eine

---

Perspektive eines bereits Verstorbenen. 1987 hielt der Besucher Karl Schlögel mit Blick auf die Architektur einen ganz ähnlichen Eindruck fest – allerdings in Gedenken an die nahezu ausgelöschte Wilnaer Judenheit, von deren Schicksal ihm nur ein fernes Echo stummer Fassaden kündete (Gedenktafeln oder Monumente gab es damals nicht) (Karl Schlögel: Wilna – Horror einer schönen Stadt. In: Ders.: *Promenade in Jalta und andere Städtebilder*. München/ Wien: Hanser. S. 41–60).

7 Ričardas Gavelis: *Sun Tzu's Life in the Holy city of Vilnius*. Trans. by Elisabeth Novickas. Flossmoor, Illinois: Pica Pica Press 2019. Der Underground ist ein verbindendes Merkmal postsowjetischer bzw. -sozialistischer Literaturen in Mittel- und Osteuropa – zu dieser gemeinsamen „Poetik der Vertikalität" vgl. Alfrun Kliems: *Der Underground, die Wende und die Stadt. Poetiken des Urbanen in Ostmitteleuropa*. Bielefeld: Transcript 2015.
8 Laurynas Katkus: Komische Agonie. Das Groteske in der spätsozialistischen Literatur. In: *Osteuropa*. 62 (2012). S. 87–96.
9 Viktor Denisenko: *Vilniaus Apokalipsė. Romanas*. Kaunas: Obuolys 2022.

Kritik am politischen Missbrauch apokalyptischen Denkens formulieren. Der strategische Aspekt ist hier womöglich mit dem Megapolis/Megalopolis-Handlungsort zitiert; dementsprechend gewissermaßen Polybios anstelle von Sun-Tsu gesetzt.

Der Roman wurde seit seinem Erscheinen in verschiedene Sprachen übersetzt und erhielt in England (BBC 2013) und Frankreich (Utopiales 2018) Preise;[10] dagegen hat die Rezeption in Deutschland – soweit ich sehe – bislang noch nicht eingesetzt, was jedenfalls auch auf die Publikation in einem eher kleinen Spartenverlag und die mangelnde Qualität der Übersetzung zurückgeführt werden muss.[11] Insofern sind die einzigen deutschsprachigen Informationen über Melnik in Verlagsankündigungen (und über seine Wikipedia-Seite) verfügbar. Hier erfährt man immerhin, dass er sich als ein Kind des GULAG bezeichnet hat, was für die erzählte Welt des *weiten Raumes* nicht unbedeutend erscheint. Das Werk des 1959 geborenen Autors könnte hinsichtlich Nancys Befund, dass „der Erfolg der Lager zuallererst in der Ausmerzung der Darstellung oder besser der Darstellbarkeit selbst bestand" (Nancy S. 62), als Arbeit eben an deren Darstellbarkeit gelesen werden – bzw. an der Darstellung dieser „Ausmerzung", die womöglich auf Leser/innen setzt, denen analog zur zunächst blinden Hauptfigur Gabr die Augen geöffnet werden sollen.

Einen Hinweis auf diese Absicht gibt eine eigenartige, als leicht zu überblätternder Paratext camouflierte Seite, die dem ersten Teil (von insgesamt vier) des Romans als eine Art ‚apokalyptische Ouvertüre' ohne weitere Erläuterung vorangestellt ist, hier spricht ein Ich (evtl. das Buch selbst, vielleicht auch ein Erzähler oder Autor) ein Du (mutmaßlich den Leser) recht zudringlich an:

> Ich, ich bin in dein Leben eingedrungen: In dein Leben [...] – mit dem Traum des Augenblicks, vielleicht. [...] Mein Traum, vielleicht lebe ich ja noch in dir. Ich weiß es nicht. [...] Warum nur lebst du in mir, warum? [...] Ach. (Melnik S. 3)

---

10   Am ausführlichsten informiert (abseits Wikipedia) die Seite https://scifiportal.eu/yaroslav-melnyks-science-fiction-novels/. Abgerufen am 30.11.2023; allerdings nur bis 2018. Hier findet sich auch ein Zitat des Autors, dass er Zukunftsszenarien nur als Folie auf die Gegenwart verwende.

11   Jaroslav Melnik: *Der weite Raum. Roman.* Berlin: KLAK 2021. Bedauerlicherweise scheint ein unfertiges Skript in den Druck geraten zu sein. Dies ist an teils fehlerhaften Sätzen, vielfach ungelenken Formulierungen und v.a. abweichenden Bezeichnungen (z.B. Megapolis/Megalopolis) und Namen (z.B. Silk/Schilk) zu erkennen, wenngleich bei letzteren ein interpretatives Potential gegeben sein mag; gerade hinsichtlich möglicher Bezüge auf die Philosophie der antiken Megalopolis. In einem Fall ist ein Kapiteltitel in den Fließtext geraten (S. 193). Ein Korrektorat hat es leider sehr erkennbar nicht gegeben.

Was zunächst entweder wie eine instantane Poetologie eben des Akts des Lesens (Wolfgang Iser) oder aber eines Einsetzens von Wahrnehmung wirkt, gewinnt dann plötzlich an Fahrt – nicht aber durch den Raum, sondern durch die Zeit: „In diesem Leben, auf dem Höhepunkt des zwanzigsten Jahrhunderts. Die feinen Nadeln der Jahrtausende, sie sausen davon [...] Wir, im Geschwindigkeitsrausch, einer im anderen, am Vorabend des Nichtseins." (Melnik S. 3).

Es sind Jahrtausende, die in diesen knappen Zeilen komprimiertester Dynamik überbrückt werden – gleichsam ein Abgrund der bzw. an Zeit. Dass der Beginn dieser Zeitreise durch hunderte von Generationen, die nachfolgend immer wieder über gelegentlich eingeschobene Aktenvermerke und unterdrückte Studien und Bücher aus einem nicht näher beschriebenen Geheimarchiv präsent sind, auf den „Höhepunkt des zwanzigsten Jahrhunderts" quasi rückverlegt wird, bleibt deutungsbedürftig – wie die Perspektive selbst. Man weiß nicht, was hier als Höhepunkt dieses doch sehr düsteren Jahrhunderts gelten soll. Aus bestimmten Gründen wäre es aber naheliegend, ihn als Ursprung einer ‚künftigen Alternativgeschichte' – oder vielleicht besser als Fluchtpunkt ihres im Roman entworfenen Panoramas – deutlich vor 1989 zu vermuten. Vielleicht hat man ihn ab einer Zeit zu suchen, in der „die gefährlichen Spannungen [, welche] die Technisierung mit ihren Folgen in den großen Massen erzeugt hat – Spannungen, die in kritischen Stadien einen psychotischen Charakter annehmen" und erstmals durch „Groteskfilme" kompensiert wurden[12] – das wäre ab den 30er Jahren, in denen auch der GULAG entstand.

3 Melniks *Der weite Raum* – eine Dystopie der verewigten Retromoderne

Die Menschen dieser numerisch weit entfernten Zukunft sind in einem dialektischen System aus aufeinander bezogenen Beschränkungen organisiert, einer Art materialisierter Matrix: der in Vielem an Fritz Langs *Metropolis* (1927) erinnernden Megapolis,[13] und einer dörflichen Idylle: dem „Friedlichen

---

12   Walter Benjamin: Das Kunstwerk im Zeitalter seiner technischen Reproduzierbarkeit. In: *Gesammelte Schriften I/2*. Hg. von R. Tiedemann/ H. Schweppenhäuser. Frankfurt am Main: Suhrkamp 1991. S. 435–469. Hier: S. 462. Es handelt sich um die dritte Fassung des Essays.

13   Nur eben unter Abschaltung der Grundlagen des Faszinosums – die Charismatisierung der Maria bei Lang ist bedingt durch ihre Sichtbarkeit, die Massen der Arbeiter sind gebannt von diesem Eindruck – und darin täuschbar wie der Film zeigt. Bei Melnik gibt es keinerlei Charismatisierungsabsichten, überhaupt gibt es nur eine Massenszene, in der allerdings kein/e Führer/in auftritt.

Winkel". Die in der Realität der Megapolis lebenden Menschen sind allermeist von Geburt an blind – und Sehende werden als Kranke behandelt – blind v.a. für die Umstände ihres Lebens, das sie seit Ewigkeiten wie Nacktmulle oder Termiten verbringen. Die herrschende Klasse im friedlichen Winkel ist ihnen nicht einmal bekannt. Umgekehrt hat die externe Elite keinen wirklichen Einblick in die Verhältnisse der Megapolis, von deren Wirtschaftskraft sie abhängig ist, sie beherrscht sie zwar heimlich mit Hilfe von Computern, regiert sie aber nicht. Das Regiment führen die Abteilungen des Kontrollministeriums, das auch über bewaffnete Eingreiftruppen verfügt (sog. „Lokatoren", die ebenfalls blind sind). Sie bekämpfen v.a. Abweichler und Rebellen, die teilweise sehend und daraufhin geblendet wurden, nun aber gegen die nur ihnen bewussten unwürdigen Zustände im System der Megapolis kämpfen. Im friedlichen Winkel dagegen verbringen die ca. 50 000 Menschen analog den alten Römern ihre Tage überwiegend mit Müßiggang (*otium*), sofern sie nicht doch eine Leitungsfunktion im Staatstrust der Megapolis oder den Medien besetzen. Den Protagonisten Gabr Silk, der durch eine günstige genetische Disposition beide Realitäten kennenlernt und hierdurch – nach einigen Peripetien im Zuge seiner zeitweisen Beteiligung am bewaffneten Aufstand des Rebellenführers Ox Nürp – auf eine Spitzenposition berufen wird (Minister für Beschäftigung), überzeugt auch dieses dekadent-luxuriöse Existenzmodell nicht. Obwohl er mit der Tochter seines Mentors im „friedlichen Winkel" liiert ist (Natalie), die ein Kind von ihm erwartet, und es ihm materiell an nichts fehlt, wird er depressiv aufgrund einer anders gearteten, biedermeierlichen Beschränktheit der Gesellschaft im „friedlichen Winkel", welcher existenzielle Fragestellungen im Grunde unbekannt sind. In einem Zwischenraum zwischen beiden so ungleichen Welten, dem „durchsichtigen Fleck", der Sicherheit vor den Lokatoren des Kontrollministeriums bietet, hatte er zuvor bei seiner halbwegs erzwungenen Teilnahme an einer revolutionären Aktion Nia kennengelernt, die als seine Vorgängerin ebenfalls sehend die Megapolis verlassen hat – ihre Fähigkeit aber sorgsam verschweigt, bis sie ganz zuletzt ein Paar werden. Beide genießen die Wirklichkeit des weiten Raumes und verlassen dieses gegensätzliche und entropische Zivilisationsmodell auf Initiative Nias, um mit der Natur im Einklang zu leben. Einer ‚Genesis 2.0' steht jedoch womöglich der Umstand entgegen, dass Nia „viel älter" als Gabr ist (Melnik S. 326).

Während im „friedlichen Winkel" alle Unzufriedenheit durch den allgemeinen Wohlstand und die Gemeinschaftlichkeit ausgeräumt wird (mit Ausnahme derjenigen von Gabr), ist die überwiegend genetisch bedingte Blindheit eine konstitutive Bedingung des Funktionierens der Gesellschaftsmaschine – die sich dem gleichsam erwachenden Gabr schnell als „Gigantomachie rund um eine Leere" (Giorgio Agamben), die der „nahe Raum" (der Bereich des tatsächlich materiell Zuhandenen) ist, entpuppt: eine Leere der Sinngebung bei aller ephemeren Geschäftigkeit. Wer aber sehend wird, kann nicht mehr funktionieren und gilt als erkrankt an einer seltenen Psychose des „weiten Raumes".

Diese Begegnung mit der Wirklichkeit führt zu einem onto-logischen Schock („jenem entsetzlichen Ereignis", Melnik S. 7), den der mit einem Mal Sehende erleidet – beim Protagonisten „Sechs-null-dreihundert-x-Gabr" (Melnik S. 11) führt das beginnende Sehen zur Störung seiner gewohnten Orientierungsfähigkeit, weswegen er nach Hilfe sucht. Das Erweckungserlebnis dieser neuen Fähigkeit stellt sich erst bei einem Besuch am Meer ein, das mit dem Zug aus der Megapolis erreichbar ist. Davorstehend und darauf blickend nimmt er es erstmals sehend mit „wahrhaftige[m] Grauen" (Melnik S. 25) wahr: „Die unendliche glitzernde Weite schrie noch immer von Wahnsinn" (Melnik S. 26) – den Gabr gar nicht beschreiben kann, ebensowenig kann er die Dinge benennen, die er sieht (etwa Möwen, die vermutlich untergehende Sonne oder Schaumkronen auf den Wellen): er weicht nach Maßgabe der Ähnlichkeit auf metaphorische Konzepte aus, scheitert aber vollständig daran, seiner Freundin Löz (die ihn aus Sorge um seine Gesundheit und Verlustängsten an das Ministerium verraten wird) seine Erfahrung mitzuteilen „Und er fand keine Worte für das Wunder." (Melnik S. 28).

Dieses Erlebnis ist damit klar in einen erhabenen und sakralen Rahmen gerückt. Es lässt sich mit dem „reinen Bild" Kants vergleichen: ein „Erdbeben im Sein, das den Abgrund der Präsenz aufklaffen lässt. Wo das Sein an sich war, kann die Präsenz nicht mehr zu sich zurückkehren, sie ist und wird für sich bleiben."[14] Der eigentliche ontologische – oder besser gesagt: radikal immanente – Schock ereilt ihn dann aber im Widerfahrnis des Anblicks des bloßen Seins: sein soziales Umfeld in der Megapolis. Als er auf dem Zentralboulevard die Verdeckung seiner Augen entfernt, sieht er zombieartige Gestalten um sich:

---

14 Nancy: *Am Grunde der Bilder*. S. 45, der hier von Heideggers Rezeption von Kants Schematismus-Kapitel in der *Kritik der reinen Vernunft* (Bild als Anblick) ausgehend argumentiert. Kant hatte Raum und Zeit als „reine Bilder" aufgefasst, Bilder wiederum als „Product des empirischen Vermögens der productiven Einbildungskraft" bezeichnet. Für diese philosophischen Hintergründe des im Roman eindeutig geführten Diskurses über das erkennende Sehen (nicht zuletzt ja von großer Relevanz für das Denken der Aufklärung) verweise ich auf Mathias Birrer: *Kant und die Heterogenität der Erkenntnisquellen* (= Kant-Studien Ergänzungshefte, Bd. 195). Berlin/ Boston: De Gruyter 2018.

> Wo er [auch] hinsah, eine emsige Ameisenarmee[15] von Schreckgestalten: In Lumpen gewickelt, gebückt, taumelten sie aus irgendeinem Grund ganz, ganz langsam, wie Betrunkene, bald zur einen, bald zur anderen Seite. (Melnik S. 15)

Er gewöhnt sich durch wiederholtes Abnehmen der vom Arzt verschriebenen Wattebäuschen von den Augen (das verschriebene Bisphenol ignoriert er ganz) langsam daran, seine Mitmenschen von Zeit zu Zeit zu beobachten und deren Erscheinung auch in Worte zu fassen:

> Er sah, was er erwartet hatte. / Eine dunkle künstliche Höhle mit nackten Stahlbetonwänden. Darin saßen an hässlichen Tischen gekrümmt die bereits bekannten halb nackten Vogelscheuchen in Fetzen, die rauchten und gesenkten Kopfs ihre organischen Getränke durch die Strohhalme schlürften. (Melnik S. 35)

Gabr gehört, wie er selbst bald feststellt, nicht mehr zu dieser Welt, die er – übrigens in latenter Umkehrung des panoptischen Prinzips – um ihre Unwissenheit auch zu beneiden beginnt. Der Akt der Überschreitung einer Grenze zwischen zwei semantischen Räumen, die nach Lotman den Helden ausmacht,[16] liegt hier bereits im bloßen Öffnen der Augen (seinen weiteren Übertritten liegt allerdings kein Aktivum zugrunde) – und dem Ertragen der Konsequenzen, den die Bilder einer gelebten Groteske haben: Gabrs Reaktion auf das erstmalige Betrachten der Megapolis und ihrer Bewohner ist ein „krampfhaft schluchzende[s], [...] unbändige[s] Gelächter" (Melnik S. 36), das er nicht kontrollieren kann.

Auch diese Szene ist sogleich in einen linguistischen Kontext gerückt (mit Anklängen an Orwells „Neusprech", der Begriff „Freiheit" etwa ist abgeschafft, Melnik S. 68): „Lachen" wird gleich darauf in einem Auszug aus dem „Wörterbuch der Archaismen" als tierische Regung definiert und wie die Emotion „Freude" mit „Schwachsinn" identifiziert. (Melnik S. 36–37).

---

15   Es fragt sich allerdings, woher der gerade erst sehend gewordene Stadtbewohner Gabr Ameisen (und deren Aussehen) kennen soll, um sie auch noch als sprachliches Stilmittel (und geradezu konzeptuelle Metapher) einzusetzen. Angesichts der Blindheit und der Lebensweise wären im Übrigen auch Termiten symbolisch bzw. zoopolitisch einschlägige Tiere gewesen.

16   Jurij M. Lotman: *Die Struktur literarischer Texte*. Übers. von R.-D. Keil. München: Wilhelm Fink 1993. S. 300 f. (Kap. 8).

4 Dialektik des Abgrunds – Erscheinungsweisen und motivationale Konsequenzen

Neben der schon erwähnten temporalen Kluft, die sich aus dem Genre des Zukunftsromans ergibt und wie erwähnt von der anonymen Erzählinstanz mit archivalischen Einblendungen und Zeitkapseln quasi überspannt wird, gibt es weitere Konzeptualisierungen und Verbildlichungen von Abgründen, die essentiell zum dystopischen Panorama von Melniks Roman beitragen, gleichzeitig aber – im Sinne des gegenstrebigen, dissident abgründigen Denkens – auch Ausgangsmöglichkeiten eröffnen. Die auch gattungspoetisch begründete temporale Phänomenalität des Abgrunds mit einer unüberschaubaren Reihe von Generationen erhält mit den schier unendlichen Ausmaßen der Megapolis auch ein räumliches (und ästhetisches) Pendant, das wie das Archiv geheim gehalten wird. Nach dem Blick auf diese Rahmenbedingungen der (übrigens auch auf Handlungsebene nicht durchweg chronologisch erzählten) diegetischen Welt folgt eine Betrachtung der anthropologischen und philosophischen Konnotation des Abgrundes, dessen erfahrungsseitige psychologische Effekte handlungstreibende, also motivationale Auswirkungen haben.

4.1 *Spatiale bzw. topographische Dimension des Abgrunds: Gigantomanie der Megapolis*

Zur Leugnung des weiten Raumes und der Möglichkeit, überhaupt Distanzen zu überbrücken – womit die Menschen als unbeweglich in ihren Zellen hausend und arbeitend vorgestellt werden – gehört auch dessen Transponierung: „Der weite Raum ist Zeit, nicht Raum" (S. 17), wie es im „Geosophielehrbuch" steht. Dies dient der Leugnung von (strukturell aber benötigter) Mobilität, die logischerweise zu Veränderungen des nahen Raumes führt.[17] In Wirklichkeit aber fasst die Stahlkonstruktion der Megapolis („Gerippe", S. 42) einen gewaltigen, sogar unendlich scheinenden Raum in sich, wie der Protagonist recht bald nach dem Einsetzen des Sehsinns feststellt und seiner Freundin Löz zu berichten versucht:

---

17 Die raumpoetische Dimension ist bei diesem Roman natürlich evident. Ohne an dieser Stelle weitere Belege angeben zu können, würde ich davon ausgehen, dass der frankophile Autor Melnik Gaston Bachelards *Poetik des Raumes* (München: Hanser 1960) kennen dürfte, das sich vielfach an der Binarität des Denkens (drinnen/draußen, geschlossen/offen) der philosophischen Logik mit dem Verweis auf die Macht der Einbildungskraft abarbeitet. Gerade die Ausführungen zum Haus als Schutzraum könnten in Melniks Megapolis ideologisiert worden sein. Zum Abgrund wiederum schrieb Bachelard nichts – worin ihm das Handbuch *Literatur & Raum* (Hg. von J. Dünne/ A. Mahler. Berlin/ Boston: De Gruyter 2015) übrigens folgt.

> Als ich mich über die Absperrung beugte und nach unten sah, stellte ich fest, dass ich hänge, in der Luft lebe, und sich unter mir, bis in die Unendlichkeit immer neue, nackte Gerüstbrücken erstrecken. Ebenso über mir. Und zur Linken wie zur Rechten. So weit ich sehen konnte, nur Röhren, Stäbe und Abdeckungen. (Melnik S. 56: Gabr)

Die in der Megapolis „in unvorstellbarer Höhe" (S. 57) Lebenden haben von diesem Umstand, dass sie über dem Abgrund schweben, weder Ahnung noch Vorstellung. Würden die Ausmaße dieses in der Vertikalen wie in der Horizontalen endlos „verstrebten Raumes" (S. 44) bemerkt, wäre dies schon schockierend genug. Jedoch nagt obendrein der Zahn der Zeit an diesem gewaltigen Bauwerk, dessen Höhenkamm kilometerweit bis in die Wolken hinaufragt (S. 330) und an dessen Fundamenten und Grundpfeilern sich herabstürzende Abfallberge und teilweise auch die Leichen Verunfallter türmen. Rundherum befinden sich mehr oder weniger *Wastelands*, die Böden sind stark von Abwässern der Stadt kontaminiert, die wie eine Wand in der Landschaft steht: eine Art Grenzgebirge aus Stahl und Beton (S. 101, 214), geballte Atopie.

In Sichtweite und mit einem Gleitschrauber gut erreichbar liegen Wald und Anhöhe, hinter denen sich der (in der Megapolis vollkommen unbekannte) „friedliche Winkel" in einer Senke verbirgt. Die binäre Struktur der menschlichen Lebenswelten erfasst also eine Reihe von Gegensätzen: visuell zwischen Idylle und Monstrum der Moderne, topographisch zwischen unten und oben (etwas kontraintuitiv mit Blick auf tradierte soziale Gefälle), sozial zwischen Elite und Heerscharen von unbewussten Sklaven, politisch zwischen der gelebten Utopie eines freien Miteinanders im Müßiggang und der radikalen Ideologie Ox Nürps im durchsichtigen Fleck, kognitiv schlichtweg zwischen Wissen und Nichtwissen.

Es gibt aber nicht nur ein verdrängtes und vergessenes Außerhalb der gigantischen metallenen Höhle, sondern auch eine innere Dimension, in der sich Gefahr verwirklicht, ohne von den Betroffenen realisiert zu werden. Gabr bemerkt einen „Fehler in der Megapolis" – da die über ihm befindliche Ebene überraschend endet, erkundet er auch das Ende der eigenen Ebene, und stellt fest, dass auch diese unterbrochen ist. Er

> drückte sich ans Gitter und erfasste die Situation: Die Ebene setzte sich fort – in weiter Ferne ragte kaum sichtbar ein weiteres Gitter empor. Zwischen den beiden aber klaffte ein Abgrund: Eine Schlucht. Gabr zwängte seinen Kopf so weit es ging zwischen den Gitterstäben hindurch und blickte nach unten. Den Boden konnte er natürlich nicht sehen. (Melnik S. 123)

Nun könnte man denken, dass hier einfach ein nicht beendetes Segment der Megapolis gut gesichert und abseits der Verkehrswege im Quadranten auf seine Vervollständigung wartet. Dem ist aber keineswegs so. Vielmehr sind offenbar ganze Stadtviertel oder besser -cluster von Quadranten unbemerkt in sich zusammengebrochen und in die Tiefe gestürzt:

> Eine Lawine. Eine gewaltige Schrottlawine mit herausragenden Trägerstücken, zertrümmerten, da und dort auch an verbogenen Röhren hängenden stählernen Hauscontainern: Durch herausgeschlagene Löcher konnte man das dürftige Innere sehen. Überall hingen unordentliche Kabeltrauben herab: Ein akustischer Sensor baumelte am Gitter. [...] Mehrere Pneumoröhren durchmaßen diese Leere: Die Züge und in ihnen die Passagiere sausten ahnungslos hindurch. (Melnik S. 123)

Das Stillleben der Verwüstung im Innern der Megapolis geht ganz klar auf ein Unglück zurück, dass sich, so wird Gabr auch gleich klar, jederzeit wiederholen könnte: „Es waren also die gewaltigen Säulen, die er vor einigen Tagen ganz unten gesehen hatte, nicht für die Ewigkeit gebaut." (Melnik S. 123–24). Dieses Wissen würde die allgemein empfundene Behaglichkeit des Lebens im sorgenden Staatstrust doch sehr erheblich mindern – Gabr erscheint die Megapolis plötzlich wie ein „Kartenhaus". Die an der Abbruchkante entlangschreitend weiter und detaillierter in den Blick genommene Szenerie gewinnt immer apokalyptischere Züge – „immer neue Bilder tauchten vor seinen Augen auf. An den herausragenden Trägerresten hingen verrottete Überreste von Mobiliar." Als dann auch noch ein „Skelett" auftaucht, „das kopfüber an einem zerquetschten Balken" hängt (Melnik S. 124), wird langsam deutlich, dass sich in der nicht einsehbaren Tiefe der Schlucht ein regelrechtes Golgatha unterhalb dieser retromodernen Gesellschaft befinden muss.

4.2 *Psychologie und Psychagogie des Abgrunds*

> The Abyss, as presented to human consciousness, [...] stubbornly remains [...] ever beyond the reach of our rationality. And when we find ourselves suspended above it, as in the phenomenon of ontological shock, we experience an absolutely primordial dimension of reality that necessarily awes us.[18]

---

18   Grigg: *Science Fiction and the Imitation of the Sacred*. S. 107.

Der Abgrund spielt in verschiedenen Gesprächen Gabrs mit weiteren Figuren des Romans eine Rolle; zunächst beim Besuch seines Philosophieprofessors namens Mokr, dem er hilfesuchend von seinen außergewöhnlichen Sinneswahrnehmungen zu berichten versucht, allerdings an der Artikulation des Erfahrenen nach dem Erwachen des Sehsinns scheitert. Das Gesagte erinnert den Professor jedoch an Funde, die er einst bei Arbeiten im „Geheimarchiv" machte – „Uralte Bücher, tausende Jahre alt […] ganz und gar leer: Dort steht nichts geschrieben. Tausende leerer Seiten." (Melnik S. 13). Gelesen wird in der Megapolis mit dem Finger auf dem Papier. Er vermutet, dass die frühere Menschheit „uns unbekannte Sinnesorgane" besaß und schließt: „wir können ganz einfach die Zeichen nicht wahrnehmen, die da womöglich vorhanden sind." (Melnik S. 13). In dem klar von dissidenten Gesichtspunkten geprägten Gespräch über die Liebe zum Staatstrust und die Grundlagen des Freiheitsbegriffs adelt der Professor Gabrs „Störung", die der zunächst konsultierte Arzt als „Weiter-Raum-Psychose" (Melnik S. 10) diagnostizierte, als besondere Gabe. Er könne mit seinen „Tränendrüsen" (das dortige Wort für Augen) womöglich die „Wahrheit" hören und wahrnehmen, was niemand sonst bemerke. Man dürfe die Möglichkeit des Unmöglichen nicht ausschließen und der Phantasie keine Schranken setzen (Melnik S. 13).

Gabr ist von dieser Selbstlimitierung des rationalen Verstandes überfordert, zumal er fürchtet, sich durch seine ersten Momente des Sehens „in Nichts auf[zu]lösen" (Melnik S. 12): „Was für ein Abgrund. Ich gehe besser. Ihr Denken, Professor, war schon immer zügellos, paradox." (Melnik S. 14) Der Professor erklärt ihm daraufhin, wie er sich durch das Entweichen aus dem Orientierungskosmos des nahen Raumes der Kontrolle des Ministeriums entziehe, was diesem nicht gefallen werde. „Ich habe viel erlebt und einiges von diesem System begriffen. Nur erzähl niemandem davon." (Melnik S. 15) Daran hält sich Gabr, entsinnt sich dieses initialen Gesprächs aber später als Minister und ruft den Professor noch einmal via Computerdatenbank und „Radiofon" (Melnik S. 263) an, um ihm die These zu den ihm inzwischen verfügbaren Büchern zu bestätigen (Melnik S. 264).

Es folgt auf Vermittlung Ox Nürps ein Besuch bei einem im „Untergrund" (Melnik S. 41) lebenden Geistlichen, der Gabr für die revolutionäre Bewegung anzuwerben versucht, einem erklärten Retrotopisten – „,So wohnte man einst. Ich lebe eigentlich gar nicht hier.' / ‚Wo denn dann?' / ‚Dort, in vergangenen Epochen und in Gott.'" (Melnik S. 39). Gott, von dessen Existenz Gabr noch nie gehört hat, ist als Vorstellung jedenfalls ebenso wenig auf den nahen Raum zu begrenzen wie das Meer „Wer ,weit weg' spürt, der spürt Gott" (Melnik S. 40).

Gott wird von dem Geistlichen und auch von Ox Nürp („In Eintracht mit dem Licht, dem weiten Raum, wird Gott in dir Einzug halten und dich tiefe

Gefühle lehren." Melnik S. 47) also mit dem weiten Raum identifiziert, was Gabrs Erleben der weiten Natur etwas Spinozistisches verleiht.[19] Hier zeigt sich dann auch eine basale Divergenz, denn der Geistliche will die Weite lediglich mit dem Verstand erfassen, dafür brauche er das Zimmer nicht zu verlassen (Melnik S. 42). Gabr hält sein Wissen daher aufgrund der fehlenden Erfahrung für beschränkt (Melnik S. 43).

Auch die Rebellen, die Gabr als den Auserwählten mit einer militärischen Aktion vor seiner Hirn-Operation zur Wiederherstellung seiner Blindheit retten – und später als Minister entführen – wissen um diese Lügen (wenn auch nicht deren ganzes Ausmaß), von denen die Gesellschaft vergessen hat, dass sie welche sind. Die „Partei der Sehenden" (Melnik S. 53) führt ihren minutiös geplanten Kampf seit mehreren Generationen vom Untergrund aus gegen das System, das mit Max Webers berühmtem Gleichnis des „stahlharten Gehäuses künftiger Hörigkeit" vergleichbar ist. Einst seien alle Menschen sehend gewesen, doch vor tausenden Jahren habe das Kontrollministeriums beschlossen, sie zu blenden, um sie – gleich Webers (antiken) „ägyptischen Fellachen"[20] – dumm und beherrschbar zu machen (Melnik S. 45). Sie wollen diese Zustände abschaffen und kontaktieren Gabr nach einem Hinweis eines Mitverschworenen im Kontrollministerium. Ihr Anführer Ox Nürp warnt Gabr vor seinem eigenen Schicksal, nämlich sich dem Ministerium als Ausnahme erkennen zu geben und sich blenden zu lassen, um danach dennoch in Sehnsucht nach der Realität – und in den unteren Slumquadranten der Megapolis – am Rand der Gesellschaft zu vegetieren. Die Verschwörer richten sich gegen die staatlich verordnete Dissoziation von Realität und Wirklichkeit, also dem, was wahrgenommen werden kann und dem, was außerdem da ist, aber offiziell nicht existiert (vgl. Melnik S. 60) – demnach allem außerhalb des „nahen Raumes". Der Plan, die Menschheit aus den herrschenden Zuständen zu befreien, wird ausdrücklich unter Inkaufnahme der Gefährdung von Millionen Menschenleben und mit aller Härte verfolgt: In dieser verfallenden „Welt ist alles Heilige vernichtet worden" (Melnik S. 48) – so muss man gemäß dieser politischen Theologie der Revolution umso mehr das Fallende auch noch (in den Abgrund) stoßen – und Gabr soll dabei helfen:

---

19   Eine Anspielung könnte ein häufiger aus den Beständen des Geheimarchivs zitiertes Werk sein, nämlich Jacques Poissons „Ethik" – ein mögliches Anagramm von Poisson ist ‚Spinoso', während der Vorname an Rousseau als Philosophen des Gesellschaftsvertrags erinnert, evtl. auch an Derrida. Nancy verweist beim Göttlichkeitsdiskurs über die Natur auf Chateaubriands *Génie du Christianisme* (1802) (Nancy: Am Grunde der Bilder. S. 102).

20   Max Weber: *Grundriss der Sozialökonomik. III. Abteilung: Wirtschaft und Gesellschaft.* Bearb. von Max Weber. Tübingen: Mohr/ Siebeck 1922. S. 835–36.

> Nein, mein Junge, du hast nur einen einzigen Weg – uns zu helfen. Damit hilfst Du auch dir selbst. Wenn diese Millionen von Schafsköpfen an Ort und Stelle aussterben, da sie nicht wissen, wohin, was tun, vor lauter Angst einen Schritt zu gehen, weil sie nicht in den Abgrund fallen wollen – dann geh du deines Weges und dreh dich nicht um. Glaube, dass dieser Albtraum nie in deinem Leben existiert hat. (Melnik S. 48: Ox)

Dieser reagiert distanziert auf dieses radikale Programm, wird sich schließlich in einem Moment der Verzweiflung über seine Situation aber dem Nihilismus ergeben und versuchen, den apokalyptischen Auftrag, bzw. „Befehl" (Melnik S. 318) auszuführen: sich in die Kommandozentrale des Kontrollministeriums einschleusen zu lassen, um einen gefährlichen Sabotageakt zu verüben – woran er scheitert, weil er dort zu seiner übergroßen Überraschung auf andere Sehende trifft. Dies ist eine Information, die der inzwischen zum „General" aufgestiegene Ox nicht hat – welcher Gabr entsprechend nach der (quasi erneuten) Entführung auch nicht glaubt. Gabr sei als Minister einfach ein Verräter, könne sich aber noch immer auf die richtige Seite stellen – die des Endkampfes (offenbar ist die Bewegung Verschworener, der „Partei der Sehenden" während Gabrs Zeit im „friedlichen Winkel" zu einer regelrechten Armee angewachsen).

Der nahe Raum wird vom Staatstrust dagegen als der erweiterte Bereich des Selbst einer doppelten (aktiven wie passiven) Verfügbarkeit betrachtet, dessen Aufhebung bzw. Auflösung im weiten Raum folglich zu Schockzuständen führt. Eigentlich geht die herrschende Lehre davon aus, dass alles sich in diesem Raum befindet, was erfahren wird und dieser sich nicht von der Stelle bewege (Melnik S. 22), auch wenn er „von Orientierungstechnik durchsetzt" ist (Melnik S. 25). Dieser Versuch der Komprimierung des Mobilitätsfeldes („Bewegung im Raum existierte nicht." Melnik S. 38) wird aber spätestens am Meer – das laut Definition des Staatstrustes ein „Spezifischer Lärm" (Melnik S. 23) ist – ad absurdum geführt. Was nicht sichtbar ist, ist nicht real (auf die Spitze getrieben im Film *Don't look up*, 2021) – nur leider kann es sich dennoch verwirklichen und das mit so katastrophalen wie unbemerkten Folgen: „Die Welt stellte keine Gefahr dar. Wenn jemandem etwas zustieß, hatte er ganz einfach nicht die Zeit, sich zu orientieren, zu erschrecken." (Melnik S. 25) stellt Gabr beinahe lakonisch fest, nachdem er die Welt sieht, in der er bislang blind gelebt hat. Wenn die Menschen dies wüssten, erzählt er seiner Freundin Löz kurz vor seiner Festnahme in ihrer Zelle „[…] könnten [sie] keinen einzigen Tag in der Megapolis überleben: Das nackte Grauen würde sie packen. Das Grauen der Wahrheit." (Melnik S. 50) Seine Einschätzung wird später in einer Diskussionsrunde im Fernsehen der Sehenden von einer Expertin für Fragen der Megapolis bestätigt:

> Über ganze Zählungen fortgeführte Untersuchungen haben bewiesen, dass die Psyche der Blinden die Last der Wahrheit nicht erträgt. Wenn wir die Blinden ihrer gewohnten Umgebung entreißen und von den anderen trennen, so machen wir sie durch den Abgrund, der sich infolge der Erkenntnis der Wahrheit vor ihnen auftut, zu psychischen Krüppeln. (Melnik S. 285)

Diese Feststellung, die sich auf die Autorität der Forschung berufen kann, dient zur Rechtfertigung der eigenen Machtausübung über die Megapolis durch eine benevolente Lüge (es gibt Texteinschübe aus dem Archiv über die „Grausamkeit der Humanisten", die das ändern wollten). Das ganze Konstrukt wird somit von einer unsichtbaren Elite, „der Kaste der Sehenden" (Melnik S. 299) beherrscht – wie Gabr, als Minister in die Megapolis zurückgekehrt, im vertraulichen Gespräch Professor Mokr mitteilt. Dieser zeigt sich zu Gabrs Verstörung hiervon aber völlig unbeeindruckt. Es sei klar, dass der Zugang zur höchsten Ebene der Macht besondere Fähigkeiten voraussetze, dies alles bleibe aber vollkommen abstrakt: Er „und Millionen andere, die mir ähnlich sind, laufen der Macht nicht hinterher: Für uns existiert die Vertikale nicht. Unser ganzes Leben ist horizontal, verstehst Du? Und genau deshalb ist es reichhaltig. Genau deshalb ein Leben." (Melnik S. 301). Gabrs Besuch in der Megapolis (in deren Dunkelheit er sich schon nicht mehr zurechtfindet) und das offene Gespräch haben ein Nachspiel, denn er fängt an, das Leben im „friedlichen Winkel" zu hinterfragen, v.a. auch seine Position dort: „natürlich war er ein Blinder und würde es für immer bleiben. [...] Alle erwarteten jetzt von ihm dieses schuldbewusste Lächeln." (Melnik S. 307). Von der reduzierenden Migrationserfahrung einer konstitutiven Unzugehörigkeit abgesehen trifft ihn die Erkenntnis aus dem Gespräch mit dem Professor, dass „die Wahrheit gar nicht die Wahrheit" (Melnik S. 308) sein könnte, und macht ihn depressiv. Er fühlt, dass sein Leben nun vorbei sei, es werde nichts Neues mehr kommen: auch im friedlichen Winkel steht die Welt still. Seine Zeit beim Staatstrust endet aber schon kurz darauf, da er von Ox' Einsatzkräften in den „unsichtbaren Fleck" entführt wird. Im Staatstrust wird daraufhin der Ausnahmezustand verhängt.

5 Ausgang – Auflösung der Vertikale, Einebnung des Abgrunds

Die Rebellenarmee der „Partei der Sehenden" zieht daraufhin in den gerechten Krieg – „Das Recht auf Gewalt wurde uns von denen verliehen, die uns, die wir die Welt sahen, blendeten [...]" (Melnik S. 53) – um den Staatstrust zu bekämpfen („Die Megapolis ist ein ekelhaftes stinkendes Geschwür, das beseitigt werden muss." Melnik S. 132), dessen einzige Rechtfertigung der Patronage wiederum die selbst verwaltete (und verschuldete) Existenz über dem Abgrund der anderen ist, die verschleiert werden muss. Die Vertikalität der staatlichen Struktur des Kontrollministeriums wird dabei von den Rebellen um den inzwischen (von wem bleibt unklar) zum General ernannten Ox Nürp gespiegelt. Ebenso die gleichsam alttestamentarische Radikalität, mit der beide Seiten auf Vernichtung der anderen drängen.

Ein legitimistisches System der angeblich allumfassenden Sorge des Staates wird von einem revolutionären Programm herausgefordert, dass radikal Wahrheit von Lüge scheiden will („Diese auf Lüge gründende Welt muss verschwinden!", Melnik S. 238) und dafür bedenkenlos über Leichen geht, die es als die der letzten Menschen in Kauf nimmt. Doch diese Gewalt dient gerade keiner Wahrheit, denn „[...] sie beansprucht, selbst die Wahrheit zu sein. Die bestehende Ordnung, von der sie nichts wissen will, ersetzt sie durch keine andere Ordnung, sondern durch sich selbst (und ihre reine Unordnung)."[21] Zum möglichen Ausgang des Krieges gibt es keine Hinweise; allerdings scheinen sich die vom Underground aus operierenden Kräfte und die hoch in den Wolken residierende Zentrale des Kontrollministeriums zu neutralisieren. Die in den vielfachen Gegensätzen aufgebauten Spannungen entladen sich und brechen aufeinander los.

Das wäre durchaus – wenn auch nicht der Untergang der beiden voneinander abhängigen Gesellschaften – im Sinne Gabrs, der beiden Seiten abgeschworen hat. Bereits in einem Entgrenzungsmoment in einem kollektiven Bade- bzw. Duschraum des Technikquadranten – hier ist eine Masse Frauen in glückseliger Gemeinschaft versammelt, Gabr gerät unbemerkt mitten unter sie und erfährt eine immanente Transzendenz der Leiber (Melnik S. 185f.)[22] – verspürt er eine Sehnsucht nach einer Welt ohne radikale Pole: „Man konnte sich einreden, dass weder das Kontrollministerium noch Ox, noch die Megapolis existierten. Nur dieser Waschraum, dieser dunkle und heiße Saal des Vergessens." (Melnik S. 187) Der Verführung durch diese Messe des nackten Lebens entsagt er jedoch.

Im „unsichtbaren Fleck" bleiben nach Ox' Heereszug nur Gabr und Nia zurück, die ihm nun offenbart, dass auch sie sehen kann. An diesem Ort des

---

21 Nancy: *Am Grunde der Bilder*. S. 34.
22 Ich unterlasse es hier, nach ‚Anzeichen von Auschwitz' zu suchen, wenngleich die Möglichkeit besteht, dass in der jäh beklemmend wirkenden Glückseligkeit einer rein weiblichen Masse und der ‚Parataxe der Leiber' im Gruppenduschraum eine Art inverses Zitat dieses tiefsten Abgrundes der Humanität vorliegen könnte. Auch Melniks späterer Roman *Maša, arba Postfašizmas* (Mascha oder Postfaschismus, 2013) weist darauf hin, dass sich der Autor mit dieser Thematik auseinandersetzt.

Dazwischens sind die beiden gegensätzlichen Welten in gewisser Weise (wie durch eine Camera obscura gespiegelt) aufeinander bezogen, der Fleck ist gleichsam der Umschlagplatz einer verräumlichten Metapher.[23] In Gabr ist diese wechselseitige Bezogenheit Gestalt geworden, da er den unvereinbaren Welten beidseits des „Abgrunds" (hier ihrer Verschiedenheit) angehört (Melnik S. 296), schließlich aber – indem er Nia folgt – einen dritten Weg hinaus aus der Binarität wählt. Vielleicht gerade weil er auf der früheren Flucht vor den Einsatzkräften des Ministeriums von einem Magnetschwebewagen mitsamt der Ladung in einem Technikquadranten ausgekippt „in den Abgrund" (Melnik S. 182) geworfen wurde (und Glück hatte, dass er diesen Sturz inmitten der weichen Ladung überlebte), ist er in der Lage, die architektonischen, philosophischen, politischen und sozialen Implikationen (oder Zumutungen) der Vertikale hinter sich zu lassen und seinen Ausgleich (wie von Professor Mokr empfohlen) in der Horizontale, im weiten Raum zu suchen.

6 Der Abgrund des Anthropozäns und der Ausgang aus einer Evolution zum Tode

Der Widerstand „im Angesicht einer realexistierenden Macht" (Melnik S. 181) kann im Sinne Nancys als Berührung des „bodenlos Realen" verstanden werden, durch die der Roman über den „Schein" hinaus eine Gewalt der Wahrheit erreicht, die zumindest auf sozialpsychologischer Ebene eine dokumentaristische Latenz aufweist.[24] Bodenlos ist dieses Reale einerseits in seinem geschichtlichen Abraum, andererseits in seiner Radikalität, die sich in den Stellungnahmen der (Bürger)Kriegsparteien spiegelt. Fiktiv bleibt der Ausgang aus dieser Dialektik des Abgrunds, die sich bei Melnik im tiefen, radikalen Denken der Dissidenz und in den zu Stahlbeton gewordenen Allmachtsphantasien einer verewigten Retromoderne ausprägt – die wohl nicht zufällig an Fritz Langs *Metropolis* erinnert.[25] Dabei sind mehr als nur Fermente

---

23 Die man konzeptuell als „WAHRHEIT = ABGRUND" fassen könnte (mit George Lakoff, Mark Johnson: *Leben in Metaphern. Konstruktion und Gebrauch von Sprachbildern*. Übers. von A. Hildebrandt. Heidelberg: Carl Auer 1997. Vgl. insb. S. 183 f.).

24 Nancy: Am Grunde der Bilder. S. 48, 34. Zu den Begriffen Dokumentarismus, Dokumentarizität, vgl. Milka Car, Csongor Lörincz/ Danijela Lugarić: *An den Rändern der Literatur. Dokument und Literatur in zentraleuropäischen Kulturen*. Wien: Böhlau 2023.

25 Zum Verhältnis von Literatur und Architektur gerade auch in seinen ideologischen Zusammenhängen in der Wiege der Moderne, vgl. Roland Innerhofer: *Architektur aus Sprache. Korrespondenzen zwischen Literatur und Baukunst 1890–1930*. Berlin: Erich Schmidt Verlag 2018. Zur Imagination von Städtebildern in der Region, vgl.: *Imaginationen*

eines Diskurses der bipolaren Welt des Kalten Krieges und der Transformation post '89 in Profile und Erfahrungen von Figuren eingegangen, die zudem von einer anonymen Instanz (die hinter oder über der Erzählperspektive rangiert und ordnet) fortwährend in Tagebucheinträgen und Briefen gespiegelt werden. Die Konstellation Gabrs als ‚Quoten-Blinder' im ‚sehenden Winkel' erinnert durchaus an Ost-West- oder auch Migrationsdiskurse. Vielfach treten auch nostalgische Gesichtspunkte hinzu, wie die Neigung zu alter Musik (Melnik S. 33) oder der – allerdings religiös geprägte – Retrotopismus des oppositionellen Geistlichen, die im Diskurs über die Welt im ‚Gleichgewicht des Schreckens' häufig anzutreffen sind.[26] Hierzu ließe sich auch die Medienkritik zählen, die, letztendlich schon im Faktum der unbewussten Blindheit begründet, den Roman (als das wahre Medium) wie ein Ostinato durchzieht, gelegentlich jedoch auch explizit wird: „Es gibt noch eine andere Welt außer der in der Zeitung – das Meer, die Wälder, der weite Raum. Eine andere Welt. Und ich sehe sie." (Melnik S. 137: Gabr).

Melniks Roman zeigt in seinem apokalyptischen Panorama einer zirkulär modernistischen Zivilisation kurz vor dem Zusammenbruch eindeutig thematische Kontinuitäten zur literarischen Dissidenz im Spätsozialismus, wie sie sich etwa in den Scharen der (in Lumpen wandelnden) Gebannten auch bei Gavelis finden. Die weitgehend kommunistisch aufgebaute Zukunftswelt der Megapolis (eine Geldwirtschaft scheint es nicht zu geben, auch Wahlen spielen offenbar keine Rolle) zeigt ein – trotz technischer Neuerungen wie dem Gleitschrauber und neurologischer Orientierungstechniken – Szenario suspendierter Transformation: ein vom Verfall gezeichnetes Monstrum der Moderne, die das Anthropozän gekapert hat. Von außen wirkt der gigantische Bau wie eine gewaltige Mauer (an das aktuelle saudische Megaprojekt in der Wüste am Roten Meer sei erinnert): wie eine stadtgewordene Grenze, die bis zu den Wolken hinaufreicht (Melnik S. 330). Doch inmitten dieses Wabenbaues brechen Abgründe auf. Dies ist mit Sicherheit auch metaphorisch zu lesen, wenn man an die Idee des „ungeheuren Überbaus" in der marxistischen Theorie

---

des Urbanen. Konzeption, Reflexion und Fiktion von Stadt in Mittel- und Osteuropa. Hg. von Arnold Bartetzky/ Alfrun Kliems/ Marina Dmitrieva. Berlin: Lukas Verlag 2009.

[26] Diese Perspektive auf eine Transformation als Abgrund kann hier nicht vertieft werden. Zumindest verwiesen sei auf die weithin bekannte Studie von Svetlana Boym: *The future of nostalgia*. New York: Basic Books 2001. Boym unterscheidet zwei Arten von Nostalgie nach dem Ende der Sowjetunion: die regressiv-restaurative und die reflektierte. Den Begriff „Retrotopie" hat Zygmunt Bauman ausgehend vom ersten Typ der Nostalgie geprägt (*Retrotopia*. Berlin: Suhrkamp 2017). Nun muss allerdings gesagt werden, dass der Geistliche hier keineswegs nach der kommunistischen Welt zurückstrebt – diese scheint ja nie untergegangen zu sein.

denkt[27] – der in der Transliteration des Romans allerdings materialisiert und zur Basis geworden ist – und an ihren Zusammenbruch um 1990.

Ein weiterer Abgrund ist die soziale Dialektik einer fast vollständigen Segregation von externer, sehender Elite und interner blinder Bevölkerung, die nicht nur ein räumlicher Abgrund – die Wastelands unter und um die Megapolis – trennt, sondern über die Qualität des verfügbaren Wissens auch ein anthropologischer. Im – sogar räumlich inszenierten – blinden (bzw. „durchsichtigen") Fleck des Fortschrittsdenkens verbergen sich zwei abermals antithetische Strategien, gegen die Verhältnisse anzugehen: Die dezisionistische Fraktion unter dem Rebellen Ox Nürp, die in den Diensten von Freiheit und abgründiger Humanität ein nihilistisches Programm der radikalen Vernichtung der Megapolis verfolgt. Im Krieg mit dem Kontrollministerium des Staatstrusts entladen sich die vielfachen Spannungen der erzählten Welt. Die Alternative lautet Enthaltung statt Entladung; wobei die dekadente Existenz im friedlichen Winkel, der auf Kosten der blinden verknechteten Arbeitermassen in der Megapolis lebt, sich in deren Probleme aber offiziell nicht einmischt, nicht hierzu gehört (man kann dieses Modell einer Ent-Haltung sehr gut klassisch und kolonialistisch lesen). Eine wirkliche Enthaltung (im doppelten Wortsinne) deutet sich bereits in der Dissidenz als Lebenshaltung an, wie Professor Mokr sie vertritt. Doch bleibt sein Erfahrungshorizont in seinem Beharren auf die innere Freiheit dem ‚Prinzip Beschränkung' im Staatstrust verhaftet. Nur das werdende Paar Gabr und Nia als Fraktion der Sehendgewordenen und -gebliebenen wird in der Lage sein, sich der bevorstehenden (säkularen) Apokalypse der Megapolis zu enthalten, indem sie sich gemeinsam auf den Weg in den weiten Raum der freien (man könnte hinzufügen: göttlichen) Natur begibt. Bei diesem Auszug aus der entzauberten Welt handelt es sich aber keineswegs um eine Synthese, die auf der Auflösung und Vermittlung der beiden antithetischen Gesellschaftsmodelle beruht. Die sich automatisch einstellende schöpfungsgeschichtliche Dimension verweist vielmehr auf eine

---

27 Karl Marx: Zur Kritik der politischen Ökonomie. In: MEW Bd. 13. Berlin (Ost): Dietz 1961. S. 3–160: 9. Die vertikale Dimension ist dem Marxismus definitiv zu eigen: „Ganz im Gegensatz zur deutschen Philosophie, welche vom Himmel auf die Erde herabsteigt, wird hier von der Erde zum Himmel gestiegen. D.h., es wird nicht ausgegangen von dem, was die Menschen sagen, sich einbilden, sich vorstellen, auch nicht von den gesagten, gedachten, eingebildeten, vorgestellten Menschen, um davon aus bei den leibhaftigen Menschen anzukommen; es wird von den wirklich tätigen Menschen ausgegangen und aus ihrem wirklichen Lebensprozess auch die Entwicklung der ideologischen Reflexe und Echos dieses Lebensprozesses dargestellt" (Karl Marx/ Friedrich Engels: *Die deutsche Ideologie*. MEW Bd. 3. Berlin: Dietz 1978. S. 26). Die Megapolis wäre gewissermaßen die verräumlichte Endstufe (und ihre Bewohner die blinden Allegorien) dieses materialistischen Anspruchs, den Vorstellungshorizont und andere Sichtweisen ad acta zu legen.

Neubegründung der Menschheitsgeschichte im Einklang mit der Umwelt als intaktem Ökosystem – durchaus im Sinne ökokritischer Bewegungen und Utopien seit den 70er Jahren,[28] die sich der religiösen Wurzeln ihres Strebens heute vielleicht gar nicht immer oder nur unzureichend bewusst sind.[29] Den Gedanken einer Korrektur der seit der Moderne (wenn wir sie denn als „Höhepunkt des 20. Jahrhunderts" lesen könnten) beschrittenen Irrwege teilt auch Jaroslav Melniks düstere und solastalgische (d.h. verlustbeziffernde) Vision eines Anthropozäns, in dem die (menschliche) Natur systematisch ausgegrenzt und verdrängt wird.

Bibliografie

Agamben, Giorgio: *Das Offene. Der Mensch und das Tier*. Übers. von D. Giurato. Frankfurt am Main: Suhrkamp 2003.

An den Rändern der Literatur. Dokument und Literatur in zentraleuropäischen Kulturen. Hg. von Milka Car/ Csongor Lörincz/ Danijela Lugarić. Wien: Böhlau 2023.

Benjamin, Walter: Das Kunstwerk im Zeitalter seiner technischen Reproduzierbarkeit. In: *Gesammelte Schriften I/2*. Hg. von R. Tiedemann/ H. Schweppenhäuser. Frankfurt am Main: Suhrkamp 1991. S. 435–469.

Benjamin, Walter: Über den Begriff der Geschichte. In: *Gesammelte Schriften I/2*. Hg. von R. Tiedemann/ H. Schweppenhäuser. Frankfurt am Main: Suhrkamp 1991. S. 691–704.

Birrer, Mathias: *Kant und die Heterogenität der Erkenntnisquellen* (= Kant-Studien Ergänzungshefte, Bd. 195). Berlin/ Boston: De Gruyter 2018.

Boym, Svetlana: *The future of nostalgia*. New York: Basic Books 2001.

Bründl, Jürgen: Die Städte der Apokalypse – urbane Topographien von Gericht und Vollendung. Zum geschichtstheologischen Potenzial der Johannes-Offenbarung und ihrer spezifischen Raumkonstruktion. In: *Zeichenlandschaften. Religiöse Semiotisierungen im interdisziplinären Diskurs*. Hg. von J. Bründl/ Thomas Laubach/ Konstantin Lindner. Bamberg: University Press 2021. S. 611–648.

Callenbach, Ernest: *Ökotopia [Ecotopia]*. Ditzingen: Reclam 2022.

Denisenko, Viktor: *Vilniaus Apokalipsė. Romanas*. Kaunas: Obuolys 2022.

---

28 ... wie Ernest Callenbachs technikkritisches *Ökotopia.[Ecotopia]*. Ditzingen: Reclam 2022 [1975].

29 Vgl. Björn Hayer: Der Untergang der Schneeglöckchen. Literatur und Apokalypse. In: Cicero. Magazin für politische Kultur. 26.12.2023. Online: https://www.cicero.de/kultur /literatur-apokalypse-untergang-schneegloeckchen-klimawandel-krise/plus.Abgerufen am 23.1.2024.

Gavelis, Ričardas: *Sun Tzu's Life in the Holy city of Vilnius*. Trans. by Elisabeth Novickas. o.O.: Pica Pica Press 2019.

Gavelis, Ričardas: *Vilniaus Pokeris. Romanas*. Vilnius: Krantai 1989.

Grigg, Richard: *Science Fiction and the Imitation of the Sacred*. London/ New York: Bloomsbury 2018.

Hayer, Björn: Der Untergang der Schneeglöckchen. Literatur und Apokalypse. In: *Cicero. Magazin für politische Kultur*. 26.12.2023. Online: https://www.cicero.de/kultur/literatur-apokalypse-untergang-schneegloeckchen-klimawandel-krise/plus. Abgerufen am 23.1.2024.

Hobbes, Thomas: *Leviathan oder Stoff, Form und Gewalt eines kirchlichen und bürgerlichen Staates*. Frankfurt/ Main: Suhrkamp 1984.

Imaginationen des Urbanen. Konzeption, Reflexion und Fiktion von Stadt in Mittel- und Osteuropa. Hg. von Arnold Bartetzky/ Alfrun Kliems/ Marina Dmitrieva. Berlin: Lukas Verlag 2009.

Innerhofer, Roland: *Architektur aus Sprache. Korrespondenzen zwischen Literatur und Baukunst 1890–1930*. Berlin: Erich Schmidt Verlag 2018.

Katkus, Laurynas: Komische Agonie. Das Groteske in der spätsozialistischen Literatur. In: *Osteuropa*. 62 (2012). S. 87–96.

Kliems, Alfrun: *Der Underground, die Wende und die Stadt. Poetiken des Urbanen in Ostmitteleuropa*. Bielefeld: Transcript 2015.

Lakoff, George/ Johnson, Mark: *Leben in Metaphern. Konstruktion und Gebrauch von Sprachbildern*. Übers. von A. Hildebrandt. Heidelberg: Carl Auer 1997.

Lotman, Jurij M.: *Die Struktur literarischer Texte*. Übers. von R.-D. Keil. München: Wilhelm Fink 1993.

Marx, Karl: Zur Kritik der politischen Ökonomie. In: *MEW* Bd. 13. Berlin (Ost): Dietz 1961. S. 3–160.

Marx, Karl/ Engels, Friedrich: *Die deutsche Ideologie*. *MEW* Bd. 3. Berlin: Dietz 1978.

Melnik, Jaroslav: *Der weite Raum. Roman*. Berlin: KLAK 2021.

Mionskowski, Alexander: Anatomie postsozialer Depressivität oder: Erinnerungen an eine Zukunft, die ausbleibt. In: *Erosion der sozialen Ordnung. Zeitdiagnostik in neuesten dystopischen Entwürfen*. Hg. von Torsten Erdbrügger/ Joanna Jabłkowska/ Inga Probst. Frankfurt am Main u.a.: Peter Lang 2022. S. 171–200.

Nancy, Jean-Luc: *Am Grunde der Bilder*. Übers. von E. Alloa. Zürich/ Berlin: diaphanes 2006.

Schipper, Bernd U.: Zwischen apokalyptischen Ängsten und chiliastischen Hoffnungen. Die religiöse Dimension moderner Utopien. In: *Utopie und Apokalypse in der Moderne*. Hg. von R. Sorg/ S.B. Würffel. München: Wilhelm Fink 2010. S. 47–62.

Schlögel, Karl: Wilna – Horror einer schönen Stadt. In: Ders.: *Promenade in Jalta und andere Städtebilder*. München/ Wien: Hanser. S. 41–60.

Weber, Max: *Grundriss der Sozialökonomik. III. Abteilung: Wirtschaft und Gesellschaft*. Bearb. von Max Weber. Tübingen: Mohr/ Siebeck 1922.

7
„Abgrund": Zu poetologischen Bedeutungsdimensionen einer Metapher bei W.G. Sebald, Gerhard Roth und Michael Lentz

Monika Schmitz-Emans

Abstract

In W.G. Sebald's, Gerhard Roth's and Michael Lentz's works, representations of spatial abysses and visual experiences of the inscrutability and incomprehensibility of what is seen are combined with the thematization of unfathomability in a broader, metaphorical sense: abysses, depths and shallows, underworlds and their experience are the focus of the three authors' engagement with history, especially recent and contemporary history, in differently accentuated ways. In the context of poetological reflections, "abyss" becomes a key concept in all three oeuvres, from which the (also self-critical) question of possible strategies of literary representation of abysmal contexts of events and experiences arises. Works such as W.G. Sebald's *Die Ringe des Saturn* and *Austerlitz* (1999), Gerhard Roth's *Am Abgrund, Der stille Ozean, Landläufiger Tod*, the book series *Die Archive des Schweigens* and *Orkus* as well as in Michael Lentz's poetry lectures *Atmen. Ordnung. Abgrund* represent different aspects and accentuations of a contemporary poetics of the abyss.

Schlüsselwörter

Zeitlichkeit – Psyche – Aufklärung – Trauma – Shoah – Fotografie – Ordnung/Unordnung – Mise-en-abyme

1   „Abgrund": ein „abgründiges" Wort

Das Wort „Abgrund" könnte man als eine ‚abgründige' Vokabel bezeichnen. Überspannt es doch ein breites Spektrum an Bedeutungen, die von der Referenz auf physisch-räumliche Strukturen und Orte bis zu metaphysischen Denkgegenständen, religiösen, psychologischen, naturphilosophischen und anthropologischen Vorstellungen und Vorstellungsbildern reichen. Der ‚abgrund'-Artikel im *Deutschen Wörterbuch* von Jacob und Wilhelm Grimm belegt dies an prägnanten Beispielen.[1] In Komposita drückt „ab" vielfach eine Privation aus.[2] Abgründig ist, „was den grund, die erde verlassend, in die tiefe, den grund hinab reicht"[3] bzw. „was hinab, von der erde weg reicht, die unterste tiefe, der abgrund der hölle, des meers".[4] Ein „abgrund" ist etwas vom „Grund" Unterschiedenes – zunächst einmal im Sinn räumlicher Distanz, wobei als „Grund" wohl zumeist die Erde zu denken ist, auf der man steht. Eigenartiger Weise stiftet die Verwendung des Wortes „Abgrund" sogar eine Beziehung zwischen Gott, der Hölle und der menschlichen Seele.[5] Alfred Doppler hat in seiner Monographie *Der Abgrund. Studien zur Bedeutungsgeschichte eines Motivs* die Breite des Bedeutungsspektrums belegt und kommentiert.[6] Zwischen Immanenz und Transzendenz, Materiellem und Immateriellem, Physischem und Metaphysischem, Empirie und mentalen Strukturen oder Prozessen besteht – im Horizont abendländischer Philosophie, Theologie und Anthropologie eine so immense *Differenz*, dass das Vorstellungsbild eines Abgrunds sich förmlich aufdrängt, um sie selbst metaphorisch zu beschreiben – an welche Ausprägungsform dualistischer Diskurse etwa platonistischer, christlicher oder auch volkstümlicher Provenienz man dabei auch primär denken mag.

---

1 Jacob und Wilhelm Grimm: *Deutsches Wörterbuch*. Reprint: München: dtv 1984. Bd. 1, Sp. 6–10.
2 Beispiele sind: „abgott", „abgunst" [Mißgunst], „abhold", „absonnig" [sonnenabgewandt] (Grimm Bd. 1, Sp. 9); hier „pflegt es [= das ‚ab'] minderung des im nomen enthaltenen begriffs (!), gleichsam entfernung aus ihm anzuzeigen" (Sp. 9).
3 Grimm Bd. 1, Sp. 9.
4 Grimm Bd. 1, Sp. 52.
5 Augustinus: *Bekenntnisse/Confessiones*. Hg. u. übers. von K. Flasch. Stuttgart: Reclam 2009. Gott sei ein Abgrund, aber auch das menschliche Innere, so Augustinus. „Grande profundum est ipse homo, cuius etiam capillos tu, domine, numeratos habes et non minuuntur in te: Et tamen capilli eius magis numerabiles quam affectus eius et motus cordis eius" (Augustinus 4, 22). „Ein tiefer Abgrund ist der Mensch, dessen Haare du, Herr, gezählt kennst, und keines von ihnen geht dir verloren. Und trotzdem sind seine Haare leichter zu zählen als seine Affekte und die Regungen seines Herzens" (Augustinus 4, 22).
6 Alfred Doppler: *Der Abgrund. Studien zur Bedeutungsgeschichte eines Motivs*. Graz/ Wien/ Köln: Böhler 1968. Der letzte Abschnitt des Buchs bietet eine Zusammenfassung wichtiger Konnotationen und Bedeutungsdimensionen des Abgrund-Bildes; vgl. 205–206: „Abgrund ist das, was vom festen Boden in die Tiefe abfällt, Felsen- und Meeresabgrund, Spannung von Höhe und Tiefe, unüberwindbare Kluft. Abgrund ist die Finsternis vor der Schöpfung, das Chaos, das Nichts, der heilige mythische Abgrund der Natur, der schöpferische Urgrund, das Absolute. Abgrund ist der unergründliche und verborgene Gott, aber auch das Böse, der Teufel und die Hölle. Abgrund ist der Abgrund der Zeit und der Zeitlosigkeit, des Daseins und des Seins und schließlich der Abgrund des Ichs in seinen zahlreichen Erscheinungsformen. (...) Der Abgrund bezeichnet ferner die menschlichen Grenzsituationen des Leides, der Schuld, der Angst und des Todes, weil er – wie keine andere sinnliche Erscheinung – den Blick von der Grenze ins Grenzenlose lenkt, das Dasein aufreißt, zur Entscheidung zwingt."

Das metaphorische Bild des Abgrunds bietet sowohl die Möglichkeit, sich den fraglichen Abgrund als unüberbrückbar zu denken, wie auch den, seine Überbrückbarkeit zu unterstellen. Für das Englische und die romanischen Entsprechungen des deutschen Wortes „Abgrund" gilt Analoges.[7] Unterwegs über vorstellbare Brücken hinweg wären dann Blicke in die Tiefe zu erwarten, aber auch Schwindel-Gefühle, ja das Empfinden von Bodenlosigkeit. Indem (mit Augustinus) die menschliche Psyche als Abgrund in den Blick rückt,[8] wird auch und gerade diese zum wichtigen Anlass solchen Schwindels, solcher Eindrücke von Grund- und Bodenlosigkeit.

2   Gerhard Roths Abgründe: Schreiben über Geschichte und Gewalt, Tiefenräume der Kultur und der Psyche

Zunächst ein Blick auf einige Bilder in Gerhard Roths Reportagensammlung *Eine Reise in das Innere von Wien*[9] über merkwürdige, teils abseitige Wiener Schauplätze. Der in den Band integrierte unpaginierte Bildteil zwischen den Textseiten 144 und 145 zeigt Schauplätze, Personen und Objekte, die in den Reportagen zentrale Rollen spielen, diverse unterirdische Räume. Zu sehen sind u.a. (a) „Der unterirdische Bücherspeicher der Nationalbibliothek" (das Foto zeigt einen Teil des unterirdischen Büchermagazins, in dem eine einzelne Person steht; aufgenommen steil von oben, lenkt es den Blick in die Tiefe; um welche Bücher es sich handelt, ist nicht zu erkennen, es dominiert der Eindruck einer Ausrichtung „nach unten"), (b) ein Raum „In den Abwässerkanälen" (schräg von oben richtet sich der Blick hier über ein Geländer hinweg in einen Abwasserkanal), (c) „Das Gipsstatuendepot in der Hofburg" (von einem Standpunkt innerhalb des Depots aufgenommen, ist der Teil einer Raumflucht mit deponierten Statuen zu sehen), sowie (d) „Die Krypta der Michaelerkirche"

---

7   Engl. „abyss", franz. „abîme", ital. „abisso" etc. leiten sich aus dem gehobenen spätlateinischen „abyssus" ab, seinerseits ein Derivat aus dem griechischen „ábyssos", zusammengesetzt aus dem a (Privativ) und býssos (Meeresgrund), dem Namen von etwas „ohne Grund". Insofern „Metaphysik" eine philosophische Disziplin der Begründung ist, stellt das Grund-lose per se eine Provokation dar. „Abyssos" meint Unergründliches und Orte von unermesslicher Tiefe. Der „Grund" – also das, wonach Erkenntnis als Halt strebt, hat im „Abgrund" ein provozierendes Pendant. Vgl. auch Monika Schmitz-Emans: Variationen über Abgründe – Vorbemerkung. In: *Abgründe*. Hg. von Petra Gehring/ Kurt Röttgers/ Monika Schmitz-Emans. Essen: Die Blaue Eule 2016. S. 7–17.
8   „Ein Abgrund ruft den Abgrund: wenn Tiefe Abgrund heißt, glauben wir dann, das Menschenherz sei kein Abgrund? Was nämlich ist tiefer als dieser Abgrund?" (Augustinus, zitiert in Doppler S. 12).
9   Gerhard Roth: *Eine Reise in das Innere von Wien*. Frankfurt am Main: Fischer 1993, zuerst 1991.

(zu sehen sind Särge, auch ein offener mit Skelett, sowie Trümmer, unter denen sich Knochen befinden könnten). Alle Bildszenen zeigen vorwiegend dunkle, nur partiell beleuchtete Räume, aus denen sich aber gerade durch ihre Partialbeleuchtung prägnante Motive herausheben, Räume, die „unterirdisch" wirken, ohne dass dieser Eindruck verifizierbar wäre – das ist ja gerade das Besondere subterraner Räume: Sie haben keine Fenster, durch die man nach außen schauen und den Raum selbst in seiner Außenwelt verorten könnte. Die Möglichkeit des Einblicks wird erkauft durch das Fehlen eines Ausblicks. Die Bildmotive (hier Bücherspeicher, Abwässer, aussortierte Gipsfiguren; andere kommen hinzu) erscheinen auf den ersten Blick provozierend heterogen, unterhalten auf je eigene Weise aber Bezüge zum Thema Zeitlichkeit.

Roths Texte (Romane, Reportagen, Essays, Bildbände, Autobiographisches) erscheinen als miteinander verklammert durch ihr Interesse an Blicken in Räume der Geschichte – und damit zugleich in die menschliche Psyche, insofern Geschichte neuzeitlichem Verständnis zufolge ein Bewandtniszusammenhang ist, für den menschliches Handeln maßgeblich ist, menschliches Denken und Wollen, der Mensch als individuelles und kollektives Subjekt. Subjekt im Sinne von Handlungsträger, Grund geschichtlichen Handelns ist einem dominanten neuzeitlichen Konzept zufolge der menschliche Wille und damit eine in der menschlichen Psyche verankerte Instanz. Aber wenn, neuzeitlich gedacht, der Mensch die Geschichte be-gründet, was liegt seinem Handeln zugrunde? Sind solche Gründe erschließbar?

Summarisch und vereinfachend ließe sich Roths Motivation für die Beschäftigung mit Historischem als ein Interesse an handelnden Subjekten und ihren psychischen Dispositionen verstehen. Orte und Räume, die Geschichtliches bezeugen (so wie die im „Innere(n) von Wien"), erscheinen im Kontext des Rothschen Werks – über ihre jeweilige praktische Funktion hinaus – als Sinnbilder. Sie machen sinnfällig, wie diese Subjekte handelten, dachten, was sie interessierte, was sie antrieb – und was sie verbergen, verdrängen, verschwinden lassen wollten (etwa Abwässer, Abfälle, aus der sichtbaren Welt Verdrängtes). Die „Reise ins Innere von Wien" ist auch in diesem Sinn eine Reise ins Innere.

Roths Schreiben bezieht maßgebliche Impulse von Formen der Reportage und von Praktiken fotografischer Dokumentation. Er geht als Rechercheur von der grundsätzlichen Möglichkeit aus, Verdrängtes und Verborgenes aufzudecken – ein Stück weit vielleicht nur, aber doch im Sinne eines Vordringens in Inneres. Oft allerdings reicht das Licht der Erkenntnis nicht weit. Recherchen und ihre Darstellungsversuche erinnern eher an durch tragbare Lampen transitorisch erhellte Wege durch finstere, unterirdische, labyrinthische Gänge; die Lichtkegel wandern, die Dunkelheit wird nie ganz verdrängt, sie ändert nur mit dem Licht ihre Position. Die vielen Reportagen Roths zugrundeliegenden Quellen- und Vor-Ort-Recherchen über historische Prozesse, Sachverhalte und (vor allem) Handlungsweisen (vor allem rund um Gewalttaten wie Kriege, große Zerstörungen, Genozid, große und kleine Verbrechen) bildet in seinem Oeuvre manchen Ansatzpunkt für Erweiterungen ins Fiktionale: Auch in Roths Romanen werden allerlei Verbrechens- und Kriminalgeschichten erzählt, bei denen der Akzent stärker auf der Rätselhaftigkeit der Antriebe zum Verbrechen liegt als auf deren Aufklärung. Letztere erfolgt auch allenfalls ansatzweise, weil eine rational-begründende Erhellung nichtrationaler Handlungsimpulse per se ein paradoxes Unterfangen wäre. Detektivische und historiographische Recherchen gelingen nur partiell, beleuchten nur das Sichtbare, nicht das Unsichtbare dahinter oder darunter.[10] Das Abgründige einer Gewalt, die sich in Verbrechen und politischen Gräueln manifestiert, und damit weite Teile der Geschichte prägt, entziehen sich der rekonstruierenden Begründung, der Beleuchtung, der Transparentmachung – so eine von Roths historisch-kulturgeschichtlichen Reportagen wie von fiktionalen Erzählungen immer wieder bekräftigte Einsicht.

Neben den (wiederholt) pathologisch disponierten Verbrecherfiguren Roths stehen unter dem Aspekt einer allenfalls partiellen Ausleuchtbarkeit von Innerem auch die Insassen von psychiatrischen Anstalten, die allerdings im Hinblick auf verursachtes Leid harmloser erscheinen als jene: Auch die Geisteskranken haben einen Abgrund in sich, den Psychiatrie und Psychologie nicht erschöpfend auszuloten vermögen. Botschaften aus diesen inneren Dunkelzonen sind ihre Bilder (Gemälde, Wandbilder, Zeichnungen) – etwa die der (realen) Gugginger Künstler (für die sich Roth intensiv interessiert und die er in Texten und eigenen Fotoserien dargestellt hat) sowie die ihrer fiktionalen Pendants in Romanen Roths.[11] Die seltsamen Bilder dieser Maler deuten durch Farben, Formen, Dynamiken auf Rätselhaftes, vor allem auf psychische Tiefenschichten hin. Diese Tiefenschichten und ihre Undurchdringlichkeit interessieren Roth in erster Linie, wo es um Geisteskranke, Wahnvorstellungen und deren praktische Folgen geht; in Roths Werk ist dieser Themenkomplex stark vertreten. Der Autor verdeutlicht in einem Interview zum Werkkomplex „Die Archive des Schweigens" die Intention, die ihn anlässlich der Geschichte

---

10   Mehrfach werden Verbrecher zwar als solche durchschaut, aber nicht verurteilt: der Mörder Jenner (den Sonnenberg nicht überführen kann), der Mafioso in *Die Irrfahrt des Michael Aldrian* (den Aldrian umbringt, ohne dass aber die Verbrechen öffentlich aufgedeckt werden), die meisten NS-Verbrecher – und insofern bleibt es „dunkel". Vgl. Gerhard Roth: *Die Irrfahrt des Michael Aldrian*. Frankfurt am Main: Fischer 2017.

11   Vgl. Gerhard Roth: *Im Irrgarten der Bilder. Die Gugginger Künstler*. St. Pölten: Residenz 2012, sowie Gerhard Roth: *Das Labyrinth. Roman*. Frankfurt am Main: Fischer 2004.

der fiktiven Patientenfigur Franz Lindner leitete, dessen fiktionale Lebensgeschichte teils in einer psychiatrischen Klinik spielt: Es ging darum, Teile eines insgesamt umfassenden Dunkels gleichwohl zu beleuchten. Auch wenn sich Abgründiges nicht rational ausloten lässt, sollen doch Zusammenhänge, die sich rekonstruieren lassen, aufgedeckt werden – im Fall Lindner sind das Zusammenhänge der Macht und des Verbrechens, von denen er Kenntnis hat und die ihn verstört haben. Roth erklärt dazu:

> Ich wollte nicht, daß diese Mächte, denen der sogenannte Geisteskranke Franz Lindner ausgesetzt ist, anonym bleiben. Ich wollte die Wurzeln dieser Mächte zeigen und sie benennen. Es war mir klar, (...) daß man in die Zentren der Macht sozusagen hineingehen und sie analysieren muß. (...) Ich habe wie ein Journalist zu recherchieren begonnen. Die Justiz war einer meiner ersten Anhaltspunkte.[12]

Im Zyklus *Die Archive des Schweigens* trifft man insgesamt auf diverse typische Figuren Roths, die teils auch in anderen Werken auftreten: so auf den Mörder Jenner, auf den Juristen Sonnenberg, der an der Welt und an der Gerechtigkeit verzweifelt, auf den als irre geltenden Lindner (dessen Vater in NS-Gräuel verstrickt war) und auf andere Repräsentanten der österreichischen Gesellschaft. Zur Erläuterung der semantischen Facetten, die die Idee des Abgründigen bei Roth aufweist, ein kurzer Überblick über diesen Werkzyklus:[13] Band I, *Im tiefen Österreich*, der für Roths von Fotos ausgehendem Erzählen typisch erscheint, evoziert bereits durch seinen Titel ein mehrdeutiges Bild der Tiefe: es geht nicht nur ums rurale Binnenland, es geht um Geheimnisse, um Verdrängtes, um Unterirdisches auch in politisch-moralischem Sinn. Band II, der Roman *Der Stille Ozean* von 1980, erzählt im Wesentlichen die Geschichte Aschers, eines Fremden in einem steirischen Dorf, der beobachtet und selbst beobachtet wird. Ausgehend davon ergeben sich erstens Tiefenblicke in die Zeit (etwa indem alte Geschichten erzählt, vergangene Ereignisse in Erinnerung gerufen werden), zweitens Blicke in Tiefen kollektiver Bewusstseinslagen der Vergangenheit wie der Gegenwart, sowie drittens Tiefenblicke in die Struktur der

---

12   Bemerkung von Gerhard Roth in: Anatomie des österreichischen Hirns. Gerhard Roth im Gespräch mit Robert Weichinger. In: *Gerhard Roth: Materialien zu „Die Archive des Schweigens"*. Hg. von Uwe Wittstock. Frankfurt am Main: Fischer 1992. S. 67–81. Hier S. 79.
13   *Die Archive des Schweigens*. Frankfurt am Main: Fischer: Band I: *Im tiefen Österreich. Bildtextband*. 1990 – Band II: *Der Stille Ozean. Roman*. 1980. – Band III: *Landläufiger Tod. Roman*. 1984. – Band IV: *Am Abgrund. Roman*. 1986. – Band V: *Der Untersuchungsrichter. Die Geschichte eines Entwurfs. Roman*. 1988. – Band VI: *Die Geschichte der Dunkelheit. Ein Bericht*. 1991. – Band VII: *Eine Reise in das Innere von Wien. Essays*. 1991.

Dinge – vor allem in Passagen über die Benutzung eines Mikroskops und entsprechende Ausschnittvergrößerungen der Welt, die aber immer noch weiter, immer noch tiefer führen könnten. Im Roman *Landläufiger Tod* (Band III der *Archive*, 1984) verbinden sich viele Geschichtenstränge; ein thematischer Schwerpunkt liegt auf der verdrängten Prägung mancher Dörfler noch bis zur Gegenwart durch die NS-Zeit und den II. Weltkrieg. Diverse Aufzeichnungen Franz Lindners (genannt: „Märchen") sind in den Text integriert und leiten den Blick in seltsame Gedanken- und Traumwelten. Der Roman *Am Abgrund* (Band IV der *Archive*, 1986) trägt wiederum im Titel schon das Bild der Tiefe respektive Un-Tiefe, wieder steht Lindners Geschichte im Zentrum, aber auch Aufzeichnungen des Mörders Jenner, eines Gewalttäters ohne Motiv. In den Blick geraten insgesamt diverse Randbereiche der Gesellschaft: Wahnsinnige, Kriminelle, Obdachlose. Band V, der Roman *Der Untersuchungsrichter*, erzählt die Geschichte des Juristen Sonnenberg, dessen psychische Zerrüttung in *Am Abgrund* schon angedeutet wurde. Band VI, *Die Geschichte der Dunkelheit. Ein Bericht* (1991) bietet einen reportageartigen faktenbasierten Text, nacherzählt aus der Perspektive des nach Wien remigrierten Juden Walter Singer (der hier unter dem Namen „Walter Berger" auftritt), dessen Erinnerungsbericht Roth aufgeschrieben hat. Band VII, *Eine Reise in das Innere von Wien* (1991), enthält dann, wie angedeutet, neun um Bilder ergänzte Essays über Wiener Orte und Institutionen, an denen sich Geschichte verdichtet – eine abgründige Geschichte der Macht und der Gewalt. Gegenstände sind der Stephansdom, das Heeresgeschichtliche Museum, das Landesgericht für Strafsachen (genannt „Graues Haus"), die sogenannte „Hitlervilla" (ein Obdachlosenasyl) und die Gugginger Irrenanstalt (samt dem „Haus der Künstler").

Es erscheint nicht übertrieben zu sagen, dass Roths Bücher insgesamt um Abgründe herum geschrieben sind und vor allem, dass dies sie thematisch miteinander verkettet. Anlässlich der fiktionalen Geschichten wie der faktualen Reportagen Roths werden zahlreiche Orte des Abseitigen jenseits vertrauter Oberflächen dargestellt: verborgene oder schwer zugängliche, unterirdische oder entlegene Räume – abgründige Orte in städtischen, ländlichen und natürlichen Umgebungen. Prägend ist die kritische Auseinandersetzung mit Vergessenem und Verdrängtem. Unter eben diesem Aspekt betrachtet – als Auseinandersetzungen mit historisch und psychisch Abgründigem –, gehören die Themen und Gegenstände der Reportagen und der Romane Roths zusammen, so disparat sie auf den ersten Blick auch erscheinen mögen: die abseitigen, dunklen, labyrinthischen Topographien Wiens, aber auch seine repräsentativen historischen Sammlungen von Büchern, Kunst, naturkundlichen Objekten, technischen Produkten (wie etwa Uhren). Abgründen gelten die faktualen und fiktionalen Berichte über Verbrecher und Geisteskranke, über Täter und Opfer, die Rekonstruktion der finsteren NS-Vergangenheit Österreichs, des Antisemitismus und des Genozids, aber auch anderer Manifestationsformen menschlicher Gewalt, Machtausübung und Zerstörungswut. Manchmal werden topographische Abgründe zu Metonymien des von Menschen bewirkten bodenlosen, ja höllischen Schreckens.[14] Was sich in metaphorischem Sinn summarisch als abgründig charakterisieren ließe – die Kollektivgeschichte als Manifestation einer Gewalt, für die sich keine rationalen Gründe benennen lassen, – findet seine Sprach- und Denkbilder in Nischen des Raums, an verborgenen Orten, an Orten des Abstürzens.[15]

Roths Ethos als Reporter, als Spurensucher und Berichterstatter, sowie als Leser historiographischer Werke ist ein aufklärerisches – im Sinn einer Aufklärung, die um ihre eigenen Grenzen weiß. Die punktuelle Beleuchtung, die punktuelle Entlarvung, der punktuell ermöglichte Blick auf Abgründiges ist nur ein Teilerfolg, vielleicht nicht einmal ein dauerhafter, aber doch das Resultat einer Haltung, die sich mit Unergründlichem nicht abfinden möchte. Eng damit verbunden ist Roths Neigung, die Welten seiner Reportagen und Texte zu bebildern. Bilder der historischen Schauplätze gestatten Blicke auf diese, entreißen sie der Unkenntlichkeit, sind aber zugleich doch perspektivisch, von subjektiven Standpunkten her aufgenommen und ausschnitthaft. Wo Bilder zu weiten Teilen dunkel bleiben (wie in den Beispielen aus dem „Inneren von Wien") ist dies kein kontingenter Umstand, sondern ein Hinweis auf die stets begrenzte Illumination, die Bilder zu bieten vermögen.

Dementsprechend sind Roths Reportagen samt seinen auf Faktuales verweisenden Fiktionen durch Hell-Dunkel-Effekte geprägt. Die typische Reportage möchte einen möglichst sachhaltigen Bericht über Fakten liefern,

---

14   Vgl. in Gerhard Roth: *Orkus*. Frankfurt am Main: Fischer 2011, den Bericht über eine Besichtigung des ehemaligen KZ Mauthausen, S. 314–331. „Wir waren an der ‚Todesstiege' angelangt und blickten hinunter auf den ‚Wiener Graben'. Vor uns ein Felsabbruch, der, wie wir einer Inschrift entnehmen konnten, ‚Fallschirmspringerwand' genannt wurde. Schenk [der Ortkundige] stand mit dem Rücken zum Abgrund und schwankte schon, so dass wir befürchteten, er könne das Gleichgewicht verlieren, aber er erklärte uns stattdessen, dass Juden in Mauthausen selten erschossen worden seien. Für sie sei der Steinbruch bestimmt gewesen. An einem einzigen Tag, am 31. März 1943, seien (...) eintausend holländische Juden aus einer Höhe von fünfzig Metern in die Tiefe gestoßen worden." (S. 329).

15   Unterwelten tauchen in Roths Oeuvre in erheblicher Varianz auf; vgl. Uwe Schütte: *Unterwelten. Zu Leben und Werk von Gerhard Roth*. Salzburg: Residenz 2013; was sie verbindet, ist ihre Funktion, „Unterweltliches" in der Geschichte und in der menschlichen Psyche zu bespiegeln – manchmal als dessen Metonymie (wenn die Gewalt tatsächlich aus dem Verborgenen, aus einer finsteren, einer Unterwelt kommt), immer als seine Metaphern.

Wissen vermitteln, etwas transparent(er) machen; die bebilderte Reportage möchte zudem etwas sehen lassen – ein Moment der detektivischen Recherche und der intendierten Aufklärung gehört zumindest zum ursprünglichen Selbstverständnis der Gattung. Dies betrifft auch Roths Arbeiten. Dennoch bestimmt eine Grundspannung sein Schreiben über die Abgründe der kollektiven und individuellen Psyche und deren Manifestationsformen in „der Geschichte" (also der Faktengeschichte) respektive in (teils fiktionalen, teils faktualen) Geschichten: Einerseits verwendet Roth viel Sorgfalt auf Recherchen und kausale Herleitungen, setzt also durchaus auf die Möglichkeit, Verborgenes, Verdrängtes, Totgeschwiegenes transparent zu machen – auch mit Mitteln der Fiktion. Andererseits bleibt das Abgründige als etwas rational Unfassliches abgründig (im Sinne von dunkel, un-begreiflich), auch wenn historische Wirkungszusammenhänge, wenn Täterschaft und Schuld aufgedeckt werden. Literatur ist bei Roth stets ein „Weg ins Innere von ...", ein Weg in den „Orkus"; zu schreiben heißt für Roth, sich über den Rand der Abgründe zu beugen, ein Stück weit hineinzusteigen, zumindest punktuell zuvor Ungesehenes sichtbar zu machen. In diesem programmatischen Sinn schildert Roth viele abgründige Orte, viele „Archive des Schweigens", Höhlen, Varianten des „Orkus". Äußere Abgründe – Tiefen, Dunkelzonen, unterirdische Räume, Absturzstellen, Höhlen, „Der stille Ozean" etc. – fungieren als Metaphern des menschlichen Innern; die menschliche Psyche erscheint immer wieder als zumindest latent verbrecherisch und gewalttätig.[16]

Der Roman *Am Abgrund* enthält ein Kapitel über „Unterirdische Landschaften" (S. 339–340), das exemplarisch zeigt, wie Räumlich-Landschaftliches zur Metapher dieses Projekts wird. Die Erzählung eines Höhlenforschers signalisiert hier eine Faszination der Abgründe – als einer mise-en-abyme der natürlichen und der historisch-moralischen Welt.[17] Seine Fokussierung auf die

---

16   „Wir sind allen Abartigkeiten und Grausamkeiten näher als wir uns eingestehen. (...) Zeitungen sind immer Chroniken des Verbrechens". Gerhard Roth: Anatomie des menschlichen Hirns. Gerhard Roth im Gespräch mit Robert Weichinger. In: *Materialien zu Die Archive des Schweigens.* Hg. von Uwe Wittstock. S. 79. Und: „Zeitungen sind immer Chroniken des Verbrechens. Je genauer eines geschildert wird, um so mehr Anziehungskraft übt es auf die meisten Leser aus. Die eigene Affinität zum Verbrechen ist es, die uns hineinzieht." (Roth in Wittstock. S. 79).

17   In der Erzählung eines Höhlenforschers, der eine Art alter ego des Schriftstellers ist, heißt es u.a., er „beabsichtige eine Karte anzufertigen, die die unterirdischen Gänge genau beschreibt. Schwierigkeiten gibt es viele: Erstens wegen der künstlichen Stollen des ehemaligen Bergwerkes, die nicht selten mit den natürlichen Höhlen korrespondieren, und zweitens wegen der ungeheuren Größe und der verwirrenden Ähnlichkeit der wiederholt abzweigenden Seitengänge." (Gerhard Roth: *Am Abgrund*, S. 338) „Wieviel Menschen tatsächlich in den Höhlen geblieben sind, weiß man nicht, doch zieht es immer wieder

menschliche Psyche hat Roth explizit betont: „In meinen beiden Romanzyklen ‚Die Archive des Schweigens' und ‚Orkus' sind sie [die Verbrechen] und die Frage ‚Wozu ist der Mensch fähig?' die zentralen Themen."[18] Er geht davon aus, dass die eigentlichen Abgründe innen liegen, auch die der Erinnerung und der Imaginationen, dass also

> das Totenreich wie auch das Reich der Erfindung und der Einbildung in unseren Köpfen als Wirklichkeit existiert, dass die Toten und die erfundenen Personen nicht auf Friedhöfen und in Pyramiden und Tempeln ruhen und auch nicht in Büchern begraben und auf Bildern verewigt sind, sondern in uns selbst leben, und je älter wir werden, umso unauslöschlicher werden die Erinnerungen an sie und umso näher sind sie uns, in ihrem Leid, das sie erduldeten und verursachten.[19]

Ein anderer Abgrund, mit dem Roths Schreiben sich nachdrücklich auseinandersetzt (wie auch Sebald, s.u.), ist der des Vergessens;[20] über das Konzept

---

neue Opfer in die Dunkelheit hinunter (...). Es sind Fälle bekannt, daß Höhlenforscher verrückt wurden oder zu werden drohten, sobald sie versuchten einzuschlafen. Auch ist das Erwachen zumeist mit einem jähen Schrecken, manchmal sogar mit einem längeranhaltenden Grauen verbunden. In diesem Zustand ist es kein Wunder, wenn ein Höhlenforscher die Orientierung verliert und den Weg zum Einstiegsschacht nicht mehr findet. Jedoch der Anblick von Schneekegeln, Eiskammern oder hohen Domen wird als so anziehend empfunden, daß gewisse Menschen kein Risiko scheuen und immer wieder die Höhlen aufsuchen.' Selbst die nüchternsten unter ihnen, fährt der Höhlenforscher fort, komme der Gedanke, in den Eingeweiden der Erde zu klettern, selbst die mutigsten hätten wieder und wieder mit ihrer Angst zu kämpfen." (Am Abgrund. S. 339).

18 *Reise ins Unsagbare. Hans-Jürgen Heinrichs im Gespräch mit Gerhard Roth.* Wien/Salzburg: Residenz 2015. S. 34.

19 Gerhard Roth: *Orkus. Reise zu den Toten.* S. 545. Uwe Schütte zieht hier eine Verbindung zur Unterwelttopik Roths. „Wenn Literatur eine ‚Reise zu den Toten' unternimmt, kommt sie einer ihrer bedeutendsten Funktionen nach: die Verbindung zu den Erloschenen nicht abreißen zu lassen. Das betrifft nicht nur die ethische Funktion der *Memoria*, das Angedenken, sondern berührt ebenso die kulturanthropologische und kultische Grundlage des Erzählens." (Schütte: *Unterwelten.* S. 202).

20 Vgl. Schütte: *Unterwelten.* S. 149: „Dieser Orkus, nach dem der Zyklus programmatisch benannt ist, repräsentiert in erster Linie das kollektive Unterbewusstsein. Es steht aber auch für das Reich des Vergessens, in welches die mit der Zivilisationsgeschichte synonymen Verbrechen an der Menschheit verbannt werden, damit wir überhaupt ruhigen Gewissens dem Alltag nachgehen können. Wenn Roths Helden in diese Unterwelt abtauchen, dann begegnen sie zwangsläufig der historischen Erblast, die die Kinder von ihren Eltern übernehmen, weil sich die universale Gewaltgeschichte, als welche die Entwicklung der menschlichen Spezies zu begreifen ist, mit jeder neuen Generation unaufhaltsam fortsetzt."

der Verdrängung (als einer psychologischen Kategorie) besteht eine Beziehung zwischen beiden Dimensionen des Abgründigen, dem intrapsychischen Totenreich und der Sphäre der Imaginationen.

3 Sebalds Abgründe: Schreiben über Zeitverfallenheit, Gewalt und Trauma – und über das, was jenseits der Oberflächen der Bilder liegt

Wieder zunächst ein Blick auf Bilder: (a) In Sebalds (autofiktionaler) Reiseerzählung *Die Ringe des Saturn* ist eine alte Postkarte reproduziert: Sie zeigt die Ruine eines Kirchturms, des „Eccles Tower", der über die von Erosion allmählich abgetragene Klippenlandschaft tief nach unten auf einen Strand gestürzt ist, wo sie dann noch eine Weile stand (und fotografiert wurde) bevor sie ganz in sich zusammensank.[21] Der Sturz des Bauwerks in einen natürlichen Abgrund verweist metonymisch auf die letztlich unfassliche Zerstörungsmacht der Zeit über natürliche Landschaften wie über menschliche Werke. Nichts steht auf festem Grund.

(b) In Sebalds Roman *Austerlitz* integriert findet sich eine Serie von Fotos aus dem verlassenen Ghetto von Theresienstadt. Eines zeigt (neben anderen) das Schaufenster eines geschlossenen Trödelladens („Antikos Bazar"), in dem sich allerlei Objekte, auf dem Bild eher unscharf, abzeichnen – Objekte, die auf nicht rekonstruierbare Geschichten hinweisen, vielleicht auf schreckliche, abgründige. Die Undurchdringlichkeit der Scheibe macht eine genauere Betrachtung, ein tieferes Eindringen in den repräsentierten historischen Raum unmöglich; sie wiederholt sich in der Undurchdringlichkeit des eher unscharfen Fotos. Den rätselhaft bleibenden Bildmotiven im Ladeninnern überlagert sich schemenhaft das Spiegelbild des Fotografen in der Scheibe; es ist das Bild Sebalds selbst, der die Fotos dieses Kapitels gemacht hat. Neben diesem Bild wäre eine Vielzahl anderer Bilder zu nennen, die undurchdringliche Oberflächen als Oberflächen zeigen, hinter denen unermessliche Tiefenräume – Untiefen nicht nur im physischen Sinn – zu vermuten sind. Friedhöfe, Fenster und Vitrinen mit toten Präparaten sind ein wiederkehrender

---

21 „All das ist untergegangen und liegt, über zwei, drei Quadratmeilen verstreut, unter Schwemmsand und Schotter draußen auf dem Boden des Meers." (W.G. Sebald: *Die Ringe des Saturn*. Frankfurt am Main, Fischer, 2003 [1995]. S. 187). Der Ort und seine Kirchen sind „über die stets weiter zurückweichende Klippe hinuntergestürzt und nach und nach in der Tiefe versunken mitsamt dem Erdreich und dem Gestein, auf dem die Stadt einst erbaut worden war" (Sebald: *Saturn*. S. 187–188).

Motivkomplex in Sebalds Texten und auf seinen Bildern. Sie sind dabei, auch wenn dies paradox klingt, zum einen Tiefenräume (jenseits ihrer liegt das, was aus den Räumen des Lebendigen verdrängt wurde, und sie machen auf dieses Andere aufmerksam, verlocken dazu, sich ihm zuzuwenden), zum anderen aber auch Oberflächen, denn sie lassen kein Vordringen ins Andere zu.

Die Ringe des Saturn folgt keiner linear-chronologischen Ordnung; verschiedene Zeitebenen überlagern sich anlässlich einer Wanderung durch sich verändernde natürliche Landschaften, durch mit Historischem gesättigte Räume sowie durch unterwegs konsultierte historiographische Quellen. Der Ich-Erzähler nimmt seine Reise zum Anlass der Schilderung vieler Spielformen der Metamorphose, des Zerfalls, der Zerstörung. Ein bebildertes Kapitel berichtet von dem langfristigen Erosionsprozess, der an der Küste Gebäude wie den Eccles Church Tower sowie ganze Städte wie Dunwich sukzessive zum Verschwinden bringt, einen inzwischen nurmehr aus wenigen Häusern bestehenden Ort in einer ‚leer und verlassen' (Sebald: Saturn. S. 186) wirkenden Gegend, der im Mittelalter zu den wichtigsten Hafenstädten Europas gehörte und damals eine große Stadt mit vielen Kirchen, Klöstern, Spitälern, Wohn- und Arbeitsstätten war. Dunwich ist in den Abgrund zwischen Festland und Meer gerutscht, der sich ständig verschiebt. Oberhalb einer sich ständig weiter westlich ins einstige Landesinnere verschiebenden Steilküste erbaut, sind seine Bauten nach und nach die Klippen hinuntergestürzt, zuerst vom Strand und dann vom Meer verschlungen worden. Einerseits thematisieren *Die Ringe des Saturn* natürliche Prozesse der Destruktion, andererseits integrieren sie die Beispiele menschlich-zivilisatorischer Umweltschädigungen in dieses Gesamtpanorama. Natur und Zivilisation arbeiten einander bei ihrem beiderseitigen Zerstörungswerk zu, dessen Ergebnisse die Heide bei Dunwich exemplarisch sinnfällig macht. Beide sind abgründig, indem sie das, was sie hervorgebracht haben, auch wieder verschlingen.[22]

Der Roman *Austerlitz* erzählt – als Wiedergabe des autobiographischen Berichts der Titelfigur durch einen anderen Erzähler – vom Leben des Jacques Austerlitz, der als kleiner Junge von seiner jüdischen Mutter Agàta aus dem besetzten Prag nach London verschickt wurde, um ihn vor den Nazis zu retten. Agàta wurde bald darauf ins Ghetto Theresienstadt gebracht, dann hat sich ihre Spur verloren. Der in Wales als Pflegekind eines Predigerehepaares aufwachsende Junge Jacques erfuhr erst als Heranwachsender seinen Namen und

---

22 Durch Naturkatastrophen wie auch durch zivilisatorische Prozesse bewirkte Vernichtungen ganzer Baumlandschaften erscheinen als beklemmende Beispiele des unausweichlichen Untergangs; berichtet wird über zerstörerische Waldbrände in allen Teilen Europas, über Stürme, Fluten, Vulkanausbrüche.

seine Nichtzugehörigkeit zu den vermeintlichen Eltern; das Trauma der verlorenen Identität bestimmt fortan sein Leben. Erst sukzessive entdeckt die Hauptfigur, dass es in ihrem Leben eine dunkle Stelle gibt und welcher Art diese ist – und versucht, Licht in dieses Dunkel zu bringen. Durch einen Zufall auf die Spur der damaligen Kindertransporte geraten, gelingt es ihm, Namen und frühere Anschrift der Eltern ausfindig zu machen; er sucht den Kindheitsort Prag auf, mit dem er nur sehr schemenhafte Erinnerungen verbindet, sowie Theresienstadt, wohin seine Mutter deportiert worden war. All dies sind zwar äußerliche Annäherungen an Unfassliches – aber dann doch solche, welche vor trennenden Oberflächen hängen bleiben, nicht in die zeitliche Tiefe und die ethisch-moralischen Untiefen vorzudringen vermögen. Auf den Bericht über die Geisterhaftigkeit und Leere Terezíns folgen zwei Doppelseiten fast ohne Text; der Bericht über geschlossene Fenster und Türen inszeniert durch seine eigene Gestaltung als Foto-Text die Unmöglichkeit, äußerlich Gesehenes zu durchdringen, seine Tiefen auszuloten:

> Am unheimlichsten aber schienen mir die Türen und Tore von Terezín, die [ab hier sieht man Fotos verschlossener Türen (276–277); erst auf S. 280 geht der Text weiter] sämtlich, wie ich zu spüren meinte, den Zugang versperrten zu einem noch nie durchdrungenen Dunkel, in welchem, so dachte ich, sagte Austerlitz, nichts mehr sich regte als der von den Wänden abblätternde Kalk und die Spinnen (...). Ich weiß noch, wie ich im Halbschlaf versuchte, das pulvergraue, manchmal in einem leisen Luftzug erschauernde Traumbild festzuhalten und zu erkennen, was in ihm verborgen war, aber es löste sich immer mehr auf und wurde überlagert von der zugleich in meinem Bewußtsein aufgehenden Erinnerung an die blinkenden Schaufensterscheiben des ANTIKOS BAZAR an der Westseite des Stadtplatzes, vor denen ich gegen Mittag lange gestanden bin in der, wie es sich erwies, vergeblichen Hoffnung, daß vielleicht jemand kommen und dieses seltsame Magazin aufschließen würde. Der ANTIKOS BAZAR ist außer einem winzigen Lebensmittelladen, soviel ich sehen konnte, sagte Austerlitz, ziemlich das einzige Geschäft in Terezín. Es nimmt die ganze Vorderfront eines der größten Häuser ein und geht, glaube ich, auch weit in die Tiefe. Sehen konnte ich freilich nur, was in den Auslagen zur Schau gestellt war und gewiß nicht mehr als einen geringen Teil des im Inneren des Bazars aufgehäuften Trödels ausmachte. Aber selbst diese vier, offenbar vollkommen willkürlich zusammengestellten Stilleben (...) hatten für mich eine derartige Anziehungskraft, daß ich mich von ihnen lange nicht losreißen konnte (...), als müßte aus irgendeinem von ihnen, oder aus ihrem Bezug zueinander, eine eindeutige

Antwort sich ableiten lassen auf die vielen, nicht auszudenkenden Fragen, die mich bewegten.[23]

Sebald, einerseits ein Meister pointierender Bebilderung, wendet sein Interesse andererseits vor allem dem zu, was sich dem Blick entzieht: physischen Abgründen (Tiefen, Unterwelten, Absturzstellen), Abgründigem in der kollektiven und individuellen menschlichen Psyche – und dem Tiefenraum der Geschichte.[24] Bilder von Dunklem, von Schatten, von Tiefen und Untiefen (Stauseen, Trümmerstätten, unterirdische Kammern, labyrinthische Architekturen, Kerker etc.) deuten auf die Zeitver*fallen*heit aller Dinge hin – sowie auch auf die *Abgründigkeit* der Motive derer, die handelnd Geschichte machen. Sie verweisen ferner auf die Disposition aller Dinge und Ereignisse, dem Vergessen anheim zu *fallen*. Wer sich des Vergangenen erinnern möchte, sieht von oben in Abgründe hinein. Was man dabei ‚sieht', ist oft visuell und intellektuell nicht zu fassen, es lässt sich nicht ins Begriffliche und Verständliche einholen – und auf Fotos wird es nicht transparenter.[25]

Zwischen *Die Ringe des Saturn* und *Austerlitz* ist aber doch eine bemerkenswerte Akzentverschiebung zu beobachten. *Die Ringe des Saturn* entwirft, wie angedeutet, passend zum Titel, ein profund melancholisches Bild von Natur *und* Geschichte. Naturgeschichte und menschliche Geschichte als Folge von Zerstörungen, von schleichenden und schnellen Katastrophen, von Kriegen,

---

23 W.G. Sebald: *Austerlitz*. Frankfurt am Main: Fischer 2001. S. 279–282.
24 Zum Bild des „Abgrunds der Geschichte" vgl. Sebalds Essay *Luftkrieg und Literatur*: Vom Bericht darüber, wie aus allen Teilen Europas Menschen deportiert und ermordet wurden, worauf selbst in den entlegensten korsischen Dörfern Gedenktafeln zeugen, schweift der Erzähler einen Moment ab: In einer korsischen Kirche hat er ein Bild wiedergefunden, von dem eine andere Kopie im Schlafzimmer seiner Eltern gehangen hatte: Es zeigte Christus im Garten von Gethsemane. Über diese Wiederbegegnung mit einem zuhause verschwundenen Bild bemerkt er: „Solcher Art sind die Abgründe der Geschichte. Alles liegt in ihnen durcheinander, und wenn man in sie hinabschaut, so graust und schwindelt es einem." (W.G. Sebald: *Luftkrieg und Literatur*. Frankfurt am Main: Fischer 2001. S. 79–80).
25 Es gebe, so Austerlitz, „Orte (...), die eher zur Vergangenheit als in die Gegenwart gehören. Wenn ich beispielsweise irgendwo auf meinen Wegen durch die Stadt in einen jener stillen Höfe hineinblicke, in denen sich über Jahrzehnte nichts verändert hat, spüre ich beinah körperlich, wie sich die Strömung der Zeit im Gravitationsfeld der vergessenen Dinge verlangsamt. Alle Momente unseres Lebens scheinen mir dann in einem einzigen Raum beisammen, ganz als existierten die zukünftigen Ereignisse bereits und harrten nur darauf, daß wir uns endlich in ihnen einfinden, so wie wir uns, einer einmal angenommenen Einladung folgend, zu einer bestimmten Stunde einfinden in einem bestimmten Haus. Und wäre es nicht denkbar, fuhr Austerlitz fort, daß wir auch in der Vergangenheit, in dem, was schon gewesen und größtenteils ausgelöscht ist, Verabredungen haben und dort Orte und Personen aufsuchen müssen, die, quasi jenseits der Zeit, in einem Zusammenhang stehen mit uns?" (Sebald: *Austerlitz*. S. 367).

von Gewalt, aber auch von Erosionen, Stürmen, Brandkatastrophen. Bei *Austerlitz* verlagert sich der Akzent auf historische, geschichtsprägende, also von menschlichen Subjekten praktizierte faktuale Gewalt (Shoah, Genozid, Krieg, Folter, Tötungsweisen; Machtarchitekturen) sowie auf deren traumatisierende Folgen. Der selbst traumatisierte fiktive Titelheld sucht den finsteren Bewandnissen der Zeitgeschichte durch Rekonstruktion beizukommen (unbeschadet seiner Teilerfolge allerdings insgesamt vergeblich): grauenhaften Episoden neuerer Geschichte (als Architekturhistoriker, Dokumentensammler und Fotograf), der eigenen Kindheitsgeschichte (dem Elternverlust), der Geschichte seiner Mutter (als NS-Opfer) – und der eigenen Amnesie: Er hat einst als jüdisches Kind, das von seiner Mutter getrennt wurde, seine Erinnerungen an die eigene frühe Kindheit verloren, an die Mutter, an sein damaliges Selbst. Seine eigene Psyche, in der einst Erlebtes verschüttet ist, ist insofern ebenfalls ein Abgrund, nicht als Brutstätte der Gewalt, sondern als Ort eines Traumas.

Bilder mögen ihre Objekte momenthaft fixieren, aber sie selbst sind vom Dunkel stets gefährdet, tauchen gleichsam in dessen Zwischenräumen auf. Den Vorgang der Entwicklung von Fotos im Labor beschreibt Sebald unter spezifischer Akzentuierung: Für ihn ist das Auftauchen und Verschwinden der Bildkonturen zwar eine prägnante Metapher des Erinnerns; ohne Entwicklerbad bleiben die Bilder unsichtbar. Aber die Finsternis tendiert dazu, sich die Bilder zurückzuholen, damit aber auch die Anblicke, die sie gewähren. Zu lange im Entwicklerbad belassene Bilder verlieren ihre Konturen wieder. Erinnerungsbilder entstehen also unter temporalem Aspekt auf einem schmalen Grat, gefährdet von eben dem, was sie hervorbringt:

> Besonders in den Bann gezogen hat mich bei der photographischen Arbeit stets der Augenblick, in dem man auf dem belichteten Papier die Schatten der Wirklichkeit sozusagen aus dem Nichts hervorkommen sieht, genau wie Erinnerungen, sagte Austerlitz, die ja auch inmitten der Nacht in uns auftauchen und die sich dem, der sie festhalten will, so schnell wieder verdunkeln, nicht anders als ein photographischer Abzug, den man zu lang im Entwicklungsbad liegen läßt.[26]

Der literarische Schreibprozess vollzieht sich bei grundsätzlicher Hinwendung zu dem, was unter Oberflächen, in der Tiefe, respektive zwischen Teiloberflächen liegen mag, im Zweifel an der Möglichkeit des Erinnerns, des Blicks in die Tiefe der Zeit und die tieferen Ursachen menschlicher Gewalt und Zerstörung. Man mag (durch Texte und Bilder) Einzelzonen ein wenig

---

26 Sebald: *Austerlitz*. S. 117.

stärker erhellen, aber eine Ausleuchtung des Dunkels ist nicht möglich. Dieser pessimistische Befund bespiegelt sich in der Darstellung von Blicken durch allenfalls semitransparente Oberflächen, von Blicken in „Schatten"-Reiche.

Die Bildpolitik Sebalds, dessen Werke durch die Integration von reproduzierten Bildern (meist, nicht immer, von Fotos) geprägt sind und intensiv rezipiert wurden, steht im Zeichen der Ambiguisierung des Mediums Bild. Ließe sich Roths Bebilderungsverfahren mit der Installation von Leuchten vergleichen, die zwar nie ein ganzes, auch kein wahres Bild liefern, wohl aber profilierend Teile dessen sichtbar machen, worum es in Roths Texten geht, so arbeitet Sebald mit flackernden, lichtschwachen Lampen, die selbst immer auch weitere Schatten erzeugen. Oft sind seine Bildelemente an den Text nicht eindeutig und klar gekoppelt (warum also sind sie zu sehen?); klare Verweise auf Abbildungen geben die Texte nicht (wie also sind sie mit diesen verknüpft?), und nur selten finden sich Bildlegenden, die erläutern, was man da sieht (und dann gerade stellt sich der Eindruck ein, diese Auskünfte seien allzu lakonisch). Unscharf, wie sie vielfach sind, grau und mit oft viel zu klein dargestellten Motiven, bieten die Bildelemente selbst eher einen Zwischenraum zwischen Helligkeit und Dunkel als ein Reich der „Lichtbilder". Insbesondere verweigern sie sich oft demonstrativ dem Anspruch auf ein genaueres, ein tiefergehendes, in das Gezeigte eindringendes Sehen. Sie wirken vielfach wie graue, konturenschwache Oberflächen über einer Geschichte, die sie nur unzulänglich visualisieren, über Bedingungszusammenhängen, die sie nur andeuten, Erfahrungen, die sie allenfalls punktuell markieren.

Wie verhalten sich Roths und Sebalds Bildpolitiken zueinander? Roths Bilder, teils gesammelte historische Aufnahmen (etwa Fotoporträts, Familien- und andere Gruppenfotos, Aufnahmen historischer Szenen sowie weiteres nichtfotografisches und faksimiliert wiedergegebenes Bildmaterial), teils auch eigene Fotos (von Personen, Orten, Räumen, Objekten und Kunstwerken) entsprechen trotz ihrer qualitativen und motivlichen Differenzen insgesamt dem Gestus, der seine Texte prägt: von der Reportage als Textformat und ihrem Ethos der Vermittlung von Faktischem herkommend, klären sie ein Stück weit auf über das, was sie zeigen, schwarzweiß oder bunt. Wie die Texte, so sind aber auch die Bilderwelten Roths durch eine gegenläufige Tendenz charakterisiert: Sie signalisieren auch, dass jenseits des rational Fasslichen, im Bild Darstellbaren und Einzuordnenden eine andere Dimension der Objekte (und damit auch der Bilder) liegt: eine der Ratio, Ihren Maß- und Ordnungsvorstellungen unzugängliche. Dies gilt (um nur einige Beispiele zu nennen) für die Porträts historischer Personen, für Bilder von Gewalt, für die Fotos der Werke Gugginger Künstler und für die Aufnahmen von Mauerflecken und anderen Zufallsstrukturen.

Sebalds Fotos sind unbeschadet ihrer Bebilderungsfunktion eher Medien des Nicht-Sehenlassens. Schwarzweiß, oft unscharf bedingt durch ihre Objekte oder durch die Aufnahmetechnik selbst, mit oft sehr kleinen überkomplexen oder fragmentarischen Bildmotiven, oft Reproduktionen vergilbter oder beschädigter Vorlagen, signalisieren sie beim Betrachten fast immer unsere (nicht nur historische) Trennung vom jeweils Dargestellten, unseren „Ab"-Stand.

Eine Möglichkeit des Vergleichs zwischen Roth und Sebald (die einander thematisch und hinsichtlich ihrer Arbeitspraktiken in vielem so nahestehen) ergibt sich vielleicht gerade aus der Perspektive, die die semantische Ambiguität des Wortes „Abgrund" eröffnet. Dazu nochmals ein Blick ins Grimmsche Wörterbuch: Die Partikel „ab" als der erste Teil des Kompositums „Abgrund", etymologisch verwandt mit griech. „apo" (lat. „ab"), historisch entwickelt aus ahd. „abcrunti", mhd. „abegründe",[27] hat in den germanischen Sprachen (wo sie in mehreren Spielformen auftritt) verschiedene Funktionen; sie deutet vor allem auf Distanzen, Trennungen, Differenzen hin.[28] Distanz aber kann Zweierlei bedeuten, sie „ist" immer schon Zweierlei: Eine Trennung von, ein Nicht-dort-Sein einerseits, die Voraussetzung eines Sehens-Von andererseits (denn man sieht „Gegenstände" ja nur aus einer bestimmten Distanz, ohne Distanz kein „Gegen-Stand").

Man könnte hiervon ausgehend die These vertreten, dass gerade Vorstellungen rund um Abgründiges zu Fotos (als Medien des Sehenlassens) eine besondere Affinität haben: Fotomotive erzeugen einerseits Sogwirkungen, scheinen uns in ihre virtuellen Bildräume hineinziehen zu wollen, ohne dass die Bilderoberfläche aber durchdringbar wäre – ein Trennungs-Effekt bestimmt die Perzeption. Und zugleich ist das Foto eine Materialisierung derjenigen „Distanz", die ein Sehen von Gegenständen als Gegen-Ständen ermöglicht, auch von solchen, die man nicht ganz versteht, die rätselhaft bleiben. So wenig die Bilder in Sebalds und Roths Büchern von der Wirklichkeit auch mitzuteilen vermögen – sie bieten über diese doch immerhin visuelle Informationen und hinterlassen damit Spuren in unserem Bewusstsein, unserem Bildgedächtnis, unseren inneren Wissensspeichern.

---

27 Grimm: *Deutsches Wörterbuch*. Bd. 1, Sp. 51.
28 Vgl. die Beispiele bei Grimm, Bd. 1, Sp. 6–10. Eine Analogie besteht zu „von" (im Sinne von „weg"); signalisiert wird ein Ausgehen- oder Fortgehen-von-Etwas (wie auch beim mit „ab" etymologisch verwandte englischen „of").

4 „Abgrund der Unordnung". Über Ordnungsmuster und ihre Zwischenräume bei Michael Lentz (und Ror Wolf)

Ein Bild, nochmals: Das IV. Kapitel von Michael Lentz' Poetikvorlesungen *Atmen. Ordnen. Abgrund* ist (wie die anderen Kapitel auch) einem Kernbegriff traditioneller Rhetorik gewidmet, der „Memoria".[29] Wie als Motto steht dem Kapitel die Reproduktion einer Collage von Ror Wolf voran, entnommen dem Werk *Raoul Tranchirers Enzyklopädie für unerschrockene Leser*, Band 11.[30] Eine am unteren Rand der Collage zu sehende Landschaft aus bewaldeten Klippen und Meeresufer findet im Himmelsraum ihr Spiegelbild. Was sie von diesem unterscheidet, sind nur zwei weitere in die Collage eincollagierte Bildelemente: ein Männerkopf und ein Stück Knochengerüst. Zwischen beiden Bildern erstreckt sich eine dunkle Zone, in der nur ein (selbst durch seine Struktur mondförmig wirkendes) Bild der Mondphasen zu sehen ist – ein visuell undurchdringlicher Tiefenraum, ein Himmelsabgrund, wenn man das Bild denn insgesamt als mimetische Darstellung einer Gesamtszene betrachtet. Betrachtet man es hingegen als Collage aus Einzelbild-Teilen, so erscheint die dunkle Zone als die eines Nicht-Bildes, eines Zwischenraums zwischen den Bildelementen, als ein Dunkel, das sich der Deutung verweigert.

Lentz entwickelt in seinen Poetikvorlesungen eine dezidiert poetologische (literaturreflexive) Perspektive auf Abgründe. Dass er die Vorträge der Rhetorik widmet (die „Dame Rhetorica" steht im Zentrum des Prologs), ist mehr als eine Hommage an die Geschichte rhetorisch grundierter Reflexionen über Literatur: Es entspricht Lentz' eigener Poetik.

Schreiben, das heißt für Lentz: Dinge ordnen, Geordnetes herstellen, *Ordnung* herstellen, Distanz zur Unordnung gewinnen (und sei es, dass diese in Koffer gesteckt wird und diese Koffer dann ihrerseits versteckt werden, wie es laut Lentz in Ror Wolfs Szenarien gelegentlich geschieht, s.u.) – und zwar unter dem Patronat der Rhetorica (und ihrer Teile, also der inventio, dispositio, elocutio, memoria und actio) – also der Kunst, geordnet zu sprechen und zu schreiben. Ordnung erscheint dabei – eine Lentzsche Pointe – als Kompensation. Im Kapitel „Memoria" heißt es:

> Es ist die über das Medium des Wortes bedingte Distanz, die wir zu den dargestellten Ereignissen haben, die uns den Abgrund ertragen läßt in der Annahme, uns selbst auf gesichertem Gelände zu befinden. Eine Annahme, der wir uns immer wieder vergewissern müssen. Wir hören

---

29   Michael Lentz: *Atmen, Ordnung, Abgrund*. Frankfurt am Main: Fischer 2013.
30   Lentz: *Atmen*. S. 209.

von ferne rufen. Literatur schafft dieses Distanzierungsmoment der ‚Selbst-Entlastung' [in der Endnote des Textes findet sich eine Referenz auf Hans Blumenberg, *Arbeit am Mythos*, Ausgabe von 2006] von existenzieller Angst, indem sie das Unbegreifliche und Änigmatische erzählbar macht und ihm einen Namen gibt. Solcherart ist Literatur ein mythopoetisches Verfahren, das Furcht und Schrecken *per distans* in Genuss wandeln kann.[31]

Ein Kernthema der Poetikvorlesungen sind Verfahren der Komposition, der Strukturbildung – und zwar gerade angesichts von Unstrukturiertem. Lentz begreift sie als Kernaufgabe der „Rhetorik" – diese ist vor allem die Kunst des Ordnens der Rede (Lentz: *Atmen*. S. 118). Es gilt, Wörter anzuordnen, um damit Aussagen und mittelbar damit auch die Gegenstände der Aussage zu ordnen. Wenn literarische Arbeit eine Ordnungsarbeit ist, dann im Sinne eines Sich-Abarbeitens am Verworrenen, Unscharfen, Diffusen. Stets lauert, so Lentz, der „Abgrund der Unordnung". Welche gestalterischen Reaktionen löst er aus? Was liegt zwischen dem Geordneten? Wodurch bleiben die Zwischenräume sichtbar, wahrnehmbar, intellektuell gegenwärtig – die Abgründe innerhalb der Texte und ihrer Botschaften?

Ein Kapitel der Poetikvorlesung steht unter dem Titel „Ror Wolf – Ordnung". Es nennt als Anknüpfungspunkt (neben dem zentralen Ordnungs-Begriff) also einen Schriftsteller und Künstler, der u.a. die dem Kapitel vorangestellte Collage geschaffen hat. Wolfs Collagen, aus zerschnittenen Bildmaterialien neu gefügt, und seine Texte, aus mannigfachen Textzitaten montiert und diese fortspinnend, demonstrieren das Zusammenspiel von Deformation und Neuformation. Ein von Wolf in verschiedenen Werken praktiziertes Verfahren besteht in der Aneinanderreihung von Artikeln zu Stichworten, analog zu Lexikoneinträgen.[32] Was dabei oberflächlich geordnet wirkt, ist eine Parodie auf Ordnung: Die Artikel sagen nichts, wenig oder Abseitiges zu ihren Stichworten; die alphabetische Reihung ist zwar „ordentlich", die Auswahl der Lemmata aber provokant unsystematisch; die Ausführungen als solche enthalten noch dazu inhaltliche Brüche, bieten seltsame Anspielungen, absurd erscheinende Informationen und kaum nachvollziehbare Beschreibungen.

Unter Ror Wolfs bzw. „Raoul Tranchirers" Lemmata tauchen auch Stichworte wie Ordnung und Unordnung sowie das Stichwort Abgrund auf – und auch hier

---

31 Lentz: *Atmen*. S. 260.
32 Ror Wolfs *Enzyklopädie für unerschrockene Leser* umfasst sieben Bände, darunter als Band 7 *Raoul Tranchirers Notizen aus dem zerschnetzelten Leben* (2014); eine Auswahl aus älteren Bänden bietet *Raoul Tranchirers Taschenkosmos* (2005).

wird jeweils die oberflächlich „geordnete" Rede zum Anlass, ihre Brüchigkeit, Dunkelheit und Abgründigkeit wahrzunehmen. So enthält in *Raoul Tranchirers vielseitiger großer Ratschläger für alle Fälle der Welt* (in der erweiterten Ausgabe von 1999) der Artikel „Abgrund" eine typische Nicht-Erklärung:

> Abgrund. Es ist gefährlich, zur Zeit eines Sturmes an einem Abgrund entlangzugehen. Ein unvermuteter Windstoß kann den Spaziergänger aus dem Gleichgewicht bringen oder ihm unversehens den Hut vom Kopf wehen. Der Spaziergänger will danach greifen, er stolpert, rutscht aus, fällt hinab und verliert am Ende das Leben. Es wird in diesem Fall nicht darauf ankommen, was danach passiert.[33]

Lentz geht in seinen Ausführungen auf ein anderes „Tranchirer"-Lemma ein: auf das Stichwort „Ordnung":

> In seiner jüngsten Unternehmung, *Notizen aus dem zerschnetzelten Leben*, findet sich ein Text unter dem bürgerlich-enzyklopädischen Stichwort *Ordnung*. (...) Es gibt (...) Ordnung. Diese schreibt und spricht sich, es ist die Sprache.
> [Zitat Ror Wolfs:] Ordnung. In den Bodenräumen, die Lamm noch nicht in Ordnung gebracht hat, soll die Anhäufung und Ausbreitung fremder Gegenstände größer sein als im Keller, wo er einige Kleinigkeiten entdeckt und geordnet hat. Zum Beispiel einen Gegenstand von flaschenförmiger Gestalt, der mit einer wässrigen Feuchtigkeit gefüllt ist. Lamm hat vergessen, was er ist, er weiß auch nicht, was er damit anfangen soll. Deshalb hat er die Flasche im Kleiderkoffer untergebracht. Der Kleiderkoffer befindet sich im Fliegerkoffer, dagegen befindet sich der Notkoffer im Überseekoffer und der Schminkkoffer in der Hutschachtel.[34]

Lentz' Kommentar zu der zitierten Passage Ror Wolfs ist eine Passage über Ordnungen und Abgründe der Texte – und vor allem über das, was gerade mit dem Ordnen, dem Strukturieren an unauslotbaren Zwischenräumen der Mitteilung entsteht:

> Etwas in Ordnung bringen – mit der Typologie seiner Koffer hat der Ich-Erzähler zumindest eine namentliche Ordnung hergestellt. Im

---

[33] Ror Wolf: *Raoul Tranchirers vielseitiger großer Ratschläger*. Frankfurt am Main: Fischer 1999. S. 14.
[34] Lentz: *Atmen*. S. 187–188.

Fliegerkoffer ruht der Kleiderkoffer, in dem sich diese merkwürdige flaschenförmige Gestalt befindet, und das Wort ‚Gestalt' verdient einige Aufmerksamkeit. Wie Krapp in Samuel Becketts Stück ‚das letzte Band' seine Erinnerungen nach dem Matrjoschka-Prinzip organisiert und archiviert, so stellt der Ich-Erzähler in Ror Wolfs Prosa- und Collagenband ‚Raoul Tranchirers Notizen aus dem wirklichen Leben' unter dem Lemma ‚Ordnung' ein Ordnungssystem nach dem Matrjoschka-Prinzip her, indem er das Kleinere im Größeren unterbringt und so der Wahrnehmung entzieht. Ordnung machen: Das heißt auch: etwas verschwinden lassen. Abweichungen von der Ordnung zum Beispiel [die damit, wenngleich unsichtbar, eben noch da wären]. Der Wahrnehmung entziehen durch verbergen [etwa unter Oberflächen, in Tiefen, in Abgründen, Spalten] heißt sich vergessen machen.[35]

Letzteres klingt zunächst nach „Verdrängen" – also nach einem unter der Ordnung als Oberfläche Verstecken, einem im Abgrund Verschwindenlassen, einem Ignorierenwollen. Aber der Ausdruck „sich vergessen machen" hat selbst einen doppelten Boden; kann er doch gelesen werden im Sinn von „sich selbst zum Vergessen bringen" (also: selbst vergessen wollen) – wie auch im Sinn von: „Sich selbst in Vergessenheit bringen", also: selbst abtauchen. Oder: vor sich selbst abtauchen. So oder so: „Ordnung schaffen, vielleicht kann man sich darauf im alltagssprachlich-pragmatischen Sinne einigen, heißt Endlich-vergessen-Können."[36] Aber wen oder was?

Lentz liest Wolfs Passage als einen meta-literarischen, einen meta-rhetorischen Text, mit dem es um die Arbeit an Abgründen geht; die genannte Figur heißt „Lamm", was kaum zufällig an „Klamm" („Schlucht") anklingt, aber auch an dumme oder Opfer-Lämmer erinnert – und an die Figur Klamm aus Kafkas Roman *Das Schloß*:

An der Aussage, Lamm habe ‚fremde Gegenstände' im Keller ‚entdeckt und geordnet', fällt zunächst eines besonders auf: die an die ersten beiden Stationen der Rhetorik [gemeint sind inventio und dispositio – so lauten auch die Titel der ersten beiden Kapitel bei Lentz] erinnernde Wortwahl der Verfertigung einer Rede. Entdecken als das Fremde finden und ordnen: ‚inventio' und ‚dispositio'. Auf einer metatextuellen Ebene hat Lamm mit den Gegenständen die Wörter zu einem Text geordnet und ‚res' und ‚verba' in eine funktionale Beziehung gebracht:

---

35   Lentz: *Atmen*. S. 117–118.
36   Lentz: *Atmen*. S. 118.

Der Abgrund der Unordnung wartet jedoch lammheimlich [!] bereits am Anfang der Notiz: ‚In den Bodenräumen, die Lamm noch nicht in Ordnung gebracht hat'. (...) Lamm befindet sich somit ‚Vor dem Gesetz' der Ordnung. (...) Die ‚Disgressio' macht Ordnung allererst als solche erkennbar. Ordnung ist ein instabiler Zustand, den Unordnung stets bedroht.[37]

Der zitierte Ror-Wolf-Kommentar gibt Anlass, eine ganz spezifische Spielform bzw. Akzentuierung des Abgründigen in den Blick zunehmen: die „mise-en-abyme" als Strategie, eines im anderen zu verstecken und dieses Versteck in einem weiteren zu verstecken etc. Wo sich Formen, Bilder, Strukturen in sich selbst wiederholen, geht es, so suggeriert der französische Ausdruck, um eine „Plazierung im Abgrund".[38] Irgendwann, darauf weist Lentz hin, sieht man dann zwar gar nichts mehr, weil das Auge der unaufhörlichen Verkleinerung nicht mehr folgen kann, hat aber Ursache, unsichtbare Tiefenräume anzunehmen. Mise-en-abyme-Strukturen in Texten und in Werken der bildenden Kunst sind Manifestationen ästhetischer Selbstreflexion (Kunst stellt Kunst, Bild stellt Bild, Text stellt Text dar), aber wie Jorge Luis Borges anmerkt, können Spielformen der mise-en-abyme auch dazu führen, „daß uns die Realität irreal erscheint".[39]

Das Provozierende an mise-en-abyme-Konstruktionen – also der Konstruktion von Abgründen der Selbstwiederholung inmitten von Texten und Bildern – ist deren Oszillation zwischen Ordnung und Unordnung: Einerseits wiederholt sich, Bild-im-Bild-im-Bild ..., Text-im-Text-im-Text ..., immer wieder das Gleiche, und was könnte „ordentlicher" sein; andererseits lässt sich die Sequenz nur ein Stück weit verfolgen respektive konstruieren; dann beginnt das Unwahrnehmbare, vom Blick nicht mehr Kontrollierbare. Dass ein

---

37 Lentz: Atmen. S. 118–119.
38 Vgl. Lucien Dällenbach: Le récit spéculaire. Essai sur la mise en abyme. Paris: Seuil 1977. Der Begriff „mise en abyme" stammt ursprünglich aus der Heraldik, wo er solche Bildmotive charakterisiert, bei denen ein Bildmotiv als Rahmen eines zweiten Bildes analogen Inhalts fungiert – etwa, wenn auf einem Wappen ein Wappen dargestellt ist. Der Begriff fällt als Bezeichnung einer spezifisch ästhetischen Gestaltungsform erstmals in einer Tagebuchnotiz des französischen Schriftstellers André Gide von 1893. Gide verwendet ihn zur Bezeichnung von Kunstwerken, bei denen das Werk sich selbst zum Thema macht, sich selbst oder etwas, das ihm zugrundeliegt, rahmend einschließt. André Gide: Journal 1889–1939. Paris: Gallimard 1948, Eintrag „La Roque" von 1893 ohne Datum, S. 40ff. – Wichtige Ausführungen über das Darstellungsprinzip der „mise en abyme" finden sich – ohne dass dieser Begriff verwendet würde – bei Jorge Luis Borges. Dieser hat einem Essay von 1939 den Titel gegeben: „Wenn die Fiktion in der Fiktion lebt" (Werke in 20 Bänden. Bd. 4. Hg. von Gisbert Haefs/ Fritz Arnold. München: Hanser 1981. S. 326ff.).
39 Borges: Wenn die Fiktion in der Fiktion lebt. S. 327–328.

Ordnungsverfahren die eigene Nichtordnung, ein kompositorisch-rhetorisches Verfügen über die eigenen Unverfügbarkeiten hervorbringt – ist, wie der Ausdruck „mise-en-abyme" betont, von eigener Abgründigkeit. Der Blick auf Bilder, die Lektüre von Texten: sie können einen Schwindel auslösen, der dem gleicht, der in landschaftliche Abgründe, undurchdringliche Dunkelzonen, unauslotbare Tiefenräume schaut. Literarische Texte, die, sich selbst bespiegelnd, von Abgründen handeln, thematisieren solchen Schwindel nicht nur, sie können ihn auch erzeugen.

Sebalds und Roths Texte entstehen im Zeichen der Auseinandersetzung mit Abgründen, die sie in vielfältigen Bildern bespiegeln – um sich dabei zugleich auch selbst zu bespiegeln. Jeder Schlund, jeder Orkus, jede Untiefe sind zugleich Bilder des Werkes, das wortreich und manchmal auch bilderreich auf Erfahrungs- und Bedeutungsdimensionen verweist, die es zwar beleuchtet, aber nicht auslotet, nicht völlig durchdringt. Und so changiert der Gesamteffekt der vielfach verspiegelten Darstellungen von Welt und Geschichte zwischen einem Sehenlassen, das Faszinations-, ja Sogeffekte erzeugt – und der Vermittlung der Einsicht in die unüberbrückbare Distanz zu dem, worum es „im Grunde" geht.

5 Fazit

Der Abgrund, so bestätigt der Blick auf Werke neuerer Literatur, ist eine ursprünglich raumbezogene Denkfigur mit vielen, teils divergenten Bedeutungen. Dies betrifft auch und gerade „Abgründiges" in Kontexten expliziter oder impliziter poetologischer Reflexion. Nicht nur Darstellungen abgründiger Orte und im metaphorischen Sinn abgründiger Themen, sondern auch Strukturmodelle wie das der mise-en-abyme bestimmen die jüngere Literaturgeschichte des Abgrunds, der unter verschiedenen Akzentuierungen zur poetologischen Metapher werden kann – unter spielerischen, sprachartistischen Gesichtspunkten, aber auch im Sinne einer Hinwendung der Literatur zum rational Unauslotbaren und moralisch Unfasslichen.

Blicke in Abgründe historischer Gewalt und menschlicher Grausamkeit lösen – Roth bietet verschiedene Beispiele dafür – ein literarisches Schreiben aus, das sich dem Erbe kritischer Aufklärung verpflichtet fühlt, auch wenn es deren Optimismus nicht teilt. Roths Selbstverständnis als Autor ist stark geprägt durch das Schreiben von Reportagen, und die Präzision und Fülle der Beobachtungen von rational Unfasslichem in seinen Reportagen findet in seinen literarischen Texten ihr Pendant.

Sebald rückt ähnliche Abgründe in den Blick wie Roth (die jüngere deutsche Geschichte, NS-Zeit und Shoah sowie die Verdrängung des Geschehens in der Nachkriegsära beschäftigen beide intensiv). Er akzentuiert neben der Unfasslichkeit von Spielformen menschlicher Grausamkeit und Zerstörungswut aber auch die Einbettung kultureller Vernichtungsprozesse in umfassendere Zusammenhänge. Beobachtet wird eine sinnlose Natur, die im Lauf der Zeit alles verschlingt, eine Zeit, die unaufhaltsam alles und alle über die Klippe in den Abgrund stürzen lässt – wie ein die eigenen Kinder in den Abgrund seines Schlundes reißender Saturn. Darstellungen der umfassenden und der konkret-einzelnen Vernichtungsprozesse obliegen der Literatur in besonderem Maße, aber zu zeigen vermag sie ihre Gegenstände nur vom Rand des Abgrunds, von Oberflächen aus. Als Zeitkritiker Roth nahe stehend, ist Sebald in seinen Befunden radikaler. Auch Darstellungsversuche von Abgründigem reflektieren sich selbst kritisch: Fotos (von Sebald in seine Werke integriert) erscheinen als Oberflächen, die nur undeutliche Blicke in Untiefen gestatten, Texte vermögen nur anzudeuten, wovon die Rede ist.

Michael Lentz' Reflexionen über Abgründe fokussieren in den vorgestellten Texten die Unmöglichkeit von Ordnung, und das heißt auch: von Begreifbarmachen, von intellektueller Bewältigung. Der Schwindel, der uns erfasst, wenn wir in Abgründe blicken, hat neben einer zutiefst verunsichernden Wirkung aber auch einen (und sei es „lammheimlichen") Reiz; Schwindel zu erregen und zu empfinden, hat eine ludistische Komponente, ist ein Spiel mit dem Schwindel (ilinx), den Roger Caillois als eine Ausprägungsform des Spiels erörtert hat.[40]

Es mag mit Blick auf die angeführten Werke von Roth, Sebald und Lentz in ihrer Komplexität eine abbreviatorische Vereinfachung sein, sie mit Formeln wie „Kritik menschlicher Gewalt", „selbstkritische Darstellungsreflexion" und „abgründiges Spiel" zu charakterisieren, aber immerhin verweisen diese Formen doch auf die programmatischen Beiträge dieser Autoren zu einer Poetik des Abgründigen, wie sie die neuere Literatur in vielen Erscheinungsformen prägt.

Bibliografie

Borges, Jorge Luis: Wenn die Fiktion in der Fiktion lebt. In: *Werke in 20 Bänden*. Bd. 4. Hg. von Gisbert Haefs/ Fritz Arnold. Frankfurt am Main: Fischer Verlag. S. 326ff.

Dällenbach, Lucien: *Le récit spéculaire. Essai sur la mise en abyme*. Seuil: Paris 1977.

---

40   Roger Caillois: *Die Spiele und die Menschen. Maske und Rausch*. Berlin: Matthes & Seitz 2017.

Doppler, Alfred: *Der Abgrund. Studien zur Bedeutungsgeschichte eines Motivs.* Graz/ Wien/Köln: Böhlau 1968.

Gide, André: *Journal 1889–1939.* Paris: Gallimard 1948.

Grimm, Jacob/ Grimm, Wilhelm: *Deutsches Wörterbuch.* Bd. 1. Reprint der Ausgabe Leipzig 1854, München 1984, Sp. 6–10: „abgrund".

Heinrichs, Hans-Jürgen: *Reise ins Unsagbare. Hans-Jürgen Heinrichs im Gespräch mit Gerhard Roth.* Wien/Salzburg: Residenz 2015.

Lentz, Michael: *Atmen, Ordnung, Abgrund. Frankfurter Poetikvorlesungen.* Frankfurt am Main: Fischer 2013.

Materialien zu Die Archive des Schweigens. Informationen und Materialien zur Literatur. Hg. Uwe Wittstock. Frankfurt am Main: Fischer 1992.

Roth, Gerhard: *Die Archive des Schweigens.* Frankfurt am Main: Fischer: Band I: *Im tiefen Österreich. Bildtextband.* 1990. – Band II: *Der Stille Ozean. Roman.* 1980. – Band III: *Landläufiger Tod. Roman.* 1984. – Band IV: *Am Abgrund. Roman.* 1986. – Band V: *Der Untersuchungsrichter. Die Geschichte eines Entwurfs. Roman.* 1988. – Band VI: *Die Geschichte der Dunkelheit. Ein Bericht.* 1991. – Band VII: *Eine Reise in das Innere von Wien. Essays.* 1991.

Roth, Gerhard: *Orkus. Romanzyklus.* Frankfurt am Main: Fischer: Band I: *Der See.* 1995. – Band II: *Der Plan. Roman.* 1998. – Band III: *Der Berg. Roman.* 2000. – Band IV: *Der Strom. Roman.* 2002. – Band V: *Das Labyrinth. Roman.* 2004. – Band VI: *Das Alphabet der Zeit.* (Autobiographie) 2007. – Band VII.1: *Die Stadt. Entdeckungen im Inneren von Wien.* 2009. – Band VII.2: *Orkus. Reise zu den Toten.* 2011.

Roth, Gerhard: *Im unsichtbaren Wien. Fotografien aus Wien von 1986–2009.* Mit 826 Abbildungen. Wien/ München: Christian Brandstätte Verlag 2010.

Roth, Gerhard: *Im Irrgarten der Bilder. Die Gugginger Künstler.* (Bilddokumentation und Kommentar) St. Pölten: Residenz 2012.

Schmitz-Emans, Monika: Variationen über Abgründe – Vorbemerkung. In: *Abgründe.* Hg. von Petra Gehring/ Kurt Röttgers/ Monika Schmitz-Emans. Essen: Die Blaue Eule 2016. S. 7–17.

Schmitz-Emans, Monika: Abgründe bei Gerhard Roth. In: *Abgründe.* Hg. von Petra Gehring/ Kurt Röttgers/ Monika Schmitz-Emans. Essen: Die Blaue Eule 2016. S. 99–112.

Schmitz-Emans, Monika: Unterweltreisen, Unterweltbilder. Zur Dante-Rezeption bei Peter Weiss, W.G. Sebald und Gerhard Roth. In: *Komparatistische Perspektiven auf Dantes „Divina Commedia". Lektüren, Transformationen und Visualisierungen.* Hg. von Stephanie Heimgartner/ Monika Schmitz-Emans. Berlin/ Boston: De Gruyter 2017. S. 227–253.

Schütte, Uwe: *Unterwelten. Zu Leben und Werk von Gerhard Roth.* Salzburg: Residenz 2013.

Sebald, W[infried] G[eorg]: *Luftkrieg und Literatur*. Frankfurt am Main: Fischer 2001.
Sebald, W[infried] G[eorg]: „Die Ringe des Saturn". Frankfurt am Main: Fischer 1995. (verwendete Ausgabe: 2003).
Sebald, W[infried] G[eorg]: *Austerlitz*. Frankfurt am Main: Fischer 2001.
Sebald, W[infried] G[eorg]: *Campo Santo*. Frankfurt am Main: Fischer 2003.
Wolf, Ror: *Raoul Tranchirers vielseitiger großer Ratschläge*. Frankfurt am Main: Fischer 1999.

PART 3

Der Abgrund in der Lyrik / The Abyss in Poetry

∴

8

The Concept of the Abyss in Estonian Poetic Cosmology: from Natural Obstacle to Ecocrisis

Rebekka Lotman

Abstract

In Estonian, the absence of a direct counterpart for 'abyss' leads to the predominant use of the term 'kuristik' (ravine) and, in some specific contexts, 'sügavik' (depth) and 'põhjatus' (bottomlessness). The most common translation equivalent for abyss, 'kuristik', primarily refers to a landform with narrow, vertical walls, often featuring a forest at its base, while 'sügavik' is a broader term for deepness. 'Põhjatus' is an abstract noun derived from 'põhjatu' (bottomless), devoid of any religious associations, which serves as a metaphor for any exaggeration, such as boundless wealth. Nevertheless, this metaphorical complex has proven highly fertile in Estonian poetry, helping to delineate the human condition in the world, one's relationship with the self, the other and God, as well as with society, culture and nature. The chapter unfolds in three parts: exploring the semantics of the Estonian 'kuristik', providing an historical overview of its metaphorical usage, and delving into its imagery in contemporary Estonian poetry. The ultimate goal is to elucidate how contemporary Estonian poetry interprets human existence through the metaphorical complex surrounding Estonian abyss-related words. While in runosong 'kuristik' meant physical obstacles encountered in traversing long distances, in the twenty-first century it has returned to nature, with humans themselves becoming the abysses in the environment. In romantic poetry, this concept marked the human condition; however, in contemporary ecocritical poetry it signifies the condition of nature altered by human activity.

Keywords

Estonian poetry – poetic cosmology – abyss – depth – untranslatables – conceptual metaphor – ecocriticism

1 Introduction

1.1 *Objective and Theoretical Foundations*

The Estonian language lacks a unified equivalent for the term 'abyss'. Depending on the context, the words that emerge are 'kuristik' (ravine) and 'sügavus/sügavik' (deepness/depth), and 'põhjatus' (bottomlessness). As noted in the introduction to this collection, 'abyss', in various shapes and forms, pervades contemporary culture. However, in a language devoid of a concise term embodying the multifaceted meanings of abyss, how does this concept materialise? This article delves into how abysses are represented in Estonian poetry, exploring the characteristics of each term and its unique portrayal of human experience.

This analysis is informed by cognitive semantics, particularly Lakoff and Johnson's metaphor studies. They view metaphor as a culturally specific and linguistically systematic tool shaping our understanding of the world.[1] When exploring the Estonian concept of the abyss, this approach considers it a metaphor within a broader context, alongside other metaphors in the same semantic complex. Metaphor is broadly interpreted, given that in lyric poetry, where the subjective experience (the self, here and now) is paramount, all words acquire a figurative value. In this context, each text element represents the poet's subjective meaning within the given poetic universe, in addition to its common meaning.

Roya Jabarouti identifies three levels in the creation of meaning for metaphors: 1) referential (denotative) meaning, 2) culture-specific association determining metaphorical value, including cultural judgments (for example good or bad), and 3) intra-textual meaning within each textual context.[2] Aligned with this tripartite structure, the article comprises three sections. The introduction elucidates the meanings of various equivalents to 'abyss' in Estonian comparatively, examining their referential meaning, ordinary language use, and instances in translations of philosophical and literary texts. The second part offers a concise overview of abyss imagery in Estonian poetry, spanning from its earliest presence in runic verse to the late 20th century, aiming to outline culturally specific meanings. These initial sections set the stage for the third and final section, which explores the concept of abyss in contemporary Estonian poetry.

---

[1] George Lakoff/Mark Johnson: *Metaphors We Live By*. Chicago and London: The University of Chicago Press 1980.

[2] Roya Jabarouti: A Semiotic Framework for the Translation of Conceptual Metaphors. In: *Signata* 7 (2016). Pp. 85–106. Here p. 99.

While Lakoff and Johnson based their analysis on ordinary language, here poetry serves as the source material. As noted by Mihhail Lotman, the authors of *Metaphors We Live By* underestimate the role of verbal art in the creation and development of metaphors, and in the formation of conceptual systems through language. "Literature (language in poetic function, according to Roman Jakobson) de-automatises everyday speech structures, making them perceptible and playful", observes Lotman.[3]

Natural language is inherently metaphorical, consisting simultaneously of both living and dead metaphors. Dead metaphors are words the metaphoricity of which has been forgotten.[4] Alongside them, a second layer is formed by fixed metaphors, where we do perceive the metaphorical aspect, but their meanings are established and standardised in dictionaries. While the study of metaphors, according to Lakoff and Johnson, helps us understand the ways different cultures experience the world, changes in ordinary language occur as long-term processes, whereas the world and human attitudes are evolving at an increasingly rapid pace. However, poetic language responds directly, reinterpreting, among other things, worn-out expressions and imagery. This article proceeds from the assumption that the most immediate reflections of an era's attitudes and understandings are mirrored in the metaphorical models found in poetry. The final aim of the article is to describe how, through the metaphor of the abyss and related images, Estonian contemporary poetry depicts relationships between individuals and others, society and nature, humans and the cosmos, as well as between humans and the incomprehensible beyond our world.

1.2   Abyss-Related Words in Estonian

In Estonian there is a gap between two different abysses. The Greek term ἄβυσσος, in translations of the New Testament into Estonian, has been rendered in most contexts as the word 'sügavus' (deepness). In older translations simply 'sügav' (deep) is used, in newer ones also 'sügavik' (depth), and in rare cases 'põrguhaud' (hell's grave).[5] Nevertheless, English – Estonian dictionaries, including online dictionaries using artificial neural networks (such as

---

3   Mihhail Lotman: Metafoorid ja elu. In: George Lakoff/Mark Johnson: *Metafoorid, mille järgi me elame*. Tallinn: Tallinna Ülikooli kirjastus 2011. Pp. 7–24. Here p. 20.
4   Jorge Luis Borges has pointed out that if we look deeply enough into the etymology of any word, we are likely to find metaphor somewhere. He cites the example of the Old English word *þreat*, which in the opening verses of *Beowulf* is used to mean 'an angry mob' – in other words, a source of threat. Over time, this specific noun has become an abstract concept (Jorge Luis Borges: *This Craft of Verse*. Cambridge: Cambridge University Press 2000. Pp. 11, 22).
5   For example Luk 8:31. In: *Piibel*. London: The British & Foreign Bible Society 1968.

Google Translate and DeepL Translator), offer 'kuristik' as the first translation of abyss. This is also the common translation in secular texts, both literary and philosophical (as well as for other words derived from ἄβυσσος, for example, the Italian *abisso* and the French *abîme*, etc.). What gives rise to this diversity in translation?

While 'kuristik' is presently the predominant Estonian term for abyss, these words exhibit significant distinctions in meaning on multiple levels. On the referential level, both 'kuristik' and 'abyss' are used in geographic or scientific contexts. However, they refer to entirely different landforms. 'Abyss' (similarly to ἄβυσσος) denotes the ocean floor, the depths of the ocean in the material world. According to a more precise scientific definition, 'abyss' (from approximately the nineteenth century) refers to a zone in the ocean with depths ranging from 3,000 to about 11,000 metres.[6] In oceanography, the term 'abyss' is closely associated with the abyssal plain, indicating not only vertical depth but also a horizontal dimension, an underwater plain on the deep ocean floor. The abyss is therefore the unknown not only in the metaphorical realm but also in the real world: although the abyssal plains cover a significant portion of the Earth's surface, it remains a scientifically rather underexplored area.

On the other hand, the Estonian term 'kuristik' means ravine in the physical world. According to the Estonian explanatory dictionary, it is a "narrow, deep valley with steep upright sides".[7] This landform is characterised by its steepness, acute edges and narrowness. The Oxford dictionary defines abyss as "a very deep wide space or hole that seems to have no bottom",[8] while in Merriam-Webster, it is "an immeasurably deep gulf or great space",[9] indicating that, contrary to the Estonian narrow 'kuristik', space is significant for the English abyss, alongside depth. Geologically, an abyss refers to the deep ocean, whereas ravine bottoms are often covered with forests from an ecological perspective.[10]

Etymologically, 'abyss' comes from the Greek ἄβυσσος, meaning 'bottomless', reflected in German as *Abgrund* and in Russian as *бездна*, which are probably calques from Greek. Thus, we discuss not just depth but boundlessness

---

6   Its Estonian counterpart is a completely unpoetic and scientifically unused word 'abüssaal', which lacks common usage.
7   *Eesti keele seletav sõnaraamat.* https://www.eki.ee/dict/ekss/index.cgi?Q=kuristik.
8   *Oxford Learners' Dictionary.* https://www.oxfordlearnersdictionaries.com/definition/english/abyss.
9   *Merriam-Webster Dictionary.* https://www.merriam-webster.com/dictionary/abyss.
10 However, etymologically, the word may have connections with water, stemming from a Finno-Ugric root. In Finnish, 'kurimus' is a water vortex and a whirlpool or natural karst holes, equivalent to 'kurisu' in Estonian.

in these languages' metaphorical models. In contrast, the metaphorical significance of the Estonian 'kuristik' is centred around a division into two. The explanatory dictionary first provides a scientific definition, followed by a second, metaphorical meaning: "fig. a very large difference, gap, separation, divergence, disagreement, etc." According to the Estonian phraseological dictionary, 'kuristik' is primarily associated with danger: "to be in danger: to be on the edge of a ravine".[11] Therefore, 'kuristik' is deep but not bottomless. What makes it frightening is the potential encounter with the bottom, signifying an end, death. Significant differences exist between the associations of these two words. While both convey depth, 'kuristik' lacks association with biblical chaos and hell, and the meaning is not taken to include endlessness. These words belong to different semantic categories: 'abyss' is primarily an abstract concept (with the oceanographic meaning as a later addition), whereas 'kuristik' is concrete, representing a metaphor where an abstract mental state is conceptualised spatially using concrete terms.[12]

In modern translations, 'kuristik' is predominantly used as a counterpart for abyss.[13] However, the non-equivalence of these words becomes evident in translations where, in the original, abyss belongs to a broader conceptual whole. The literal equivalent, 'põhjatus' (bottomlessness), is also an abstract term, but its usage as a noun is uncommon. Dictionaries offer only the adjectival form 'põhjatu' (bottomless), commonly used in everyday language to signify exaggeration, as seen in phrases such as 'põhjatu lollus' (bottomless stupidity) or 'põhjatu rikkus' (bottomless wealth). In translations, Heidegger's 'Ab-Grund' is translated into 'põhjatus' ('põhi' (bottom) + '-tu' (suffix denoting the absence of X) + '-s' (nominalising suffix)), differing in this aspect from Nietzsche's translations.[14] Such a choice is inevitable if one wishes to convey 'Abgrund' in the

---

11   Eesti kõnekäändude ja fraseologismide andmebaas. https://www.folklore.ee/justkui/moiste.php.
12   Cf. Lakoff/ Johnson: *Metaphors We Live By*. P. 25ff.
13   In addition, John Locke's "precipice", Herman Melville's "gorge" from *Moby Dick*, and J.D. Salinger's "cliff" from *Catcher in the Rye* have all been translated as "kuristik".
14   For example, in the quotation "And if you look long into an abyss, the abyss also looks into you." (Geneology of Morals 3,28) analysed also by Marko Pajević in his Introduction: Thinking the Abyss as a Concept for Cultural Theory and the German 'Abgrund': The Ambivalence of the Human. In: *The Abyss as a Concept for Cultural Theory. A Comparative Exploration*. Ed. by Marko Pajević. Leiden: Brill 2024. Pp. 1–28. Here p. 15 : "Ja kui sa vaatad liiga kaua kuristikku, vaatab kuristik ka sinu sisse." Friedrich Nietzsche: *Sealpool head ja kurja: tulevikufilosoofia eelmäng*. Trans. by Jaanus Sooväli. Tartu: Ilmamaa 2017. P. 146. Also, in the translation of *Thus Spoke Zarathustra*: "Inimene on köis, mis kinnitatud looma ja üliinimese vahele, – köis üle kuristiku." In Friedrich Nietzsche: *Nõnda kõneles Zarathustra*. Trans. by Johannes Palla. Tallinn: Olion 2006. P. 11.

context of Heidegger's ontology, where the word 'põhi' (bottom) also forms the root of 'põhjused' (reasons). On the other hand, similarly to 'kuristik', 'põhjatus' lacks biblical associations.[15]

In Dante Alighieri's *Divina Commedia*, which unites the religious and literary worlds, the word *abisso* is used eight times in *Inferno*, *Purgatorio*, and *Paradiso*. Ülar Ploom has noted that through this metaphor, the semantic structure of the whole work appears: "Dante, on his spiritual journey, reaches from the abyss of sin (*inferno*) to the abyss of doubts (*purgatory*), and from there, to the abyss of (God's) freedom."[16] The abyss is an ambivalent concept here, signifying both a negative, hellish, and bottomless space as well as the celestial infinity, which represents the boundlessness of God. Between these two lies endless human uncertainty. However, in the Estonian translation, different words are used for *abisso*: 'kuristik', 'valurikas kuristik' (painful abyss) and 'piinakuristik' (abyss of torment), 'sügavik' (depth) and 'ürgsügavus' (primordial deepness). According to Ploom, these equivalents are locally justified, although one possibility of interpretation available in Dante's original work through the metaphor of *abisso* is lost.[17]

Therefore, the commonly established use of 'kuristik' as a counterpart for 'abyss' does not reflect the various semantic layers inherent in many European languages. In religious texts, words like 'sügavus' (deepness) or 'sügavik' (depth) are employed. Occasionally, 'põhjatus' (bottomlessness) is used in specific contexts. 'Kuristik' is the most concrete term, while 'sügavik' has broader semantics as it does not refer to a specific landform and therefore does not necessitate steep edges or narrowness. However, linguistically, 'sügavik' is a concrete term. 'Põhjatus' carries the broadest meaning, signifying infinite depth.

Following Lakoff and Johnson's metaphor theory, 'kuristik' requires analysis within a broader conceptual system, not limited to a single metaphor. Subsequent chapters will explore in poems other concepts belonging to the

---

15 Therefore, the use of 'põhjatus' in Heidegger's translations has been criticised by one of Nietzsche's translators Ahto Lobjakas. Ahto Lobjakas/ Siiri Sisask: Kuristi kohal. In: *Tähenduse teejuhid* 2020. https://shows.acast.com/tahenduse-teejuhid/episodes/89-ahto-lobjakas-ja-siiri-sisask-sumeri-naine.

16 On the semantics of the abyss in Dante's *Divine Comedy*, see Ülar Ploom: Sulla semantica dell'abisso nella Divina Commedia. In: *Lingue e letterature d'Oriente e d'Occidente*. Vol. 2. Firenze: Firenze University Press 2013. Pp. 553–564. Ülar Ploom: From the infernal abyss to the abisso dell'etterno consiglio: on Dante's rhetoric of space in the context of (intellectual) freedom. In: *I luoghi nostri. Dante's natural and cultural spaces*. Ed. by Z.B. Baranski/ A. Kablitz/ Ü. Ploom. Tallinn: Tallinna Ülikooli kirjastus 2015. Pp. 206–234.

17 On the translation of *abisso* into Estonian see Ülar Ploom: Ajalooline realia sümboolses ajatus ruumis ehk kuidas ma olen [seni] tõlkinud mõnesid Dante paradiisikujundeid. In: *Tõlkija hääl* IV, 2020. Pp. 56–76.

same semantic complex as 'kuristik' on the referential level, i.e. 'järsakud' (slopes), 'kaljud' (cliffs); concepts such as 'lõhed' (fissures) and related terms such as 'servad' (edges);[18] and metaphorically linked concepts such as 'põhjatus' (bottomlessness), 'põhi' (bottom), 'ava' (gap) and 'sügavus/sügavik' (deepness/depth).

2 A Brief History of Abysses in Estonian Poetry

2.1 Runic Poetry: a Physical Barrier

In the earliest layers of Estonian artistic texts, specifically in runosongs, any influence of the concept of the abyss from other cultures is clearly absent. Here the abyss is not tied to bottomlessness or broader cosmology, rather, it is associated with ravines. Given Estonia's flat landscape and the scarcity of ravines, they don't hold a significant place in the country's oral poetic culture. To understand their significance, one should note that the constitutive elements of Estonian runosong are initial rhymes or sound repetitions within verses and parallelisms in the form of semantic repetition between verses, which are also considered a subtype of poetic synonyms.[19] That is, on the horizontal or verse level, words are connected through sound harmony, with semantic repetition occurring on the vertical level, creating equivalence between lines. For example, in the song *Märdisändi laul* from the Halliste parish, Märt asks the villagers to let him in, describing a long journey: "Viis oli vetta vahela, / **kuus** olli **kurje** jõgesida, / seitse **alba allikida**, / Kahessa **kurja kuristikku**"[20] (Between there were five waters, / six evil rivers, / seven bad springs, / eight evil ravines). Alliteratively, the number eight (*kaheksa*) and evil (*kuri*) are linked with ravines (*kuristikud*), while on the level of parallelism the obstacles show a lengthy and challenging journey. The ravine is one natural obstacle among others, equal to rivers, springs and bodies of water.

In another song about Märt or Mart, *Mardisandi laul*, from Vändra parish, the ravine is even more intriguingly equated with the plain through parallelism: "Kukkusin ma kuristikku / laial ilma lagendikku" (I fell into the ravine, / into

---

18 In Estonian, 'äär' and 'serv' (edges) are etymologically linked to the word 'järv' (lake); the shift of meaning is attributed to lakes often serving as land unit boundaries. See *Eesti etümoloogia sõnaraamat*. https://www.eki.ee/dict/ety/.

19 Juhan Peegel: *Nimisõna poeetilised sünonüümid eesti regivärssides*. Tallinn: EKSA 2004.

20 ERAB, H II 22, 131/2 (74). http://www.folklore.ee/regilaul/andmebaas/. In this and other quotations from Estonian, the poetry translations are by the author of the paper. They are rendered literally with the intention of conveying content, devoid of any artistic intent.

the wide plain of the world).[21] Unlike standard language, this ravine is not contrasted with the plain but symbolises the same thing, an obstacle to traversing distance. This usage makes the ravine a metaphor for difficulty within the material world. Folklorist Mari Sarv has called this type of parallelism, in which contradictions from the viewpoint of standard language are equated, case-specific parallelism (or comparative parallelism). As a striking example, Sarv mentions how in runic songs, even Satan and God can become equivalents: "In this way even words interpreted as antonyms in the regular language, such as God and devil, could turn out to be equivalent in a poetic context, for example 'jumal aga aitaks aita panna, saadan salve lükata' (God helps put [the harvest] in the barn, the devil in the storehouse) (EÜS X 191/2 (24)". Sarv points out that the contradiction here is superficial, as "regular speech antonyms have to have something in common, have to belong to the same category of concept", and this "very same category can easily form a hyperonym or a general concept for the antonyms in runosong parallelism."[22] In oral poetry, there are no abstract categories, instead categories are expressed through lists of concrete concepts, and both 'kuristik' and 'lagendik' (plain) represent surface forms that need to be overcome to reach a destination.

2.2 The Romantic Abyss as a Condition of Self

'Kuristik' transitioned from the material world to the mental in the late nineteenth century when Estonian written poetry began to flourish, influenced by German and Russian Romantic traditions, bringing this distant terrain into the self. In a poem titled "Kuristik", Juhan Liiv laments: "Üks kuristik on mu süda, / Nii vaikne – pime ta, / Ma kardan, kardan väga / Ta sisse vaadata. // Sealt põhjast kaeblikud healed / Mu kõrvu kostavad / kui sureja ohkamised – / Mu langenud lootused nad"[23] (My heart is a ravine, / So silent – dark it is, / I fear, I fear a lot / To look into it. // From the bottom complaining voices / Reach my ears / like the dying's sighs – / Those are my fallen hopes). The ravine takes on the meaning of the poet's mental state, expressing the anguish of his soul and extinguished hopes, very close to the abyss in German, *Abgrund*.

During this period, 'kuristik' mainly symbolised a gap with the beloved, as seen in Anna Haava's works, a leading poet of Estonian romantic literature. In one of her poems the first two stanzas affirm the unity of 'me' and 'you', while

---

21 ERAB, ERA II 211, 275/9 (1).
22 Mari Sarv: Towards a Typology of Parallelism in Estonian Poetic Folklore. In: *Folklore: Electronic Journal of Folklore* 67 (2017). Pp. 65–92. Here p. 83ff., 81, 87.
23 -w: Kuristik. In: *Sakala Lisa* 20, 1889. P. 156.

the third introduces a turning point, suggesting the impossibility of love, with a bewitched ravine as its symbol: "Ja siiski – üks vahe, nii vale, / Üks nõiutud kuristik ta! / Kas meie igatsus iial / Säält enam üle ei saa?" (And yet – a gap, so wrong, / A bewitched ravine it is! / Will our longing ever / Cross over from there again?).[24] A similar, but inverted, image appears in Georg Eduard Luiga's poem, where the unhappy past is described as a dark ravine: "Mu elu küll kaua kui pimedam kuristik näis, / Kus kadun'd kõik ilu ja tulu. / Ent selle läbis üks ingel, misjärel hingest kadus kogu valu" (For long my life seemed like a dark ravine, / Where all beauty and gain were lost. / But an angel passed through it / after which all the pain disappeared from the soul).[25] The angel can symbolise both newfound faith and the beloved woman, bringing wholeness to the lyrical self and erasing the ravine. As in Haava, 'kuristik' here is used to characterise emotional states related to the self.

So, in romantic poetry, 'kuristik' represents an emotional state, conveying gloom, torment and the impossibility of love. External, particularly natural, phenomena responding to the inner world of the poetic subject are prevalent motifs in romantic poetry, with storms, wind, rain, drought, and ravines used to express the self.

2.3   Modernist Poetry: Freedom and Strength

While in runosong and romantic poetry, ravines and abysses clearly represent negativity in the form of physical or mental obstacles, in modernist poetry they become more ambivalent. In Betti Alver's collection *Tolm ja tuli* (Dust and Fire, 1936), the abyss and its metaphorical complex is a leitmotif symbolising creative yearning for freedom, suggesting the potential for personal growth and new possibilities. In the opening poem *Ekstaas* (Ecstasy), considered as a credo, the lyrical self cries out:

> Hing, ära ohus karda hukku,
> vaid senisest end lahti kisu
> /.../
> Sa aimad sügavust ja kuuled
> metsloomi kaljuseinte vahel.
> Kui sa nüüd julgeks minna! Sillaks
> su ees siis kuristikud käänduks,
> hall kivi raskeid vilju pillaks
> ja kiskjad alandlikult taanduks

---

24   Anna Haava: *Põhjamaa lapsed*. Tartu: Postimees 1913. P. 40.
25   Georg Eduard Luiga: *Elu*. In: *Postimehe lõbulisa* 1890. P. 215.

> Soul, fear not death in danger,
> but tear yourself away from the past
> /.../
> You sense the depths and hear
> the wild beasts between the cliff walls.
> Now if you dare to go! To bridges
> then the ravines would bend before you,
> the grey stone would drop heavy fruits
> and the predators would humbly retreat[26]

The poem promotes fearlessness in the face of the unknown, suggesting that even wild predators would obey this fearless attitude. Such courage aligns with Nietzsche's idea that the absence of fear is the basis of happiness: "The person who cannot set himself down on the crest of the moment, forgetting everything from the past, who is not capable of standing on a single point, like a goddess of victory, without dizziness or fear, will never know what happiness is."[27] Alver also sees vertigo as a weakness, believing that only the brave can turn ravines into bridges.

For Alver, the antonym of ravine is bridge, a connecting link, with the primary function of her ravine being separation. This idea is reinforced in a poem that highlights ultra-fine ropes connecting cliffs, urging the reader to seek bridges everywhere.[28] Another poem, dedicated to the fate of the world, underscores the importance of connection, noting that small differences become decisive: from the heights to the bottom of the ravine is just one step, it can be overcome only if you are not lightheaded because of the height ("siis, kui pääd ei päörita, / sul kõrgus"). These ravines must be crossed with light steps, and Alver's poetic persona dances over them like a Nietzschean *Übermensch*: "Toed varisevad tantsides, / kui algab kivipild, / ent kuristikel tantsides / sulgkergusest saab sild" (The stilts collapse in the dance, / when the rock-throwing begins, / but dancing over abysses / being light as a feather becomes a bridge).[29] By letting go of solid ground, human existence gains a new dimension; the fate of the weak who experience vertigo is either to fall into the ravine or remain in the fractured world. While Nietzsche sees fearlessness as transcending human limitations, in Alver's work, fearlessly dancing over the ravine signifies the transformation of the world into a whole. This illustrates the impact of the word's

---

26   Betti Alver: *Tolm ja tuli*. Tartu: Eesti Kirjastuse Kooperatiiv 1936. P. 7.
27   Friedrich Nietzsche: *On the Use and Abuse of History for Life*. Trans. by Ian C. Johnston (https://la.utexas.edu/users/hcleaver/330T/350kPEENietzscheAbuseTableAll.pdf).
28   Alver: *Tolm ja tuli*. P. 8.
29   Alver: *Tolm ja tuli*. P. 13.

denotative meaning on the cultural realm: Alver's persona dances above the abysses, creating new connections in the world.

2.4 From Political Allegory to Existential Condition

In 1940, Russia annexed Estonia, and like the criminal regime in twentieth-century German history, the metaphor of the abyss surfaces in poetry depicting Soviet power. It gained a clear political allegorical meaning in the Gulag poetry of the mid-twentieth century, notably in the works of Valve Pillesaar. Like other political prisoners of the USSR, she was convicted under the infamous Article 58, which covered a range of allegations related to counter-revolutionary activities, and was sent to the Spassky special regime camp in the Karaganda region. In a 1951 poem from a prison camp, Pillesaar describes forced labour in a stone quarry as the "Devil's abyss" ("Kuradi kuristik"), where 'kurat' (the devil) and 'kuristik' form a paronymy, symbolising a personification of the power for whom the prisoners toil. The poem, later titled for her entire Gulag poetry collection, concludes with verses associating 'kuristik' with the biblical 'abyss', hell's grave:

> Kivimäe kuumal kerisel
> kulda kuradile kaevavad varjud,
> surma tumedal künnisel
> süües mustmure mõrudaid marju

> On the hot hearth of the rocky hill
> the shadows dig gold for the devil,
> on the dark threshold of death
> eating the bitter berries of dark sorrows[30]

The Gulag camps are an infernal underworld where lives lost bring wealth not to the earthly world, but to its lord the devil.

The abyss/ravine in the works of Artur Alliksaar, who also faced persecution under Article 58, transitions from the loss of personal freedom to the existential realm. Similar to Dante – who, after being exiled from Florence, expanded the concept of exile in the *Divine Comedy* to encompass the entirety of human existence portraying us all as exiles on Earth, yearning for a true home, which, for Dante, is the Kingdom of God – Artur Alliksaar, sent to the Gulag and later operating as a prohibited underground author, elevated his personal anguish to a universal level. For Alliksaar, the abyss metaphor surpasses individual and societal dimensions, attaining existential significance on a vertical axis, and

---

30   Valve Pillesaar: *Kuradi kuristik*. Tartu: Memento 2000. P. 73.

opposing eternity. Eternity enters consciousness through an astral ray, yet the same light can create an abyss beneath the self:

> Mis südasuve päeval heledal
> mus läitis tuhat kirgast pettevalgust,
> nüüd haigutab kui kuristik mu all
>
> What on a bright midsummer day
> lit up a thousand glittering deceptive lights in me,
> now yawns like an abyss beneath me[31]

Facing death gives birth to the most beautiful art; from the darkest abyss, the most beautiful life emerges:

> Ah, miks küll ilusaim laulude liigist
> peab lauldama hukkuval laeval
>
> Ah, miks küll ilusaim lilledest tärkab
> pimedas kuristikus
>
> Ah, why is it that the most beautiful of songs
> must be sung on a doomed ship
>
> Ah, why is it that the most beautiful of flowers blooms
> in a dark abyss[32]

The abyss and death, both creative forces, signify the birth of something new and beautiful, be it art (song) or life (flower). Beyond being a political allegory, the abyss here reflects the connection of our earthly existence to eternity, boundlessness, and bottomlessness, all interconnected, where one can transform into the other.

2.5 On the Edge of the Abyss between Man and God

'Kuristik', and specifically its dialectal form 'kurist', acquires a religious dimension in the poetry of theologian and prohibited Soviet-era author Uku Masing, who weaves a deep sacral dimension into his work.[33] Masing creates a unique cosmology, of which the 'kurist' alongside 'sügavik' (depth) constitutes one

---

[31] Artur Alliksaar: *Päikesepillaja*. Tartu: Ilmamaa 1997. P. 23.
[32] Alliksaar: *Päikesepillaja*. P. 16.
[33] Vincent B. Leitch compares Masing's religious vision, encompassing joy, despair, abandonment, unity, bliss, dark night, defeat, and victory, to the themes in William Blake's

part, resonating with biblical language. While etymologically 'kuri' (evil) and 'kurist' have different roots, Masing's chosen form particularly emphases its connection to evil, aligning with the biblical notion of hell. For Masing, religion embodies an encounter with the infinite and the indefinable, evoking both attraction and repulsion: "That indefinable, incomprehensible higher power causes both fear and love, initially intertwined in enchantment and fascination."[34] Humans are inherently limited, as expressed at the start of one of his profound poems depicting this abyssal experience: "Ussitand marjake olen tõbisel tikerpu põõsal,"[35] (I'm a worm-eaten berry on a sick gooseberry bush). The poetic persona defines himself as deficient, a fruit eaten by worms, yet the plant from which he sprouted is also sick. In this solitude, he feels no anguish but is at ease before God. He contrasts himself with the wise, who attempt to understand the abyss, measuring and even trying to cross it:

> On ta või mitte,
> millised kuristi mõõdud, mis tema koordinaadid,
> teisele kaldale yldse
> kas saavad kunagi paadid?
>
> Is it there at all,
> what are the dimensions of the abyss,
> what are its coordinates,
> can boats ever reach the other shore?

The poetic self sits at the edge and sings to God: "Oh Jumal, kui kergelt jalgu kõigutan kuristi kohal" (Oh God, how lightly I dangle my feet above the abyss). He senses vastness and emptiness before him, finding lightness as the incomprehensible takes on a positive meaning, associating it with beauty and peace. By lingering at the edge of the abyss, he feels God, and through this recognition, he fears not the depth below. On the contrary, he smiles and laughs where he sits at the edge "säravi jumi" (with a bright face). The abyss becomes positive as awareness of it brings one closer to God, and death means merely coming home from a temporary worldly existence.

2.6 Metaphysically Falling into the Void

Abysses are integral to Ene Mihkelson's associative poetic universe. In the first half of the twentieth century, Betti Alver transformed abysses into bridges.

---

early and late works (see Vincent B. Leitch: Religious Vision in Modern Poetry: Uku Masing Compared with Hopkins and Eliot. In: *Journal of Baltic Studies* 5 (1974). Pp. 281–294.
34   Uku Masing: *Üldine usundilugu*. Tartu: Ilmamaa 2000. P. 19.
35   Uku Masing: *Luule 1*. Tartu: Ilmamaa 2000. Pp. 37–39.

Nearly two generations later, in the second half of that century, Mihkelson's lyric self claims to descend from a grandmother flying over the abyss, though herself lacking this ability:

> Mu vanaema oli suur tuul kuristiku
> kohal kuhu kord kukkusin
> mis kandis teda ei aidanud mind

> My grandmother was a great wind over the abyss
> where I once fell
> what carried her didn't help me[36]

The *Übermensch* era is gone, wings no longer suffice. Reference is made to the redeemer at the abyss's edge, but his significance has also changed: "Üks mees ootamas mind nõlvakul rist selja taga / naelad löömata küpseti piparkooke" (A man awaiting me on a slope, a cross behind his back / without hammering the nails, they baked gingerbread). Christ is not crucified but instead associated with traditional Christmas treats.

Maire Jaanus interprets Mihkelson's oeuvre from a Lacanian perspective as descent into a void, as encounters with unfillable holes. According to Jaanus, this bottomlessness can only be described because it has edges to cling to, that is, words that also postpone the fall into emptiness, which Lacan describes as "inherently absent in the text of the world".[37] Mihkelson's lyric self descends to the bottom, as it is her day job:

> turnimine sügaviku kohal kui puudub tasakaal
> mis tuleb alles leida igal hetkel põhjakivid
> mind valvavad ja kutsuvad Kui katkeb ülelend
> kui tekib tõrge sealt põhjast keegi leiab mind

> climbing over the abyss when there is no balance
> that has yet to be found at every moment the bottom stones
> guard and call me If the overflight ceases
> when a failure arises from the bottom someone finds me[38]

Another Estonian-specific element in the same metaphorical complex emerges here, which will be further discussed in the next section. The word 'põhi'

---

36   Ene Mihkelson: *Kaalud ei kõnele*. Tallinn: Tuum 2000. P. 109.
37   Maire Jaanus: Katsetus Ene Mihkelsoni ja W.G. Sebaldi teemal. In: *Vikerkaar* 12 (2012). Pp. 45–75. Here p. 45.
38   Mihkelson: *Kaalud ei kõnele*. P. 61.

(bottom) is a homonym with the cardinal direction North,[39] creating an inverse association with 'Põhjatäht' (North Star): according to the common metaphor, stars in the sky watch over people, although here 'bottom stones' (põhjakivid) perform that role. Thus, the boundary between the lower and upper is blurred, concluding the poem with a sense of non-existence of spatial dimensions: "Mind olnud pole / ülal ega all" (I have not been / above or below).

The theme of falling to the bottom shifts from personal to national, contrasting the European and modern with the Estonian. Again, the homonym 'põhi' (bottom/North) comes into play with Estonia referred to as 'Põhjamaa' (Nordic country), alluding associatively to both meanings. The vertical dimension of the next verse (lower and upper worlds) connects it with the land located at the bottom of the world (bottom country):

> Virmalised Virmalised ikka ja jälle Põhjamaa
> unede unes taevaäärt hoiavad püsti All- ja üla-
> ilm värvilistes niitides koguni sulavad üheks
> Kuhu nüüd tõusta või kukkuda
>
> Aurora borealis, aurora borealis, and again the Nordic country
> in dreams of dreams the sky's edges support the world below and above
> in colourful threads even melting into one
> Where to rise or fall now[40]

The northern lights merge heaven and earth, erasing the border between above and below, leaving uncertainty in the void.

In Mihkelson's poetry, abyss/depth/bottom forms the essence of being:

> Siis paned käed maastike peale
> sirutad kaugele ette
> ülimat enam ei tulegi
> nüüd algab laskumine
> olemise põhja
>
> Kõike tohib kõike võib
> üksilduse riigis

---

39 For the mythological implications of this polysemy see Jaanus Sooväli, Hasso Krull: Journey to the North: The Experience of the Abyss in Mythology and Philosophy. In: *The Abyss as a Concept for Cultural Theory. A Comparative Exploration.* Ed. by Marko Pajević. Leiden: Brill 2024. Pp. 205–217.

40 Mihkelson: *Kaalud ei kõnele*. P. 259.

> Then you lay your hands on the landscapes
> you reach far ahead
> the sublime no longer comes
> now begins the descent
> to the bottom of being
>
> All is permitted all is allowed
> in the land of solitude[41]

The self is condemned to eternal solitude, where all is permitted, and perfection is manifested in remoteness – an emancipation from chains, transcending time into eternity, a perfect state:

> Aeg on lahti pääsenud eludest, mis piiravad lõikavad pooleks ühtsuse ahelad raamitud eraldiolekus on igavik igavesti täiuslik
>
> Time has escaped from lives that limit cut into halves the shackles of unity in the framed isolation is eternity eternally perfect[42]

The essential disjunct is visually emphasised by splitting the word halves with a hyphen.

3 Twenty-First Century Abysses

3.1 *Psyche: Memory and Unconsciousness*

Hyphenations are also incorporated into the process of meaning-making by Carolina Pihelgas, in whose poetry the figure 'kuristik' signifies a part of her lyrical self's identity, the unconscious, and absent memory. Ene Mihkelson's poetic persona could no longer (unlike her grandmother) soar above the abysses and descends to the bottom. The lyric self of the contemporary poet Pihelgas is born as a child of abysses: "Olen kuristike tütar ja pinna- / pealseid haavu ma ei löö"[43] (I am the daughter of abysses and super- / ficial wounds are not struck by me), emphasising by hyphenation the depths of the wounds. Originating from the darkness symbolises the absence of the past, living

---

41 Mihkelson: *Kaalud ei kõnele*. P. 29.
42 Mihkelson: *Kaalud ei kõnele*. P. 19.
43 Carolina Pihelgas: *Pimeduse pisiasjad*. Tartu: Kaksikhammas 2017. P. 15.

without memories, becoming a source of strength to overcome challenges. Yet, one must descend to the missing memory for life to be liveable, encountering traumata at the bottom:

Kõige
põhjas ihub mälu karmil
ja keskendunud ilmel kirvest

At the very
bottom memory hones the axe blade
with a harsh and focused expression[44]

Unexpectedly, childhood orchards can bring her to the edge of the abyss, touching the hem of a profound darkness: "ühe sügava tumeduse serva" (to the edge of deep darkness).[45] In several instances, the poetic persona indeed longs to dissolve into the boundless darkness that neither rejects, nor offers, refuge:

Otsida ikka pääsu, sinna tumedasse hetke,
tõelisesse varjupaika, mis ei saa kunagi kedagi
tagasi lükata, veel vähem siis kaitsta

Always seek an escape, into that dark moment,
into a true sanctuary that can never push anyone
away, much less protect them[46]

In Romanticism, embodying the abyss within oneself symbolised a mental state; now, it delves even deeper into the unconscious. The dark, unconscious realms at the core of a person can find reflection in poetry. Composing poetry is akin to standing at the edge, an attempt to reach the birthplace of darkness in the abyss: "Pimeduse juured luuletuse südamikus, / inimese ja öö südamik selle kauge maa sünnikuristiku serval"[47] (The roots of darkness in the heart of the poem, / the core of man and night on the edge of this distant land's birth abyss). At that edge, an old deaf-mute man guides the way, urging one to follow blindly, embracing all human vulnerability "esimese elusolendi jõuetusega"[48] (with the weakness of the first living being). One must embrace, not cross, the

---

44   Pihelgas: *Pimeduse pisiasjad*. P. 18.
45   Pihelgas: *Pimeduse pisiasjad*. P. 67.
46   Pihelgas: *Pimeduse pisiasjad*. P. 73.
47   Pihelgas: *Pimeduse pisiasjad*. P. 75.
48   Pihelgas: *Pimeduse pisiasjad*. P. 75.

abyss. And strength is no longer valued, these journeys require one to embrace human helplessness.

Tõnis Vilu, too, places the abyss in the psyche, and his lyrical self also encounters a peculiar creature above it. Vilu's construction is even more intricate: his persona's state of happiness generates tinnitus, a sound as high as a mountain. Having climbed that mountain, he meets a small creature at the summit who laments how terrifying it is for him when someone climbs up, with the clatter of boots over the great abyss. Thus, his state of happiness is always linked to horror, manifested in climbing to the top of the mountain, expressing awareness of an internal abyss.[49]

3.2   The Ambivalence of Topology and Values

Surrealist poet Kristjan Haljak's lyric self does not formulate itself at the bottom, above, or at the edge of the abyss, rather, the topology of abysses in his work is ambivalent, often encompassing all positions simultaneously. In one poem, the abyss surrounds him on both sides, thick on one and dense on the other,[50] signifying simultaneously material density and immaterial emptiness. The ground beneath the poetic persona, which names itself silence amid the abyss, is also unstable, and causes physical pain, yet standing there is a free choice:

> ma seisan selle nõela peal
> täpselt nii kaua kui ma selle peal
> seista tahan
>
> I stand on this needle
> exactly as long as I
> want to stand on it[51]

Haljak blurs the topological distinctions of the abyss in other poems as well, equating standing at the edge with being inside. Furthermore, the abyss is linked to desire, illustrated in a poem where the irrationality of love is conveyed through the symbolic representation of intoxication and the ocean:

> armastus on purjus maarja
> sõge ahne ja soe
> lõhnab hästi nagu ookean

---

49   Tõnis Vilu: *Tundekasvatus*. Tartu: Häämaa 2020. P. 16.
50   Kristjan Haljak: *Uus inimene*. Tallinn: Tuum 2017. P. 31.
51   Haljak: *Uus inimene*. P. 31.

love is a drunken mary
mad greedy and warm
smells good like the ocean[52]

Here, sensual pleasures are underlined by the danger posed by the depths below. Again the poet is on uncertain ground – love caresses a supple hip and the lyric self is both on a bridge above the abyss, and also inside it:

kitsal sillal kuristiku kohal
märkamatult nurrub tõde
kuristiku peopesas

on a narrow bridge above the abyss
imperceptibly the truth crumbles
in the palm of the chasm

In his poetry book *Elektra Domina*, Haljak uses this metaphor to depict being on the border as a perfect state, and again this means simultaneously being inside and on the edge of the abyss:

mitte vajuda mitte tõusta õhku püsida su kuristikus
[...]
niiviisi leegionina ihkan sooja timukana nukkuda su kuristiku serval

not to sink not to rise to the air to stay in your abyss
[...]
as a legion I long to pupate as a warm executioner on the edge of your abyss[53]

The lyric self compares itself to a hangman and a large military unit, and the you to an abyss. Though both share the semantic field of death, the legion embodies the masculine, while the abyss, as a cavity, represents the feminine. The desire to sleep in it is psychoanalytically associated with both death and sex drive.

The vagina as a life-threatening abyss is explicitly depicted by Maarja Kangro, referring to a motif found in the folklore and mythology of very different and distant cultures, in which the danger of female sexuality is depicted through a toothed vagina:

---

52 Haljak: *Uus inimene*. P. 16.
53 Kristjan Haljak: *Elektra Domina*. Tartu: Kaksikhammas 2023. P. 40.

aga kes hukule määratakse
kukub
sügavale
alla
khm
vittu

jaa me oleme
(tõesti oleme) *vaginae dentatae*

but who is doomed
falls
deep
down
ahem
into the cunt

yes we are (really we are) *vaginae dentatae*[54]

Psychoanalytically this is interpreted as a fear of castration, but also as an abyss within the woman.[55]

Hasso Krull's depiction of a gap gains an additional dimension through its graphic solution, highlighting the vertical (upper–lower) and horizontal axes (left–right) of the opening:

aga mis see on	otse keset köit on lünk
imelik ava	mis hoopis mujale juhatab
kuidas astuda	sellest üle kuidas jõuda
teisele poole	kui päikegi lupsab sealt läbi
	esivanemate ilma
but what is this	a gap right in the middle of the rope
weird gap	which leads elsewhere
how to go	how to reach over
to the other side	when even the sun leaps through it
	to the world of the ancestors[56]

---

54 Maarja Kangro: *Tuul*. Tallinn: Nähtamatu ahv 2019. P. 19.
55 See Solemar Otero: Fearing our mothers: An overview of the psychoanalytic theories concerning the vagina dentata motif F547.1.1. In: *The American Journal of Psychoanal* 56 (1996). Pp. 269–288.
56 Hasso Krull: *Ava*. Tartu: Kaksikhammas 2021. P. 41.

The poem can be read in two ways: as a two-stanza poem, following the left column and then the right, and as a monostanzaic poem with the space as a caesura in the middle. Thus, three possible stanzas emerge, although in all three units, the thematic content is similar, addressing the question of overcoming the gap without offering answers. Therefore, this graphic solution suggests that crossing the gap does not fundamentally change anything, the differences between its parts are superficial. However, since the opening verse indicates that there is a gap in the middle of the rope, and this gap is physically in the same line, the fragmented rope serves as a metaphor for the text or language above the world of ancestors. The ancestral world in the last line signifies otherness but can also be seen as a connector of gaps.

In another poem, *kodu on alati ilus* (home is always beautiful), Krull depicts infinity through the image of an abyss. Little Krishna has eaten mud, so his mother looks into his throat and sees the whole world, including their village and home. She also sees herself looking into this throat, leading finally back to the beginning and forming and endless chain:

> iga kodu on ilus
> igast kodust võib saada pommiauk nagu kuristik
>
> see kuristik on nii armas täis musta muda
> mida väike Krišna jõe ääres himukalt sõi
>
> every home is beautiful
> from every home, a bomb crater can emerge like an abyss
>
> this abyss is so lovely full of black mud
> which little Krishna eagerly ate at the riverbank[57]

From Krishna's muddy throat, an endless chain forms, revealing a world with an abyss filled with the same mud he consumes.

Elsewhere Krull underscores the relativity of depth: "sügavik on kõige kõrgem torn"[58] (the depth is the highest tower). Similar to Haljak's abyss, it is a positive, life-giving place, "meie pesade pesa" (the nest of our nests). The self addresses the abyss in a rather familiar way, asking it to scratch behind its ear, "sügavik süga mind kõrva taggant". While the term 'kuristik' is paronymically linked to evil (kuri), here, the depth's (sügavik) paronymy 'scratch' ('sügama') appears. Through this metaphor, the poetic persona becomes the pet of the depths.

---

57 Hasso Krull: *Sulalumi*. Tartu: Kaksikhammas 2023. P. 11.
58 Hasso Krull: *Veel ju vist*. Tallinn: EKSA 2012. P. 53.

3.3 Identification with the Abyss and the Bottom

Jürgen Rooste challenges conventional values in everyday language and romantic poetry, where falling into a ravine is typically viewed negatively. His lyric self identifies itself with ravines. His ravine poems intertextually reference J.D. Salinger's *The Catcher in the Rye*, translated into Estonian as *Kuristik rukkis* (Ravine in the Rye). The title originates from Holden Caulfield's desire to be a catcher in the rye, saving children from a cliff. The shift in the Estonian translation emphasises the concealed danger in the field. In English, the danger lies in the cliff, which is not as steep as a ravine, and not loaded with strong cultural connotations as is the Estonian 'kuristik'.

Rooste explores this Salinger motif in several poems. In one, he declares: "ma olen rukkikuristiku koll / ja söön lapsi"[59] (I am the bogeyman of the rye ravine / and eat children). As 'he' (a clear allusion to Holden) has aged and wearied, children easily evade the rescuer, and the lyric self peacefully consumes them. The poem concludes with the ambivalence of existence:

> elu öeldakse mu nimeks
> surm – lausuvad teised
>
> need rumalad
>
> life is said to be my name
> death – say others
>
> the fools

Therefore, falling into the ravine signifies again both life and death, with the boundaries between them blurred.

In another poem, Rooste's persona stands at the ravine's edge trying to catch children, not to save but to bless them before their fall:

> selles välus oli kuristik ja
> mina püüdsin neid
> suudlesin põsile
> enne kui nad langesid
> langenud lapsed ja
> langenud inglid
> nende päralt on kunagi
> uus maailm

---

59 Jürgen Rooste: *Kuidas tappa laulurästikut*. Tallinn: Verb 2011. P. 37.

in this field there was a ravine and
I caught them
kissed their cheeks
before they fell
fallen children and
fallen angels
theirs is ever
a new world[60]

The poet also aligns his lyric self with decadent decline, identifying it with the bottom, particularly the sea floor, bragging: "ma olen mees kes elab mere põhjas"[61] (I am a man who lives at the bottom of the sea). In Estonian, the phrase 'põhja käima' (literally 'to go to the bottom') signifies moral or material decline, a downfall. His poetic self aligns with the bottom, a courageous choice, as the sea floor is static and timeless, a place of no escape, yet enjoyable: "siin on märg ja lõbus" (it's wet and fun here).

3.4 The Word 'Põhi' as a Homonym and Its Derivatives

As mentioned, 'põhi' in Estonian is ambiguous, denoting both North and bottom, as explicitly noted by Jüri Talvet:

Nüüd lendan taas põhja, veider, et põhi
on mu emakeeles seesama mis põhi, sügavik,
mis kusagil lõpeb. Ons Põhjanael taevasügaviku
põhi, jumala jalgealune?[62]

Now I fly again to the North, strange that the North
in my mother tongue is the same as the bottom, depth,
which ends somewhere. Is the North Star the sky's abyss,
the bottom, below God's feet?

In Mihkelson's poetry, the North/bottom Star parallels North/bottom stones in the deep earth. Talvet links the sky as an abyss, drawing a parallel with subterranean depths, an infernal abyss below and a celestial, godly abyss above.

Such metaphorical ambiguity is encountered by many poets, for example, Kristiina Ehin: "põgeneme põhja / sest põhi on veel puutumata"[63] (we flee

---

60   Jürgen Rooste: *Higgsi bosom*. Tallinn: Näo Kirik 2012. P. 67–68.
61   Fs: *Tätoveerimata inimene*. Tallinn: EKSA 2010. P. 8.
62   Jüri Talvet: *Tsampika ja teisi luuletusi*. Tartu: Ilmamaa 2020. P. 13.
63   Kristiina Ehin: *Luigeluulinn*. Tallinn: Huma 2004. P. 20.

to the North / because the bottom remains untouched); Andra Teede: "me ei käinud põhja / me sõitsime sinna"[64] (we did not go to the bottom [North] / we drove there). Thus, not only does the sky signify bottom, but also vice versa: the cardinal direction 'põhi' takes on the dimension of bottom or infinity.

Through 'põhi' and its derivatives, Mats Traat criticises society, seeing the contemporary world as a chaotic, hellish machine:

> irreaalselt,
> kuid põhjalikult.
> Põhjustel pole põhja all
>
> irrationally,
> but profoundly.
> The reasons have no foundations[65]

Chaos governs the whole of society, and that is hell, i.e. the abyss.

3.5 Superficiality and Depth

Elsewhere, Traat places human existence over an abyss, with birth on one side and death on the other:

> surm ja sünd kaks kaljunukki
> nende vahel kõikumas
>
> olemise rippsild
> ettemäära(ma)tuses
>
> Death and birth, two cliffs,
> between them,
>
> the rope bridge of being is swaying
> in (in)determination[66]

Life entails movement from one shore to the other, with death on the other side of the ravine, not below in the abyss. Existence, beyond linear birth-to-death movement, includes a vertical dimension – living towards death along an uncertain, swaying rope bridge. The abyss extends beneath existence, adding a

---

64   Andra Teede: *Käigud*. Pärnu: JI 2011. P. 97.
65   Mats Traat: *Tuulelagi*. Tallinn: EKSA 2019. P. 17.
66   Traat: *Tuulelagi*. P. 31.

transcendent layer. The parentheses keep open whether the other side implies determinism or indeterminacy.

According to common metaphor, depth conveys essence, fundamentals, while its absence marks the superficiality of contemporary life. Elo Viiding critiques society from this standpoint:

> Meie maailmas ei ole kohta kurbusele,
> mis oleks sügavam kui poriloik
> me näivuse templi ees,
> kurbus ei kukuta meid sügavikku
> vaatama endale silma
>
> In our world, there is no place for sadness,
> that would be deeper than a puddle
> in front of the temple of illusion,
> sadness does not drop us into the abyss
> to look ourselves in the eye[67]

We inhabit an illusory, superficial world, avoiding introspection. Fearful of interruptions, people cling to continuity, becoming "partygoers in the chains of continuity" ("pidevuseahelas pidulised"). To evade depths, we incessantly distract ourselves.

In Kristiina Ehin's poetry, the same metaphor extends to human relationships. Abysses mark the transition from superficial communication between 'me' and 'you' in a relationship to a deeper level: "meie ükskõiksuse kohmetud nurgakivid / kukkuvad kiiresti ja vabalt kuristikust alla" (the awkward cornerstones of our indifference / fall quickly and freely down the abyss).[68] In the rap poet Seaduskuulekus' song lyrics 'I' reveals the essence, the inner depth of the other by highlighting the other's chasms: "Ma olen paadunud – võta mind kui tõbrast / Kes näitab sulle kuristikke seal kus on su mõrad"[69] (I'm hardened – take me as a bastard / Who will show you the abysses where your cracks are).

3.6 Word, Text, and the Library

According to a worn-out metaphor, art is linked to depth. This image is deconstructed ironically by Mart Kangur and Maarja Kangro. Kangur's poem begins as a confession:

---

67   Elo Viiding: *Teadvuse looja*. Tallinn: Tuum 2016. P. 11.
68   Kristiina Ehin: *Luigeluulinn*. Tallinn: Huma 2004. P. 36.
69   Hanf Kung: *Kuu poest Balti jaamani*. Mixtape 2015.

mina usun sõna
mis tõmbub tagasi
maailma sügavusse

I believe in the word
that withdraws
into the depth of the world[70]

The word then sinks to the bottom of the world, leaving a nameless gap that becomes the depth within the world. Therefore, the word itself is not inherently deep; instead, it is so fundamental that it introduces an additional dimension in the world through a new depth.

Kangro's poem "Tekst" (Text) begins with an imperative scream:

Tekst, karjub ta, tekst!
tekst peaks olema
nagu auk päevas!
ussiauk teise universumi! tekst – ja enam ei kunagi!
tekst – oleks ma seda!
tekst – kuristik!!
kohutav ava!!

Text, they shout, text!
text should be
like a hole in the day!
a wormhole to another universe! text – and never again!
text – would I be that!
text – an abyss!!
dreadful gap!![71]

Yet, the poem humorously concludes by recognising that the depth of a newly dug grave is enough. It satirises both the desire for depth in texts and the nonchalant acknowledgment that it is unachievable. In the poem "Raamatukogu. Kohutav mets" (Library: Dreadful Forest), Kangro portrays a rapidly growing library, concealing who-knows-what as ravines with which people have surrounded themselves.[72]

---

70   Mart Kangur: *Kuldne põli*. Tallinn: Koma 2009. P. 24.
71   Maarja Kangro: *Tuul*. Tallinn: Nähtamatu Ahv 2019. P. 95.
72   Maarja Kangro: *Tule mu koopasse, mateeria*. Tallinn: EKSA 2007. P. 57.

3.7   *Urban Ravines and Abysses, and Ecocriticism*
Moral value is reintroduced through the imagery of depths, ravines, and abysses in ecocritical poetry. In urban settings, people have constructed themselves at the bottom of ravines. In Estonian, skyscrapers are literally 'cloud-breakers' (pilvelõhkujad), and in Siret Remmelg's poetry, life under broken clouds signifies anonymity in the metropolis.[73] Tower blocks are compared with ravines in Triin Paja's poem "Zalongo tants"[74] (Zalongo Dance): "linnakuristiku kohal, paljajalu jäisel / rõdubetoonil" (above the city ravine, barefoot on icy / balcony concrete). These urban ravines are fake, not genuine, unlike Zalongo mountain ravine where legend tells of women and children from Seoul sacrificing themselves for freedom, singing and dancing.

Kristiina Viin also integrates the ravine or even abyss into urban space, encountering it near a bus station when she sees an advertisement for the film *Cloudy with a Chance of Meatballs*, experiencing an apocalyptic feeling: "üksi keset kuristikku"[75] (alone amidst the ravine). Humans have become an abyss in nature, as Viin laments, they are alienated from life, asking the Disney company to show children the torment of piglets that never see the sun. Disconnection from nature, emphasised by Mats Traat, fractures human beings. In his poem "Kodulugu" (Home Story),[76] nature is initially beautiful but takes a menacing turn, with intense sunlight and a fox relocating to the suburbs marking a crucial shift. In response, a profoundly fractured and nervous man gets into his car, having forgotten life's rules:

närviotsteni lõhestund mees

olemasolu võrrand ähvardavalt
mälus välgutamas

a man fractured to his nerve-endings

the equation of existence threateningly
flickering in memory

While the number of forests in Estonia is decreasing, the news expresses concern about wild animals near urban areas, calling for an increase in hunting

---

73   Siret Remmelg: *Vibulaskja*. Tallinn: Verb 2012. P. 19.
74   Triin Paja: *Nõges*. Tallinn: SA Kultuurileht. P. 80.
75   Kristiina Viin: *Nõtkel elevandisammul*. Tallinn: SA Kultuurileht 2014. P. 51.
76   Traat: *Tuulelagi*. P. 37.

licenses. The poem seems to refer precisely to this: people have forgotten to live in harmony with nature, and therefore become the abyss of nature.

Maarja Pärtna, whose themes in *Vivaarium* include environmental change, loss of biodiversity, and global warming, depicts the lyric self standing on a broken bridge over an abyss, suddenly feeling the weight of her entire body pulling her down like an anchor. She sinks towards the bottom, towards the possible abyss which awaits below.[77] Humanity is moving towards uncertainty as we do not know whether the climate crisis will bottom out or lead to a bottomless abyss. Pärtna also expresses fears related to climate anxiety, drawing a parallel between melting glaciers and a crumbling future.[78] In the poetry collection *Elav linn* (Living City), Pärtna offers hope: "Vaatle, et tunda; tunne, et mõista; mõista, et teada, kuidas hoolitseda maa ja inimeste eest käsikäes. Kui saame ees seisvast kuristikust ükskord üle, on vaja täpset kaarti, et teiselt poolt sihitult sisse ei kukuks" (Observe to feel; feel to understand; understand to know how to care for the earth and the people hand in hand. Once we overcome the looming ecological abyss, we need an accurate map to avoid falling aimlessly into it on the other side).[79] She suggests that, by engaging our senses, intellect, knowledge, and care, it is possible to overcome the ecological abyss ahead, while warning that another one could be waiting beside it.

4   Summary

Despite the absence of a direct Estonian equivalent for the nuanced associations of the abyss, poetic expressions demonstrate how vocabulary associated with this metaphorical complexity adeptly conveys its diverse meanings. Notably, the Estonian term for the abyss, 'kuristik', deviates from its biblical associations despite being linked to various philosophical concepts in translations. It is intriguing to observe, within this context, that based on Eurobarometer data Estonia exhibits the lowest religiosity among EU nations, and is considered the least religious country globally.[80] This phenomenon could reflect a deeper aspect of Estonian culture embedded within its language. Mihhail Lotman's analysis of the Estonian word 'hirm' (fear), comparing it with its German and Russian counterparts, reveals that, unlike the metaphysical component in the

---

77 Maarja Pärtna: *Vivaarium*. Tartu: Elusamus 2019. P. 39.
78 Pärtna: *Vivaarium*. P. 57.
79 Maarja Pärtna: *Elav linn*. Tartu: Tedretäht 2022. P. 58.
80 See for example: Elitsa Vucheva: Estonians least religious in the world. In: eu observer. 11/2/2009. https://euobserver.com/eu-political/27587.

German 'Angst', 'hirm' lacks such abstraction. According to Lotman's findings, the Estonian realm of fear is more grounded, concrete, and diverse.[81] A parallel concreteness and simultaneous diversity are observed in the abyss of the Estonian language.

However, in Estonian poetry, where word meanings dynamically deconstruct and reconstruct, presenting a more varied landscape, the exploration of the concept of 'kuristik' reveals its ability to encapsulate the essence of fleeting moments, with meaning dynamically shaped by ever-evolving conceptual frameworks. The diverse manifestations of this term in Estonian poetry, coupled with related notions such as ravines, gaps, cliffs, fissures, bottoms, and edges, provide an opportunity to interpret and reconsider human existence from multiple perspectives, often forging unexpected connections. This imagery has evolved throughout Estonian poetry, accruing layers of meaning and furnishing a renewed understanding of the contemporary state of human existence and experience.

Estonian poetic cosmology, with the terms 'kuristik' and related expressions that form the abyss, gives rise to various motifs, themes and ideas:

a. The self and the abyss. The interplay of self and abyss unfolds rich symbolism, representing mental states, missing memories, the unconscious, as well as portraying the vagina metaphorically as an endless and unknown abyss. Authors position themselves strategically in relation to the abyss, reflecting diverse human conditions.

b. The self, the other and the abyss. The abyss can articulate the relationship between the self and a loved one, serving as a symbol of a gap or signifying the depth of the connection.

c. The abyss and society. Regarding society, the abyss often surfaces as a critique of the contemporary, where its absence is interpreted as superficiality.

d. The abyss and the otherworldly. Abyssal depths also serve as a gateway to otherworldly experience, cultivating a profound connection with infinity, an imagery that conveys a sense of boundlessness. Abysses prompt a re-evaluation of morals. Similar to the dual nature of the abyss as being both deadly and life-giving, a perception of God's boundlessness is sensed above the bottomless. A traumatising abyss becomes the foundation for life, juxtaposing happiness with horror and containing both heights and depths.

---

81   Mihhail Lotman: Hirmusemiootika ja vene kultuuri tüpoloogia IV: Hirm ja selle kognitiivsed mudelid: Eesti hirm saksa ja vene mudeli taustal. In *Akadeemia* 21(5) (2009). Pp. 1035–1064.

e. Beyond the world, language and literary works materialise as an abyss through words, texts and entire libraries. They function as encounters with the unknown, simultaneously shaping endless shelves resembling cliffs. Furthermore, Estonian forges its own abyssal mythologies, utilising alliteration, paronyms and homonyms.
f. Nature and the abyss. In the initial depictions, 'kuristik' was presented as a natural landform; however, 21st-century poetry has reintegrated it into nature. Nonetheless, ravines no longer symbolise obstacles but rather signify abysses as a metaphor for human alienation from nature and, consequently, from ourselves, alongside ecological disasters. Recasting the moral evaluation, humans emerge as the abyss in a world that fractures the Earth, disrupting nature. Consequently, abysses have transformed into a state of nature, stemming from human negligence.

This productive conceptual metaphor has developed, adapting new meanings and evolving in expressive forms over time. Crucially, these meanings remain dynamic. As posited by Jabarouti, the third level of metaphorical meanings – the intra-textual level – holds the potential to fundamentally alter all preceding levels. A concrete noun can undergo metamorphosis into an abstract one, and cultural significance can come to supersede denotative meaning, thereby continually reshaping the associations of the term 'kuristik'. The poetic abysses of Estonia reflect and mediate the evolving intersections of human and posthuman existence.

Acknowledgements

The writing of this paper was supported by the Estonian Research Council grant PRG1106 (Lyrical Poetry as a Factor in the Formation of Small Literatures) and the Estonian Ministry of Culture research and development program KUM-TA75 (Voices of Youth in Digital Age Poetry: Poetics, Attitudes, and Identities).

Bibliography

Alliksaar, Artur: *Päikesepillaja*. Tartu: Ilmamaa 1997.
Alver, Betti: *Tolm ja tuli*. Tartu: Eesti Kirjastuse Kooperatiiv 1936.
Borges, Jorge Luis: *This Craft of Verse*. Cambridge: Cambridge University Press 2000.
Eesti etümoloogia sõnaraamat. https://www.eki.ee/dict/ety/.
Eesti keele seletav sõnaraamat. https://www.eki.ee/dict/ekss/index.cgi?Q=kuristik.
Eesti kõnekäändude ja fraseologismide andmebaas. https://www.folklore.ee/justkui/moiste.php.

Eesti regilaulude andmebaas. http://www.folklore.ee/regilaul/andmebaas/.
Ehin, Kristiina: *Luigeluulinn.* Tallinn: Huma 2004.
fs: *Tätoveerimata inimene.* Tallinn: EKSA 2010.
Haava, Anna: *Põhjamaa lapsed.* In: *Tartu Postimees* 1913. P. 40.
Haljak, Kristjan: *Uus inimene.* Tallinn: Tuum 2017.
Haljak, Kristjan: *Elektra Domina.* Tartu: Kaksikhammas 2023.
Hanf Kung: *Kuu poest Balti jaamani.* Mixtape 2015.
Jabarouti, Roya: A Semiotic Framework for the Translation of Conceptual Metaphors. In: *Signata* 7 (2016). Pp. 85–106.
Jaanus, Maire: Katsetus Ene Mihkelsoni ja W.G. Sebaldi teemal. In: *Vikerkaar* 12 (2012). Pp. 45–75.
Kangro, Maarja: *Tule mu koopasse, mateeria.* Tallinn: EKSA 2007.
Kangro, Maarja: *Tuul.* Tallinn: Nähtamatu Ahv 2019.
Kangur, Mart: *Kuldne põli.* Tallinn: Koma 2009.
Krull, Hasso: *Veel ju vist.* Tallinn: EKSA 2012.
Krull, Hasso: *Ava.* Tartu: Kaksikhammas 2021.
Krull, Hasso: *Sulalumi.* Tartu: Kaksikhammas 2023.
Lakoff, George/ Johnson, Mark: *Metaphors We Live By.* Chicago and London: The University of Chicago Press 1980.
Leitch, Vincent B.: Religious Vision in Modern Poetry: Uku Masing Compared with Hopkins and Eliot. In: *Journal of Baltic Studies* 5 (1974). Pp. 281–294.
Lobjakas, Ahto/ Sisask, Siiri: Kuristi kohal. In: *Tähenduse teejuhid* 2020. https://shows.acast.com/tahenduse-teejuhid/episodes/89-ahto-lobjakas-ja-siiri-sisask-sumeri-naine.
Lotman, Mihhail: Hirmusemiootika ja vene kultuuri tüpoloogia IV: Hirm ja selle kognitiivsed mudelid: Eesti hirm saksa ja vene mudeli taustal. In *Akadeemia* 21(5) (2009). P. 1035–1064.
Lotman, Mihhail: Metafoorid ja elu. In: George Lakoff/ Mark Johnson: *Metafoorid, mille järgi me elame.* Tallinn: Tallinna Ülikooli kirjastus 2011. Pp. 7–24.
Luiga, Georg Eduard: *Elu.* In: *Postimehe lõbulisa* 1890. P. 215.
Masing, Uku: *Luule I.* Tartu: Ilmamaa 2000.
Masing, Uku: *Üldine usundilugu.* Tartu: Ilmamaa 2000.
Merriam-Webster Dictionary. https://www.merriam-webster.com/dictionary/abyss.
Mihkelson, Ene: *Kaalud ei kõnele.* Tallinn: Tuum 2000.
Nietzsche, Friedrich: *Nõnda kõneles Zarathustra.* Trans. by Johannes Palla. Tallinn: Olion 2006.
Nietzsche, Friedrich: *Sealpool head ja kurja: tulevikufilosoofia eelmäng.* Trans. by Jaanus Sooväli. Tartu: Ilmamaa 2017.
Nietzsche, Friedrich: *On the Use and Abuse of History for Life.* Trans. by Ian C. Johnston. https://la.utexas.edu/users/hcleaver/330T/350kPEENietzscheAbuseTableAll.pdf.

Otero, Solemar: Fearing our mothers: An overview of the psychoanalytic theories concerning the vagina dentata motif F547.1.1. In: *The American Journal of Psychoanal* 56 (1996). Pp. 269–288.

Oxford Learners' Dictionary. https://www.oxfordlearnersdictionaries.com/definition/english/abyss.

Paja, Triin: *Nõges.* Tallinn: SA Kultuurileht.

Pajević, Marko: Introduction: Thinking the Abyss as a Concept for Cultural Theory and the German 'Abgrund': The Ambivalence of the Human. In: *The Abyss as a Concept for Cultural Theory. A Comparative Exploration.* Ed. by Marko Pajević. Leiden: Brill 2024. Pp. 1–28.

Peegel, Juhan: *Nimisõna poeetilised sünonüümid eesti regivärssides.* Tallinn: EKSA 2004.

Pihelgas, Carolina: *Pimeduse pisiasjad.* Tartu: Kaksikhammas 2017.

Piibel. London: The British & Foreign Bible Society 1968.

Pillesaar, Valve: *Kuradi kuristik.* Tartu: Memento 2000.

Ploom, Ülar: Sulla semantica dell'abisso nella Divina Commedia. In: *Lingue e letterature d'Oriente e d'Occidente.* Vol. 2. Firenze: Firenze University Press 2013. Pp. 553–564.

Ploom, Ülar: From the infernal abyss to the abisso dell'etterno consiglio: on Dante's rhetoric of space in the context of (intellectual) freedom. In: *I luoghi nostri. Dante's natural and cultural spaces.* Ed. by Z.B. Baranski/ A. Kablitz/ Ü. Ploom. Tallinn: Tallinna Ülikooli kirjastus 2015. Pp. 206–234.

Ploom, Ülar: Ajalooline realia sümboolses ajatus ruumis ehk kuidas ma olen [seni] tõlkinud mõnesid Dante paradiisikujundeid. In: *Tõlkija hääl* IV, 2020. Pp. 56–76.

Pärtna, Maarja: *Vivaarium.* Tartu: Elusamus 2019.

Pärtna, Maarja: *Elav linn.* Tartu: Tedretäht 2022.

Remmelg, Siret: *Vibulaskja.* Tallinn: Verb 2012.

Rooste, Jürgen: *Kuidas tappa laulurästikut.* Tallinn: Verb 2011.

Rooste, Jürgen: *Higgsi bosom.* Tallinn: Näo Kirik 2012.

Sarv, Mari: Towards a Typology of Parallelism in Estonian Poetic Folklore. In: *Folklore: Electronic Journal of Folklore* 67 (2017). Pp. 65–92.

Sooväli, Jaanus/ Krull, Hasso: Journey to the North: The Experience of the Abyss in Mythology and Philosophy. In: *The Abyss as a Concept for Cultural Theory. A Comparative Exploration.* Ed. by Marko Pajević. Leiden: Brill 2024. Pp. 205–217.

Talvet, Jüri: *Tsampika ja teisi luuletusi.* Tartu: Ilmamaa 2020.

Teede, Andra: *Käigud.* Pärnu: JI 2011.

Traat, Mats: *Tuulelagi.* Tallinn: EKSA 2019.

Viiding, Elo: *Teadvuse looja.* Tallinn: Tuum 2016.

Viin, Kristiina: *Nõtkel elevandisammul.* Tallinn: SA Kultuurileht 2014.

Vilu, Tõnis: *Tundekasvatus.* Tartu: Häämaa 2020.

Vucheva, Elitsa: Estonians least religious in the world. In: eu observer. 11/2/2009. https://euobserver.com/eu-political/27587.

-w: Kuristik. In: *Sakala Lisa* 20, 1889. P. 156.

9

Abgrund, *Abwesen, abwesenheit*: Wolfgang Hilbigs Gedicht *abwesenheit* (1969) und Paul Flemings Elegie *Auf ihr Abwesen* (1639)

Marit Heuß

Abstract

The personal abyss of the writer Wolfgang Hilbig (1941–2007) was his absence from GDR literature. In 1979 Hilbig's poetry debut "abwesenheit" was published, albeit not by any of the GDR publishers, but by S. Fischer in Frankfurt am Main. Hilbig's title poem "abwesenheit" was already written in 1969 but has been published only about 10 years later: a common experience for poets who were only tolerated on the fringes of the public sphere. When the poem appeared in 1979 in the Federal Republic after Biermann's expatriation in 1976, the number of "absent writers" in the GDR had indeed risen horrendously. That is the reason why Hilbig's poem "abwesenheit" has always been read in that context and – in Hilbig's opinion – misunderstood. Hilbig developed the relation to Stéphane Mallarmé's understanding of "absence", to the question of the real reference, and thus demonstrated his sense of belonging to modernity. Additionally, intertextual references between "abwesenheit" and the poetry of the Baroque poet Paul Fleming (1609–1640) also offer enriching insights: In Hilbig's poem "abwesenheit", intellectual-historical, socio-political, and poetry-theoretical abysses culminate in the formal quotation of the "elegy" through which the abysmal nature of the lament is sublimated.

Schlüsselwörter

Lyrik – DDR-Literatur – Barock – Wolfgang Hilbig – Paul Fleming – Prager Frühling – Elegie

Der ganz private Abgrund des Schriftstellers Wolfgang Hilbig, geboren 1941 in Meuselwitz in Ost-Thüringen, war seine Abwesenheit im offiziellen Literaturbetrieb der DDR. Für den gelernten Bohrwerksdreher – also für einen Arbeiter par excellence und damit Teil jener Bevölkerungsgruppe, für welche die Programme des *Bitterfelder Weges* eigentlich den Zugang zu Schrift, Sprache und Literatur erleichtern sollten – gab es bis auf wenige Zeitschriftenveröffentlichungen, z. B. im Mitteilungsblatt des „Zirkels schreibender Arbeiter",[1] bis 1980 keinen Weg zu einer Publikation in renommierten Literaturzeitschriften oder Verlagen der DDR. Dabei hatte Hilbig seit 1965 zahlreiche druckreife Gedichte für eine Publikation parat liegen. In seiner Not machte der 27-jährige Dichter 1968 in der Zeitschrift *Neue Deutsche Literatur* via Annonce seine Verlagssuche auf provokante Weise publik: „Darf ich Sie bitten, in einer Ihrer nächsten Nummern folgende Annonce zu bringen: ‚Welcher deutschsprachige Verlag veröffentlicht meine Gedichte. Nur ernst gemeinte Zuschriften an: W. Hilbig, 7404 Meuselwitz, Breitscheidstraße 19b.'"[2] Allein – es sollte noch elf Jahre dauern, bis 1979 Hilbigs Lyrikdebüt *abwesenheit* erschien, allerdings in keinem der DDR-Verlage, sondern bei S. Fischer in Frankfurt am Main. Und noch vier weitere Jahre brauchte es, bis im Herbst 1983 mit *stimme stimme* die erste eigenständige Buchveröffentlichung Hilbigs in der DDR bei Reclam Leipzig möglich wurde – eine intrikate Publikationsgeschichte ging dem voraus, die sich vor einem ganz anderen Abgrund abspielte, dem der Kulturpolitik in der DDR, deren Publikationsrichtlinien, organisiert vom Ministerium für Kultur durch die „Hauptverwaltung Verlage und Buchhandel", Schriftstellern wie Hilbig den Zutritt zum Literaturbetrieb des Landes zum Gang durchs Nadelöhr werden ließen.[3]

Zwar hatte ein Gros der Schriftsteller der DDR bei der Publikation ihrer Werke mit den Behörden zu kämpfen, da viele im literarischen Stil, in der Auswahl der Stoffe und der Behandlung der Themen eigene Wege gingen, unbeirrbar von den ästhetischen Richtlinien der Kulturpolitik – doch Hilbigs Schreiben zeichnete sich dabei durch eine besondere Unabhängigkeit aus. Und so verwundert es wenig, dass der 1976 nach fast dreijähriger politischer Haft aus der DDR ausgereiste Schriftsteller Siegmar Faust, ein Freund Hilbigs, nach dem Erscheinen des Lyrikbandes *abwesenheit* 1979 in der Bundesrepublik polemisierte: „Wenn jedoch dieser Band beispielsweise in Leipzig erschiene, dann gäbe es ganz einfach diese sowjetische Kolonie nicht mehr, die sich Deutsche Demokratische Republik nennen darf."[4] Denn Wolfgang Hilbigs Werk nimmt eine Ausnahmestellung innerhalb der DDR-Literatur ein, es gründete

---
1 https://www.wolfgang-hilbig.de/wolfgang-hilbig/biografie. Abgerufen am 19.11.2023.
2 Zit. n. Michael Opitz: *Wolfgang Hilbig: Eine Biographie*. Frankfurt am Main: S. Fischer-Verlag 2017. S. 265.
3 Vgl. Wolfgang Hilbig: *„Ich unterwerfe mich nicht der Zensur". Briefe an DDR-Ministerien, Minister und Behörden*. Hg. von Michael Opitz. Neue Rundschau 2 (2021).
4 Siegmar Faust: Hilbig, Abwesenheit, Gedichte. In: *Neue Deutsche Hefte* 26 (1979). S. 769–778. Hier: S. 777.

in der literarischen Moderne, suchte sich u.a. die avancierte Poetik Rimbauds als Orientierungspunkt[5] und reflektierte ästhetische Möglichkeiten für ein Schreiben nach dem „Zivilisationsbruch"[6] und nach 1945.[7] Auch das 1969 verfasste Titelgedicht von *abwesenheit* kann als Zeugnis für Hilbigs besondere Position innerhalb der Literaturlandschaft der DDR betrachtet werden. Zumal *abwesenheit* auch auf formaler Ebene einen eigensinnigen Weg einschlägt, wenn über Anspielungen und Formzitate die elegische Dichtungstradition und damit die Gedichtform „Elegie" aufgerufen wird, deren Vergangenheitsbezug der zukunftsorientierten sozialistischen Gesellschaft allemal zuwiderläuft.

1 Hilbigs „abwesenheit" – Entstehung, Rezeption und Paratexte

Mit dem Beginn seiner Lehrzeit 1956 bewegte sich Wolfgang Hilbig in der problembehafteten Wirtschafts- und Industrielandschaft der DDR und landete im Jahr 1969, zum Entstehungszeitpunkt des Gedichts *abwesenheit*, nach Gelegenheitsarbeiten in der mitteldeutschen Industrie nicht nur emotional und sozial, sondern auch topographisch in einem Abgrund: Als Heizer und Kesselwärter in der Maschinenfabrik Meuselwitz dichtete er oft nachts und im Keller, aus einem Dante'schen Inferno heraus, ein Rimbaud gemäßer *Aufenthalt in der Hölle*. Nancy Hünger bemerkte dazu: „Wer könnte sich dies ausdenken: Ein Heizer, der am Ort des Verschwindens die Welt zu Asche kremiert, während er im Höllenfeuer der Öfen dichtet."[8] Er, der eigentlich anwesend sein wollte in der deutschsprachigen Literatur, ist in den Abgrund gedrängt – literatursoziologisch betrachtet, war das eine Kollektiverfahrung von nicht publizierten oder nur am Rande der Öffentlichkeit geduldeten Dichtern, jenen, die nicht vom geförderten Literaturbetrieb der DDR her kamen, sondern – wie Harald

---

5 Vgl. Stephan Pabst: ‚hundertjähriges verweigern'. Arthur Rimbaud und Wolfgang Hilbig. In: *Wolfgang Hilbigs Lyrik. Eine Werkexpedition*. Hg. von Stephan Pabst/ Bernard Banoun/ Bénédicte Terrisse/ Carola Hähnel-Mesnard. Berlin: Verbrecher Verlag 2021. S. 243–264.
6 Dan Diner: *Zivilisationsbruch. Denken nach Auschwitz*. Frankfurt am Main: S. Fischer-Verlag 1988.
7 „Hilbig gehört zu den wenigen Dichtern der DDR, für die der Holocaust von Anfang an ein unhintergehbarer Bezugspunkt ihres Schreibens ist" (Pabst: ‚hundertjähriges verweigern'. S. 251). Stephan Pabst: Der Holocaust als Begründung einer Poetik der Moderne bei Theodor W. Adorno und Wolfgang Hilbig. In: *Wolfgang Hilbig und die (ganze) Moderne*. Hg. von Stephan Pabst/ Sylvie Arlaud/ Bernard Banoun/ Bénédicte Terrisse. Berlin: Verbrecher Verlag 2021. S. 217–240.
8 Nancy Hünger: *Abwesenheit. Über Wolfgang Hilbig*. Heidelberg: Wunderhorn 2022. S. 9.

Hartung 1979 in seiner Rezension zum Gedicht *abwesenheit* bemerkte – „aus den Widerständen und Widersprüchen der Realität im realen Sozialismus".[9]

Diese Charakteristik trifft recht gut auf den kleinen Kreis von Hilbigs Freunden zu, wie Gert Neumann und Heide Härtl, die wie Hilbig auch aus dem Abgrund heraus schrieben. Und sie verweist auch auf die politische Situation zur Entstehungszeit des Gedichtes ein Jahr nach der Niederschlagung des Prager Frühlings 1968: Seit jenem Sommer wurde der bereits unter Observation stehende Hilbig von der Staatssicherheit als „feindlich-negativer Nachwuchsschriftsteller"[10] eingeschätzt. Anlass dafür war eine von Siegmar Faust organisierte Lesung auf einem Motorboot auf dem Elsterstausee bei Leipzig am 26. Juni 1968, an der neben Wolfgang Hilbig u.a. auch die Schriftsteller Gert Neumann, Bernd-Lutz Lange und Andreas Reimann beteiligt waren;[11] die Autoren sympathisierten mit den Reformideen aus Prag, dem Willen, einen Sozialismus mit menschlichem Antlitz errichten zu wollen.[12] Die Staatssicherheit sah daher auch im Autorentreffen am Stausee eine „,antisozialistische' Gruppierung"[13] mit staatsgefährdendem Potenzial am Wirken: Wolfgang Hilbig wurde in diesem Zusammenhang von einem inoffiziellen Mitarbeiter der Staatssicherheit als ein „notorischer Nörgler" bezeichnet, der kein Interesse habe, sich an der Veränderung der Gesellschaft aktiv zu beteiligen;[14] andere Autoren der Gruppe wie Andreas Reimann und Siegmar Faust wurden nach 1968 sogar verhaftet. Hilbig beschrieb das Leben in der DDR nach der Niederschlagung des Prager Frühlings im Rückblick als Zeit der „Bedrohung" und der „schwere[n] Stagnation".[15] Aus dieser Situation heraus betrachtet, kann das ein Jahr später entstandene Gedicht *abwesenheit* als Hilbigs Reaktion auf die gezielte Zerstörung dieser literarischen Szene begriffen werden, die sich u.a. in einem „völlige[n] Desinteresse"[16] an deren schriftstellerischer Arbeit ausdrückte:

---

9 Harald Hartung: Wolfgang Hilbig ‚Abwesenheit' Gedichte. *Bücher im Gespräch II*, Köln, DLF, S. 1–7, S. 3f. [Manuskript der Sendung vom 7.10.1979].

10 Die Observation Hilbigs durch das MfS begann bereits 1962/1963 mit seinem Grundwehrdienst in der NVA der DDR in Wolfen. Vgl. https://www.wolfgang-hilbig.de/wolfgang-hilbig/biografie. Abgerufen am 03.11.2023.

11 Opitz: *Hilbig*. S. 266f.

12 Opitz: *Hilbig*. S. 266.

13 Opitz: *Hilbig*. S. 267.

14 Opitz: *Hilbig*. S. 268.

15 *Die Einübung der Aussenspur. Die andere Kultur in Leipzig 1971–1990.* Hg. von Uta Grundmann/ Klaus Michael/ Susanna Seufert. Leipzig: Thom Leipzig 1996. S. 135.

16 Wolfgang Hilbig: *Eine Übertragung*. Hg. von Jörg Bong/ Jürgen Hosemann/ Oliver Vogel. Frankfurt am Main: S. Fischer 2011. S. 49.

abwesenheit

wie lange noch wird unsere abwesenheit geduldet
keiner bemerkt wie schwarz wir angefüllt sind
wie wir in uns selbst verkrochen sind
in unsere schwärze

nein wir werden nicht vermißt
wir haben stark zerbrochne hände steife nacken –
das ist der stolz der zerstörten und tote dinge
schaun auf uns zu tod gelangweilte dinge – es ist
eine zerstörung wie sie nie gewesen ist[17]

Hilbigs zornige, von einer drohenden Gebärde begleitete Gesellschaftskritik wird von einer physisch und psychisch gezeichneten Sprechergruppe vorgetragen, deren unerhörter Anspruch auf eine Rede das zentrale Ereignis des Gedichts darstellt. Die Botschaft der äußerlich und innerlich deformiert wirkenden Sprecher – sie treten mit „zerbrochne[n] hände[n]" und „steife[n] nacken" auf, sind dazu depressiv gestimmt, nämlich „schwarz" und „verkrochen" in „schwärze" – beschränkt sich in den ersten beiden Strophen dann auch auf das Selbsteingeständnis, dass die gerade erhobene Rede in der Gesellschaft überhaupt nicht vorgesehen ist. Vorgesehen ist die sich permanent fortsetzende innere und äußere Stagnation, die auch von der Umgebung ausgeht, der Landschaft aus „toten Dingen", die mit der eingekapselten, eingemotteten und eingesperrten Sprechergruppe korrespondiert. In *abwesenheit* wird der perspektivlos erscheinende Redeversuch aus dem Abgrund gewagt, nach Grimm: „die unterste tiefe, der abgrund der hölle, des meers".[18]

Etliche Versuche, den Verfasser des Gedichts aus dem Abgrund der in *abwesenheit* so eindrücklich beschriebenen Situation zu ziehen, unternahm Franz Fühmann: Der Schriftsteller hielt *abwesenheit* (1979) „für einen der wichtigsten Lyrikbände der letzten Jahre"[19] und setzte sich daher für eine Buchveröffentlichung von Hilbig auch in der DDR ein. Fühmann leitete zunächst die 1980 erschienene Publikation von Gedichten Hilbigs in der renommierten

---

17 Wolfgang Hilbig: abwesenheit. In: Ders.: *Gedichte*. Hg. von Jörg Bong/ Jürgen Hosemann. Frankfurt am Main: S. Fischer 2008. S. 51.
18 *Deutsches Wörterbuch von Jacob und Wilhelm Grimm*. Url: https://woerterbuchnetz.de/?sigle=DWB#1. Abgerufen am 29.05.2023.
19 Franz Frühmann: *Briefe 1950–1984. Eine Auswahl*. Hg. von Hans-Jürgen Schmitt. Rostock: Hinstorff 1994. Franz Fühmann an Claus Träger, 12.1.1980. S. 315–319. Hier: S. 319.

DDR-Literaturzeitschrift *Sinn und Form* ein, durch die es Hilbig möglich wurde, fortan als freier Schriftsteller zu arbeiten;[20] anschließend beförderte Fühmann auch die Veröffentlichung von Hilbigs Lyrik- und Prosaband *stimme stimme*, der schließlich im Herbst 1983 im Reclam-Verlag Leipzig erschienen ist. So machte Fühmann im Sommer 1980 Hans Marquardt, den Leiter des Reclam-Verlags in Leipzig, auf Hilbigs Lyrik aufmerksam:

> Sein Gedichtband heißt „Abwesenheit", und die Dialektik in diesem Band ist die Trauer, abwesend zu sein, und die Sehnsucht nach Anwesenheit, natürlich nicht auf die billige Weise (der Mann ist ein Dichter!): ich üb' Selbstkritik, und ihr druckt mich, nein, in diesen Gedichten lebt schon die Problematik des Abwesend-Anwesend-Sein, mit all ihrer tiefen Trauer, ihrem Argen & Bösen, ihrer Sehnsucht, ihrem Grimm & Groll, auch ihrer Absurdität – eben jene Dialektik, die ja bewirkt, daß die Zahl der Abwesenden wächst.[21]

Als das Gedicht 1979 – zehn Jahre nach seinem Entstehungsdatum! – in der Bundesrepublik erschien, ist die Zahl der „abwesenden Schriftsteller" in der DDR nach der Biermann-Ausbürgerung 1976 in der Tat horrend gestiegen: Wolf Biermann, Sarah Kirsch, Thomas Brasch, Reiner Kunze u.v.m. hatten die DDR verlassen und lebten in der Bundesrepublik. Damit wurde der Titel von Hilbigs Lyrikband *abwesenheit* ohne Umschweife zeithistorisch gelesen und – nach Wolfgang Hilbigs Empfinden – missverstanden, wie der Autor in einem „Paratext" zum Gedicht, im Gespräch mit Werner Jung 1994 erklärte:

> Damals [1969, M.H.] schien in der DDR noch alles in Butter, es gab noch keine Biermann-Affäre, es gab noch kaum Autoren, die weggingen aus der DDR. Zehn Jahre später, als das Gedicht zum Titelgedicht meines ersten Gedichtbandes geworden war, lagen die Dinge ganz anders, der Buchtitel traf mitten hinein in die Autorenfluktuation nach der Biermann-Ausweisung, und dementsprechend wurde dieser Titel von beinahe allen Rezensenten verstanden ... er wurde rein aktuell verstanden, weil man die Jahreszahl nicht beachtete, und er wurde mißverstanden. [...] 1969, als ich das betreffende Gedicht schrieb, wäre sein simpelstes Verständnis einfach die Tatsache gewesen, daß ich als Lyriker in der DDR überhaupt nicht anwesend war, ich war Industriearbeiter, der sich von seinen Arbeitskollegen nach außen kaum unterschied. Doch wäre ein solches

---

20   Hilbig: *„Ich unterwerfe mich nicht der Zensur"*. S. 59f.
21   Fühmann: *Briefe*. Fühmann an Hans Marquardt. 24.7.1980. S. 333.

Verständnis sentimental. Ich beschäftigte mich damals viel mit den Poetiken der Moderne, und ich sagte mir, im Grunde genommen ist es der Ort der Poesie, der mit dem Wort „Abwesenheit" beschrieben wird. Ich glaube, ursprünglich kam das aus der Lektüre von Mallarmé her.[22]

Hilbig rückt hier das Missverständnis gerade, das Gedicht habe einen „rein aktuellen" Anlass, beziehungsweise, wie er mit seinem Verweis auf Stéphane Mallarmés Verständnis von „Abwesenheit" andeutet, eine reale Referenz. Denn das „Verweisen des Dinglichen in die Abwesenheit",[23] die „Ausmerzung des positiv Realen und die Einsetzung der kreativen Phantasie"[24] zeichnen Mallarmés Poetik aus.[25]

So verstanden, geht es in *abwesenheit* nicht allein um Hilbigs reale Abwesenheit in der DDR-Literatur, sondern um eine „Abwesenheit" im poetologischen Sinne, die einen dichtungstheoretischen wie erkenntniskritischen Standpunkt der Moderne ausspricht, der von der offiziellen DDR-Kulturpolitik abgelehnt wurde. Liest man das Gedicht *abwesenheit* daraufhin, könnte man im Text auch Anspielungen auf diese avancierte Ästhetik des Autors finden, etwa in der Wiederholung des Farbadjektivs „schwarz", das mit der dekadenten „schwarzen" Ästhetik der modernen Dichtung Mallarmés, Baudelaires und Rimbauds korrespondiert. Damit beklagt Hilbig in *abwesenheit* aber nicht nur die Ausgrenzung von Dichtern in der DDR, sondern nennt mit dem Zugehörigkeitsgefühl zur Moderne auch einen *Grund* für diesen Ausschluss vom DDR-Literaturbetrieb. Hilbigs „moderne Schreibweise im Frühwerk" kann mit Nadine Lapchine so tatsächlich als „subversive ‚Gegensprache'" gegen „die gelenkte ‚Sprache der Macht'"[26] begriffen werden. Im zehn Jahre nach *abwesenheit* erschienenen Roman *Eine Übertragung* (1989) formuliert Hilbig seinen ästhetischen Standpunkt noch einmal:

22   Werner Jung: Die Abwesenheit als Ort der Poesie. Gespräch mit Wolfgang Hilbig. In: *Neue deutsche Literatur* 42/5 (1994). S. 8–20. Hier: S. 12.
23   Hugo Friedrich: *Die Struktur der modernen Lyrik*. Hamburg: Rowohlt 2006. S. 122.
24   Friedrich: *Die Struktur der modernen Lyrik*. S. 122.
25   Über die Verwandlung der Wirklichkeit in Sprache spricht sich im Gedicht die von „aller Referenz befreite ‚Idee'" – so die Worte Rudolf Brandmeyers – aus: „Ich sage: eine Blume! und, außerhalb des Vergessens, in das meine Stimme jedweden Umriss stellt, erhebt sich als etwas anderes denn die gewussten Kelche, musikalisch, fröhliche oder stolze Idee, die Abwesende aller Sträuße." Mallarmé zit. n. Rudolf Brandmeyer: Poetiken der Lyrik. Von der Normpoetik zur Autorenpoetik. In: *Handbuch Lyrik. Theorie, Analyse, Geschichte*. Hg. von Dieter Lamping. Stuttgart: Metzler 2016. S. 2–15. Hier: S. 8.
26   Nadia Lapchine: Das produktive Scheitern der Odyssee in Wolfgang Hilbigs Gedichtband „Bilder vom Erzählen" (2001): eine Poetik des Abgrunds? In: *Wolfgang Hilbigs Lyrik*. S. 287–311. Hier: S. 290f.

> Er meinte damit plötzlich den Urgrund, das Grundprinzip dessen entdeckt zu haben, was Poesie genannt war: die Poesie war die Abwesenheit, wie sie denkbar konsequent, wie sie absolut zu verstehen war, nämlich als Abwesenheit Gottes. Als die Abwesenheit einer Erklärung. Als die Abwesenheit auch der Klage. [...] Es war die Abwesenheit einer Mitte ... es war vielleicht Sentimentalität in ihrer gemeinsten Form, vermischt mit Kälte in ihrer kältesten Form, es war die Abwesenheit einer logischen Erklärung. Es war die Abwesenheit der Menschheit, die ohne Gott auf den Abgrund zusteuerte und der er ein Halt nicht mehr zurufen konnte, weil er es nicht hätte erklären können. Es war die Abwesenheit einer Sprache als Verständigungsmittel. Es war die Abwesenheit Stalins. Es war die Abwesenheit der Bosheit, die als solche erkannt werden konnte. Es war die Abwesenheit der Liebe.[27]

Hilbig kommentiert in dieser Romanpassage sein Verständnis von „Abwesenheit" und führt es mit der Denkfigur des „Abgrunds" eng, die sowohl geistesgeschichtlich als „Abwesenheit Gottes" als auch poetologisch als „Abwesenheit einer Sprache als Verständigungsmittel" zu begreifen ist.[28] Demnach würde das Obsolet-Werden einer metaphysischen Welt in der Moderne alle Wert-Systeme zum Erodieren bringen und auch die von Kälte und Entfremdung geprägte zwischenmenschliche Kommunikation zum Scheitern verurteilen – eine Idee, welche Hilbig im zweiten Teil des Gedichts *abwesenheit* versinnbildlicht haben könnte:

> und wir werden nicht vermißt unsere worte sind
> gefrorene fetzen und fallen in den geringen schnee
> wo bäume stehn prangend weiß im reif – ja und
> reif zum zerbrechen
>
> alles das letzte ist uns zerstört unsere hände
> zuletzt zerbrochen unsere worte zerbrochen: komm doch
> geh weg bleib hier – eine restlos zerbrochene sprache
> einander vermengt und völlig egal in allem
> und der wir nachlaufen und unserer abwesenheit

---

27   Hilbig: *Eine Übertragung.* S. 300. Auf diese Passage macht auch Thomas Beckermann aufmerksam: „Die Diktatur repräsentiert das Abwesende nicht": Essay on Monika Maron, Wolfgang Hilbig and Gert Neumann. In: *German Literature at a Time of Change 1989–1990.* Bern/ New York: Peter Lang 1991. S. 97–116. Hier: S. 108.
28   Lapchine spricht in Bezug auf Hilbigs „Bilder vom Erzählen" sogar von einer „Poetik des Abgrunds" (Lapchine: Das produktive Scheitern der Odysee. S. 287).

nachlaufen so wie uns am abend
verjagte hunde nachlaufen mit kranken
unbegreiflichen augen.[29]

Worte werden hier metaphorisch als „gefrorene fetzen" beschrieben, die Sprache als „restlos zerbrochen" sowie ohne jegliche Wertorientierung charakterisiert – so „völlig egal in allem", dass auch die Klage über die Existenz obsolet wird.

2 Hilbigs „abwesenheit" – Kontext der Fleming-Rezeption

Trotzdem steht Hilbigs Gedicht *abwesenheit* dem Gehalt nach in der Tradition elegischer Dichtung, die mit der Denkfigur des „Abgrunds" verbunden ist, seien es individuelle oder gesellschaftspolitische Abgründe. Für die deutschsprachige Literatur nimmt die (vor)-klassische Elegie, wie Klopstock, Goethe, Schiller oder Hölderlin sie verfassten, in der langen Geschichte der Gattung noch immer eine vorbildhafte Rolle ein.[30] Dies ist sicherlich berechtigt, denn auch wenn die ursprünglich antike Gedichtform in der Geschichte der deutschsprachigen Elegie einen steten Wandel erfuhr, bildet doch die klassische Elegie mit Klopstocks innovativer Übertragung des antiken Distichons ins Deutsche den formalen und mit Schillers Aufsatz *Über naive und sentimentalische Dichtung* (1795) den ideellen Ausgangspunkt der Gattungsvorstellung. Für die klassische Elegie ist wesentlich, dass sie sowohl formal als auch inhaltlich bestimmt werden kann; formal als ein in Distichen verfasstes Gedicht, inhaltlich als ein „Gedicht über Gegenstände der Klage oder Trauer (threnetische Elegie) oder auch über Themen der Liebe (erotische Elegie)".[31] Allerdings bildet für Wolfgang Hilbigs Gedicht *abwesenheit* aus dem Jahr 1969 nicht die klassische Elegie den Bezugspunkt, sondern die in Alexandrinern verfasste Barockelegie, wie u.a. Paul Fleming sie schrieb.[32]

Zunächst einmal befinden sich unter den im Jahr 1969 entstandenen unveröffentlichten Gedichten aus Hilbigs Nachlass etliche, die mit dem Titel „Elegie" überschrieben worden sind oder über intertextuelle Bezüge auf elegische Dichtung anspielen.[33] Im Kontext der Lektüre dieser Nachlassgedichte lässt

---

29   Wolfgang Hilbig: *abwesenheit*. S. 51.
30   Jörg Schuster: *Poetologie der Distanz. Die klassische deutsche Elegie 1750–1800*. Freiburg: Rombach 2002.
31   Dirk Kemper: *Elegie*. In: Reallexikon deutscher Literaturwissenschaft. Bd. 1. Hg. von Klaus Weimar. Berlin: de Gruyter 2003. S. 429–432. Hier: S. 429.
32   Friedrich Beißner: *Geschichte der deutschen Elegie*. Berlin: Walter de Gruyter 1961. S. 62f.
33   So entstehen im Jahr 1969 die als „Elegien" bezeichneten Gedichte „elegie", „erste heidenauer elegie", „zweite heidenauer elegie", „dritte heidenauer elegie". Und in den

sich auch das programmatische Gedicht *abwesenheit* als elegische Dichtung begreifen, was insbesondere Hilbigs Paul-Fleming-Lektüre plausibel macht. Denn aus dem Entstehungsjahr des Gedichts *abwesenheit* ist im Nachlass Wolfgang Hilbigs ein Gedicht überliefert, das zwar nicht in den Lyrikband *abwesenheit* aufgenommen wurde, dafür aber Hilbigs Titelgedicht noch einmal neu lesen lässt. Es handelt sich um das 1969 entstandene Gedicht mit dem Titel *elegie*, das im weitesten Sinne als Neuformulierung eines Gedichts von Paul Fleming zu verstehen ist. Damit bezieht sich Hilbig neben intertextuellen Bezügen zur französischen Lyrik der Moderne auch auf die deutsche Dichtung des Barock – eine Dichtung, in welcher der Abgrund und Abgründiges vom irdischen Leiden im Diesseits in das Leiden der Sünder im Jenseits ausgelagert wird.

Hilbig hat seinem Gedicht mit dem Titel *elegie* den Anfangsvers des Fleming-Gedichts *Auf den Tod eines Kindes* als Motto vorangestellt.[34] Dieses zweistrophige, liedhafte Fleming-Gedicht antwortet auf das Sterben eines Kindes mit dem für den Barock typischen Trost bezüglich der Vergänglichkeit allen menschlichen Lebens, vor allem in dem von Kriegen zerstörten deutschen Ländern, und mit der Vergeblichkeit allen menschlichen Strebens im Verhältnis zur Allmacht und Perfektibilität Gottes:

Auf den Tod eines Kindes

Schlafe wohl, geliebtes Kind.
So viel tapfrer Helden sterben,
Ganze Völker gar verderben,
Und die Zeit verstiebt wie Wind;
Wie soll denn ein Mensch bestehn?
Muß dies Ganze doch vergehn.

Gedichten „An Pablo Neruda" (1968) sowie in „metallischer trank" wird auf den antiken Dichter Catull referiert, der ebenfalls Elegien verfasst hatte. Hilbig: *Gedichte*. S. 422, S. 428–430, S. 414f., S. 417.

34 Dieses Fleming zugeschriebene Gedicht befindet sich in dem Fleming-Auswahlband *Poesiealbum 15*. Hg. von Klaus-Dieter Sommer. Berlin: Neues Leben 1968, S. 28f. Sommer entnahm das Gedicht vermutlich Johannes R. Bechers Anthologie *Tränen des Vaterlandes: Deutsche Dichtung aus dem 16. und 17. Jh*. Berlin: Rütten & Loenig 1954. S. 132. In der Gesamtausgabe der Fleming-Werke ist das Gedicht nicht als alleinstehendes Gedicht enthalten, sondern taucht in leicht variierter Textgestalt als die fünfte und achte Strophe der Ode „Über Herrn Johan von Wangersheim erstgebornen Söhnleins Kunradens Absterben an die Freundschaft" auf, wie Erhard Franke ermittelte. Vgl. Paul Fleming: *Deutsche Gedichte*. Hg. von Johann Martin Lappenberg. Bd. 1. Literarischer Verein: Stuttgart 1865. S. 278–279.

Schlafe wohl! Wir Armen, wir
Bleiben, was wir immer waren:
Jung von Weisheit, alt von Jahren,
Unverständig für und für,
Stumm an Mund, an Augen blind,
Kinder, wie wir kommen sind.[35]

In Flemings Gedicht werden Tod und Endlichkeit allen Lebens nicht als drohender Abgrund inszeniert, sondern münden versöhnlich in das Bild des schlafenden Kindes. Die letzten drei Verse des Gedichts heben den Gedanken der Begrenztheit aller menschlichen Erkenntnis noch einmal auf eine neue Ebene, indem jetzt auch die Dichtkunst für die Formulierung jedweder Wahrheit als unzulänglich beschrieben wird: „stumm an Mund, an Augen blind". Das Organ des Gesangs verstummt, das Licht der Erkenntnis, versinnbildlicht in der Metaphorik des Sehens, verlischt.

Wolfgang Hilbig lässt seine *elegie* mit einer innovativen Verschränkung eben dieser Schlussbilder des Fleming-Gedichts beginnen, Erkenntnis- und Dichtungsmetaphorik fallen ineinander, wenn nicht das Auge, sondern der Mund als „blind" bezeichnet wird:

elegie (1969)

schlafe wohl geliebtes kind
so viel tapfrer helden sterben
    paul fleming

ach blinde münder tränken naß den abend
mit leichtem wort wenn bäume
den feinen dunst nach einem regen von sich schütteln
schwarz ist die allee als wären trommeln nie
durch dieses schwarze land gegangen

so oftmals wüste welt von diesem land zersprengt
in alle winde – als wär nichts heil geblieben ist
manchmal unsre blinde stimme – ach helden alle
haben nichts vermocht was eines kindes tod nur
von dem wir spät erfuhren in uns hat zerbrochen

---

35 Paul Fleming: Auf den Tod eines Kindes. In: *Poesiealbum 15*. S. 28f.

– es ist ein abend kühl vom sprühenden himmel
kein feuchtes wort und kein geschrei – der morgen
soll mir so nicht kommen mit tapferkeit nicht
und nicht mit ähnlichen waffen – abendgedanken nur
abendgedanken wie letzte schleier sanften regens[36]

Die *elegie* besitzt erstaunlich viele Parallelen zu *abwesenheit*: Hier wie dort spricht ein artikuliertes Wir, in beiden Texten wird auf die dunkle Strahlkraft des Farbadjektivs „schwarz" gesetzt, dessen Semantik in der *elegie* den Bedeutungsraum von *abwesenheit* noch einmal erweitert. So setzt *elegie* mit der Beschreibung eines Abendregens ein, durch den die Sprecher des Gedichts zum Schreiben und zur Reflexion der Geschichte angeregt werden. Dabei ist sich das artikulierte Wir durchaus der Schwierigkeit einer dem Beschreibungsgegenstand angemessenen dichterischen Rede bewusst, was sich in den Wendungen „mit leichtem wort" und „blinde[n] mündern" ausdrücken mag. Denn die Erscheinung der vom Regen bewegten Bäume und der nass glänzenden „schwarz" wirkenden Allee regt einen Erinnerungsvorgang an, der die Sprecher mit einer sprachlich schwer beschreibbaren und mit dem Farbadjektiv „schwarz" als negativ attribuierten Vergangenheit konfrontiert und somit einen historischen Abgrund eröffnet: Bereits in der ersten Strophe provoziert das Bild der „schwarzen" Allee in der Phantasie der Sprecher die Erinnerung an Klänge martialischer „trommeln", die das „schwarze land" einst durchdrungen hatten; die zweite Strophe widmet sich dann unter Verwendung barocken Sprachinventars (wie „wüste welt") ganz der Evokation dieser düsteren Vergangenheit, die an die Zerstörungen durch die Kriege des 20. Jahrhunderts, vor allem aber an das durch die Shoah „in alle winde" „zersprengte" jüdische Volk denken lässt. Diese Konnotation von „schwarz" in Hilbigs *elegie* als düsterer Rückblick auf die deutsche Geschichte lässt auch die wiederholte Nennung des Beiworts „schwarz" in *abwesenheit* als Evokation dieser historischen Ereignisse plausibel werden. In Hilbigs *elegie* sind die historischen Abgründe aber zugleich die Ursache für die Schwierigkeit dichterischen Sprechens, denn Hilbigs Sprecher klagen: „als wär nichts heil geblieben / ist manchmal unsre blinde Stimme" – eine Positionsbestimmung lyrischer Rede, die ebenfalls auf *abwesenheit* übertragbar ist, zumal der „zerbrochene" innere Zustand des artikulierten Wir der *elegie* mit den „zerbrochenen worten" aus *abwesenheit* korrespondiert.

Die letzte Strophe von Hilbigs *elegie* wendet sich zum Ausgangspunkt des Gedichtes, der Beschreibung des Abendregens, zurück, wobei Hilbig mit der

---

36 Hilbig: *Gedichte*. S. 422.

Wiederholung des Kompositums „abendgedanken" geschickt auf Titel, Inhalt und Form des Gedichtes hinlenkt: „abendgedanken" referiert inhaltlich auf die „süße Wehmut"[37] elegischer Dichtung. Wiederum tritt dieser abendliche sentimentale Rückblick auf Unwiederbringliches ebenso in der letzten Strophe von *abwesenheit* auf („so wie uns am abend / verjagte hunde nachlaufen"), wo das Motiv über die Charakteristik der „kranken unbegreiflichen / augen" nach für die Moderne typischer Manier noch gesteigert wird. Auf formaler Ebene betrachtet, ruft Hilbig die Gedichtform „Elegie" zunächst nur über die Titelprogrammatik auf – weder ist Hilbigs *elegie* ein Beispiel für eine in Distichen verfasste klassische Elegie noch für eine Barockelegie in Alexandrinern, wie Paul Fleming sie vielfach schrieb.[38] Trotzdem spielt Hilbigs *elegie* auf die barocke Variante der Elegie an, indem der Alexandriner bei ihm passagenweise auftritt, freilich mehr als Form-Reminiszenz, als dass er durchgängig umgesetzt wurde. So verfasst Hilbig den ersten Vers der zweiten Strophe der *elegie* in Alexandrinern: „so oftmals wüste welt von diesem land zersprengt".

Womöglich schrieb Hilbig mit der *elegie* Flemings versöhnliches Totenlied auf ein Kind in eine bittere Klage über den Missbrauch der deutschsprachigen Dichtungstradition durch den Nationalsozialismus um. Die Gedichtform *Elegie* wird hier zur ästhetischen Figuration des Abgrunds schlechthin – eine Auffälligkeit, die sich auch für das Gedicht *abwesenheit* feststellen lässt. Denn gefunden hatte Hilbig das Fleming-Gedicht vermutlich im *Poesiealbum 15*, das im Dezember 1968, also in zeitlicher Nähe der Entstehung von *elegie* und *abwesenheit*, im Verlag Neues Leben erschienen war.[39] Im *Poesiealbum 15* folgt auf das Gedicht *Auf den Tod eines Kindes* eine Elegie Paul Flemings mit dem Titel *Auf ihr Abwesen*, die wiederum anregend auf Titel und Form von Hilbigs Gedicht *abwesenheit* gewirkt haben könnte:

Auf ihr Abwesen

Ich irrte hin und her und suchte mich in mir
Und wußte dieses nicht, daß ich ganz war in dir.

Ach, tu dich mir doch auf, du Wohnhaus meiner Seelen!
Komm, Schöne, gieb mich mir. Benimm mir dieses Quälen!

---

[37] Otto Knörrich: *Formen der Literatur in Einzeldarstellungen*. Stuttgart: Kröner 1991. S. 59.
[38] „Auf den Tod eines Kindes" ist allerdings keine in Alexandrinern verfasste Barockelegie, sondern erinnert aufgrund der zumeist vierhebigen auftaktlosen Verse eher an liedhafte Metren.
[39] Das ist wahrscheinlich, da Flemings Gedicht *Auf den Tod eines Kindes* in der Werkausgabe nicht verzeichnet und das Gedicht also folglich wenig verbreitet gewesen ist.

Schau, wie er sich betrübt, mein Geist, der in dir lebt!
Tötst du den, der dich liebt? Itzt hat er ausgelebt.

Doch gib mich nicht aus dir. Ich mag nicht in mich kehren.
Kein Tod hat Macht an mir, du kannst mich leben lehren.

Ich sei auch, wo ich sei, bin ich, Schatz nicht bei dir,
So bin ich nimmermehr selbest in und bei mir.[40]

Dieses Fleming-Gedicht ist ein einschlägiges Beispiel für die in Alexandrinern verfasste Barockelegie, auch wenn der Dichter hier auf den Einsatz alternierender Kadenzen und des Kreuzreims verzichtet hat, welche normalerweise im Barock den Wechsel von Hexameter- und Pentameter-Vers des Distichons evozieren.[41] Auch die via Titelprogrammatik vorgestellte Liebesklage „Auf ihr Abwesen" ist in der Barockdichtung verbreitet gewesen, lautet doch z.B. der Titel einer Liebeselegie von Martin Opitz *Vom Abwesen seiner Liebsten*.[42] Durch die Beschreibung des durch die Abwesenheit der Geliebten hervorgerufenen Liebesschmerzes ist Flemings Gedicht ein typisches Beispiel für den im Barock typischen Petrarkismus, der hier im Spätwerk des Dichters, ein Jahr vor seinem Tod zu finden ist.[43] Autobiographisch betrachtet, fällt das Gedicht in Flemings Revaler Zeit nach der Rückkehr aus Persien: Fleming warb damals um die Liebe von Anna Niehus, mit der er sich im Juli 1639 schließlich verlobte.[44]

Vermutlich hatte Hilbig unter unmittelbarem Eindruck der Lektüre der Fleming-Gedichte *Auf den Tod eines Kindes* und *Auf ihr Abwesen* das Gedicht *elegie* geschrieben, wobei er sich von dem ersten Gedicht inhaltlich, von *Auf ihr Abwesen* formal inspirieren ließ. Da Hilbig seine *elegie* zu Lebzeiten aber nicht publizierte, könnte stattdessen das im selben Jahr entstandene Gedicht *abwesenheit* als Essenz seiner damaligen Schreibanstrengungen gelten. Denn das rhythmisch ambitionierte Gedicht *abwesenheit* zitiert formal nicht nur die Barockelegie – auch hier gibt es zwei Alexandriner im zweiten und vierten Vers der zweiten Strophe –, sondern auch Merkmale des elegischen Distichons, wie den Adoneus, der auffällig jeweils im Schlussvers der ersten

---

40 Paul Fleming: ‚Auf ihr Abwesen'. In: Poesiealbum 15 S. 29.
41 Friedrich Beißner: *Geschichte der deutschen Elegie*. Berlin: Walter de Gruyter. S. 62f.
42 Martin Opitz: *Gedichte*. Hg. von Jan-Dirk Müller. Stuttgart: Reclam 1995. S. 141–142.
43 Hans Pyritz: Paul Fleming und der Petrarkismus. In: *Deutsche Barockforschung. Dokumentation einer Epoche*. Hg. von Richard Alewyn. Köln/ Berlin: Kiepenheuer & Witsch 1965. S. 336–357. Hier: S. 338, S. 343.
44 Heinz Entner: *Paul Fleming*. Leipzig: Reclam 1989. S. 518–521. Hier: S. 586.

und dritten Strophe auftritt. Auch die langen Verse von *abwesenheit* – neunmal gibt es sechs Hebungen – orientieren sich an der epischen Länge der Distichen, zumal teilweise mit Doppelsenkungen deren getragener narrativer Stil evoziert wird. Zwar bleiben in *abwesenheit* die formalen Hinweise auf die Elegie nur Formzitat, vermitteln dadurch aber gerade die dichtungsgeschichtlichen Brüche.[45]

Besonders aber in seinem Gehalt erscheint Hilbigs Gedicht *abwesenheit* als Elegie auf die „restlos zerbrochene sprache", der nachgetrauert wird wie sonst nur einer Geliebten in einer barocken Elegie wie jener Flemings. Die Klage um den unwiederbringlichen Verlust der durch die Barbarei infrage gestellten europäischen Kulturtradition und ihrer poetischen Konzepte bildet die Ausgangsposition des lyrischen Sprechens. Das ist wohl eine Konstante, die sich durch Hilbigs Dichtung zieht, so greift er auch in der späten Lyrik die Figur der Klage auf, etwa in *Der Schlaf in der Dämmerung* (1994), wo es heißt: „und über das Vergessen will ich erheben die Klage".[46] Zudem klingt in *abwesenheit* das wütende Aufbegehren politischer Elegien an, wenn man an die eingangs beschriebene schwierige Lage von Schriftstellern denkt, die in der DDR nicht publizieren durften. Die daraus folgende innerliche und äußerliche Stagnation könnte die Klage beinahe als überflüssig erscheinen lassen, insofern in *abwesenheit* an die Wirksamkeit der Sprache nicht mehr geglaubt wird. Hilbigs *abwesenheit* spielt deshalb auch mit der noblen ästhetischen Position einer *poésie pure*, lässt die Elegie als formales, klangliches und bildliches Sprachkunstwerk anscheinend sich selbst genügen. Doch gerade durch die vermeintlich selbstgenügsame Reflexion der ästhetischen Mittel dringt das Abgründige der Klage unter der schönen Oberfläche nur umso nachdrücklicher hervor.

In Wolfgang Hilbigs Gedicht *abwesenheit* kulminieren damit geistesgeschichtliche, gesellschaftspolitische und dichtungstheoretische Abgründe im Formzitat der Elegie, über welches das Abgründige der Klage sublimiert wird.

---

45 „Im zwanzigsten Jahrhundert zerbröckelt das elegische Distichon. Denn selbst wenn dieses Versmaß seit jeher als eines der geschmeidigsten erkannt wird, vermag es nicht mehr der mittlerweile äußerst widersprüchlich gewordenen Wirklichkeit und der labilen Entfremdung des Ich im gesellschaftlichen Sein Rechnung zu tragen." (Daniel Frey: *Bissige Tränen*. Würzburg: Königshausen & Neumann 1995. S. 188).

46 Hilbig: *Gedichte*. S. 186–188. Hier: S. 188.

Bibliografie

Becher, Johannes R.: *Tränen des Vaterlandes: Deutsche Dichtung aus dem 16. und 17. Jh.* Berlin: Rütten & Loenig 1954.

Beckermann, Thomas: „Die Diktatur repräsentiert das Abwesende nicht": Essay on Monika Maron, Wolfgang Hilbig and Gert Neumann. In: *German Literature at a Time of Change 1989–1990.* Bern/ New York: Peter Lang 1991. S. 97–116.

Beißner, Friedrich: *Geschichte der deutschen Elegie.* Berlin: Walter de Gruyter 1961.

Brandmeyer, Rudolf: Poetiken der Lyrik. Von der Normpoetik zur Autorenpoetik. In: *Handbuch Lyrik. Theorie, Analyse, Geschichte.* Hg. von Dieter Lamping. Stuttgart: Metzler 2016. S. 2–15.

Deutsches Wörterbuch von Jacob und Wilhelm Grimm. Url: https://woerterbuchnetz.de/?sigle=DWB#1. Abgerufen am 29.05.2023.

Die Einübung der Aussenspur. Die andere Kultur in Leipzig 1971–1990. Hg. von Uta Grundmann/ Michael Klaus/ Susanna Suefert. Leipzig: Thom Leipzig 1996.

Diner, Dan: *Zivilisationsbruch. Denken nach Auschwitz.* Frankfurt am Main: S. Fischer-Verlag 1988.

Entner, Heinz: *Paul Fleming.* Leipzig: Reclam 1989. S. 518–521.

Faust, Siegmar: Hilbig, Abwesenheit, Gedichte. In: *Neue Deutsche Hefte* 26 (1979). S. 769–778.

Fleming, Paul: Deutsche Gedichte. Hg. von Johann Martin Lappenberg. Stuttgart: Literarischer Verein 1865.

Fleming, Paul: *Poesiealbum 15.* Hg. von Klaus-Dieter Sommer. Berlin: Neues Leben 1968

Frey, Daniel: *Bissige Tränen.* Würzburg: Königshausen & Neumann 1995.

Friedrich, Hugo: *Die Struktur der modernen Lyrik.* Hamburg: Rowohlt 2006.

Fühmann, Franz: *Briefe 1950–1984. Eine Auswahl.* Hg. von Hans-Jürgen Schmitt. Rostock: Hinstorff 1994. Franz Fühmann an Claus Träger, 12.1.1980. S. 315–319.

Hartung, Harald: Wolfgang Hilbig ‚Abwesenheit' Gedichte', *Bücher im Gespräch* 11, Köln, DLF, S. 1–7. [Sendung vom 7.10.1979].

Hilbig, Wolfgang: *Gedichte.* Hg. von Jörg Bong/ Jürgen Hosemann. Frankfurt am Main: S. Fischer 2008.

Hilbig, Wolfgang: *Eine Übertragung.* Hg. von Jörg Bong/ Jürgen Hosemann/ Oliver Vogel. Frankfurt am Main: S. Fischer 2011.

Hilbig, Wolfgang: „Ich unterwerfe mich nicht der Zensur". Briefe an DDR-Ministerien, Minister und Behörden. Hg. von Michael Opitz. *Neue Rundschau* 2 (2021).

Hilbigs Biografie. https://www.wolfgang-hilbig.de/wolfgang-hilbig/biografie. Abgerufen am 03.11.2023.

Hünger, Nancy: *Abwesenheit. Über Wolfgang Hilbig.* Heidelberg: Wunderhorn 2022.

Jung, Werner: Die Abwesenheit als Ort der Poesie. Gespräch mit Wolfgang Hilbig. In: *Neue deutsche Literatur* 42/5 (1994). S. 8–20.

Kemper, Dirk: *Elegie*. In: Reallexikon deutscher Literaturwissenschaft. Bd. 1. Hg. von Klaus Weimar. Berlin: de Gruyter 2003. S. 429–432.

Knörrich, Otto: *Formen der Literatur in Einzeldarstellungen*. Stuttgart: Kröner 1991.

Lapchine, Nadja: Das produktive Scheitern der Odyssee in Wolfgang Hilbigs Gedichtband „Bilder vom Erzählen" (2001): eine Poetik des Abgrunds? In: *Wolfgang Hilbigs Lyrik*. S. 287–311.

Opitz, Martin: *Gedichte*. Hg. von Jan-Dirk Müller. Stuttgart: Reclam 1995.

Opitz, Michael: *Wolfgang Hilbig: Eine Biographie*. Frankfurt am Main: S. Fischer-Verlag 2017.

Pabst, Stephan: ‚hundertjähriges verweigern'. Arthur Rimbaud und Wolfgang Hilbig. In: *Wolfgang Hilbigs Lyrik. Eine Werkexpedition*. Hg. von Stephan Pabst/ Bernard Banoun/ Bénédicte Terrisse/ Carola Hähnel-Mesnard. Berlin: Verbrecher Verlag 2021. S. 243–264.

Pabst, Stephan: Der Holocaust als Begründung einer Poetik der Moderne bei Theodor W. Adorno und Wolfgang Hilbig. In: *Wolfgang Hilbig und die (ganze) Moderne*. Hg. von Stephan Pabst/ Sylvie Arlaud/ Bernard Banoun/ Bénédicte Terrisse. Berlin: Verbrecher Verlag 2021. S. 217–240.

Pyritz, Hans: Paul Fleming und der Petrarkismus. In: *Deutsche Barockforschung. Dokumentation einer Epoche*. Hg. von Richard Alewyn. Köln/ Berlin: Kiepenheuer & Witsch 1965. S. 336–357.

Schuster, Jörg: *Poetologie der Distanz. Die klassische deutsche Elegie 1750–1800*. Freiburg: Rombach 2002.

PART 4

*Der Abgrund auf Bühne und Bildschirm /
The Abyss on Stage and Screen*

∴

10

Das Fallen in den Abgrund – auf- oder abwärts? Zur Vertikalität der Bewegung im lettischen Drama

Zane Šiliņa und Laila Niedre

Abstract

Translators have made a significant contribution to the development of the Latvian literary language. One of the most relevant nineteenth century translations into Latvian is Johann Wolfgang Goethe's *Faust* by the Latvian poet Rainis published in 1897. At the end of the twentieth century, the Latvian linguist, translator and poet Valdis Bisenieks published another translation of Goethe's drama to purge the Latvian version of *Faust* from the romantic exaltation introduced by Rainis and to draw nearer to the nuanced realism of the source text. That the translations do differ is illustrated by an extract from Act 5 where Rainis has not used 'bezdibenis', the Latvian equivalent of the German word 'Abgrund' (abyss). Bisenieks, however, has used it. But what is 'bezdibenis'? It is a place without foundations, without a bottom. And how has this word and concept been used in Latvian literature and drama? In order to gain an insight into this problem, two dramas *Ragana* (*The Witch*) and *Torņa cēlējs* (*Tower Builder*) by the Latvian poet Aspazija (Johanna Emīlija Lizete Rozenberga, 1865–1943) are analysed. The analysis reveals that in literature physical descent symbolically associates with spiritual ascent, embodying the semantic polarity characteristic of ancient peoples and combining in one word both opposites, in this case the top and the bottom.

Schlüsselwörter

Entsprechung 'Abgrund' – 'bezdibenis' – lettische Literatur – Dramen von Aspazija – räumliche Konzepte in Dramen von Aspazija – semantische Polarität

1 Einleitung. Vergleichende Aspekte der lexischen Einheiten ‚Abgrund' und ‚bezdibenis'

> Wie Felsenabgrund mir zu Füßen
> Auf tiefem Abgrund lastend ruht,
> Wie tausend Bäche strahlend fließen
> Zum grausen Sturz des Schaums der Flut,
> Wie strack mit eignem kräftigen Triebe
> Der Stamm sich in die Lüfte trägt:
> So ist es die allmächtige Liebe,
> Die alles bildet, alles hegt.
>
> GOETHE. *Faust*[1]

> Kā man pie kājām klinšu krauti
> Uz dziļa domja līkstot guļ,
> Kā staros ritē tūkstoš strauti,
> Kur rāva strāvu putās kuļ,
> Kā gaisos stiepjas zars pēc zara,
> Iz koka paša dziņas zeļ;
> Tā mīla ir tā dziļā vara,
> Kas visu veido, visu ceļ.
>
> GOETHE. *Faust*. In der Übersetzung von Rainis (1898)[2]

> Kā bezdibenis man pie kājām
> Ir mūžīgs dienu ritumā,
> Kā straujiem strautiem, tērcēm vājām
> Ir jākrīt ūdenskritumā,
> Kā upe varenā un drošā
> Uz jūru savus viļņus veļ,
> Tā mīlestība uzvarošā
> It visu veido, visu ceļ.
>
> GOETHE. *Faust*. In der Übersetzung von Valdis Bisenieks (1999)[3]

Die Übersetzung solcher Texte wie die Bibel und das Drama *Faust* von J.W. Goethe haben unauflösliche Spuren in der lettischen Sprache hinterlassen,

---

[1] Johann Wolfgang Goethe: *Faust. Eine Tragödie.* Berliner Ausgabe 2013. S. 358.
[2] Johans Volfgangs Gēte: *Fausts.* Rīga: Liesma 1972. S. 444.
[3] Johans Volfgangs Gēte: *Fausts.* Rīga: Jumava 1999. S. 448.

stellt der lettische Sprachwissenschaftler Andrejs Veisbergs fest.[4] Der Literaturwissenschaftler Jānis Zālītis, der Studien zu der Geschichte der lettischen Literatur und zu literarischen Zusammenhängen veröffentlicht, interessiert sich auch für die Faust-Übersetzungen in die lettische Sprache. Die ersten Veröffentlichungen des Textes *Faust* sind Fragmente in der Tages- und Monatspresse in der zweiten Hälfte des 19. Jahrhunderts, aber das von dem lettischen Dichter Rainis übersetzte und 1897 veröffentlichte Werk von Goethe gilt als kongenial, da diese Übersetzung die Möglichkeit bewiesen hat, kompliziertere europäische Texte auch in die lettische Sprache zu übertragen.[5] Der lettische Germanist, Übersetzer und Dichter Valdis Bisenieks (1927–2017) bemerkt hingegen:

> Jedoch ist genial + genial bei weitem noch nicht kongenial. Rainis' Leistung ist zweifellos genial, insbesondere, wenn man in Betracht zieht, wie unerfahren seinerzeit die lettische Sprache war – ging es doch darum, Goethes gigantische Gedankenlast und seine Kulturhorizonte zu tragen. In der künstlerischen Gestaltung blieb Goethe für Rainis wesensfremd, und gerade durch seine stark ausgeprägte Individualität hat Rainis Goethes *Faust* dem lettischen Leser eher verdeckt als entdeckt.[6]

Dementsprechend legt Valdis Bisenieks 1999 dem lettischen Leser seine eigene Übersetzung von Goethes *Faust* vor. Die einleitend zitierte Stelle in beiden Übersetzungen zeigt den großen Unterschied zwischen den Interpretationen beider lettischer Dichter, aber in einem sind sie sich einig: Die Liebe (mīla, mīlestība) ist, was alles hebt (ceļ) – eben „hebt" statt „hegt", wie von Goethe formuliert. Auf die Vertikalität im Text von Goethe deutet das Bild vom Abgrund zu Füßen hin. Im großen deutsch-lettischen Wörterbuch[7] wird als lettische Entsprechung zum deutschen Wort ‚der Abgrund' das lettische Wort ‚bezdibenis' (auch ‚bezdibens') angegeben. Rainis verzichtet in seiner Faust-Übersetzung auf diese Entsprechung, Valdis Bisenieks nimmt das Wort in seine Übersetzung auf.

Aber was bedeutet das Wort ‚bezdibenis'? Es handelt sich um eine Ableitung, deren Grundwort das Wort ‚dibens' (der Grund, der Boden, auch

---

4 Vgl. Andrejs Veisbergs: Tulkojumvaloda. In: *Latviešu valoda*. Hg. von Andrejs Veisbergs. Rīga: LU Akadēmiskais apgāds 2013. S. 373.
5 Vgl. Andrejs Veisbergs: *Tulkojumi latviešu valodā. 16.–20. gadsimta ainava*. Rīga: LU Akadēmiskais apgāds 2022. S. 59.
6 Valdis Bisenieks: Gētes "Faustu" pārdzejojot. Goethes „Faust" umdichtend. In: *Rainis und Goethe. Zum hundertjährigen Jubiläum der „Faust"-Übersetzung*. Hg. von Jānis Zālītis. Rīga: Nordik 1999. S. 165–173. Hier: S. 173.
7 *Deutsch-lettisches Wörterbuch*. Hg von K. Granta/ E. Pampe. Rīga: Avots 1990.

der hintere Teil des menschlichen Körpers) bildet. Etymologisch stammt das Wort aus dem indoeuropäischen ‚dheub-' mit der Bedeutung ‚tief', ‚hohl'. In der deutschen Sprache ist dieser indoeuropäische Stamm im Wort ‚der Boden' zu erkennen.[8] Das Präfix ‚bez-' bedeutet ‚ohne', also ‚bezdibenis' ist etwas ohne Grund, ohne Boden. In der direkten Bedeutung dieses Wortes werden ein Ort, der angeblich keinen Boden hat, eine sehr tiefe Stelle, auch Wassertiefe bezeichnet, in der übertragenen eine schwere, komplizierte Situation.[9] Werden diese Bedeutungen mit den Bedeutungen des deutschen Wortes ‚Abgrund' verglichen, ist festzustellen, dass es sich hier um eine Eins-zu-Teil-Entsprechung im übersetzungstheoretischen Sinne[10] handelt, da das Wort ‚der Abgrund' auch mehrere Bedeutungen hat, darunter auch ‚unermessliche, gefährliche Tiefe', ‚unergründlicher Bereich', ‚Untergang, Verderben', obwohl eigentlich das mittelhochdeutsche und althochdeutsche Wort ‚abgrunt' einen abwärts gehenden (Erd)boden bezeichnete.[11]

Korpuslinguistisch kann man den Gebrauch des Wortes ‚bezdibenis' im digitalisierten Korpus der lettischen Sprache, darunter auch in den Texten der literarischen Zeitschrift *Karogs* (1940–1995)[12] verfolgen. Das Wort ist in diesem Textkorpus 56 Mal nicht nur in Lyrik- und Prosatexten, sondern auch in Kritiken anzutreffen (0,9 per Million). Zum Beispiel zitiert der Literaturkritiker Vitolds Valeinis (1922–2001) in seinem Artikel zum Verhältnis von Realität und Bildhaftigkeit in der Lyrik ein Gedicht des lettischen Dichters Linards Laicens (1883–1938):

Un klintīs uzkāpu un lejā gāzos,
Lai bezdibens Tev uznes, ko es saucu – Ho-Tai![13]

Und stieg ich auf die Felsen, und fiel nach unten, damit der Abgrund bringt dir aufwärts das, was ich rufe – Ho-Tai! (Hier und im Weiteren Übersetzung von Laila Niedre)

---

8   Vgl. Konstantīns Karulis: *Latviešu valodas etimoloģiskā vārdnīca*. Bd. 1. Rīga: Avots 1992. S. 212–213.
9   Vgl. *Latviešu literārās valodas vārdnīca*. Bd. 2. Hg. von Latvijas PSR Zinātņu akadēmija. Andreja Upīša Valodas un literatūras institūts. Rīga: Zinātne 1973.
10 Vgl. Werner Koller: *Einführung in die Übersetzungswissenschaft*. Wiebelsheim: Quelle&Meyer. 6. durchges. und aktualisierte Aufl. 2001. S. 236–240.
11 *Brockhaus. Die Enzyklopädie*. 20. überarbeitete und aktualisierte Auflage. 28. Bd. *Deutsches Wörterbuch* I. Leipzig, Mannheim: 1999.
12 Nacionālā korpusu kolekcija: Karogs (1940–1995). https://korpuss.lv/id/Karogs.
13 Zitiert nach: Vitolds Valeinis: Attieksmes starp reālo priekšmetību un dzejas tēlainību. In: *Karogs* 9 (1968). S. 121–126. Hier: S. 122.

Vitolds Valeinis stellt fest, dass der Dichter lügt, wenn man vom gängigen Realitätsbegriff ausgeht, aber die Poesie hat ihre eigene Logik.[14] Für Laicens verbirgt das Fallen in den Abgrund folglich die vertikale Bewegung nach unten, aber zugleich auch diejenige nach oben.

Das ist in den in *Korpuss* vorhandenen Texten der einzige Fall für den Gebrauch des Wortes ‚bezdibens' für die Bezeichnung der Bewegung nach oben. In weiteren acht Fällen wird in den Texten anderer Autoren durch die Anwendung des Wortes ‚bezdibens' die Bewegung nach unten metaphorisch geschildert. In fünf Fällen wird mit dem Wort ‚bezdibens' eine reale oder irreale Kluft beschrieben. Das Wort wird mehrmals beim Vergleichen verwendet, zum Beispiel Gefühle so tief wie der Abgrund, Augen wie der Abgrund, Dunkelheit wie der Abgrund, tief oder dunkel wie der Abgrund, das Leben wie ein kühler, abgrundtiefer Brunnen. Der Begriff ‚Abgrund', also ‚bezdibens', wird auch mit anderen Begriffen verknüpft, beispielsweise ‚nāves bezdibens' – der Abgrund des Todes, ‚viņpasaules bezdibens' – der Abgrund des Jenseits, ‚debesu bezdibens' – der Abgrund des Himmels, ‚bezdibens purvs' – abgrundtiefer Sumpf.

2 Zur Vertikalität der Bewegung in Aspazijas Drama *Ragana*: Höhle – Kluft – Abgrund

Schwerpunktmäßig wird in diesem Beitrag die Abgrundproblematik in den Texten der lettischen Dichterin Aspazija, die auch an der von Rainis vorgelegten Übersetzung von Goethes *Faust* mitgearbeitet hatte, am Beispiel der Dramen *Ragana* und *Torņa cēlējs* analysiert.

Aspazija (eigentlich Johanna Emīlija Lizete Rozenberga, 1865–1943) war eine der hervorragendsten Persönlichkeiten aller Zeiten in der lettischen Literatur und Dramaturgie, die die Gesellschaft schon mit ihrem ersten veröffentlichten Gedicht in der Zeitung *Dienas Lapa*, das mit dem Pseudonym Aspazija, dem Namen der geliebten Frau des griechischen Dichters und des Athener Staatsoberhaupts Perikles unterzeichnet wurde, herausforderte. Aspazija war in den neunziger Jahren des 19. Jahrhunderts die berühmteste Frau im lettischen öffentlichen und literarischen Leben. Aspazija gilt als Bahnbrecherin moderner Poesie und symbolischer Ideen in der lettischen Literatur bzw. Dramaturgie, und ihre literarischen Werke spielten eine wichtige Rolle bei der Anregung intellektueller Diskussionen über die Emanzipation von Frauen. In schöpferischer Zusammenarbeit mit ihrem Ehepartner, dem Dichter und

---

14   Valeinis: Attieksmes starp reālo priekšmetību un dzejas tēlainību. In: *Karogs* 9 (1968). S. 127.

Dramatiker Rainis (eigentlich Jānis Pliekšāns, 1865–1929), arbeitete Aspazija 1896–1897 an der lettischen Übersetzung von Johann Wolfgang von Goethes Drama *Faust* mit.

Aspazijas Werk *Ragana* [die Zauberin] wurde nur einmal als fertiggestelltes Drama in fünf Akten veröffentlicht, in den Heften 10, 11 und 12 der Zeitschrift *Mājas Viesa Mēnešraksts* im Jahr 1896.[15] Später wurde dieses Drama in einer Reihe von Büchern (auch in den *Gesammelten Schriften* von Aspazija[16]) veröffentlicht, aber unter Berücksichtigung des Willens der Autorin nur als dramatisches Fragment, in dem die Handlung in der Mitte der 10. Szene des 4. Aktes abgebrochen wird. Die Uraufführung fand 1895 im Lettischen Theater in Riga (Rīgas Latviešu teātris) statt, danach wurde das Drama *Ragana* in mehreren lettischen Theatern in den Jahren 1910, 1915, 1924 und 2022 aufgeführt.

In diesem Drama schildert Aspazija den Entwicklungsweg der jungen Protagonistin Liesma (die Flamme), die zusammen mit ihrer Mutter, der Zauberin Giltina, und den Schwestern in einem wilden Gebiet mitten im Wald lebt. Die Zauberinnen verbringen den Tag in ihrer Höhle,[17] aber nachts gehen sie in die Welt, um Schaden und Bosheit zu vermehren. Nur Liesma hält sich von ihren Schwestern fern und sehnt sich danach, die Sonne mit eigenen Augen zu sehen. Am Anfang des Stückes erfährt man, dass Liesma einen jungen Prinzen, Almars, vor dem Tod gerettet hat. Im Königsschloss ist man überzeugt, dass Almars die Schwester des Königs Līgita heiraten wird. Doch als Almars seine Retterin erblickt, verliebt er sich in die junge Zauberin und will sich mit ihr für's Leben verbinden. Obwohl Līgita Almars liebt, verzichtet sie auf ihre gemeinsame Zukunft, da sie ihrem Geliebten nicht den Weg zum Glück verstellen will. Aber der König wird wegen der Entscheidung von Almars wütend, gleichzeitig treibt ihn die Eifersucht, da auch ihn die Schönheit von Liesma bezaubert. Deshalb muss die Protagonistin, als sie in die menschliche Welt gelangt, zwischen der Liebe des jungen Prinzen Almars und dem Thron

---

15 Aspazija: Ragana: Dramatiska fantāzija piecos cēlienos. In: *Mājas Viesa Mēnešraksts: Ilustrēts literārisks un zinātnisks žurnāls* 10–12 (1896).

16 Aspazija: Ragana: Dramatisks fragments. In: *Aspazija. Kopoti raksti 6 sējumos*. Bd. III. Zusammengestellt von Saulcerīte Viese. Rīga: Liesma 1986. S. 245–308.

17 Lettisch ‚ala'. Zur Etymologie dieser lexischen Einheit gibt es zwei Auffassungen. In der traditionellen Auffassung ist es eine Ableitung von mhd. ‚hol'. Der führende lettische Etymologe Konstantīns Karulis vertritt die Auffassung, dass das lettische Wort ‚ala' einen baltischen Ursprung hat, aus dem ide. *el-/ *ol-/ *al- mit der Bedeutung ‚fließen'. Bemerkenswert ist, dass es in einer lettischen Mundart (die früher auf der Kurischen Nehrung gesprochen wurde) das Wort ‚elogs' mit der Bedeutung ‚Abgrund' gab. Vgl. Konstantīns Karulis: *Latviešu valodas etimoloģiskā vārdnīca*. Bd. I. Rīga: Avots 1992. S. 65.

und der Macht, die ihr der von Leidenschaft ergriffene König anbietet, wählen. Liesma gibt zwar der Verlockung der Macht nach, doch die Ehe mit dem König bringt nicht die erhoffte Genugtuung. Liesma kehrt zu ihrer Mutter zurück, aber als Giltina ihr die Aufgabe überträgt, alle Menschen zu vernichten, entscheidet Liesma sich nach schwerem Kampf mit sich selbst dagegen und stürzt sich in den Abgrund, um derart ihren geliebten Almar und Līgita zu retten.

Es ist zu betonen, dass Liesma zur Fantasiewelt gehört, sie besitzt Zauberkraft, aber sie hat auch eine unbewusste Breite menschlicher Gefühle und Leidenschaften, sie will die Welt erforschen und sehnt sich nach unbegrenzter Freiheit. Liesma ist nicht nur die Protagonistin, sie stellt gewissermaßen die Verkörperung ihrer Autorin dar. Durch diese Figur kann die Dichterin über die Frau als freie und unabhängige Persönlichkeit, über ihre Sehnsucht nach Selbstbestätigung, aber auch über das Streben nach Erfüllung der Gefühle und den unlösbaren Widerspruch zwischen Ideal und Realität sprechen.

Die Basis für das Drama *Ragana* bildet das Prinzip der Gegensätze, das bereits im Figurensystem des Stückes widergespiegelt wird. Die Protagonistin Liesma zeichnet sich durch ihr Anderssein aus: als Zauberin und Hexe will sie nicht die Befehle ihrer Mutter Giltina befolgen, sie hat keine schwesterlichen Gefühle zu den anderen Töchtern ihrer Mutter. Das Kontrastprinzip wird auch in der von der Autorin beabsichtigten visuellen Form und im Verhaltensmuster der Figuren umgesetzt. Die Zauberin und Hexe Giltina und ihre Töchter „gekleidet in schwarzen, offenen Gewändern, haben schwarzes Haar, sie wedeln singend ihre schwarzen Schleier" (Aspazija: *Ragana. Dramatisks fragments*, S. 250), Liesma hingegen, „in feuerrotem Gewand, mit blondem, losem Haar, kommt langsam über die Felsen und spielt träumend mit den Blumen in ihrer Hand" (Aspazija: *Ragana. Dramatisks fragments*, S. 252). Liesma ist „zwischen Dunkelheit und Licht" (Aspazija: *Ragana. Dramatisks fragments*, S. 254) geboren, sie gehört deshalb weder zu den Zauberinnen und Hexen noch zu den Menschen. In der 10. Szene des 1. Aktes erfährt man, dass die Protagonistin Liesma ihren Namen wegen spielerischer Irrlichter trägt:

Tas nāk
No tam, ka maldu uguns rotaļājās
Ap manu šūpuli.

Es stammt davon, dass Irrlichter um meine Wiege spielten. (Aspazija: *Ragana. Dramatisks fragments* S. 263)

Ihr Schicksal wird in der Prophezeiung von Giltina ausgedrückt:

Bez prieka, miera – mūžam meklēdamai,
Bezgala gaisma būs tavs vēlējums,
Bezgala nakts – tavs vienīgs atradums.

Ohne Freude, ohne Frieden wirst du immer suchend dich nach unendlichem Licht sehnen, die unendliche Nacht wird das Einzige sein, was du finden wirst. (Aspazija: *Ragana. Dramatisks fragments*, S. 254)

Aspazija berichtet in ihren Erinnerungen, dass ein Besuch bei ihren Bekannten, Dr. Zolta und seine Familie, nicht weit von Nītaure[18] die Entstehung des Dramas *Ragana* 1894 anregte. Aspazija schreibt:

> Zusammen mit Dr. Zolt, von der schönen Sommerzeit profitierend, wanderten wir durch die ganze Gegend von Nītaure, die durch ihre dichtwachsenden Urwälder, Sümpfe und gebüschbedeckte Hügel sehr interessant ist und unwillkürlich zu romantischen Träumen anregt. [...] Übrigens zeigte er mir auch einen dicht bewaldeten Hügel in einem unzugänglichen Sumpf. Dieser Hügel mit seinen verschiedenen Klüften und Vertiefungen war laut einer Sage in alten Zeiten ein Ort, wo Hexen und Zauberinnen zu Hause waren. Die Hexen hätten dort lange gelebt und viel Schaden für die ganze Gegend angerichtet, und erst, als der Wald abgebrannt wurde, konnte man die Hexen und Zauberinnen vertreiben.
>
> Als schwarze Gestalten seien sie durch die Luft geflogen, und um ihre Herberge herum hätten sie den Sumpf entstehen lassen, damit sie den Menschen nicht zugänglich sei. Jetzt sei der Sumpf zwar ausgetrocknet, aber der Hügel sei so dicht mit aller Art von Stachel- und Schlingpflanzen bewachsen, von Schlangen bewohnt, dass dort kein Mensch seinen Fuß setzen wolle.[19]

Die Literaturwissenschaftlerin Ieva Kalniņa stellt fest, dass „Aspazija die erste in der lettischen Dramaturgie ist, die empfindet, dass große, neue Ideen nicht in gegenwärtigem Raum und gegenwärtiger Zeit dargestellt werden können".[20] So wird beispielsweise in den Regieanweisungen zum symbolischen Drama

---

18 Nītaure – ein Dorf in Lettland, ungefähr 80 km von der lettischen Hauptstadt Riga entfernt.
19 Aspazija: Kā radusēs drāma „Ragana". In: *Aspazija. Kopoti raksti 6 sējumos*, Bd. IV. Zusammengestellt von Saulcerīte Viese. Rīga: Liesma 1987. S. 651.
20 Ieva Kalniņa: Dabas stihijas Aspazijas drāmās „Vaidelote" un „Sidraba šķidrauts". In: *Aspazija un mūsdienas: dzimums, nācija, radošie izaicinājumi*. Zusammengestellt von Ausma Cimdiņa. Rīga: Zinātne 2016. S. 222–232. Hier: S. 222.

Sidraba šķidrauts die Zeit der Handlung als „romantisch" bezeichnet, während das Stück *Vaidelote* ein „Drama aus der litauischen Vergangenheit" ist, das Drama *Zalša līgava* hat seine Handlung in einem sagenhaften Zeitalter, das Stück *Torņa cēlējs* ist ein Drama aus dem Mittelalter.

Deshalb ist es interessant, dass Aspazija als eine der Inspirationsquellen für das Drama *Ragana* bestimmte persönliche Erfahrungen nennt, die beim Besuch einer malerischen, aber für Lettland keiner einzigartigen oder ungewöhnlichen natürlichen Umgebung erlebt wurden. Als erinnerungswürdige und fantasieerregende Elemente werden dicht wachsende Wälder, buschbewachsene Hügel mit Klüften und Vertiefungen, sowie eine sumpfige, überwucherte Umgebung genannt. Die Regieanweisungen im Drama *Ragana* zeigen auf eine ähnliche, von der jeweiligen Erfahrung beeinflusste Naturlandschaft hin. Zum Beispiel beschreibt die Autorin den Handlungsort im 1. Akt folgendermaßen: „Hügelige Gegend mit Waldlichtungen, im Hintergrund die Felsen, wo sich die Höhle der Zauberinnen befindet. Die Sommernacht, stockdunkel, Irrlichter flackern über den Sumpf." (Aspazija: *Ragana. Dramatisks fragments*, S. 249). Es ist jedoch bezeichnend, dass die Dichterin die Naturelemente, die in der Gegend von Nītaure zu sehen sind, in visuell beeindruckendere, für die lettische Landschaft weniger charakteristische Naturelemente verwandelt hat. Zum Beispiel sind die buschbewachsenen Hügel in den Regieanweisungen zu zerklüfteten Felsen geworden, und im Text der Prinzessin Līgita wird in der 4. Szene des 1. Aktes der fremde, erschreckende Eindruck der von den Felsen geworfenen Schatten hervorgehoben:

Ak, cik šausmīga
Šī vieta! Klintis, kas tur mēness gaismā
Met ēnu, izskatās kā simtiem ķēmu,
Kas, rokas izstiepuši, grib mūs satvert.

Oh, wie öde dieser Ort! Die Felsen, die da im Mondlicht Schatten werfen, sehen wie Hunderte von Gespenstern aus, die uns mit ihren ausgestreckten Händen fangen wollen. (Aspazija: *Ragana. Dramatisks fragments*, S. 255)

In diesen erschreckenden Felsen befindet sich eine Höhle, in der die Zauberinnen, die Hexen leben. Als die alte Hexe Giltina die Höhle öffnen lässt, sieht man, dass da „Schmuck aller Art und große Goldstücke liegen. An den Wänden hängen Totenköpfe und einige magische Sachen. Die Zauberinnen sitzen in einer magisch beleuchteten Gruppe" (Aspazija: *Ragana. Dramatisks fragments*, S. 256). Dem Weiteren ist zu entnehmen, dass die Schätze nicht echt sind, bei Berührung verschwinden sie. Später „kommen die Zauberinnen aus der Höhle und beginnen zu tanzen, von blassem, glänzendem Licht beleuchtet. Liesma geht langsam beiseite und versteckt sich. Nach dem Tanz verschwinden alle Zauberinnen in der Höhle, die sich mit großem Lärm schließt." (Aspazija: *Ragana. Dramatisks fragments*, S. 259)

Ieva Kalniņa bemerkt, dass die ersten Stücke von Aspazija, zu denen auch das Drama *Ragana* gehört, durch die Opposition „die Breite des Geistes – die Enge des Zuhauses" gekennzeichnet sind.[21] Die Protagonistin Liesma, die junge Zauberin, träumt von der Sonne und dem Licht, lebt aber in der Höhle der Hexen, die von der Außenwelt durch einen Felsen begrenzt wird, der sich auf Befehl der alten Zauberin Giltina öffnet oder „mit großem Lärm schließt" (Aspazija: *Ragana. Dramatisks fragments*, S. 259).

Als ein innerer, versteckter und begrenzter Raum wird die Höhle bereits in der Poetik der Mythen der Außenwelt gegenübergestellt. Sie enthält die Reste von Chaoselementen, so dass sie sowohl den Mutterleib als auch das Grab verkörpern kann.[22] In ihrer Interpretation verbindet Aspazija im Bild der Höhle beide Gegensätze und ruft auch Assoziationen mit Platons Höhlengleichnis hervor aus Buch 7 seines Dialogs *Der Staat*, in dem Platon das Leben der Menschen mit dem Zustand eines an der Wand festgeschmiedeten Gefangenen gleichsetzt, dessen einziges Bild von der Außenwelt aus verzerrten Schatten an den Wänden der Höhle entsteht.[23] Der Autorin vom Drama *Ragana* war das Werk von Platon nicht fremd. Aspazija variiert das von Platon vorgegebene Bild der Höhle auf eigenartige Weise: Die tragischen Irrtümer der Protagonistin des Stückes symbolisieren nicht nur die in der Dunkelheit der Höhle als falscher Schatz und zerstörerische Triebe lauernde Gefahr, nämlich das Unbekannte, das Geheimnisvolle, das Unbegreifliche und das Irrende, sondern auch das von Irrlichtern erzeugte Schatten-Lichtspiel.

Somit sind die Höhle, die Dunkelheit und die Nacht nicht nur mit dem Handlungsraum des 1. Aktes verbunden, sondern auch mit der inneren Realität der Protagonistin – mit den Dämonen der Seele, die plötzlich aus den Tiefen des Unbewussten ausbrechen und die in ihr schlafenden Instinkte wecken, um sie bis zur Unkenntlichkeit zu verwandeln.

---

21 Ieva Kalniņa: Dabas stihijas Aspazijas drāmās „Vaidelote" un „Sidraba šķidrauts". In: *Aspazija un mūsdienas: dzimums, nācija, radošie izaicinājumi*. Zusammengestellt von Ausma Cimdiņa. Rīga: Zinātne 2016. S. 224.

22 *Mitoloģijas enciklopēdija 2 sējumos*. Bd. 1. Hg. von Astrīda Iltnere. Rīga: Latvijas enciklopēdija 1993. S. 25.

23 Platons: *Valsts*. Übers. von Gustavs Lukstiņš. Rīga: Zvaigzne 1982. S. 126–129.

Die Höhle als Zuhause von Zauberinnen und Hexen wird im Stück der Außenwelt gegenübergestellt, die mit dem Tag, dem Licht und der Sonne als der vollkommensten Lichtquelle verbunden ist. Deshalb drückt Liesma, als sie zum ersten Mal außerhalb der Höhle bleibt und das Licht und die Sonne des aufkommenden Morgens sieht, ihre Begeisterung über das bisher unerblickte Wunder in einem emotional sehr gesättigten Text aus:

> Tā saule! – saule, es to tiešām redzu!
> Es neizgaistu – nē, man spārni aug!
> Pie tevis, tevis, liesmu karaliene,
> Kad tevi sasniegt – satvert – noraut spētu!
> Un nogrimt, iznīkt tavos zelta viļņos. –
> Es pīšļos jūtos tevim līdzīga,
> Tā spēks un cēlums, kas iz tevis staro,
> Kā uguns atbalss manās krūtīs garo!

> Das ist die Sonne! Die Sonne – wirklich, ich sehe sie! Ich verblasse nicht, nein, ich spüre Flügel wachsen! Zu dir, du Königin der Flamme [hier sei wiederholt, dass der Name der Protagonistin Liesma „Flamme" bedeutet]! Dich erreichen – greifen – runterziehen können! Und untertauchen, untergehen in deinen goldnen Wellen. Im Staub bin ich dir ähnlich, die Stärke und die Macht, die du ausstrahlst, die brennen dem Echo ähnlich in meiner Brust! (Aspazija: *Ragana. Dramatisks fragments*, S. 259–260)

Im Gegensatz zur Höhle und zur sie repräsentierenden Dunkelheit ist das Licht, das Liesma anstrebt, im Drama *Ragana* zunächst sowohl mit dem Guten als auch mit dem Sinn für räumliche Ausdehnung und Freiheit verbunden, denn in der von Licht gefüllten Außenwelt „ist alles viel schöner und größer, heller" (Aspazija: *Ragana. Dramatisks fragments*, S. 254). Es ist jedoch bemerkenswert, dass Aspazija mit dem Unbewussten und noch Unbekannten sowohl die Dunkelheit als auch das Licht verbindet. Wenn die Höhle, die Nacht und die Dunkelheit im Drama als Geheimnis verstanden werden, dann sind der Tag und das Licht wie ein Wunder. Darüber hinaus symbolisiert jeder dieser Gegensätze auch den schwierigen Erkenntnisweg von Liesma, da die Wände und die Dunkelheit der Höhle dazu neigen, die Sicht zu verdecken und das Licht, das die Außenwelt bestrahlt, zu blenden. Bemerkenswert ist, dass der oben zitierte Text von Liesma, in dem sie über den Sonnenaufgang begeistert ist, zunächst den möglichen Aufstieg der Protagonistin markiert, sowohl einen physischen als auch einen geistigen, im Drang nach oben zur Sonne (Flügel wachsen). Aber dann weist der Text mit großer emotionaler Intensität auch auf die Sehnsucht zum Untertauchen, Untergehen in den Sonnenwellen und damit auch auf die Wahrscheinlichkeit eines paradoxen Untergangs (vielleicht eines Absturzes) hin.

Das besondere Verhältnis zwischen der Dunkelheit und dem Licht veranschaulichen zwei Episoden genauer. In der 2. Szene des 1. Aktes singen die Schwester von Liesma ein wildes Lied über den keine Ruhe habenden Sturm im Himmel, und später singt auch Liesma in der 8. Szene des 1. Aktes, als sie dem Wunder des Lichtes begegnet ist, über den Sturm:

> Ak, sagrāb mani, vētra,
> Ar saviem viesuļiem,
> Tu augšup mani pacel
> Pār zemes putekļiem –
> Lai saules karstās liesmas
> Tu sevī iedzertu
> Un debess zvaigznes spožās
> It visas norautu!

> Ach, nimm mich mit, Sturm. Mit deinem wilden Wind hebst du mich über den Staub der Erde – um die heißen Flammen der Sonne aufzunehmen und alle leuchtenden Sterne hinabzuwerfen! (Aspazija: *Ragana. Dramatisks fragments*, S. 260)

Beide Episoden werden von verwandten poetischen Figuren gekennzeichnet: Sturm und wilder Wind als Manifestationen von ewigem Drang und Unruhe. Jedoch ist es unübersehbar, dass der Gesang von Liesma den treibenden Wunsch zum Ausdruck bringt, sich über das alltägliche Leben zu erheben und zur Sonne hinaufzustreben: „immer weiter und weiter/ ohne Grenzen in die Weite" (Aspazija: *Ragana. Dramatisks fragments*, S. 260), dadurch wird die ambivalente Natur des freigesetzten menschlichen Geistes bezeugt. Selbst in dem Bemühen, die unendliche Fülle des Lichts zu erreichen, umfasst die Aktivität der grenzenlosen Seele der Protagonistin von Aspazija auch die dem Kern einer Hexe entsprechende Destruktion (um die heißen Flammen der Sonne aufzunehmen und alle leuchtenden Sterne hinabzuwerfen!). Der in Liesma verkörperte freigelassene Geist ist nicht in der Lage, eine distanzierte, nachdenkliche Haltung gegenüber dem angestrebten Ziel aufrechtzuerhalten – sie muss dies nicht nur wirklich erreichen, sondern auch den Moment ihres Triumphs genießen. Aspazija verbindet also die Zauberhaftigkeit und Hexenhaftigkeit der aus der Höhle kommenden Liesma mit ihrer überströmenden schöpferischen und zerstörenden Aktivität.

Die Sonne ist in der Interpretation von Aspazija nicht nur eine Lichtquelle, sondern auch die vollkommene Form der Manifestation des Lichts – seine eigenartige Quintessenz. Wenn also das Licht sowohl mit dem Gefühl des Raumes als auch mit dem des menschlichen Geistes verbunden ist, repräsentiert die Sonne den höchsten Grad der Breite – die Unendlichkeit. Diese wesentliche Nuance wird durch den Text von Liesma hinreichend deutlich ausgedrückt: wenn sie von einer „Welt des Lichts" träumt, sagt sie, dass es „alles viel schöner und größer ist, heller" (Aspazija: *Ragana. Dramatisks fragments*, 254), und wenn sie zum ersten Mal in ihrem Leben den Sonnenaufgang erlebt, spricht Liesma vom „zauberhaften Glanz", der „kein Maß, kein Ende, keine Grenze" hat (Aspazija: *Ragana. Dramatisks fragments*, S. 259). Aber die Unendlichkeit wird von Aspazija nicht als eindeutige dominante Mehrheit der hellen Seite der Seele verstanden, sondern als absolute Geistesfreiheit, die sich nur im weitesten Spektrum menschlicher Leidenschaften, Gefühle und Sehnsüchte manifestiert.

Gerade deshalb enthält das System der Symbole im Drama *Ragana* keine ruhige und schonende Sonne; das höchste Ziel von Liesma ist die Sonne – die „Königin der Flamme" (Aspazija: *Ragana. Dramatisks fragments*, S. 259). So wird das Problem der geistigen Freiheit zum Ideenknoten von *Ragana*, und dem Drama wird die tragische Dimension dadurch verliehen, dass der menschliche Geist versucht, mehr zu gewinnen, als die Welt geben kann.

Der Weg von Liesma aus der in den Felsen geschlossenen Höhle geht in die Außenwelt. Dort trifft sie den Prinzen Almar, den Liesma vor kurzem, den Befehlen ihrer Mutter widersprechend, vor einer Gefahr gerettet hat. Der junge Prinz beabsichtigt, die junge Zauberin als Braut mitzunehmen, obwohl alle im königlichen Schloss überzeugt sind, dass Almar die Schwester des Königs, Prinzessin Līgita, heiraten wird. Die Handlung im zweiten und dritten Akt des Stückes spielt sich im Königsschloss ab, wo Liesma von der glänzenden Macht geblendet auf die Liebe von Almars verzichtet, um die Ehefrau des Königs zu werden. Almars und Līgita werden wegen ihres Widerstands gegen die königliche Macht verhaftet, und der König verurteilt sie zum Tode.

Das Stück *Ragana* hat eine ringartige Komposition, denn nach den Ereignissen im Königsschloss, in der Mitte des 4. Aktes und im 5. Akt kehrt die Handlung zu dem Ort zurück, wo sie im 1. Akt ihren Anfang hatte, also im Wald vor der Höhle der Zauberinnen. Es ist jedoch hervorzuheben, dass mit den tiefgreifenden Veränderungen der Protagonistin Liesma (eine junge Träumerin, die nach Licht und Weite strebt – eine junge Zauberin, die durch die Liebe des Prinzen verwirrt wird – eine ihren Wünschen und Leidenschaften alles unterzuordnen bereite Königin) auch eines der wichtigsten Elemente des Dramas, die Höhle der Zauberinnen, von bedeutenden Umwandlungen betroffen ist. Wenn die Höhle, wie bereits in diesem Beitrag erwähnt, im 1. Akt für die Außenwelt durch einen Felsen versteckt und verschlossen ist, wenn in der Höhle fantastische Dinge und magisches Licht zu sehen sind, wird der Wald im 3. Akt nach dem Befehl des Königs angezündet und die Regieanweisung bestimmt, dass „die Kluft der Zauberinnen in voller Flamme steht. Die Zauberinnen fliehen über die Felsen, mit ausgestreckten Armen Liesma bedrohend" (Aspazija: *Ragana. Dramatisks fragments*, S. 288). In der ersten Szene des 5. Aktes kehrt die verzweifelte, vom König verfolgte Liesma für eine Weile zur Höhle der Zauberinnen zurück und klopft an den Felsen, damit ihre Mutter sie reinlässt. Aber die Höhle ist eingebrochen, die Zauberinnen sind weg und das enge Zuhause, in dem Liesma ihre Zuflucht zu finden hofft, nimmt sie nicht mehr auf:

>   Un tagad mani spēki atstāj mani,
>   It visi jūtekļi man sastinguši,
>   Un krūtīs viss ir tukšs un izdedzis. –
>   Tik piekusums, šis nāvīgs piekusums! –
>   (*Klauvē pie alas.*)
>   Ak, māte, māte, mani iekšā laid!
>   Es esmu še, tavs nabags, izstumts bērns.
>   (*Viss paliek klusu.*)
>   Ne kādas atbildes, vai tā vairs maz še būs?
>   Visapkārt še tukšs un izpostīts,
>   Tik alas durvis noslēpumainās
>   Vēl klintī atronas – bet viņas cieti.
>   (*Klauvē stiprāki.*)
>   Ak, māte, apžēlojies, ielaid mani!
>   (*Atkal klusums.*)
>   Tā neuzklausas, viņa manim dusmo,
>   Caur mani arī posts pār viņu nācis,
>   Es atstāta, pavisam atstāta. –
>   (*Klauvē izmisuse.*)
>   Ak, māte, māte, es vairs nespēju!
>   Tad gribu uz šās pašas vietas beigties.
>   (*Noliekas zemē un noliek galvu uz akmeņa*)

Und jetzt verlassen alle Kräfte mich, all meine Glieder sind steif. Und in der Brust ist alles leer und ausgebrannt. Nur Müdigkeit, die dem Tode ähnliche Müdigkeit! (*Klopft an die Höhle.*) Oh, Mutter, Mutter, lass mich hinein! Hier bin ich, dein armes, gejagtes Kind. (*Alles bleibt still.*) Es gibt ja keine Antwort, ist die denn überhaupt zu finden? Hier alles leer und ausgebrannt, das Einzige, es gibt noch die Tür zur Höhle, geheimnisvoll wie immer, vom Fels verschlossen. (*Klopft stärker an die Tür.*) Oh, Mutter, meine Mutter, sei doch gnädig, lass mich rein! (*Wieder die Stille.*) Sie hört mich nicht, sie ärgert sich, ich verursachte ihre Not, ich bin verlassen, habe keinen mehr. (*Klopft verzweifelt.*) Oh, Mutter, liebe Mutter, ich kann nicht mehr! Ich will dann hier, an diesem Ort, mein Ende haben. (*Legt sich auf den Boden und legt ihren Kopf auf einen Stein.*) (Aspazija. *Ragana. Dramatiska fantāzija piecos cēlienos*, S. 882–883)

Es ist jedoch wichtig, dass sich im Schlussteil des Dramas, also von der 10. Szene des 4. Aktes und im 5. Akt in der Nähe der Höhle, die die Zauberinnen verlassen haben, jetzt ein Abgrund entstanden ist.

In den Akten 1, 2 und 3 wird ein Abgrund weder als Wort im Text noch als ein räumliches Objekt erwähnt. Von der Mitte des vierten Aktes bis zum Ende des Stückes wird der Abgrund fünfmal im Text erwähnt, wobei der Abgrund im Text von Liesma mit der Hölle verbunden wird, dadurch wird betont, welche Gefahr und Bedrohung er für die Menschen darstellt.

Ak, pekle tur iz tumšā bezdibeņa
Man izstiep pretī savu spēka roku.

Oh, Hölle da, aus dunklem Abgrund strecke mir deine mächtige Hand entgegen. (Aspazija. *Ragana. Dramatiska fantāzija piecos cēlienos*, S. 881)

Bemerkenswert ist, dass einmal im Text des Dramas die Wortverbindung „bezdibeņa dzelme" zu finden ist, also „abgründige Wassertiefe",[24] vermutlich nicht, um den Eindruck zu erwecken, dass es in der Nähe eine Wasserquelle gibt, sondern um die Unermesslichkeit der Tiefe hervorzuheben. Im Weiteren

---

24 Das Wort ‚dzelme' bedeutet ‚Wassertiefe', also eine tiefe Stelle im Fluss, im See oder im Meer. Vgl. *Latviešu literārās valodas vārdnīca*. Bd. 2. Rīga: Zinātne 1972. S. 436. Etymologisch ist das Wort ‚dzelme' mit dem Wort ‚dziļš' (tief) verwandt und stammt aus dem indoeuropäischen Stamm ‚gel' mit der Bedeutung ‚stechen'. Der lettische Etymologe Konstantīns Karulis betont in der Erläuterung zu diesem Wort die semantische Polarität (d.h. der Ausdruck der Gegensätze durch ein Wort oder einen Wortstamm), die bei den Urvölkern nicht selten sei. So sind in baltischen Sprachen von dem oben erwähnten indoeuropäischen Stamm die Wörter ‚dziļš' (tief) und auch ‚gals' (das Ende, die Höhe, die Spitze) abgeleitet worden. Vgl. Konstantīns Karulis: *Latviešu etimoloģijas vārdnīca*. Bd. 1. Rīga: Avots 1992.

wird im Text der Prinzessin Līgita das Wort „bezdibenis" (der Abgrund) durch die Wortverbindung „dunkle Wassertiefe" ersetzt:

> Ai, steigsim tur uz klintīm skatīties,
> Kur tumšā dzelmē Liesma pazuda!

> O, weh, eilen wir dorthin, zu dem Fels, um zu sehen, wohin in dunkle Wassertiefe Liesma von dannen gegangen ist. (Aspazija. *Ragana. Dramatiska fantāzija piecos cēlienos*, S. 886)

Wie oben erwähnt, bilden die Veränderungen, die das Bild der Höhle im Laufe des Dramas (d. h. eine verschlossene Höhle in Felsen – die Felsenkluft – der Abgrund) erlebt, Parallelen zu der inneren Entwicklung der jungen Zauberin Liesma. Wenn Liesma am Anfang des Stückes eine naive Träumerin ist, die sich aus der Enge und der Dunkelheit (die Höhle) versucht zu befreien, um in die weite Welt des Lichts zu gelangen, wird sie in der Mitte des Dramas zu einer machtsüchtigen und leidenschaftlichen Furie (die Kluft), und am Ende des Dramas ist die Protagonistin in ihrer Entwicklung durch den Kontakt sowohl mit der blendenden Welt des Lichts als auch mit den zerstörerischen Kräften der eigenen Seele zur geistigen Weite und Selbstaufopferung fähig, und dadurch erlebt sie die Befreiung von innerer Bosheit und den begangenen tragischen Fehlern (der Abgrund). Nach einem langen inneren Kampf bei der kompromisslosen Wahl zwischen Liebe und Macht überwindet Liesma ihr leidenschaftliches „Ich" und stürzt sich in die Kluft, um nicht nur ihren Liebsten, den Prinzen Almar, und seine Braut Prinzessin Līgita vor dem Tod zu retten, sondern auch um den von Jods[25] gegebenen Zauberstab zu vernichten und dadurch die Macht der Zauberer über die menschliche Welt für immer zu brechen. Am Ende des Dramas triumphiert ein absoluter Ausgleich – Liesma hat nicht nur ihre Schuld (ihr früheres Verbrechen gegen die Liebe) gebüßt, sondern sich auch von zerstörerischen Trieben ihrer Seele befreit.

In der letzten Szene (9. Szene, 5. Akt) wird Liesma nach dem Sturz in den Abgrund auf die Bühne getragen, sterbend öffnet sie ihre Augen und sagt zu Almars und Līgita:

> Jūs esat glābti – bezdibeņa dzelmē
> Guļ zizlis salauzts. – Vai es drīkstu
> Uz augšu tur – uz gaismu pacelties?

---

25 Eine der Personifizierungen der Bosheit in der lettischen Mythologie.

Sie sind gerettet – im Abgrund liegt der zerbrochene Zauberstab. Darf ich wieder nach oben – zum Licht – steigen? (Aspazija. *Ragana. Dramatiska fantāzija piecos cēlienos*, S. 886)

Der Prinz Almars antwortet:

Tu drīksti, Liesma, savām asinīm
Tu putekļus no sevis nomazgāji
Un tīra atkal Tava dvēsele
Jo plaši atpleš savus baltos spārnus.

Du darfst, Liesma, mit deinem Blut hast du den Staub weggewischt. Deine Seele ist wieder rein, sie breitet ihre weißen Flügel aus. (Aspazija. *Ragana. Dramatiska fantāzija piecos cēlienos*, S. 886)

Es ist von wesentlicher Bedeutung, wie im Text vom Prinzen Almars betont, dass Aspazijas Selbstaufopferung durch das Fallen in den Abgrund geistige Reinigung darstellt, also geistiges Steigen nach oben. Der letzte Text im Drama sind die Worte der sterbenden Liesma: „Ak, saule! – saule! Turpu gribu steigties!" [O, die Sonne! Die Sonne! Dorthin eile ich!] (Aspazija. Ragana. Dramatiska fantāzija piecos cēlienos, S. 886).

3 Zur Vertikalität der Bewegung im Aspazijas Drama *Torņa cēlējs*: Grube – Turm; Hölle (Abgrund)

Während das Drama *Ragana* eines der ersten Dramen von Aspazija ist, ist das Drama *Torņa cēlējs* (der Turmbauer)[26] in den späten Jahren der schöpferischen Tätigkeit der Dichterin im Jahr 1927 entstanden, obwohl die Ideen zu diesem Stück bereits 1924 in ihren Notizen zu finden sind.

Für die dramatische Handlung benutzte Aspazija in diesem Stück eine Legende über den Bau der Kirche in Madliena,[27] in der das Motiv der lettischen Volkssagen und der Legenden anderer europäischer Völker über ein Bauopfer verarbeitet wird: die Teufel verhindern den Bau einer Kirche, bis eine unschuldige Seele, meistens eine Jungfrau, in den Wänden der Kirche eingemauert wird. Das Drama entstand in einer Zeit, in der Aspazija in ihrem persönlichen

---

26　Aspazija: Torņa cēlējs. In: *Aspazija. Kopoti raksti 6 sējumos*. Bd. IV. Zusammengestellt von Saulcerīte Viese. Rīga: Liesma 1987. S. 185–262.
27　Eine Gegend in Lettland, ungefähr 76 km von der lettischen Hauptstadt Riga.

Leben bittere Enttäuschungen erlebt hatte, da sich die Krise zwischen ihr und ihrem Ehemann, dem Dichter und Dramatiker Rainis verschärfte, obwohl das Ehepaar früher in schöpferischem und geistigem Einklang gelebt hatte. Dieses private Drama spiegelt sich im Stück *Torņa cēlējs* wider, und laut der Aspazija-Forscherin Astrīda Cīrule gibt es in diesem Werk „einen Protest gegen geistige Verachtung, gegen den Zusammenbruch einer gemeinsamen Arbeit. Deshalb ist dieses Drama ein Bekenntnis zu schöpferischer Arbeit, die immer über allem stehen und ihre Schöpfer für immer vereinen wird".[28] Das ist einer der Gründe, warum die Dramen *Ragana* und *Torņa cēlējs* so unterschiedlich sind. Während das Drama *Ragana* vollständig in einer emotional klangvollen, leidenschaftlichen Lyrik geschrieben ist, verwendet die Autorin im Stück *Torņa cēlējs* sowohl Prosatext als auch Lyrik. Der Text ist an vielen Orten durch einen gewöhnlichen und ironischen, sogar sarkastischen Ton gekennzeichnet.

Die Protagonisten des Dramas *Torņa cēlējs* sind das einfache und moralisch reine Waisenkind – das Mädchen Made und der Baumeister und Fantast Iļģis, der Made als Verkörperung seiner Inspiration fühlt, sich in das Mädchen verliebt und für das Volk in Madliena eine Kirche bauen will. Niemand kann den Kirchturm ausbauen, weil das am Tage Gebaute in der nächsten Nacht immer zusammenbricht. Gleichzeitig ist Iļģis von Helijante, der leidenschaftlichen Tochter des Grafen, fasziniert, aber Helijante hat eine enge Beziehung zum Teufel und fordert deshalb, dass Iļģis das Mädchen Made opfert. Von Helijante verzaubert verrät Iļģis das Mädchen feige, indem er es in der Faschingszeit während eines „närrischen Gottesdienstes" in eine Grube in der Baustelle vor dem Altar der Kirche wirft. Das Mädchen wird vom alten Glöckner gerettet, und die Kirche bricht zusammen. Nach dem Zusammenbruch der Kirche wird Iļģis als Ketzer zum Tode verurteilt, aber trotz des Verrats rettet Made ihn, indem sie bittet, Iļģis zu erlauben, die Kirche wieder aufzubauen. Und das Mädchen verpflichtet sich, sich zu opfern, damit die lebenslange Arbeit ihres geliebten Mannes bestehen kann, die gleichzeitig ein gemeinsames Werk von beiden ist. Made steigt freiwillig in die Grube vor der Kirchentür und wird dort eingemauert. Als die Kirche gebaut ist, bringt Iļģis das Kreuz zu dem neu errichteten Kirchenturm, er hat seine Mission erfüllt, aber sein Gewissen trägt eine zu schwere Last, und der Erbauer springt aus dem Turm, um mit Made im Tode vereint zu sein. „Selbstloser Idealismus ist das Ideal und

---

28 Astrīda Cīrule: Aspazija „Torņa cēlējs" (1927): anotācija. https://runa.lnb.lv/objects/66110/ Abgerufen am 2.11.2023.

damit der ethische Imperativ dieses Dramas", betont Aspazija: die Kirche als Symbol des Geistes kann nicht durch körperliche Kraft, sondern nur durch die Selbstaufopferung geistig reiner Menschen geschaffen werden.[29]

Obwohl sich die Handlung vom Drama *Torņa cēlējs* in den meisten Fällen während ihrer 5 Akte in einer leicht romantischen, aber insgesamt realistisch beschriebenen mittelalterlichen Stadt und ihrer Umgebung abspielt (in einer Kneipe, im Schloss des Grafen, auf einem Galgenberg außerhalb der Stadt), beruht das räumliche Konzept auf dem Grundsatz der Vertikalität. Die Vertikalität des Raumes wird besonders durch zwei dominierende Elemente betont: den Turm und die Grube vor der noch nicht fertiggestellten Kirche. Es ist bemerkenswert, dass der Kirchturm im Drama nicht so sehr die Funktion eines sakralen Objektes erfüllt, sondern eher die Geistigkeit und die aufsteigende Kraft der Kunst verkörpert, während die Grube sowohl die Vernichtung und den Tod als auch die Hingabe an Ideale und höchste ethische Prinzipien symbolisiert. Der Eindruck der Vertikalität wird noch durch die in dem Drama mehrfach erwähnte Hölle verstärkt, von der aus die fantastischen, für die sagenhafte Handlung erforderlichen Figuren kommen: die Teufel und der sogenannte Schwarze Herr (Höllenfürst), und am Ende des Stückes auch die vom Teufel geholte Helijante.

Ein wesentliches und spezifisch interpretierbares Element ist im Drama *Torņa cēlējs* die Kirche. Mit dem Bau des Gotteshauses wird der reisende Handwerker und Zimmermann Iļģis beauftragt, er ist ein Fremder, aus unbekannter Ferne in die Stadt gekommen. In der 6. Szene des 1. Aktes wird er als „halb Träumer, halb Genie, halb Narr" charakterisiert. Das zeigt nicht nur den Charakter des Turmbauers, sondern deutet auch auf eine der zentralen Ideen des Dramas hin: Iļģis kann seine Träume vom geplanten Meisterwerk nicht alleine verwirklichen, der Turm kann nur durch eine gemeinsame Arbeit fertiggestellt werden.

Eine spezifische Räumlichkeit verleiht der Kirche der zu errichtende Turm. Sobald die Kirche fertig und ihr Turm gebaut ist, wird sie zu einem symbolischen Weg nach oben, aber solange es keinen Turm gibt, fungiert die Kirche als eigenartiger Zwischenraum, in dem eine umgekehrte Beziehung zwischen der Spitze und dem Unterraum der Kirche entsteht. Der paradoxe Zusammenhang zwischen oben und unten wird besonders im 3. Akt des Stückes betont, im Moment, als Helijante unter der Mitwirkung von Baumeister Iļģis Made in die

---

29   Aspazija: [Aspazija par savu jauno lugu Dailes teātrī]. In: Ders.: *Kopoti raksti*. Bd. IV. Zusammengestellt von Saulcerīte Viese. Rīga: Liesma 1987. S. 654.

noch nicht fertiggestellte Kirche hineinlockt. In diesem Akt plant Aspazija eine Umwandlung der Kirche in einen der Hölle ähnlichen Raum, in dem eine beängstigende, gottesdienstartige, makabre Zeremonie stattfindet, die mit dem Versuch endet, Made zu opfern, indem sie in die vor dem Altar ausgegrabene Grube geworfen wird. Vor dem Opfertod berauscht Helijante Made, indem sie das Mädchen zwingt, Wein zu trinken. Dabei hebt Helijante ihr Glas mit dem Spruch: „Heija! Seien wir Götter oder Teufel! Möge der Himmel in die Hölle stürzen und die Hölle schäumend bis zum Himmel steigen!" (Aspazija: *Torņa cēlējs*, S. 234).

Es ist zu bemerken, dass Helijante die einzige Figur in diesem Drama ist, in deren Rede auch das Wort „bezdibens" (der Abgrund) zu finden ist. Aber hier steht es in anderer Bedeutung als in dem Jugenddrama *Ragana* von Aspazija. Die 4. Szene des 2. Aktes von *Torņa cēlējs* gestaltet die Dichterin in der Form eines Dialogs zwischen Helijante und dem Schwarzen Herrn. Der Teufel fordert die Seele von Made, und erinnert Helijante an einen seit langem geschlossenen Vertrag mit ihm:

> Velns:
> Ja velns es nebūtu, es teiktu: velns lai rauj!
> Tu zini, kas tev manim jāatļauj:
> Mums kāzu gulta karstā pekles svelmē ...
>
> Helijante
> Es gribu šodienu, cits paliks rītam,
> Pirms mēs kā bezdibens viens otrā krītam.

> Der Teufel: Wenn ich kein Teufel wäre, würde ich sagen: sei vom Teufel geholt! Du weißt ja, was du mir erlauben sollst: unser Hochzeitsbett in der Hitze der Hölle ... Helijante: Ich will ihn heute haben, das andere lass für morgen, bevor wir wie ein Abgrund ineinander fallen. (Aspazija: *Torņa cēlējs* S. 212)

So wird im Text des Dramas *Torņa cēlējs* der Abgrund als ein in Sünde Fallen verstanden, eine Ausweglosigkeit ohne Hoffnung auf die Auferstehung.

Aber Made verlässt die Grube. Im Drama *Torņa cēlējs* gilt die Grube für Aspazija als ein räumlicher Gegensatz zum Turm: Während der Turm in die Weite des Raumes als „weißes Feuer im blauen Himmel" zeigt, wird die Grube[30] als Vertiefung, Opfer- und Todesgefängnis dargestellt.

---

30 Die Grube – lett. ‚bedre', kommt etymologisch über mehrere Ableitungen aus dem indoeuropäischen Verb ‚bhedh-', mit der Bedeutung ‚stechen', ‚graben' (auch das deutsche

Bedeutend ist es, dass Made zweimal in die Grube gelangt, sowohl im dritten Akt, als der Baumeister Iļģis auf Verlangen von Helijante das Mädchen als Opfer für den Teufel in die Grube wirft, wie auch im letzten Akt, als Made freiwillig in die Grube steigt, um sich selbst für die Fertigstellung der Kirche und des Turms zu opfern.

Aspazija gestaltet die beiden Hauptmerkzeichen der Vertikalität des Raumes, den Kirchturm und die Grube, als dynamische Bilder, die entsprechend der Entwicklung im Drama transformiert werden. Der Turm wird gebaut, zerstört und wieder gebaut, bis „die Kirche als großes Werk der Baukunst fertig ist" (Aspazija: *Torņa cēlējs*, S. 258) da fehlt „nur ein Kreuz auf der Spitze, und deshalb wird eine Leiter, die zur Turmspitze führt, gestellt" (Aspazija: *Torņa cēlējs*, S. 258). Dadurch werden die sakralen Funktionen des neuen Gebäudes hervorgehoben und die räumliche Vertikalität nach oben erweitert. Die Grube hingegen wird einerseits zunehmend von der Außenwelt abgeschlossen, andererseits verleiht sie der räumlichen Vertikalität aber auch eine größere Tiefendimension. Im dritten Akt wird die Grube während der gewaltsamen Opferung von Made zugedeckt. Die Decke wird über die Grube gedeckt, dann weggezogen, so wird Made anfänglich versteckt, dann vom Glöckner gerettet, also ‚entdeckt'. Im 5. Akt steht dagegen während der Selbstaufopferung von Made vor der Kirchentür „eine offene Grube, an deren Seiten Steinplatten liegen, mit denen diese zu bedecken ist" (Aspazija: *Torņa cēlējs* S. 254). Nachdem Made langsam in die Grube gestiegen ist, „legen die Totengräber dann die Spaten ab und bedecken die Grube mit den Platten, dann stellen sie gekreuzte Fackeln darauf" (Aspazija: *Torņa cēlējs*, S. 258). Das langsame Absteigen erweitert eigenartig die Tiefe der räumlichen Vertikalität.

Dem Absteigen in die Tiefe, das Made verwirklicht, folgt das Steigen von Iļģis hinauf zum Kirchturm, um ein Kreuz auf die Spitze zu setzen. Aspazija beschreibt dieses Aufsteigen in ihren Regieanweisungen wie folgt: „Iļģis steigt langsam und schwer höher und höher, fast unter der Last zusammenbrechend, bleibt in der Mitte des Weges stehen, nimmt das Tuch von Made und wischt seinen Schweiß ab. Nach dem Aufsetzen des Kreuzes auf die Turmspitze wirft sich der Baumeister mit dem Ruf „Die Arbeit ist vollbracht! – Feierabend! – Ich komme, Made!" (Aspazija: *Torņa cēlējs* S. 261) in die Tiefe.

Den langen Weg des Baumeisters und seinen Absturz schildert Aspazija ersichtlich als Parallele zu dem Kreuzweg Christi und zu dem Absteigen in die Tiefe von der sich selbst aufopfernden Made. Als Epilog bietet die Autorin eine Szene an, in der hundert Jahre nach dem Kirchenbau Made aus der Grube

---

‚Bett'). Interessant, dass die Ableitung ‚badekle' in einigen Texten des 16. Jahrhundert in der Bedeutung ‚Prüfung', ‚Versuchung' gebraucht wurde. Vgl. Konstantīns Karulis: *Latviešu etimoloģijas vārdnīca*. Bd. 1. Rīga: Avots 1992.

vor der Kirche steigt und auf die vom Mond beleuchtete Kirchturmspitze nach oben schaut. So betont Aspazija am Ende des Dramas erneut die Idee der geistigen Zusammenarbeit sowie die symbolische Verbindung zwischen dem physischen Fallen und dem Absteigen mit der geistigen Erhebung nach oben.

4 Zusammenfassung

In der Dramaturgie von Aspazija wird der Abgrund nicht durchgehend als Landschaftselement dargestellt. Obwohl konkrete Eindrücke – lettische Landschaften, Sagen, auch persönliche Gefühle, die Dichterin zum Schaffen der Dramen *Ragana* und *Torņa cēlējs* angeregt haben, haben der Abgrund und mit ihm verbundene Elemente (Höhle, Kluft, Grube) ambivalente Funktionen in diesen Werken. Einerseits sind sie reale Objekte, die mit dem Handlungsort, der Bewegung und der Handlung der Figuren (Verlassen der Höhle, Flucht aus der brennenden Kluft, das Fallen in den Abgrund, das Fallen in die Grube, das Absteigen in die Grube) verbunden sind, andererseits wird im Text der Dramen von Aspazija ihre symbolische Bedeutung betont. Während die Höhle, die Kluft und die Grube die räumliche Enge, Dunkelheit, Beschränktheit des Geistes und ungezügelte Leidenschaften symbolisieren, bilden der Abgrund und das Fallen in ihn den Weg zur geistigen Entfaltung und sittlichen Reinheit.

In beiden im Beitrag analysierten Werken von Aspazija bildet die Vertikalität das räumliche Konzept. Im Drama *Ragana* wird die Vertikalität durch das Verlassen der Höhle, durch Liesmas Sehnsucht nach Freiheit und Erfüllung ihrer Gefühle in der weiten Welt, durch ihr Fallen in den Abgrund, das im Dramentext nicht nur als physisches Hinscheiden, sondern auch als geistige Erhebung zur Sonne interpretiert wird, dargestellt. Im Drama *Torņa cēlējs* deuten zwei dominierende Elemente – der Kirchturm und die Grube – auf die räumliche Vertikalität. Für Aspazija sind sie dynamische Bilder, die entsprechend der Entwicklung der Handlung transformiert werden. Die Bewegung der Protagonisten entlang dieser Vertikalität (Mades Hinabsteigen in die Grube, das Steigen auf den Turm und der folgende Fall von Ilģis) verbreitet den Raum nach oben und gleichzeitig in die Tiefe, dadurch wird auch das physische Fallen der Protagonisten mit ihrem symbolischen Steigen nach oben verbunden.

Die Verbindung von Gutem und Bösem, von unten und oben ist mit der Vorstellung der Urvölker über die Einheit der Gegensätze, die in der semantischen Polarität der Lexik verkörpert wird, verwandt. Die lettische Dichterin Aspazija baut diese Vorstellung in ihre Werke ein.

Bibliografie

Aspazija: Ragana: Dramatiska fantāzija piecos cēlienos. In: *Mājas Viesa Mēnešraksts: Ilustrēts literārisks un zinātnisks žurnāls* 10–12 (1896).

Aspazija: Ragana: Dramatisks fragments. In: *Aspazija. Kopoti raksti 6 sējumos*. Bd. III. Zusammengestellt von Saulcerīte Viese. Rīga: Liesma 1986. S. 245–308.

Aspazija: Kā radusēs drāma „Ragana". In: *Aspazija. Kopoti raksti 6 sējumos*, Bd. IV. Zusammengestellt von Saulcerīte Viese. Rīga: Liesma 1987. S. 651.

Aspazija: Torņa cēlējs. In: *Aspazija. Kopoti raksti 6 sējumos*. Bd. IV. Zusammengestellt von Saulcerīte Viese. Rīga: Liesma 1987. S. 185–262.

Aspazija: [Aspazija par savu jauno lugu Dailes teātrī]. In: *Aspazija: Kopoti raksti*. Bd. IV. Zusammengestellt von Saulcerīte Viese. Rīga: Liesma 1987. S. 654.

Bisenieks, Valdis: Gētes "Faustu" pārdzejojot. Goethes „Faust" umdichtend. In: *Rainis und Goethe. Zum hundertjährigen Jubiläum der „Faust"-Übersetzung*. Hg. von Jānis Zālītis. Rīga: Nordik 1999. S. 165–173.

Brockhaus. Die Enzyklopädie. 20. überarbeitete und aktualisierte Auflage. 28. Bd. *Deutsches Wörterbuch* I. Leipzig, Mannheim: 1999.

Cīrule, Astrīda: Aspazija „Torņa cēlējs" (1927): anotācija. https://runa.lnb.lv/objects/66110/. Abgerufen am 2.11.2023.

Deutsch-lettisches Wörterbuch. Hg von K. Granta/ E. Pampe. Rīga: Avots 1990.

Gēte, Johans Volfgangs: *Fausts*. Rīga: Liesma 1972.

Gēte, Johans Volfgangs: *Fausts*. Rīga: Jumava 1999.

Goethe, Johann Wolfgang: *Faust. Eine Tragödie*. Berliner Ausgabe 2013.

Kalniņa, Ieva: Dabas stihijas Aspazijas drāmās „Vaidelote" un „Sidraba šķidrauts". In: *Aspazija un mūsdienas: dzimums, nācija, radošie izaicinājumi*. Zusammengestellt von Ausma Cimdiņa. Rīga: Zinātne 2016. S. 222–232.

Karulis, Konstantīns: *Latviešu valodas etimoloģiskā vārdnīca*. Bd. I. Rīga: Avots 1992.

Koller, Werner: *Einführung in die Übersetzungswissenschaft*. 6. durchges. und aktualisierte Aufl. Wiebelsheim: Quelle&Meyer 2001.

Latviešu literārās valodas vārdnīca. Bd. 2. Hg. von Latvijas PSR Zinātņu akadēmija. Andreja Upīša Valodas un literatūras institūts. Rīga: Zinātne 1973.

Mitoloģijas enciklopēdija 2 sējumos. Bd. I. Hg. von Astrīda Iltnere. Rīga: Latvijas enciklopēdija 1993.

Nacionālā korpusu kolekcija: Karogs (1940–1995). https://korpuss.lv/id/Karogs.

Platons: *Valsts*. Übers. von Gustavs Lukstiņš. Rīga: Zvaigzne 1982.

Valeinis, Vitolds: Attieksmes starp reālo priekšmetību un dzejas tēlainību. In: *Karogs* 9 (1968). S. 121–126.

Veisbergs, Andrejs: Tulkojumvaloda. In: *Latviešu valoda*. Hg. von Andrejs Veisbergs. Rīga: LU Akadēmiskais apgāds 2013.

Veisbergs, Andrejs: *Tulkojumi latviešu valodā. 16.–20. gadsimta ainava*. Rīga: LU Akadēmiskais apgāds 2022.

11

Der virtuelle Tanz auf dem Vulkan
Fortschrittsnarrative und der Abgrund des Anthropozäns in digitalen Spielen mit historischen Settings

Milan Weber

Abstract

As much used media, video games help to popularise ideas about history for millions of people. With their historical stagings, they shape what is understood, interpreted and negotiated as history in popular contexts. Video games with historical settings not only make use of already successfully (medially) popularised images of history, but also incorporate current public discourses into the virtual historical worlds they construct.

The article explains the extent to which questions about climate change, changing human-nature relationships and a possible planetary abyss find their way into the historical staging of video games. It shows that these discourses, which are negotiated both scientifically and publicly under the concept of the Anthropocene, expand the narrative of historical progress, which is otherwise often constitutive of the medium, with new narratives that focus on the negative effects of this progress. In this way, popular digital games with historical settings offer a low-threshold opportunity to engage with current climate and abyssal discourses.

Using the two case studies *Anno 1800* (2019) and *Civilization VI* (2016), it places a special focus on ludic-formal approaches to the medium, placing game rules and mechanics in the center as a basis for analysis.

Schlüsselwörter

populäre Geschichte/Geschichtskultur – digitale Spiele – Klimawandel – Anno 1800 – Civilization VI – Populärkultur – Anthropozän

1   Einleitung: Der Abgrund, das Anthropozän und die Populärkultur

Schon nach einer kurzen Recherche zum Thema drängt sich die öffentlich-mediale Omnipräsenz des Abgrundes als Metapher auf, als Hinweis auf etwas

Negatives, etwas Abzuwendendes, etwas, vor dem es sich zu warnen lohnt, weil es sich nicht wiederholen soll.[1] Eine solche Verengung der Abgrund-Metapher auf ihre negativen Seiten ist historisch betrachtet ein junges Phänomen, wurde sie doch bis weit ins 20. Jahrhundert hinein ambivalent verwendet, ebenso als Chiffre für Tiefgründigkeit, Wahrheit und Erkenntnis wie für Bedrohung, Dunkelheit oder Irrationalität.[2] Ein Grund hierfür könnte in dem Gegenstand liegen, der in der gegenwärtigen politisch-medialen Kommunikation am häufigsten mit der Abgrund-Metapher bedacht wird: der anthropogene Klimawandel, der als eines der drängendsten Probleme des 21. Jahrhunderts verhandelt wird.[3] In diesem Kontext dient der Abgrund als wirkmächtiges Sprachbild, um die Drastik und den Umfang der planetaren Bedrohungslage zu unterstreichen. Auf der Weltklimakonferenz 2022 mahnte die damalige deutsche Außenministerin Annalena Baerbock angesichts der Erderwärmung, dass die Menschheit auf einen Abgrund zusteuere.[4] Diesen Umstand hatte auf der 76. Generalversammlung der UNO 2021 bereits Generalsekretär António Guterres betont: „We are on the edge of an abyss – and moving in the wrong direction."[5] In der Zukunft der Gegenwart warten also – so jedenfalls eine mögliche Lesart beider Reden – nicht mehr Verheißungen, sondern ein klimatischer Abgrund, in den der Planet und die Menschheit hineinzufallen drohen, wenn nicht sofort anders als bisher gehandelt werde. Alte Maximen

---

1 Vgl. hierzu exemplarisch: Julius Betschka/ Felix Hackenbruch/ Valerie Höhne/ Daniel Friedrich Sturm: Kein Plan B, nirgends. Die Ampel am finanziellen Abgrund – eine Rekonstruktion. In: *tagesspiegel.de* (15.11.2023). https://www.tagesspiegel.de/politik/die-ampel-am-finanziellen-abgrund-kein-plan-b-nirgends-10784473.html. Abgerufen am 8.1.2024; Brendan Simms/ Benjamin Zeeb: *Europa am Abgrund. Plädoyer für die Vereinigten Staaten von Europa.* München: C.H. Beck 2016. S. 33–34; Saul Friedländer: *Blick in den Abgrund. Ein israelisches Tagebuch.* München: C.H. Beck 2023.
2 Vgl. Alfred Doppler: *Der Abgrund. Studien zur Bedeutungsgeschichte eines Motivs.* Wien: Hermann Böhlaus Nachfolger 1968. S. 205; Sabine Müller: Einleitung: Perspektiven einer aktuellen Kulturgeschichte der Tiefe. In: *Tiefe. Kulturgeschichte ihrer Konzepte, Figuren und Praktiken.* Hg. von Dorothee Kimmich/ Sabine Müller. Berlin/ Boston, MA: De Gruyter 2020. S. 1–19. Hier: S. 1–2.
3 Vgl. Bruno Latour/ Nikolaj Schultz: *Zur Entstehung einer ökonomischen Klasse. Ein Memorandum.* Berlin: Suhrkamp 2022. S. 11–12; Peter Frankopan: *Zwischen Erde und Himmel. Klima – eine Menschheitsgeschichte.* Berlin: Rowohlt 2023. S. 17–19.
4 Vgl. Silke Kersting: „Menschheit steuert auf den Abgrund zu" – Darauf kommt es bei der Klimakonferenz in Ägypten an. In: *handelsblatt.com* (6.11.2022). https://www.handelsblatt.com/politik/international/start-der-cop27-menschheit-steuert-auf-abgrund-zu-darauf-kommt-es-bei-der-klimakonferenz-in-aegypten-an/28789388.html. Abgerufen am 8.1.2024.
5 António Guterres: Secretary-General's address to the 76th Session of the UN General Assembly. *Un.org* (21.9.2021). https://www.un.org/sg/en/content/sg/speeches/2021-09-21/address-the-76th-session-of-general-assembly. Abgerufen am 8.1.2024.

politischer Praxis wie Wohlstandsmehrung und wirtschaftliches Wachstum scheinen nicht mehr auszureichen oder gar in die falsche Richtung zu führen.[6]

Aus historischer Perspektive ergibt sich aus diesen Gegenwarts- und Zukunftsdiagnosen die Frage, ob angesichts des Abgrundes des Klimawandels nicht auch die Geschichte der menschlichen Interaktion mit dem Planeten umgeschrieben werden müsste. Denn ist der planetare Abgrund, auf den die Menschheit zusteuert, nicht auch ein Ergebnis historischer Prozesse? In Bezug auf solche und ähnliche Fragen wird ebenfalls in der Geschichtswissenschaft seit einigen Jahren vermehrt das Konzept des Anthropozäns diskutiert.[7] In der Annahme, dass die Spezies Mensch zu einer „geologischen Kraft"[8] geworden sei, deren Auswirkungen sich auch noch in Jahrmillionen auf dem Planeten werden nachweisen lassen, sehen Historikerinnen und Historiker wie beispielsweise Franz Mauelshagen das Anthropozän als „Epoche des Menschen in der Naturgeschichte."[9] Mauelshagen unternimmt mit dieser Begriffsdeutung den Versuch, Umwelt- und Menschheitsgeschichte zusammenzudenken und den Geschichtsbegriff zeitlich wie räumlich auszuweiten, mit dem Ziel, die historische Einflussnahme des Menschen auf den Planeten und die des Planeten auf den Menschen in den Mittelpunkt zu rücken.[10] So ermöglicht das Konzept des Anthropozäns grundsätzlich erweiterte wissenschaftliche Perspektiven auf (historische) Mensch-Natur-Verhältnisse.[11]

---

6   Vgl. Annette Kehnel: *Wir konnten auch anders. Eine kurze Geschichte der Nachhaltigkeit*. München: Karl Blessing 2021. S. 11–12. Aleida Assmann: *Ist die Zeit aus den Fugen? Aufstieg und Fall des Zeitregimes der Moderne*. München: Carl Hanser 2021. S. 12.

7   Vgl. Frank Adolff/ Sighard Neckel: Einleitung: Gesellschaftstheorie im Anthropozän. In: *Gesellschaftstheorie im Anthropozän*. Hg. von Frank Adolff/ Sighard Neckel. Frankfurt am Main: Campus 2020. S. 7–23. Hier: S. 7–9. Gabriele Dürbeck/ Jonas Nesselhauf: Narrative, Metaphern und Darstellungsstrategien des Anthropozän in Literatur und Medien – zur Einleitung. In: *Repräsentationsweisen des Anthropozän in Literatur und Medien. Representations of the Anthropocene in Literature and Media*. Hg. von Gabriele Dürbeck/ Jonas Nesselhauf. Berlin: Peter Lang 2019. S. 7–27. Hier: S. 9–11.

8   Reinhold Leinfelder: Das Anthropozän. Von der geowissenschaftlichen Analyse zur Zukunftsverantwortung. In: *Mensch – Natur – Technik. Philosophie im Anthropozän*. Hg. von Thomas Heichele. Münster: Aschendorff 2020. S. 25–47. Hier: S. 31.

9   Franz Mauelshagen: „Anthropozän". Plädoyer für eine Klimageschichte des 19. und 20. Jahrhunderts. In: *Zeithistorische Forschungen/ Studies in Contemporary History* 9 (2012). S. 131–137. Hier: S. 134.

10   Vgl. Dipesh Chakrabarty: Verändert der Klimawandel die Geschichtsschreibung? In: *Europäische Revue* 41 (2011). S. 143–163; Dipesh Chakrabarty: The Climate of History: Four Theses. In: *Critical Inquiry* 35, 2 (2009). S. 197–222; J. Donald Hughes: *What is Environmental History?* Cambridge/ Malden, MA: Polity Press 2006. S. 4–7.

11   Vgl. Chakrabarty: *Verändert der Klimawandel die Geschichtsschreibung?* S. 143–144.

Diese alternativen Konzepte über die Menschheit, ihre Vergangenheit und die Auswirkungen, die diese Vergangenheit bis heute besitzt, werden auch in der Öffentlichkeit diskutiert, wie das Beispiel der Rede des UN-Generalsekretärs illustriert. Guterres sah das Versprechen des Fortschritts angesichts der globalen Krisen und des drohenden Untergangs des Planeten bedroht,[12] erzählte also eine Version von Geschichte, die bis zu einem bestimmten (Kipp-)Punkt vom steten Aufstieg zum Besseren gekennzeichnet war. Guterres kleidete seine Argumentation, die darauf abzielte, vor dem drohenden Abgrund zu warnen, in ein historisches Narrativ. Andere Erzählungen mit dem gleichen Ziel wiederum sind pessimistischer in ihrem Ton, sehen die menschliche Geschichte und aktuelle Probleme als Prozess und Ergebnis einer andauernden und mitunter fortschreitenden Entfremdung zwischen Menschen und Natur.[13]

Diesen Narrativen über das Anthropozän und seinen Abgründen sowie historischen Mensch-Natur-Verhältnissen am Beispiel ihrer Resonanz in populären digitalen Spielen mit historischen Settings nachzugehen, wird Gegenstand des folgenden Textes sein. Denn es soll davon ausgegangen werden, dass das Medium des digitalen Spiels ein wichtiges Fragment des öffentlich-medialen Diskurses bildet, in dem eben diese Narrative thematisiert und verhandelt werden. Digitale Spiele sind alltäglich konsumierte Medien, die aufgrund ihrer Popularität und ihrer Breitenwirkung über nationale, sprachliche und kulturelle Grenzen hinweg als ausdrucksstarke öffentliche Popularisierer von Vergangenheitsvorstellungen gelten können.[14] Dabei sind sie immer auch Kinder ihrer Zeit. Sie tragen Spuren derjenigen gesellschaftlichen Formationen, Geschichtsbilder und Wahrnehmungsdispositive in sich, die die sich für ihre Entstehung und Nutzung verantwortlich zeichnen.[15] Daher können sie als gegenwärtige „Speicher für (populär-)geschichtliche

---

12   Vgl. Guterres: *Secretary-General´s address to the 76th Session of the UN General Assembly.*
13   Vgl. Gabriele Dürbeck: Ansichtssache. Anthropozän-Narrative und ihr Mobilisierungspotenzial. In: *politische ökologie 04: Menschengemacht. Vom Anthropozän und seinen Folgen* (2021). S. 31–40. Hier S. 31–37; Barbara Unmüßig: Menschen macht Epoche. Die Erzählung vom Anthropozän. In: *politische ökologie 04.* S. 24–31. Hier: S. 24–27; Christian Stache: *Kapitalismus und Naturzerstörung. Zur kritischen Theorie des gesellschaftlichen Naturverhältnisses.* Opladen/ Berlin/ Toronto: Budrich UniPress Ltd 2017. S. 409–412.
14   Vgl. Thomas Hecken: *Theorien der Populärkultur. Dreißig Positionen von Schiller bis zu den Cultural Studies.* Bielefeld: transcript 2007. S. 7; Barbara Korte/ Sylvia Paletschek: Geschichte in populären Medien und Genres. Vom historischen Roman zum Computerspiel. In: *History Goes Pop. Zur Repräsentation von Geschichte in populären Medien und Genres.* Hg. von Barbara Korte/ Sylvia Paletschek. Bielefeld: transcript 2009. S. 9–61. Hier: S. 9–13.
15   Vgl. Eugen Pfister: „Wie lernt man die Welt am besten kennen? Man macht sie sich untertan." Zur Ideengeschichte von Herrschaft im digitalen Spiel. In: *Österreichische Zeitschrift*

Wissensbestände"[16] beschrieben werden. Als Massenmedien transportieren sie über ihre Inhalte kollektiv geteilte Geschichtsvorstellungen und Wissen über die Vergangenheit, und nehmen so Einfluss darauf, wie viele Menschen über die Vergangenheit denken.[17] In eben diese Geschichtsbilder und (populär-) historischen Wissensbestände schreiben sich das Anthropozän, der mit ihm drohende Abgrund und neue Perspektiven auf geschichtliche Mensch-Natur-Verhältnisse ein.[18]

Wie also setzen populäre digitale Spiele das Konzept des Anthropozäns ästhetisch um? Welches Bild des historischen Mensch-Natur-Verhältnisses konstruieren sie? Welches Wissen über den (historischen) Klimawandel wird popularisiert, welches ausgespart? Worin können mögliche Gründe für die Wahl bestimmter Perspektiven und Inszenierungsmodi liegen? Folgt das populäre Medium Spiel in seinen Inszenierungen einem bestimmten Narrativ über das Anthropozän und seine Abgründe, und wenn ja, welchem? In einem ersten Schritt wird darzulegen sein, weshalb das Medium des digitalen Spiels generell und welche digitalen Spiele im Speziellen für die Beantwortung dieser Fragestellungen geeignet sind, bevor ihnen anhand von *Anno 1800* (2019)[19] und *Civilization VI* (2016)[20] als aktuelle Fallbeispiele nachgegangen wird. Beide Titel teilen teilen die Gemeinsamkeit, mit der Industrialisierung des 19. Jahrhunderts einen Ausschnitt aus der Geschichte zu zeigen, der als einer der geeignetsten Kandidaten für den Beginn des Anthropozäns und als eine der Ursachen für die als unmittelbar bevorstehend wahrgenommene Katastrophe diskutiert wird.[21]

---

für Geschichtswissenschaft/ Austrian Journal of Historical Studies 33, 2 (2022). S. 98–109. Hier: S. 99.

16 Angela Schwarz: *Geschichte in digitalen Spielen. Populäre Bilder und historisches Lernen.* Stuttgart: Kohlhammer 2023. S. 108.

17 Vgl. Niklas Luhmann: *Die Realität der Massenmedien.* Wiesbaden: Springer 2017. S. 8–12.

18 Vgl. Dürbeck/ Nesselhauf: *Narrative, Metaphern und Darstellungsstrategien des Anthropozän.* S. 15; Andreas Endl/ Alexander Preisinger: Vom Wissen der digitalen Spiele. Aktuelle Klimawandeldiskurse als simulierte Erfahrung. In: *Weltmaschinen. Digitale Spiele als globalgeschichtliches Phänomen.* Hg. von Josef Köstlbauer/ Eugen Pfister/ Tobias Winnerling/ Felix Zimmermann. Wien: Mandelbaum 2018. S. 202–222. Hier: S. 202.

19 Vgl. *Anno 1800.* Ubisoft Blue Byte/ Ubisoft Mainz/ Ubisoft Entertainment SA. Deutschland/ Frankreich 2019.

20 Vgl. *Civilization VI.* Firaxis Games/ 2K Games. USA 2016.

21 Vgl. Erle C. Ellis: *Anthropozän. Das Zeitalter des Menschen – eine Einführung.* München: oekom 2020. S. 227–228; Jan Logemann/ Reinhild Kreis: *Konsumgeschichte.* Berlin/ Boston, MA: De Gruyter 2022. S. 69–73.

2 Den Abgrund modellieren: Mediale Inszenierungslogiken digitaler Spiele

Warum könnten sich digitale Spiele mit historischen Settings für die Beschäftigung mit einer Gegenwartsproblematik eignen? Darauf lassen sich verschiedene Antworten geben. Erstens gehören digitale Spiele zu den populärsten Medien. Obwohl methodisch schwierig zu ermitteln, kann in Bezug auf Einnahmen und Reichweite davon ausgegangen werden, dass digitale Spiele den (Spiel-)Film als primäres Unterhaltungsmedium ablösen, mindestens aber die Dauer der Beschäftigung mit dem Medium weit hinter sich lassen.[22] Ihre Inhalte werden auf globaler Ebene massenhaft, millionenfach und von Angehörigen aller Altersstufen rezipiert.[23] Die Vergangenheit als Themenfeld und Reservoir für Settings, Geschichten und Kulissen ist hierbei seit Anbeginn des Mediums vertreten und bis heute fester Bestandteil des Gesamtangebots.[24] Die erfolgreichsten Reihen digitaler Spiele, die sich Geschichte zum Inhalt nehmen, verkaufen sich bis zu 200 Millionen Mal.[25] Zunächst macht ihre Popularität digitale Spiele mit Geschichte also zu einer „alltagshistorischen Quelle ersten Ranges",[26] weil so viele Menschen mit ihnen, ihren historischen Inszenierungen und über sie mit Geschichte in Kontakt kommen.

Zweitens sind digitale Spiele als einziges populäres Medium genuin interaktiv.[27] Sie funktionieren als Medium nur, wenn man sie tatsächlich spielt. Hierbei sind es Spielregeln und Spielmechaniken, die die Grundlage der

---

22 Vgl. A. Martin Wainwright: *Virtual History. How Videogames Portray the Past*. Abingdon/ New York, NY: Routledge 2019. S. 1.

23 Vgl. Josef Köstlbauer/ Eugen Pfister/ Tobias Winnerling/ Felix Zimmermann: Einleitung: Welt(weit) spielen. In: *Weltmaschinen. Digitale Spiele als globalgeschichtliches Phänomen*. S. 7–27. Hier: S. 7–9.

24 Vgl. Angela Schwarz: Computerspiele – ein Thema für die Geschichtswissenschaft? In: *„Wollten Sie nicht auch immer schon einmal pestverseuchte Kühe auf Ihre Gegner werfen?" Eine fachwissenschaftliche Annäherung an Geschichte im Computerspiel*. Hg. von Angela Schwarz. Münster: Lit 2012. S. 7–35. Hier: S. 12–13; Schwarz: *Geschichte in digitalen Spielen*. S. 27–30.

25 Vgl. Angela Schwarz: Geschichte im digitalen Spiel. Ein „interaktives Geschichtsbuch" zum Spielen, Erzählen, Lernen? In: *Handbuch Geschichtskultur im Unterricht*. Hg. von Vadim Oswalt/ Hans-Jürgen Pandel. Frankfurt am Main: Wochenschau 2021. S. 565–613. Hier: S. 608; Schwarz: *Geschichte in digitalen Spielen*. S. 40.

26 Schwarz: *Geschichte in digitalen Spielen*. S. 183.

27 Vgl. Clara Fernández-Vara: *Introduction to Game Analysis*. Abingdon/ New York, NY: Routledge 2015. S. 98; Jesper Juul: *Half-Real. Video Games between Real Rules and Fictional Worlds*. Cambridge, MA/ London: MIT Press 2005. S. 36; Gonzalo Frasca: Simulation versus Narrative: Introduction to Ludology. In: *The Video Game Theory Reader*. Hg. von Mark J.P. Wolf/ Bernard Perron. London/ New York, NY: Routledge 2003. S. 221–237. Hier S. 232.

Interaktivität bilden und auf denen die Aneignung digitaler Spiele aufbaut.[28] Auf einer formalen Basis schreiben Spielregeln fest, wie und nach welchen Mustern ein Spiel abläuft. Spielmechaniken strukturieren, wie Spielende mit dem Spiel interagieren können.[29] Relevant für geschichtswissenschaftliche Fragestellungen ist hierbei der Transport von Inhalten und Bedeutungen über Spielregeln und -mechaniken.[30] Besonders dann, wenn Regeln und Mechaniken realen Prozessen nachempfunden sind und diese digital modellieren sollen, transportieren sie über ihre ludische Interpretation eine bestimmte Perspektive auf diese Prozesse: „A game makes claims about the system that it simulates by simulating it in a particular fashion."[31] Als Teil der historischen Gesamtinszenierungen entstehen auch Regeln und Mechaniken nicht im politischen oder gesellschaftlichen Vakuum, sondern reflektieren durch ihre Anordnung und Ausgestaltung populärgeschichtliches Wissen und Vorstellungen über die Vergangenheit.[32] Als Beispiel zu nennen sind etwa verschiedene historische Gruppen wie ‚die Mongolen', die in digitalen Spielen mit bestimmten spielmechanischen Vorteilen wie schnellerer Fortbewegung zu Pferd ausgestattet sind.[33] Über die ludische Einbeziehung ‚der Mongolen' wird populärhistorisches Wissen, wonach es sich bei ihnen primär um ein kriegerisches Reitervolk gehandelt habe, Spielerinnen und Spielern zugänglich gemacht.[34] Alleinstellungsmerkmal digitaler Spiele im Medienverbund ist also, dass bei ihnen im Unterschied zu anderen populären Medien, die Geschichte verarbeiten, nicht nur Narration und audiovisuelles Design relevante Untersuchungsebenen darstellen, sondern auch das ludische Grundgerüst, denn dieses vermittelt ebenfalls Geschichtsbilder.

Diese ludische Form der Bedeutungsübermittlung findet in digitalen Spielen mit historischen Settings besonders in denjenigen Titeln statt, die ein

---

28　Vgl. Juul: *Half Real*. S. 36; Espen Aarseth: Computer Game Studies, Year One. In: *Game Studies. The International Journal of Computer Game Research* 1,1 (2001). http://gamestudies.org/0101/editorial.html. Abgerufen am 8.1.2024.

29　Vgl. Fernández-Vara: *Introduction to Game Analysis*. S. 98.

30　Vgl. Ian Bogost: *Persuasive Games: The Expressive Power of Videogames*. Cambridge, MA/London: MIT Press 2007. S. 339–340.

31　Calum Matheson: Procedural Rhetoric beyond Persuasion: *First Strike* and the Compulsion of Repeat. In: *Games and Culture* 10,5 (2015). S. 463–480. Hier: S. 464.

32　Vgl. Angela Schwarz/ Milan Weber: New Perspectives on Old Pasts? Diversity in Popular Digital Games with Historical Settings. In: *Arts* 12, 2 (2023). https://www.mdpi.com/2076-0752/12/2/69. Abgerufen am 8.1.2024.

33　Vgl. Christian Huberts: (Spiel-)Weltanschauungen. In: *WASD. Texte über Games. Ausgabe 2: Select System. Games und Politik* (2016). S. 100–107.

34　Vgl. Marie Favereau: *The Horde. How the Mongols changed the World*. Cambridge, MA/London: Belknap Press 2021. S. 27–30.

historisches Gemeinwesen modellieren, dessen Ausgestaltung und Wachstum die Spielenden steuern.[35] Solche Titel, zu denen die beiden Fallbeispiele zählen, versetzen ihre Nutzerinnen und Nutzer in eine distanzierte Vogelperspektive, aus der heraus sie eine Firma, Stadt oder Nation gedeihen lassen. Hierzu nutzen die Spiele eine Vielzahl an sozialen, politischen oder wirtschaftlichen Parametern wie militärische Stärke, Bevölkerungsentwicklung, wirtschaftliche Leistung, Handel, oder öffentliche (Un-)Ordnung. Sie werden in Spielmechaniken übersetzt, indem digitale Spiele sie beispielsweise mit bestimmten, eindeutig messbaren Vor- und Nachteilen ausstatten und ihnen so einen Einfluss auf den Spielverlauf einräumen.[36] Die Spielenden besitzen hierbei die Möglichkeit, die interdependenten Parameter in ihrem Sinne zu nutzen, zu kombinieren und sich so für einen von unzähligen Spielstilen und -durchläufen zu entscheiden – immer mit dem genrebedingten Ziel allerdings, ihr Gemeinwesen stetig wachsen und expandieren zu lassen und das Spiel hierdurch voranzutreiben.[37] Spiele dieser Art unternehmen also den Versuch, die Komplexität und Plastizität historischer Gemeinwesen unterschiedlicher Couleur und Größe einzufangen, und es Spielenden so in einem performativen Prozess zu ermöglichen, sich spielerisch mit historischen Formen menschlichen Zusammenlebens auseinanderzusetzen.

Gleichzeitig ist von wissenschaftlicher Seite in Bezug auf solche Spiele immer wieder angemerkt worden, dass sie durch ihre Spielregeln und -mechaniken, die konstantes Wachstum voraussetzen, in aller Regel fortschrittsoptimistische Narrative über Geschichte bedienen.[38] Da Auf- und Ausbau zentrale Kriterien solcher Spiele seien, sei ein ‚Weniger' auf einer formalen Ebene von vorneherein ausgeschlossen. Vielmehr bedingten die Spielmechaniken ein Geschichtsbild, wonach der historische Verlauf linear von einem konstanten Aufstieg vom Einfachen zum Komplexen und schließlich Besseren geprägt sei.[39] Auf den

---

35 In Bezug auf digitale Spiele, die den Abgrund auf anderen als ludischen Ebenen inszenieren, vgl. weiterführend Alenda Y. Chang: *Playing Nature. Ecology in Video Games*. Minneapolis, MN/ London: University of Minnesota Press 2019. S. 187–235.

36 Vgl. William Uricchio: Simulation, History, and Computer Games. In: *Handbook of Computer Game Studies*. Hg. von Joost Raessens/ Jeffrey Goldstein. Cambridge, MA/ London: MIT Press 2005. S. 327–341. Hier: S. 320.

37 Vgl. Jan Pasternak: „Just do it": Konzepte historischen Handelns in Computerspielen. In: *Die Magie der Geschichte. Geschichtskultur und Museum*. Hg. von Martina Padberg/ Martin Schmidt. Bielefeld: transcript 2010. S. 101–123. Hier: S. 101–102.

38 Vgl. Assmann: *Ist die Zeit aus den Fugen?* S. 62–65; Reinhart Koselleck: Moderne Sozialgeschichte und historische Zeiten. In: *Theorie der modernen Geschichtsschreibung*. Hg. von Pietro Rossi. Frankfurt am Main: Suhrkamp 1987. S. 173–191. Hier: S. 179.

39 Vgl. Eugen Pfister/ Martin Tschiggerl: Ranke ex machina? Geschichtstheorie in digitalen Spielen. In: *Geschichte in Wissenschaft und Unterricht* 74, 3-4 (2023). S. 125–140. Hier:

ersten Blick ergibt sich hieraus ein Widerspruch zur oben angeführten Annahme, dass digitale Spiele ebenfalls den Abgrund des Anthropozäns inszenieren können. Denn Fortschritt ist, wie bereits Guterres mahnte, nur bedingt vorstellbar, wenn er in einen Abgrund führt. Doch wie zu zeigen sein wird, sind es genau dieser Widerspruch und die Spannungsverhältnisse zwischen den verschiedenen Spielmechaniken, die sich für den spezifischen Zugang des Mediums zur Thematik verantwortlich zeigen.

Denn – so die These, die es im Folgenden zu prüfen gilt – es ist digitalen Spielen, die historische Gemeinwesen modellieren, auf einer ludischen Ebene möglich, beide historischen Narrative in einem mitunter widersprüchlichen Verhältnis und in unterschiedlichen Variationen in ihre historischen Gesamtinszenierungen einfließen zu lassen. Aktuell debattierte Klima- und Abgrunddiskurse prägen ebenso das Geschichtsbild, das solche Spiele über historische Mensch-Natur-Verhältnisse zeichnen, wie spielmechanisch bedingte Fortschrittserzählungen, je nach Einzelfall mit stärkerer Fokussierung des einen oder des anderen. So lässt sich *im Spielen*, also einem Kernbereich, der medial nur dem digitalen Spiel eigen ist, eine weitere, performative Ebene der Bedeutungsvermittlung und (Neu-)Interpretation von Mensch-Natur-Verhältnissen finden. Diese erweitert die Vorstellung, dass im historischen Prozess alles immer besser wird, um die Idee eines Punktes, an dem alles enden könnte. Im Folgenden wird die These anhand der beiden populären Fallbeispiele *Anno 1800* und *Civilization VI* erprobt. Hieran anschließend wird der Frage nachgegangen, aus welchen Gründen Entwicklungsstudios aktuelle Klima- und Abgrunddiskurse in die historischen Inszenierungen ihrer Spiele einbauen, und das, obwohl sie deren ludischem Grundgerüst entgegenlaufen können.

3 Das abgrundlose Anthropozän: *Anno 1800*

Das 2019 erschienene und inhaltlich stetig erweiterte *Anno 1800* ist der siebte Teil einer seit 1998 bestehenden Reihe, die zunächst von einem österreichischen, seit dem dritten Ableger vom deutschen Entwicklungsstudio *Blue Byte Mainz* (ehemals *Related Designs*) produziert wird. Das Studio ist ein Tochterunternehmen von *Ubisoft*, das international zu den größten Firmen im Bereich digitaler Spiele zählt und dem seit Mitte der 2000er-Jahre auch die

---

S. 128–129; Nico Nolden: *Geschichte und Erinnerung in Computerspielen. Erinnerungskulturelle Wissenssysteme*. Berlin/Boston, MA: De Gruyter 2019. S. 105–107.

Veröffentlichung der *Anno*-Reihe untersteht.[40] Bis Ende 2023 erreichte *Anno 1800* weltweit mehr als 3,5 Millionen Spielerinnen und Spieler und ist damit der erfolgreichste Ableger der Reihe. In Anbetracht der oben genannten Zahlen der *Megaseller* des Mediums mag es sich bei *Anno 1800* zwar um einen weniger verkaufsstarken Titel handeln, doch gerade im Vergleich zu anderen Werken deutscher Studios genießt das Spiel eine hohe, zeitlich stabile Popularität und aktive Fan-Gemeinde.[41]

Im Spiel selbst übernehmen die Nutzerinnen und Nutzer die Rolle des allwissenden Verwalters einer sich industrialisierenden Inselwelt, die – obwohl nie explizit so benannt – ästhetisch stark an das Viktorianische Großbritannien angelehnt ist. Im Zentrum der Spielerfahrung stehen wie in allen anderen Teilen der Reihe die Produktion von Gütern, der Handel zwischen Inseln und hiermit einhergehend der Aufstieg von Bevölkerungsgruppen auf höhere Stufen.[42] Um diese Aufstiege und damit ein Vorankommen im Spiel zu erreichen, müssen die Spielenden ihre Untertanen mit Gütern versorgen und ihre immer komplexer werdenden Bedürfnisse befriedigen. Ein Teil der hierfür nötigen Rohstoffe liegt in der sogenannten Neuen Welt, in die die Spielenden aufbrechen und dort neue Siedlungen gründen müssen, um Handel zwischen beiden Weltteilen zu ermöglichen. Nur so gelangen sie beispielsweise an genug Ressourcen, um ihre Städte zu elektrifizieren.

Fragen nach Mensch-Natur-Verhältnissen sprach die Reihe bereits im fünften Teil *Anno 2070* (2011)[43] an, allerdings in einem in die Zukunft verlagerten Szenario, das die Erde nach der Klimakatastrophe zeigte. Hier war der Abgrund bereits einmal erreicht, die Meeresspiegel so weit angestiegen,

---

40   Vgl. Angela Schwarz: Quarry – Playground – Brand. Popular History in Video Games. In: *History in Games. Contingencies of an Authentic Past*. Hg. von Martin Lorber/ Felix Zimmermann. Bielefeld: transcript 2020. S. 25–47. Hier: S. 31; Schwarz: *Geschichte im digitalen Spiel*. S. 608.

41   Vgl. Marcel Kleffmann: „Anno 1800" erreicht 3,5 Millionen Spielende. In: *gamesmarkt. de* (15.11.2023) https://www.gamesmarkt.de/publishing/meilenstein-anno-1800-erreicht-35-millionen-spielende-ed405ada53a464500a7e04b5c378613b. Abgerufen am 8.1.2023; Felix Zimmermann: *Virtuelle Wirklichkeiten. Atmosphärisches Vergangenheitserleben im Digitalen Spiel*. Marburg: Büchner 2023. S. 197; Felix Zimmermann: (Not) Made in Germany? Annäherungen an die deutsche Digitalspielbranche. In: *Aus Politik und Zeitgeschichte* 69, 31–32 (2019). S. 9–16.

42   Vgl. Tobias Winnerling: How to get away with Colonialism. Two decades of discussing the Anno Series. In: *History in Games. Contingencies of an Authentic Past*. S. 221–237. Hier: S. 222–224.

43   Vgl. *Anno 2070* Related Designs/ Ubisoft Blue Byte/ Ubisoft Entertainment SA. Deutschland/ Frankreich 2011.

dass die Welt nur noch aus relativ kleinen Inseln bestand.[44] Den Spielenden oblag also die Aufgabe des Neuaufbaus. *Anno 1800* folgt dieser Serientradition, versetzt seine Nutzerinnen und Nutzer mit der Industrialisierung des 19. Jahrhunderts aber in eine historische Zeit, in der sich Mensch-Natur-Verhältnisse fundamental und mit Auswirkungen bis in die Gegenwart zu verändern begannen. Hier tat sich der metaphorische Abgrund also erst auf, von dem aus der Rückschau der Gegenwart heraus gesprochen wird, den die Zeitgenossinnen und Zeitgenossen des 19. Jahrhunderts, obwohl sie durchaus über Klima- und Umweltfragen nachdachten, aber noch nicht antizipierten.[45]

Das Umwelt- und Klimadenken der Menschen des 19. Jahrhunderts, gerade wenn sie in der Nähe der neuen, sich entwickelnden industriellen Zentren wohnten und arbeiteten, war vielmehr durch die zunehmende Luft- und Umweltverschmutzung geprägt und vom Gestank und dem Lärm, die von den Fabriken ausgingen.[46] Eben diesen Verschmutzungs-Diskurs, der bis heute nachwirkt,[47] versucht *Anno 1800* auf einer ludischen Ebene im Rahmen zweier Spielmechaniken einzufangen. Denn zum einen wirkt sich im Spiel Umweltverschmutzung auf die Zufriedenheit der Bevölkerung einer Insel aus, in diesem Fall immer negativ. Zufriedenheit ist an sich nicht nötig, um im Spielverlauf eine neue Entwicklungsstufe zu erreichen. Dafür genügt, dass die Spielenden die Grundbedürfnisse einer Gruppe stillen, aber sie hat Folgen für deren politische Gefügigkeit und wirtschaftliche Tätigkeit. Denn zufriedene Bürgerinnen und Bürger zahlen höhere Steuern und treten seltener in den Streik. Daher sind die Spielenden angehalten, die Zufriedenheit ihrer Bevölkerung so hoch wie möglich zu halten, was bedeutet, dass sich eine geringe Umweltverschmutzung günstig auf den Spielverlauf auswirkt. Umweltverschmutzung wird in *Anno 1800* nur von der Schwerindustrie verursacht, also zum Beispiel von Hochöfen, die die Ressourcen Eisen und Kohle in Stahl verwandeln. Der wird benötigt, um neue Gebäude zu errichten und

---

44 Vgl. Andreas Endl/ Alexander Preisinger: Den Klimawandel spielbar machen – Diskursive Strategien der Darstellung von Umweltproblemen in Strategiespielen. In: *Paidia. Zeitschrift für Computerspielforschung* (28.2.2018). https://paidia.de/den-klimawandel-spielbar-machen-diskursive-strategien-der-darstellung-von-umweltproblemen-in-strategiespielen/. Abgerufen am 8.1.2024.

45 Vgl. Jürgen Osterhammel: *Die Verwandlung der Welt. Eine Geschichte des 19. Jahrhunderts*. München: C.H. Beck 2020. S. 909–931; Frankopan: *Zwischen Erde und Himmel*. S. 590–596.

46 Vgl. Daniela Mysliwietz-Fleiß: *Die Fabrik als touristische Attraktion. Entdeckung eines neuen Erlebnisraums im Übergang zur Moderne*. Köln: Böhlau 2020. S. 160–165.

47 Vgl. exemplarisch Lukas Rameil: Smog: Wie gefährlich ist die verschmutzte Luft? In: *augsburger-allgemeine.de* (04.1.2024). https://www.augsburger-allgemeine.de/panorama/luftverschmutzung-und-smog-wie-gefaehrlich-ist-verschmutzte-luft-4-1-24-id64679316.html. Abgerufen am 12.1.2024.

so das Wachstum der Stadt anzukurbeln. Die natürlichen Ressourcen, die die Spielenden verwenden, um aus ihnen Güter zu produzieren und Handelsketten zu errichten, sind hierbei endlos in der Spielwelt vorhanden.

Der Parameter der Umweltverschmutzung ist darüber hinaus eingefasst in eine zweite Spielmechanik, die Mensch-Natur-Verhältnisse aufgreift, namentlich die der Stadt-Attraktivität. Diese wird anhand von insgesamt sechs Parametern gemessen: Kultur, Natur, verstanden als alle „natürlichen Flächen, die von der Zivilisation unberührt sind",[48] und Feierlichkeiten wirken sich positiv aus; Verschmutzung, sogenannte Unorte und Instabilität hingegen negativ. Als Unorte bezeichnet das Spiel „unansehnliche Gebäude und solche, die Gestank oder Lärm verursachen",[49] also beispielsweise Metzgereien oder Siedereien. Sie haben einen ebenso großen Einfluss auf die Attraktivität einer Insel wie die Verschmutzung. Beiden begegnen können die Spielenden, indem sie ihre Insel renaturieren, kulturelle Gebäude wie Zoos anlegen oder Denkmäler errichten. Die Attraktivität einer Inselsiedlung ist über die Verschmutzung zum einen für die Zufriedenheit der eigenen Bevölkerung relevant, zum anderen ist sie ein Indikator für Besucherinnen und Besucher, die auf die Insel kommen und hierdurch ein konstantes monetäres Einkommen für die Spielenden generieren. Deren Anzahl steigt und fällt unter anderem mit der Stadt-Attraktivität. Deshalb besteht für die Spielenden der Anreiz, die Attraktivität stetig zu erhöhen.

Anhand der Vorstellung der beiden zentralen ludischen Mechaniken in Bezug auf historische Mensch-Natur-Verhältnisse in *Anno 1800* zeigt sich, dass es sich hierbei vornehmlich um wirtschaftliche Aspekte handelt, mit denen die Spielenden umgehen müssen. Schwerindustrie und Unorte sind zwar unansehnlich und verpesten die Umwelt, sind für die Produktion, das wirtschaftliche Wachstum und damit das Vorankommen im Spiel aber unabdingbar. Hiermit stehen sie anderen monetären Einnahmequellen wie Steuern und touristischen Ausgaben direkt gegenüber, auf die die Spielenden nur schlecht verzichten können. Die Frage drängt sich auf, wie dieses Dilemma gelöst werden könnte. Das Spiel bietet die Möglichkeit nicht an, etwa mittels Technologien die Emissionen der Fabriken zu reduzieren. Deshalb können die Spielenden zunächst ihre Insel aufforsten oder mit Gebäuden ‚dekorieren', wodurch sie jedoch notwendigerweise irgendwann mit einem Platzproblem konfrontiert sind. Die zweite, viel lukrativere und einfachere Lösung ist die der Expansion und der Externalisierung von Industrieproduktionen auf andere Inseln, auf denen keine Menschen wohnen, außer denjenigen, die in

---

48   *Anno 1800*. 2019.
49   *Anno 1800*. 2019.

den Fabriken arbeiten. So entstehen in der Spielwelt attraktive Inseln, auf denen eine zufriedene Bevölkerung und viele Besucherinnen und Besucher verkehren, und unattraktive Inseln, die das industrielle und wirtschaftliche Rückgrat der übrigen Siedlungen bilden. Die Spielenden teilen die Welt also in ein konsumierendes Zentrum und eine produzierende Peripherie.

Hierdurch popularisiert das Spiel zunächst eine spielerische Perspektive auf die kapitalistische Akkumulation, die auf Ausbeutung natürlicher Ressourcen und Kommodifizierung ebenso setzt wie auf stete geographische Expansion, um kontinuierliches Wachstum zu ermöglichen, das *Anno 1800* als Spielfortschritt übersetzt.[50] Das Spiel folgt einer Logik wirtschaftlicher Prozesse, wie sie für das 19. und weite Teile des 20. Jahrhunderts zentral waren, als industrielle Produktionszweige zunächst in der westlichen Welt entstanden, dann aber in andere Teile des Globus verlagert wurden.[51] Da Rohstoffe im Spiel nicht versiegen, sind die Spielenden im Unterschied zur realen historischen Akkumulation weniger konsequent aufgrund natürlicher Grenzen zur Expansion ihrer Ökonomien gezwungen. Denn grundlegend ist das Wirtschaftssystem in *Anno 1800* hierdurch selbstgenügsam und in sich geschlossen. Einmal entdeckte Rohstoffe, etwa in der Neuen Welt, befriedigen die Bedürfnisse einer Bevölkerungsgruppe, bis die Spielenden das Spiel beenden.

Deutlicher sind es die negativen Begleiterscheinungen, die Phasen der Industrialisierung für diejenigen Menschen mit sich bringen, die unmittelbar von ihr betroffen sind, die die Spielenden auf einer ludisch-formal vorgegebenen Ebene zur Expansion anregen, denn natürlich können Spielende ebenfalls einen intrinsisch motivierten Entdeckungsdrang besitzen, der hiervon unberührt ist.[52] Der Parameter Umweltverschmutzung ebenso wie Unorte und Stadt-Attraktivität werden so zu Störfaktoren, zu Wachstumshindernissen eines expandierenden Industrie-, Handels- und Reisekapitalismus, aber auch zu spielmechanischen Herausforderungen, mit denen die Spielenden einen Umgang finden müssen. Kreative Lösungen hierfür bietet das Spiel hingegen nicht an, sondern legt den Spielenden nahe, die Industrieproduktion und die mit ihr einhergehende Verschmutzung einfach zu verlagern, damit ein Großteil ihrer Bevölkerung zwar in den Genuss von Industriegütern kommt, die negativen Begleiterscheinungen ihrer Produktion aber nicht wahrnimmt.

---

50   Vgl. Zimmermann: *Virtuelle Wirklichkeiten*. S. 200–202, 302. Anna Saave: *Einverleiben und Externalisieren. Zur Innen-Außen-Beziehung der kapitalistischen Produktionsweise.* Bielefeld: transcript 2021. S. 321–322.
51   Vgl. Osterhammel: *Die Verwandlung der Welt*. S. 954–957.
52   Vgl. Leinfelder: *Das Anthropozän*. S. 28.

Hier zeigt das Spiel eine von westlichem Denken geprägte Perspektive auf die globale Ökonomie, die von einer Stellung im Zentrum derselben geprägt ist.[53]

Anno 1800 präsentiert seinen Nutzenden also eine Sicht auf sich verändernde historische Mensch-Natur-Verhältnisse, die erstens Mechanismen der ökonomischen Vereinnahmung der Natur durch den Menschen und zweitens die negativen Folgen dieser Mechanismen auf den Menschen zeigt. Es präsentiert in seiner historischen Inszenierung eine vornehmlich anthropozentrische Perspektive auf das Anthropozän, die Diskurse um Umwelt- und Luftverschmutzung aufnimmt, die bereits im 19. Jahrhundert existierten und bis heute anhalten, zentrale Aspekte der Diskussion um das Anthropozän aber ausklammert. Denn die Spielwelt zerfällt in *Anno 1800* grundsätzlich „in beherrschte und noch nicht beherrschte"[54] Gebiete, wodurch das Spiel zum einen einem dichotomen und dualistischen Verständnis von Kultur und Natur folgt. Zum anderen blendet das Spiel die Auswirkungen, die Phasen der Industrialisierung auf die Natur und damit den Planeten haben, konsequent aus. Die Temperaturen steigen in *Anno 1800* nicht und Fischbestände sind trotz industrieller Nutzung unendlich vorhanden.

Dadurch besitzt die Interpretation des Anthropozäns, die das Spiel bietet, auch keinen Abgrund. Spielmechanisch ist von vorneherein ausgeschlossen, dass die Spielenden die virtuelle Welt in einem Maße verändern, dass ein klimatischer Kipppunkt erreicht würde. Die Natur selbst stellt kein Wachstumshindernis für die Spielenden und ihren Fortschritt dar, obwohl dieser Umstand spätestens seit den 1972 erschienenen *Grenzen des Wachstums* debattiert wird. Hier wurde erstmals öffentlichkeitswirksam festgestellt, dass die globale Ökonomie ihre eigene natürliche Existenzgrundlage untergräbt, „wenn nicht entscheidende Korrekturen der Wachstumspfade vorgenommen werden."[55] Der Umgang des Spiels mit dem Anthropozän und seinen Folgen ist abschließend also kein alarmierender oder mahnender. Grundsätzlich baut *Anno 1800* Fragen nach sich verändernden Mensch-Natur-Verhältnissen zwar in seine ludisch-historische Inszenierung ein und spricht einige der negativen Auswirkungen dieser an, aber in einer so marginalisierten Rolle, dass sie die spielmechanisch bedingte Vorstellung eines historischen Fortschritts durch Aufbau und (industrielles) Wirtschaftswachstum nicht konterkariert. Hierbei

---

53   Vgl. Hubert Zimmermann/ Milena Elsinger: *Grundlagen der Internationalen Beziehungen. Eine Einführung*. Stuttgart: Kohlhammer 2019. S. 127–129.

54   Karl Heinz Haag: *Der Fortschritt in der Philosophie*. Frankfurt am Main: Suhrkamp 1985. S. 15.

55   Helmut Willke: *Klimakrise und Gesellschaftstheorie. Zu den Herausforderungen und Chancen globaler Umweltpolitik*. Frankfurt am Main: Campus 2023. S. 26.

bewegt sich das Spiel eher auf Basis eines anthropozentrischen Umwelt- und Naturdiskurses, der im 19. Jahrhundert seinen Ausgang nahm, als Debatten um Mensch-Natur-Verhältnisse, das Anthropozän und dessen mögliche Abgründe zu reflektieren, die erst in jüngerer Zeit populär geworden sind.

4 Der planetare Abgrund des Klimawandels: *Civilization VI*

Im Vergleich zu *Anno 1800* handelt es sich beim 2016 veröffentlichten *Civilization VI* deutlicher um einen dieser *Megaseller* des Mediums, die bereits angesprochen wurden. Der Titel wurde vom US-amerikanischen Studio *Firaxis Games* entwickelt, das seinerseits ein Tochterunternehmen der Firma *Take 2 Interactive* ist und hiermit ebenso wie das Entwicklungsstudio von *Anno 1800* einer der großen, international agierenden Firmen auf dem Gaming-Markt gehört.[56] *Civilization VI* verkaufte sich bis Anfang 2023 weltweit rund elf Millionen Mal und gehört auch sieben Jahre nach seiner Veröffentlichung zu den meistverkauften Spielen in Deutschland.[57] Hiermit war der sechste und jüngste *Civilization*-Hauptteil der erfolgreichste Ableger der Reihe, die seit 1991 besteht und sich insgesamt über 40 Millionen Mal verkaufte.[58] Diese Popularität von *Civilization*, aber auch die lange Seriengeschichte und der Umstand, dass bereits der Ursprungstitel maßgeblich zur generellen Popularisierung historischer Themen im Medium beigetragen hat, führen dazu, dass die Spiele bereits umfangreich erforscht wurden.[59] Eine Leerstelle in der Forschung bilden allerdings Fragen nach dem Klimawandel und historischen Mensch-Natur-Verhältnissen,[60] denn erst mit der 2019 erschienenen Erweiterung *Gathering Storm* wurde ein umfangreiches Klima- und Umweltmodell in

---

56 Vgl. Köstlbauer et al.: *Einleitung: Welt(weit) spielen*. S. 7–9.
57 Vgl. o.A.: Meistverkaufte Games 2023: Hogwarts Legacy ist neue Nummer 1 (Update). In: *gameswirtschaft.de* (9.3.2023). https://www.gameswirtschaft.de/marketing-pr/meistverkaufte-games-februar-2023/. Abgerufen am 8.1.2023; Dario Andric: How many copies did Civilization sell? – 2023 statistics. In: *levvvel.com* (3.2.2023). https://levvvel.com/civilization-statistics/. Abgerufen am 8.1.2024.
58 Vgl. Schwarz: *Geschichte im digitalen Spiel*. S. 608.
59 Vgl. Stefan Donecker: Pharao Mao Zedong and the Musketeers of Babylon: The Civilization Series between primordialist Nationalism and subversive Parody. In: *Early Modernity in Video Games*. Hg. von Tobias Winnerling/ Florian Kerschbaumer. Newcastle upon Tyne: Cambridge Scholars Publishing 2014. S. 105–123. Hier: S. 105–106.
60 Eine der wenigen Ausnahmen bildet der Text von Vincent Bouronnet, der allerdings didaktische Überlegungen ins Zentrum rückt, vgl. Vincent Boutonnet: La gestion des changements climatiques dans un jeu video populaire: le cas de Civilization VI – Gathering Storm. In: *Didactica Historica* 9 (2023). S. 77–83.

Civilization VI eingebaut, auf dessen Inhalten eine Beantwortung solcher Fragen aufbauen kann.[61]

Das ludische und inszenatorische Grundgerüst der *Civilization*-Reihe wird mit jedem neuen Ableger zwar aktualisiert und erhält neue Akzente, ist in seinem Kern aber seit 1991 konstant geblieben.[62] In prähistorischen Zeiten übernehmen die Spielenden die volle Kontrolle über eine der sogenannten Zivilisationen, die meist aus lose zusammenhängenden, populären Versatzstücken historischer Völker, Imperien oder Nationalstaaten bestehen (z.B. Azteken, Frankreich und das Römische Reich) und von einer Herrscherinnen- oder Herrscher-Figur geleitet werden. Rundenbasiert führen die Spielenden ‚ihre' Zivilisation durch die gesamte Menschheitsgeschichte, allerdings mit starkem Fokus auf die Neuzeit.[63] Das Spiel legt somit grundsätzlich ein Konzept kontinuierlicher historischer Entwicklung und Evolution vor, welches weder Brüche noch Wechsel kennt.[64] Wählen die Spielenden zu Beginn einer Partie die Zivilisation der ‚Araber', so steuern sie diese unter der Führung Sultan Saladins von der Stammesgesellschaft hin zu aktuellen und zukünftigen Formen des Zusammenlebens. Das ludische Setup der Reihe ist ein agonales, was bedeutet, dass die Spielenden gegen einen oder mehrere Gegner antreten, mit denen sie um die Herrschaft über die Spielwelt konkurrieren. Die Wege, diese Herrschaft zu erreichen und damit eine Partie zu gewinnen, sind hierbei vielfältig, etwa über Diplomatie, Religion, militärische Stärke oder Kultur, haben aber immer einen expansiven Charakter.[65]

Ein mitunter agonales Verhältnis haben die Spielenden und ihre Kontrahenten jedoch nicht nur untereinander, sondern auch mit der virtuellen Natur und Umwelt von *Civilization VI*. Dies betrifft zunächst periodische Naturkatastrophen, namentlich Vulkanausbrüche, Überschwemmungen und Fluten, Dürren und Stürme, die zufällig auf der Weltkarte auftreten. Sie haben vornehmlich destruktive Auswirkungen wie die Zerstörung von Infrastruktur oder das Töten von Einheiten, aber auch positive wie die Düngung von Feldern. Die Spielenden befinden sich in Bezug auf ihre Umwelt also in einem Prozess des Taktierens und strategischen Planens, denn ein Fluss ermöglicht einer Stadt beispielsweise Binnenschifffahrt und damit Handel, birgt aber das Risiko,

---

61 Vgl. Wainwright: *Virtual History*. S. 116.
62 Vgl. Tobias Winnerling: Den Leviathan spielen. Thomas Hobbes und die Civilization-Reihe. In: *Österreichische Zeitschrift für Geschichtswissenschaften*. S. 56–82. Hier: S. 58.
63 Vgl. Wainwright: *Virtual History*. S. 40.
64 Vgl. Donecker: *Pharao Mao Zedong*. S. 106–110.
65 Vgl. Tschiggerl/ Pfister: *Ranke ex machina?* S. 133; Winnerling: *Den Leviathan spielen*. S. 73–79; Angus Mol/ Aris Politopoulos: Persia's Victory. The Mechanics of Orientalism in Sid Meier's Civilization. In: *Near Eastern Archaeology* 84,1 (2021). S. 44–51. Hier: S. 45.

dass der Fluss über die Ufer tritt, Gebäude zerstört und so das Wachstum der Stadt untergräbt.

Die zentrale Spielmechanik in Bezug auf historische Mensch-Natur-Verhältnisse und das Anthropozän im Spiel ist aber das sogenannte Weltklima, das sich aus mehreren Einzelparametern zusammensetzt und jederzeit von den Spielenden aufgerufen werden kann. Relevant wird dieses Feature mit dem Austritt aus dem Zeitalter Renaissance und dem Eintritt in das Industriezeitalter. Hier können die Spielenden ihr erstes Kohlekraftwerk bauen, das benötigt wird, um Städte mit Energie zu versorgen. Aber Kraftwerke stoßen CO_2 aus, was den Parameter der CO_2-Konzentration im Feature des Weltklimas erhöht. Ein weiterer Parameter ist der globale Temperaturanstieg, der auch auf den Grad der Entwaldung der Spielwelt reagiert und diesen mit dem CO_2-Ausstoß der Spielenden und ihrer Kontrahenten auf der Spielwelt verrechnet. Die Anstiege der CO_2-Konzentration und der globalen Temperatur treiben wiederum zum einen die Häufigkeit von Naturkatastrophen in die Höhe. Je mehr Treibhausgase zum Beispiel in Form von Energiegewinnung oder Güterproduktion ausgestoßen werden, desto größer ist das Risiko eines Unwetters. Die Intensität der globalen Katastrophen und die Höhe der globalen Erwärmung führen zum anderen dazu, dass der Klimawandel in mehreren Phasen zunimmt. Dies betrifft dann das Schmelzen des Polareises und den Anstieg des Meeresspiegels.[66] Hierdurch werden Teile der Spielwelt, abhängig von ihrer Höhenlage, von Wasser bedeckt und sind für die Spielenden nicht mehr nutzbar. Ihre Städte, Siedlungen, ihre ganze Zivilisation den Wassermassen zum Opfer fallen – die Folgen des Klimawandels einen Spieldurchlauf demnach mitunter so stark unterminieren, dass er abgebrochen werden muss.

Ähnlich wie *Anno 1800* lässt auch *Civilization VI* den Spielenden nicht wirklich die Wahl, ob sie ihre Zivilisationen industrialisieren und damit dem Weltklima schaden oder nicht. Denn ein Voranschreiten im Spielverlauf, das Gewinnen einer Partie, ist andernfalls nur schwer möglich, da die Spielenden kaum mit der Entwicklung ihrer Kontrahenten mithalten können. Sie sind, bedingt durch Spielregeln und Spielziel, stark dazu angehalten, CO_2 zu produzieren. Demnach stellt sich auch hier die Frage, wie dieses Dilemma aufzulösen ist. Das Spiel bietet – im deutlichen Unterschied zu *Anno 1800* – verschiedene Möglichkeiten der technologischen Entwicklung an, mit denen sich die Folgen der klimatischen Veränderungen auf die virtuelle Welt abfedern und das vorzeitige Ende einer Partie abwenden lassen: Verringerung des

---

66 Vgl. Boutonnet: *La gestion des changements climatiques*. S. 77–80.

Energieverbrauchs, Senkung des CO_2-Fußabdrucks, Reduktion von Emissionen und die Nutzung negativer Emissionen.[67]

Während das Industriezeitalter noch keine solchen Technologien kennt, bietet das nächste Zeitalter der Moderne gleich mehrere, denn die Ressource Öl ist im Spiel weniger klimaschädlich als Kohle. Später kommt die Atomkraft hinzu, deren CO_2-Belastung nur noch minimal ist. Daneben können die Spielenden die Technologien des Natur- und Umweltschutzes erforschen, die Renaturierungen und die Errichtung von Nationalparks ermöglichen. Zuletzt können sie geothermische Anlagen oder Offshore-Windparks bauen, fortgeschrittene Batterien entwickeln oder eine Politik der Kohlenstoffreduktion verfolgen. Darüber hinaus führt *Gathering Storm* die Spielmechanik des sogenannten Weltkongresses ein, in dessen Rahmen alle Teilnehmenden einer Partie periodisch zusammenkommen und Resolutionen verabschieden können, die auch die Auswirkungen des Klimawandels umfassen. Da alle Teilnehmenden gemeinsam für den Klimawandel verantwortlich sind, bietet der Weltkongress hierdurch spielmechanisch die Möglichkeit der Kooperation und bricht das ansonsten konkurrenzbehaftete Szenario des Spiels.

Zunächst ist festzuhalten, dass *Civilization VI* seine virtuelle Umwelt und Natur im Unterschied zu anderen populären digitalen Spielen mit historischen Settings wie *Anno 1800* nicht nur als Objekt menschlicher Ausbeutung zeigt. Vielmehr wird sie in ihrer Inszenierung mit einer gewissen Handlungsmacht versehen, mit der sich die Spielenden auseinandersetzen und auf deren Aktionen sie reagieren müssen.[68] Das Spiel reflektiert somit aktuelle Diskurse, die in der allgemeinen Öffentlichkeit und der (populären) Geschichtsschreibung eine vermehrte Thematisierung finden, denn auch hier werden die Auswirkungen der Natur auf die Menschheitsgeschichte zunehmend betont.[69] Zweitens bricht das Spiel mit der im 18. und 19. Jahrhundert popularisierten Vorstellung, dass es sich bei Natur und Kultur um Gegensatzpaare handele.[70] Auf einer ludischen Ebene unternimmt es den Versuch, die hochkomplexen historischen Mensch-Natur-Beziehungen möglichst detailliert darzustellen, indem es die Wechselwirkungen zwischen der Ausbeutung fossiler Ressourcen, der

---

67 Vgl. Boutonnet: *La gestion des changements climatiques*. S. 81.
68 Vgl. Bruno Latour: Agency at the Time of the Anthropocene. In: *New Literary History* 45,1 (2014). S. 1–18.
69 Vgl. exemplarisch Ronald D. Gerste: *Wie das Wetter Geschichte macht. Katastrophen und Klimawandel von der Antike bis heute*. Stuttgart: Klett-Cotta 2015; Frankopan: *Zwischen Erde und Himmel*.
70 Vgl. Chakrabarty: *The Climate of History*. S. 201–202; Hannes Bergthaller: Metamorphismen. In: Eva Horn/ Hannes Bergthaler: *Anthropozän zur Einführung*. Hamburg: Junius 2019. S. 62–143. Hier: S. 77.

Entwicklung menschlicher Industrie, dem Anstieg von Treibhausgasen, der globalen Erwärmung sowie dem erhöhten Risiko von Naturkatastrophen und Klimawandel spielmechanisch in die Modellierung seines Gemeinwesens einbaut. In *Civilization VI* befinden sich die Spielenden in einem wiederholten Aushandlungs- und Interaktionsprozess mit der Umwelt, beeinflussen sie und werden von ihr beeinflusst. Das Spiel popularisiert so unter anderem die Gedanken Bruno Latours, die in der öffentlichen wie fachlichen Diskussion um das Anthropozän vermehrt aufgegriffen werden.[71] Latour stellt fest, dass Natur und Kultur diskursiv zwar als unterscheidbare Entitäten behandelt würden, diese Unterscheidung einer kritischen Beurteilung aber nicht standhalte, da beide im Sinne des von ihm geprägten Begriffs der „nature-cultures"[72] immer zusammenfielen.

Daneben deutet *Civilization VI* die grundsätzliche Möglichkeit eines planetaren Abgrunds an. Auf spielmechanischer Ebene können die Entscheidungen der Teilnehmenden einer Partie so große Auswirkungen auf das digitale Ökosystem besitzen, dass die Partie durch sie beendet werden muss. Setzen sich die Teilnehmenden nicht mit den Auswirkungen ihres Handelns auf die Spielwelt auseinander, indem sie etwa kooperieren oder neue Technologien entwickeln, wird dies ihre Handlungsmacht einschränken und kann gegebenenfalls ihren Untergang bedeuten. Die Nutzerinnen und Nutzer des Spiels werden hierdurch zu Adressatinnen und Adressaten der teilweise brennendsten Fragen, mit denen sich Politik, Wirtschaft und Zivilgesellschaft auf einer globalen Ebene derzeit auseinandersetzen.

Die Lösungsvorschläge, die das Spiel für ein mögliches Umschiffen des planetaren Abgrunds anbietet, sind im Vergleich zu anderen Spielen, die historische Gemeinwesen modellieren, äußerst zahlreich.[73] Allgemein bleiben die präsentierten Lösungen aber nah an technikoptimistischen Narrativen über Mensch-Natur-Verhältnisse.[74] Nicht weniger Produktion und Eingriffe in das Ökosystem oder gar ein Überdenken des Wachstumsgedankens werden als Gegenmittel zum Abgrund angeboten, sondern ‚anderes', nachhaltigeres Wachstum, das die Bewohnbarkeit des Planeten erhält: saubere Energie und grüne Technologien.[75] Ein ‚Weniger' ist auch in *Civilization VI* von vorneherein ausgeschlossen. Vielmehr bietet eine zweite, dieses Mal grüne

---

71 Vgl. Bergthaller: Metamorphismen. S. 62–65.
72 Bruno Latour: *We Have Never Been Modern*. Cambridge, MA: Harvard University Press 1995. S. 104.
73 Vgl. Dürbeck/ Nesselhauf: *Narrative, Metaphern und Darstellungsstrategien des Anthropozän*. S. 12–13.
74 Vgl. Boutonnet: *La gestion des changements climatiques*. S. 81.
75 Vgl. Leinfelder: *Das Anthropozän*. S. 36.

Industrialisierung einen Ausweg aus der Misere, wodurch das Spiel zwar einen Teil der öffentlich debattierten Lösungsansätze abzubilden versucht, viele weitere politische, wirtschaftliche und soziale Möglichkeiten, wie der planetare Abgrund abzuwenden wäre, aber ausblendet.[76] Die präsentierte technikzentrierte, szientistische Lösungsperspektive hängt auf einer formalen Ebene eng mit den übrigen Spielmechaniken des Titels zusammen. Denn im Kern handelt es sich auch bei *Civilization VI* um ein Spiel, das kontinuierlichen historischen Fortschritt vom Einfachen zum Besseren inszeniert, da die Mehrheit der Spielmechaniken darauf ausgerichtet ist, ein immer effizienteres, dynamischeres und größeres Gemeinwesen zu erschaffen.[77]

Civilization VI geht in seiner ludisch-historischen Inszenierung abschließend deutlich weiter als übrige Vertreter digitaler Spiele, die historische Gemeinwesen modellieren, *Anno 1800* miteingeschlossen. Aktuelle Debatten um das Anthropozän und die Folgen, die möglicherweise mit ihm verbunden sind, werden detailliert in Spielmechaniken übersetzt, der Versuch wird unternommen, Natur und Kultur nicht als Gegensatzpaare, sondern als komplementäre Einheiten zu denken, und Lösungsansätze werden präsentiert, die direkt aus der politischen Praxis stammen könnten. Das Spiel lädt seine Nutzerinnen und Nutzer ein, sich auf einer ludisch-performativen Ebene mit dem Klimawandel und den historischen Veränderungen im Mensch-Natur-Verhältnis auseinanderzusetzen. Es ergänzt hierdurch seine grundsätzlich fortschrittsoptimistische Erzählung über die menschliche Geschichte um die Perspektive, welche Folgen (bis hin zum Abgrund) dieser Fortschritt haben kann.

5   Wieso digitale Spiele (nicht) in den Abgrund schauen

Die beiden Fallbeispiele *Anno 1800* und *Civilization VI* gehen also in unterschiedlicher Weise mit aktuellen Klima- und Abgrunddiskursen um und bauen sie auf verschiedene Arten und mit unterschiedlich großen Reichweiten in ihre Spielmechaniken und historischen Inszenierungen ein. Mögliche Gründe, weshalb beide Spiele gerade diese Modi der historischen Inszenierung und

---

76   Vgl. Ruth García Martín/ Begoña Cadiñanos Martínez/ Pablo Martín Domínguez: The Face of Authority through Sid Meier's Civilization Series. In: *gamevironments 13* (2020). S. 139–174. Hier: S. 156–157; Dürbeck/ Nesselhauf: *Narrative, Metaphern und Darstellungsstrategien des Anthropozän*. S. 12.

77   Vgl. hierzu weiterführend Jan Pasternak: 500.000 Jahre an einem Tag. Möglichkeiten und Grenzen der Darstellung von Geschichte in epochenübergreifenden Echtzeitstrategiespielen. In: *Eine fachwissenschaftliche Annäherung an Geschichte im Computerspiel*. S. 35–75.

Implementierung aktueller Diskurse aufweisen, blieben in der bisherigen Analyse allerdings ungeklärt. Wieso präsentiert *Anno 1800* den Spielenden ein Anthropozän, das keinen Abgrund kennt, und weshalb konterkariert *Civilization VI* sein ludisch strukturiertes Fortschrittsnarrativ, indem es sich mit den Folgen des Klimawandels auseinandersetzt? Um diese Fragen zu klären, ist ein Blick nötig, der über die konkreten Inhalte der Spiele hinausgeht. Er muss Nutzerinnen und Nutzer sowie Entwicklerinnen und Entwickler eines Spiels ebenso einbeziehen wie vergleichbare Titel, die konträre Umgangsformen mit dem Thema aufweisen, um Gemeinsamkeiten und Unterschiede herauszustellen.[78] Im Folgenden sollen die Fallbeispiele daher in die größeren Kontexte eines innermedialen Vergleichs, von Produktionslogiken sowie Nutzungs- und Aneignungspraktiken eingeordnet werden, um insgesamt fünf Gründe herauszuarbeiten, die die Modi der Inszenierung historischer Mensch-Natur-Verhältnisse und den Umfang der Übernahme von Klima- und Abgrunddiskursen bedingen und prägen.

Als Beispiel der Gegenprüfung der bisherigen Analyseergebnisse soll das digitale Spiel *Train Valley 2* (2019)[79] dienen. Denn erstens zeigt es mit der Industrialisierung des 19. Jahrhunderts die gleiche historische Zeit wie *Anno 1800* und *Civilization VI*. Zweitens weist es ähnliche Spielmechaniken auf. In *Train Valley 2* übernehmen die Spielenden ebenfalls aus der Vogelperspektive die Kontrolle über eine Firma. In diesem Fall handelt es sich um ein Eisenbahnunternehmen, wobei es die Aufgabe der Spielenden ist, Produktionsstätten und Fabriken mit Städten zu verbinden, um die immer komplexer werdenden Bedürfnisse der dortigen Bevölkerung zu decken. Fragen nach historischen Mensch-Natur-Verhältnissen, dem Anthropozän und seinen Abgründen blendet das Spiel hingegen bis auf wenige Ausnahmen komplett aus. Es präsentiert in seiner historischen Inszenierung vielmehr ein Geschichtsbild, das vom steten und konsequenten wirtschaftlichen Aufstieg des Eisenbahnunternehmens und damit der Spielenden erzählt.

Für einen Vergleich geeignet ist der Titel, weil er sich gleichzeitig in zentralen Merkmalen von den Fallbeispielen unterscheidet. Denn zunächst wurde das Spiel vom unabhängigen, litauischen Studio *Flazm* entwickelt. Unabhängig bedeutet in diesem Zusammenhang, dass das Studio keinem der großen Konzerne der *Gaming*-Branche gehört oder exklusiv für einen solchen

---

78   Vgl. Eugen Pfister/ Arno Görgen: How to analyse a Video game? The HGP-method. In: *Horror-Game-Politics, Blog des SNF-Ambizione Forschungsprojekts ‚Horror-Game-Politics' an der Hochschule der Künste Bern* (3.8.2022). https://hgp.hypotheses.org/1754. Abgerufen am 11.1.2024.
79   Vgl. Train Valley 2. Flazm/Meta Publishing. Litauen/ Zypern 2018.

arbeitet.[80] Darüber hinaus ist der Titel in einer leicht veränderten Version auch für Smartphones und Tablets erhältlich, sodass er, ohne spezielle Hardware zu verwenden, jederzeit und mobil genutzt werden kann. Die Struktur des Spiels, die in sich abgeschlossene Level präsentiert, unterstützt diesen Modus der Nutzung, da die Lösung eines Levels häufig in weniger als einer Stunde gelingt.[81] Zuletzt besitzt *Train Valley 2* zwar ähnliche Spielmechaniken wie *Anno 1800* und *Civilization VI*, setzt aber einen anderen spielerischen Fokus, indem es Mechaniken der rudimentären, wirtschaftlichen Modellierung einer Firma mit Puzzeln kombiniert. Denn Aufgabe der Spielenden ist es, die Eisenbahnverbindungen möglichst effizient und schlüssig zu errichten, also einem Lösungspfad für ein Rätsel nachzugehen, ohne dass sie in einen Modus des kreativen Bauens geraten, der für die Nutzung von Spielen wie *Anno 1800* und *Civilization VI* zentral ist.[82]

Der erste Aspekt, der für Rolle und Umfang der Implementierung von Klima- und Abgrunddiskursen anzuführen ist, betrifft die Produktionsumstände eines digitalen Spiels. Denn der Einbau jeder Spielmechanik geht mit Geld- und Zeitaufwand einher, ist also einer Kosten-Nutzen-Rechnung unterworfen. Für die Studios hinter *Anno 1800* und *Civilization VI*, die große Firmen im Rücken haben, ist es finanziell wie personaltechnisch möglich, Spielmechaniken in ihre Titel einzubauen, die über den ludischen Kern eines Titels hinausgehen. Kleine Studios wie *Flazm* müssen aufgrund ihrer begrenzten Ressourcen deutlicher abwägen, welche ludischen Ebenen ihr Spiel besitzen soll, um als solches zu funktionieren, Spaß zu machen und sich letztlich zu verkaufen.[83] Dieser Umstand wird umso gewichtiger, wenn man bedenkt, dass die Adressierung von Klima- und Umweltfragen in der konkreten Nutzung für

---

80   Vgl. Wainwright: *Virtual History*. S. 17–18; Nolden: *Geschichte und Erinnerung in Computerspielen*. S. 9.
81   Vgl. Frans Mäyrä/ Kati Alha: Mobile Gaming. In: *The Video Game Debate 2. Revisiting the Physical, Social, and Psychological Effects of Video Games*. Hg. von Rachel Kowert/ Thorsten Quandt. Abingdon/ New York, NY: Routledge 2021. S. 107–121. Hier: S. 110–111.
82   Vgl. Benjamin Sterbenz: *Genres in Computerspielen – eine Annäherung*. Boizenburg: Werner Hülsbusch 2011. S. 43–46; Marc Bonner: Bauen als Bedingung zum Sieg. Darstellung und Funktion frühneuzeitlicher Architektur und Stadtgefüge in Strategie- und Aufbauspielen. In: *Frühe Neuzeit im Videospiel. Geschichtswissenschaftliche Perspektiven*. Hg. von Florian Kerschbaumer/ Tobias Winnerling. Bielefeld: transcript 2012. S. 239–257. Hier: S. 248.
83   Vgl. Maria B. Garda/ Paweł Grabarczyk: Is Every Indie Game Independent? Towards the Concept of Independent Game. In: *Game Studies. The International Journal of Computer Game Research* 16,1 (2016). https://gamestudies.org/1601/articles/Gardagrabarczyk/. Abgerufen am 8.1.2024.

die Spielenden eine nur untergeordnete Rolle für Spielerfahrung und Spielspaß ausmacht.[84]

Der zweite Grund ist hiermit verbunden und betrifft den Anspruch eines Entwicklungsstudios an die Komplexität eines Titels sowie die damit verbundenen spielmechanischen Fokussierungen. Denn das Fundament der allermeisten digitalen Spiele, die historische Gemeinwesen modellieren, besteht darin, den Spielenden eine möglichst umfangreiche und komplexe virtuelle Simulation dieser Gemeinwesen zu bieten.[85] Hierzu gehört, unterschiedliche Teilbereiche und Ebenen der Politik, Wirtschaft, des gesellschaftlichen Zusammenlebens und der Kultur spielmechanisch zu übersetzen. Fragen nach historischen Mensch-Natur-Verhältnissen betreffen grundsätzlich alle diese Ebenen, weshalb es nahe liegt, sie in die digitale Simulation einzubauen.[86] Spiele wie *Train Valley 2*, die weniger als komplexe Simulation vergangenen Zusammenlebens verstanden und vermarktet werden, sondern vielmehr als Hybride aus rudimentären Aufbau- und wiederholten Puzzle-Elementen, zeichnen sich hingegen durch einen deutlich geringeren Anspruch an die Vollständigkeit der Rekonstruktion vergangener Lebenswelten aus.

Der dritte Punkt umfasst die Serientraditionen, auf die ein Spiel aufbaut, und damit einhergehend die Erwartungen von Seiten der Fans an einen Titel. Dieser Punkt ist vor allem für *Anno 1800* relevant. Denn bereits für den historischen Vorgänger *Anno 1404* (2009)[87] ist festgestellt worden, dass er weniger auf historische Genauigkeit setze, sondern Versionen einer „gefühlten Geschichte"[88] inszeniere, die eine ästhetisch ansprechende, farbenfrohe und stimmige, historische Atmosphäre transportieren sollen. Felix Zimmermann hat in seiner Analyse zu eben diesen historischen Atmosphären in *Anno 1800* festgestellt, dass sich die Rezipientinnen und Rezipienten vom Spiel wie von der gesamten Reihe eine „Wohlfühlwelt"[89] versprechen, die ein Gefühl von

---

84 Vgl. Andrea Hubertová: *Reflection in Environmental Issues in Mainstream Video Games: Asking Players*. Master Thesis Karls Universität Prag 2021. S. 64–65.
85 Vgl. Schwarz: *Geschichte im digitalen Spiel*. S. 574–575.
86 Vgl. Sebastian Möring/ Birgit Schneider: Klima – Spiel – Welten: Eine medienästhetische Untersuchung der Darstellung und Funktion von Klima im Computerspiel. In: *Paidia. Zeitschrift für Computerspielforschung* (28.2.2018). https://paidia.de/klima-spiel-welten-eine-medienaesthetische-untersuchung-der-darstellung-und-funktion-von-klima-im-computerspiel/. Abgerufen am 11.1.2024.
87 Vgl. *Anno 1404*. Related Designs/ Ubisoft Blue Byte/ Ubisoft Entertainmeint SA. Deutschland/Frankreich 2009.
88 Angela Schwarz: Bunte Bilder – Geschichtsbilder? Zur Visualisierung von Geschichte im Medium des Computerspiels. In: *Eine fachwissenschaftliche Annäherung an Geschichte im Computerspiel*. S. 213–245. Hier: S. 220.
89 Zimmermann: *Virtuelle Wirklichkeiten*. S. 230.

Optimismus sowie Exotik ausdrückt und ihnen die Handlungsmacht über den historischen Fortschritt gewährt.[90] Hierzu passt, dass *Anno 2070* wegen seiner düsteren Atmosphäre kritisiert wurde, bei der „eine Spur zu viel Frivolität verloren"[91] gegangen sei. Dass *Anno 1800* also Fragen nach dem Anthropozän und historischen Mensch-Natur-Verhältnissen zwar grundsätzlich in seine ludische Inszenierung einbaut, den möglichen Abgrund des Planeten, der mit ihnen einhergeht, jedoch ausspart, kann auf eben diese Wünsche und Erwartungen der Fans zurückgeführt werden. Denn *Anno 1800* spricht Umweltdiskurse zwar an, aber eher marginal, sodass das Gesamtbild der malerischen historischen Atmosphäre nicht konterkariert wird, die Fans am Spiel schätzen.

Viertens ist die Ebene der konkreten Nutzungspraktiken eines Spiels und damit einhergehend der Motivation der Spielenden zu nennen. Aufgrund ihrer komplexen Spielmechaniken, mit denen Spielende sich auseinandersetzen müssen, und wegen des Umstandes, dass sie eigene Hardware wie Spielekonsolen oder leistungsstarke PC's benötigen, um gespielt zu werden, ist die Einstiegshürde für Spielende in *Anno 1800* und *Civilization VI* höher als bei *Train Valley 2*. Wegen seiner geringeren Komplexität und der Möglichkeit, es mobil per Smartphone oder Tablet zu konsumieren, eignet sich *Train Valley 2* hingegen eher für eine Nutzung ‚für zwischendurch', etwa auf dem Weg zur Arbeit oder vor dem Zubettgehen. Bezüglich der Motivation von Spielenden, solche (mobilen) Gelegenheitstitel[92] zu nutzen, konnten Untersuchungen erste Hinweise darauf geben, dass sie eher der Alltagsflucht und Stressbewältigung dienen als komplexe Titel, die meist stationäre Hardware voraussetzen. Bei diesen stehen Geselligkeit, Erfolge und Immersion im Vordergrund.[93] Die Implementierung von Themen wie Klima- und Abgrunddiskursen, die sich durch eine Omnipräsenz in der medialen Öffentlichkeit auszeichnen und zudem mit

---

90 Zimmermann: *Virtuelle Wirklichkeiten*. S. 285–302.
91 Peter Bathge: Anno 2070 im Test – Das hat uns gefallen + Wertung und Meinung. In: *pcgames.de* (17.11.2011). https://www.pcgames.de/Anno-2070-Spiel-18006/Tests/Anno-2070-Test-Bildhuebsches-Komplexitaetsmonster-mit-ueberragender-Langzeitmotivation-854784/4/. Abgerufen am 8.1.2024.
92 Zur Problematik des Begriffs ‚Gelegenheitsspiel', vgl. Shira Chess/ Christopher A. Paul: The End of Casual: Long Live Casual. In: *Games and Culture* 14, 2 (2019). S. 107–118.
93 Vgl. Dmitri Williams/ Nick Yee/ Scott E. Caplan: Who plays, how much, and why? Debunking the stereotypical gamer profile. In: *Journal of Computer-Mediated Communication* 13 (2008) S. 993–1018. Hier: S. 1005–1006; Daniel Possler/ Christoph Klimmt/ Daniela Schlütz/ Jonas Walkenbach: A Mature Kind of Fun? Exploring Silver Gamers' Motivation to Play Casual Games – Results from a Large-Scale Online Survey. In: *Human Acpects of IT for the Aged Population. Applications, Services and Contexts*. Hg. von Jia Zhou/ Gavriel Salvendy. Cham: Springer International Publishing 2017. S. 280–296. Hier: S. 289–290. Mäyrä/ Alha: *Mobile Gaming*. S. 112–113.

Gefühlen von Angst und Verunsicherung einhergehen können, eignet sich also eher für digitale Spiele, die darauf ausgelegt sind, dass sich Spielende umfangreich und zeitlich intensiv mit ihnen und ihren Inszenierungen auseinandersetzen. Spiele, die aufgrund ihrer Spielmechaniken eine gelegentliche Nutzung nahelegen, eignen sich hierfür weniger stark, da eine solche Implementierung den Wünschen der Spielenden und damit den Kundinnen und Kunden eines Produkts zuwiderlaufen würde.[94]

Als letzter Grund sollen normative Überlegungen von Seiten der Studios angeführt werden. Inwieweit also bauen Entwicklungsteams bestimmte Diskurse, die sie als relevant erachten, bewusst in ihre Spiele ein, weil sie ihrer Meinung nach Beachtung bei möglichst vielen Spielenden finden sollen? Für das Thema der historischen Diversität in digitalen Spielen konnten anhand öffentlicher Aussagen von Entwicklerinnen und Entwicklern solche normativen Überlegungen bereits bestätigt werden. Den zitierten Entwicklerinnen und Entwicklern war es ein persönlich wichtiges Anliegen, die Vielfalt der Vergangenheit in ihre Spiele einzubauen.[95] Ähnliches lässt sich für Klima- und Abgrunddiskurse feststellen.

Laut Ed Beach, dem *Franchise Lead Designer* von *Civilization VI*, wollte das Entwicklungsteam die real existierenden Probleme zwischen den Menschen und dem Planeten im Spiel verdeutlichen. Deshalb habe man es als passend erachtet, „auch die globale Erwärmung und den Klimawandel zu thematisieren."[96] Ähnlich und mit selbstkritischem Impetus äußerte sich das Team hinter *Anno 1800* in einem öffentlichen Statement angesichts seiner Teilnahme am *Green Game Jam*, einer Initiative, die sich den Themen nachhaltiger Entwicklung und Klimaschutz in digitalen Spielen widmet: „Wir wollen ein Bewusstsein für Nachhaltigkeit schaffen und die Zusammenhänge in Ökosystemen erforschen, die in Anno 1800, obwohl es im Zeitalter der Industrialisierung spielt, kaum vorhanden sind."[97] Für den *Green Game Jam* schuf das Team eigens einen neuen Spielmodus für *Anno 1800*, der später unter dem Titel *Eden am Ende* auch in das Hauptspiel eingebaut wurde. In diesem Modus sind die Spielenden mit neuen und veränderten Spielmechaniken konfrontiert, die Klima- und Abgrunddiskurse direkt und umfangreich

---

94 Vgl. Wainwright: *Virtual History*. S. 17.
95 Vgl. Schwarz/ Weber: *New Perspectives on Old Pasts?*
96 Ed Beach: Civilization VI: Gathering Storm angekündigt – Veröffentlichung für PC am 14. Februar. In: *civilization.com* (o.D.). https://civilization.com/de-DE/news/entries/civilization-vi-gathering-storm-new-expansion-release-date-pc-february-14-2019/. Abgerufen am 11.1.2024.
97 o.A.: Wir nehmen am Green Game Jam teil. In: *anno-union.com* (16.6.2021). https://anno-union.com/de/wir-nehmen-am-green-game-jam-teil/. Abgerufen am 11.1.2024.

adressieren. Zentral ist die Mechanik der Ökobilanz einer Insel, die wie in *Civilization VI* auf Grundlage des Ineinandergreifens mehrerer Parameter (Wasser-, Boden- und Luftqualität) errechnet wird und für die Spielenden in Form eines Scheiterns des Szenarios zum Abgrund führen kann, wenn einer der Parameter einen Wert unterhalb eines Kipppunktes erreicht.[98]

6   Fazit: Es wird immer besser ... oder doch nicht?

Für den US-amerikanischen Umweltwissenschaftler Erle C. Ellis liegt die Bedeutung des Anthropozän-Konzepts „in seiner Funktion als einer Art neuen Brille, durch die uralte Narrative [...] gesehen werden, sodass sie umgeschrieben werden müssen."[99] Wie festgestellt werden konnte, setzen auch populäre digitale Spiele, die historische Gemeinwesen modellieren, diese Brille auf. Hierdurch brechen sie mit älteren historischen Narrativen und ergänzen sie um neue. In ihren historischen Inszenierungen verschränken sich zwei Kategorien von Geschichtsbildern in einem mitunter spannungsreichen Verhältnis. Beide nehmen Bezug auf historische Mensch-Natur-Verhältnisse und die Frage, ob die Menschheit auf einen planetaren Abgrund zusteuert. Die Popularität des einen geht auf die Moderne zurück, das andere ist Ausdruck gegenwärtiger Prozesse und Diskurse.

Anhand der beiden Fallbeispiele konnte zunächst festgestellt werden, dass sie einer Interpretation der menschlichen Geschichte als einer steten Höherentwicklung vom Einfachen zum Komplexen und letztendlich Besseren nachgehen. Dieses optimistische Fortschrittsnarrativ kann in der westlichen Welt bis ins 18. und 19. Jahrhundert zurückverfolgt werden, als Industrialisierung, Globalisierung und Alphabetisierung zu immensen Veränderungen ganzer Lebenswelten führten.[100] In diesem Narrativ spielen die Natur und der Planet als Gegenbild zur menschlichen Kultur eine nur untergeordnete, passive Rolle als Rohstoffreservoir, das für die menschliche Entwicklung zwar unabdingbar ist, dem weiter aber keine Aufmerksamkeit zuteil wird. Die Natur wird

---

[98] Vgl. o.A.: DevBlog: Eden am Ende – Das Green Game Jam Szenario. *anno-union.com* (6.12.2021). https://anno-union.com/de/devblog-eden-am-ende-green-game-jam/. Abgerufen am 11.1.2024; Constantin Flemming: Anno 1800 – Eden am Ende: Alle Infos und Tipps zum ersten Szenario. In: *vodafone.de* (16.12.2021). https://www.vodafone.de/featured/gaming/pc-games/anno-1800-eden-am-ende-szenario-tipps-tricks-infos/#/. Abgerufen am 11.1.2024.

[99] Ellis: *Anthropozän*. S. 13.

[100] Vgl. Assmann: *Ist die Zeit aus den Fugen?* S. 62–65; Osterhammel: *Die Verwandlung der Welt*. S. 1186.

zu einem Problem, wenn sie Aufstieg, Wachstum und Fortschritt behindert – die Auswirkungen dieser Prozesse auf die Natur, die bis in den planetaren Abgrund führen können, werden allerdings nicht mitgedacht.[101] Dass die ausgewählten Spiele den historischen Verlauf auf diese Weise zeigen, ist zum einen auf die Spielmechaniken zurückzuführen, die ihnen zugrunde liegen. Auf einer ludischen Ebene geht es immer um Aufbauen, Wachsen und Expandieren. Deshalb liegt es nahe, dass die Spiele auch dem Narrativ des historischen Fortschritts folgen. Die Industrialisierung ihrer Gemeinwesen wird den Spielenden auf einer formal-ludischen Ebene deutlich nahegelegt und ist weniger Ausdruck ihrer eigenen Entscheidungsprozesse. Zum anderen macht beispielsweise die Historikerin Annette Kehnel deutlich, dass das Narrativ des historischen Fortschritts auch unabhängig von seiner medialen Darstellung und damit einhergehenden Inszenierungslogiken noch immer im öffentlichen Geschichtsbewusstsein präsent ist. Laut ihr falle es Menschen auch heute „schwer, die Geschichte der Menschheit nicht als eine Geschichte des Fortschritts und Aufstiegs zu erzählen."[102] Fortschrittserzählungen prägen also historische Inszenierungen digitaler Spiele, weil sie sich ludisch-formal dafür eignen *und* weil sie im populären Geschichtsbewusstsein vorhanden und damit anschlussfähig sind.[103]

Beim zweiten Geschichtsbild, das anhand der Fallbeispiele erarbeitet werden konnte, handelt es sich hingegen weniger um eine spielmechanische Notwendigkeit, sondern eher um eine Sicht auf Geschichte, die diesen Notwendigkeiten sogar entgegenläuft. *Anno 1800* und *Civilization VI* inszenieren Interpretationen der Vergangenheit, die von aktuellen Debatten geprägt sind, etwa um das Anthropozän, eine Aufweichung der strikten Trennung zwischen Natur und Kultur und Diskussionen um Umwelt- und Klimaschutz. Beide Spiele zeigen, dass (historischer) industrieller Fortschritt negative Folgen hat, wobei sich *Anno 1800* auf eine abgrundlose, anthropozentrische Perspektive beschränkt, *Civilization VI* allerdings darstellt, dass diese Folgen so gravierend sein können, dass sie die menschliche Existenz an sich berühren. Das Spiel wirft das Prinzip des historischen Fortschritts zwar nicht gänzlich über Bord, zeigt aber, dass es angepasst werden muss, um den Planeten vor dem klimatischen Abgrund zu bewahren. Die globalen Veränderungen des Ökosystems sind hier genuin menschliche Phänomene, wobei das Spiel die mannigfachen Verstrickungen zwischen Kultur und Natur einzufangen versucht, die in

---

101 Vgl. Frankopan: *Zwischen Erde und Himmel*. S. 612–613.
102 Kehnel: *Eine kurze Geschichte der Nachhaltigkeit*. S. 25.
103 Vgl. Pfister/ Tschiggerl: *Ranke ex Machina?* S. 129.

den letzten Jahren auch von wissenschaftlicher Seite aus immer mehr Beachtung finden.

Aus dem Gesagten lässt sich ableiten, dass beide Spiele verschiedene Standpunkte innerhalb des Klima- und Abgrunddiskurses einnehmen. *Anno 1800* popularisiert aufgrund der formalen Unmöglichkeit eines klimatisch bedingten Abgrundes eine eher beschwichtigende Position, da es den Spielenden zwar zu Verhaltensanpassungen in Bezug auf die virtuelle Umwelt rät, ein Nicht-Befolgen dieser Ratschläge aber ohne nennenswerte Auswirkungen für die Umwelt bleibt. *Civilization VI* allerdings findet sich auf der alarmierenden Seite wieder, die vor den drastischen Konsequenzen des Klimawandels bis hin zu einem möglichen planetaren Abgrund warnt. Es folgt hierbei den Argumenten von Politikerinnen und Politikern sowie deren Narrativen über die menschliche Geschichte, die von einer Aufweichung des Fortschrittsversprechens angesichts einer klimatischen Katastrophe erzählen, an deren Ende die Menschheit in einem Abgrund hineinzufallen droht. Hierdurch ist der Titel im Kontext seines Genres weitestgehend einzigartig.

Im Vergleich mit *Train Valley 2*, das Klima- und Abgrunddiskurse aus seiner historischen Inszenierung weitestgehend ausklammert, konnten darüber hinaus verschiedene Gründe herausgestellt werden, weshalb und in welchem Umfang digitale Spiele, die historische Gemeinwesen modellieren, diese Diskurse in ihre historischen Inszenierungen einbauen. Die Gründe betreffen sowohl die konsumierende als auch die produzierende Seite, die sich in einem wechselseitigen Aushandlungsprozess darüber abstimmen, welchen Modi der historischen Inszenierung ein Spiel folgt.[104] Finanzielle und personelle Ressourcen sind ebenso ausschlaggebend für die Implementierung von Klima- und Abgrunddiskursen wie Nutzungs- und Aneignungspraktiken, Wünsche sowie Erwartungen der Fans, Serientraditionen, die Ansprüche, die ein Entwicklungsstudio an den jeweiligen Titel hat und die spielmechanischen und genrebedingten Fokussierungen, die hiermit einhergehen.

Besonders hervorzuheben sind zuletzt normative Gründe, die sich für den Einbau von Klima- und Abgrunddiskursen verantwortlich zeigen. Denn der Umstand, dass Entwicklungsteams diese in ihr Spiel aufnehmen, obwohl sie anderen zentralen Spielmechaniken entgegenstehen und für den Spielspaß nur sehr bedingt relevant sind, zeigt, dass es sich bei digitalen Spielen

---

104 Vgl. Tom Pinsker/ Milan Weber: Ritter, Burgen, Hofdamen – Kanonisierungsschleifen des populären Mittelalters in digitalen Spielen. In: *Blog des Sonderforschungsbereichs 1472: Transformationen des Populären* (2023). https://sfb1472.uni-siegen.de/publikationen/ritter-burgen-hofdamen-kanonisierungsschleifen-des-populaeren-mittelalters-in-digitalen-spielen. Abgerufen am 11.1.2024.

(vielen gegenteiligen Aussagen aus der Branche zum Trotz) um kulturelle Artefakte handelt, die bewusst Aussagen über politische, wirtschaftliche und gesellschaftliche Probleme treffen.[105] Hierdurch wird klar, dass digitale Spiele nicht das Medium einer Nische sind, dem vor zwanzig Jahren gerade in hochkulturellen Kontexten noch nachgesagt wurde, potenziell „Aggressiv (sic!), dumm, dick, traurig"[106] und süchtig zu machen, sondern um ein Medium, das nachhaltig die Konstruktion von Realitäten prägt. Digitale Spiele positionieren sich über ihre Inhalte in öffentlichen Diskursen, deren Aushandlung und Deutung mitunter konfliktbehaftet und noch lange nicht abgeschlossen sind, im vorliegenden Fall die Frage betreffend, ob die Spezies Mensch mit ihrem (historischen) Handeln ihre eigene Existenzgrundlage bis hin zum eigenen Abgrund untergräbt. Das Besondere an digitalen Spielen ist hierbei, dass sie die Beantwortung solcher Fragen buchstäblich in die Hände der Spielenden legen, die aufgrund der Interaktivität des Mediums dazu aufgefordert sind, über die Folgen ihrer Interaktion mit der virtuellen Umwelt, den Untergang des virtuellen Planeten und dessen Abwendung nachzudenken. Als populäre Medien, die primär der Unterhaltung und des Füllens von Freizeit dienen, bieten sie für mitunter Millionen von Menschen eine niedrigschwellige Möglichkeit der Teilhabe an Diskursen, die nicht nur auf politischer Ebene handlungsleitend sind, sondern den weiter gefassten Raum des sozialen und ökologischen Miteinanders betreffen. Denn viele Medien geben mit ihren Inszenierungen Nutzerinnen und Nutzern einen Eindruck vom Abgrund, der über sie „sinnlich und bildlich vorstellbar"[107] und damit auf einer ästhetischen Ebene wahrnehmbar wird. Sie warnen vor ihm oder reden ihn klein, digitale Spiele gehen hierüber aber hinaus. Hier sind es die Spielenden selbst, die im Rahmen der formalen Struktur eines Titels entscheiden, ob sie sich auf den Abgrund vorbereiten, um ihn zu umschiffen, oder bewusst auf ihn zusteuern – denn auch im Austesten der eigenen Grenzen angesichts des Abgrundes kann ein gewisser Reiz verborgen liegen.

---

105 Vgl. Josef Köstlbauer/ Eugen Pfister: Vom Nutzen und Nachteil einer Historie digitaler Spiele. In: *Digitale Spiele. Interdisziplinäre Perspektiven zu Diskursfeldern, Inszenierung und Musik*. Hg. von Christoph Hust unter Mitarbeit von Ineke Borchert. Bielefeld: transcript 2018. S. 89–107. Hier S. 98–100.

106 Angela Schwarz: „Wollen Sie wirklich nicht weiter versuchen, diese Welt zu dominieren?": Geschichte in Computerspielen. In: *History Goes Pop*. S. 313-341. Hier: S. 318.

107 Ulrike Grassinger: Metaphern im Diskurs um den Klimawandel: Wie Sprache den Zugriff auf Kontrolle verspricht. Dissertation Europa Universität Flensburg 2018. S. 52. https://www.zhb-flensburg.de/?id=26059. Abgerufen am 22.1.2024.

Bibliografie

Aarseth, Espen: Computer Game Studies, Year One. In: *Game Studies. The International Journal of Computer Game Research* 1,1 (2001). http://gamestudies.org/0101/editorial.html. Abgerufen am 8.1.2024.

Adolff, Frank/ Neckel, Sighard: Einleitung: Gesellschaftstheorie im Anthropozän. In: *Gesellschaftstheorie im Anthropozän*. Hg. von Frank Adolff/ Sighard Neckel. Frankfurt am Main: Campus 2020. S. 7–23.

Andric, Dario: How many copies did Civilization sell? – 2023 statistics. In: *levvvel.com* (3.2.2023). https://levvvel.com/civilization-statistics/. Abgerufen am 8.1.2024.

Anno 1404. Related Designs/ Ubisoft Blue Byte/ Ubisoft Entertainment SA. Deutschland/ Frankreich 2009.

Anno 1800. Ubisoft Blue Byte/ Ubisoft Mainz/ Ubisoft Entertainment SA. Deutschland/ Frankreich 2019.

Anno 2070. Related Designs/ Ubisoft Blue Byte/ Ubisoft Entertainment SA. Deutschland/ Frankreich 2011.

Assmann, Aleida: *Ist die Zeit aus den Fugen? Aufstieg und Fall des Zeitregimes der Moderne*. München: Carl Hanser 2021.

Bathge, Peter: Anno 2070 im Test – Das hat uns gefallen + Wertung und Meinung. In: *pcgames.de* (17.11.2011). https://www.pcgames.de/Anno-2070-Spiel-18006/Tests/Anno-2070-Test-Bildhuebsches-Komplexitaetsmonster-mit-ueberragender-Langzeitmotivation-854784/4/. Abgerufen am 8.1.2024.

Beach, Ed: Civilization VI: Gathering Storm angekündigt – Veröffentlichung für PC am 14. Februar. In: *civilization.com* (o.D.). https://civilization.com/de-DE/news/entries/civilization-vi-gathering-storm-new-expansion-release-date-pc-february-14-2019/. Abgerufen am 11.1.2024.

Bergthaller, Hannes: Metamorphismen. In: Eva Horn/ Hannes Bergthaler: *Anthropozän zur Einführung*. Hamburg: Junius 2019. S. 62–143.

Betschka, Julius/ Hackenbruch, Felix/ Höhne, Valerie/ Friedrich Sturm, Daniel: Kein Plan B, nirgends. Die Ampel am finanziellen Abgrund – eine Rekonstruktion. In: *tagesspiegel.de* (15.11.2023). https://www.tagesspiegel.de/politik/die-ampel-am-finanziellen-abgrund-kein-plan-b-nirgends-10784473.html. Abgerufen am 8.1.2024.

Bogost, Ian: *Persuasive Games: The Expressive Power of Videogames*. Cambridge, MA/ London: MIT Press 2007.

Bonner, Marc: Bauen als Bedingung zum Sieg. Darstellung und Funktion frühneuzeitlicher Architektur und Stadtgefüge in Strategie- und Aufbauspielen. In: *Frühe Neuzeit im Videospiel. Geschichtswissenschaftliche Perspektiven*. Hg. von Florian Kerschbaumer/ Tobias Winnerling. Bielefeld: transcript 2012. S. 239–257.

Boutonnet, Vincent: La gestion des changements climatiques dans un jeu video populaire: le cas de Civilization VI – Gathering Storm. In: *Didactica Historica* 9 (2023). S. 77–83.

Chang, Alenda Y.: *Playing Nature. Ecology in Video Games*. Minneapolis, MN/ London: University of Minnesota Press 2019.

Chakrabarty, Dipesh: The Climate of History: Four Theses. In: *Critical Inquiry* 35,2 (2009). S. 197–222.

Chakrabarty, Dipesh: Verändert der Klimawandel die Geschichtsschreibung? In: *Europäische Revue* 41 (2011). S. 143–163.

Chess, Shira/ Paul, Christopher A.: The End of Casual: Long Live Casual. In: *Games and Culture* 14,2 (2019). S. 107–118.

Civilization VI. Firaxis Games/ 2K Games. USA 2016.

Donecker, Stefan: Pharao Mao Zedong and the Musketeers of Babylon: The Civilization Series between primordialist Nationalism and subversive Parody. In: *Early Modernity in Video Games*. Hg. von Tobias Winnerling/ Florian Kerschbaumer. Newcastle upon Tyne: Cambridge Scholars Publishing 2014. S. 105–123.

Doppler, Alfred: *Der Abgrund. Studien zur Bedeutungsgeschichte eines Motivs*. Wien: Hermann Böhlaus Nachfolger 1968.

Dürbeck, Gabriele: Ansichtssache. Anthropozän-Narrative und ihr Mobilisierungspotenzial. In: *politische ökologie 04: Menschengemacht. Vom Anthropozän und seinen Folgen* (2021). S. 31–40.

Dürbeck, Gabriele/ Nesselhauf, Jonas: Narrative, Metaphern und Darstellungsstrategien des Anthropozän in Literatur und Medien – zur Einleitung. In: *Repräsentationsweisen des Anthropozän in Literatur und Medien. Representations of the Anthropocene in Literature and Media*. Hg. von Gabriele Dürbeck/ Jonas Nesselhauf. Berlin: Peter Lang 2019. S. 7–27.

Ellis, Erle C.: *Anthropozän. Das Zeitalter des Menschen – eine Einführung*. München: oekom 2020.

Endl, Andreas/ Preisinger, Alexander: Den Klimawandel spielbar machen – Diskursive Strategien der Darstellung von Umweltproblemen in Strategiespielen. In: *Paidia. Zeitschrift für Computerspielforschung* (28.2.2018). https://paidia.de/den-klimawandel-spielbar-machen-diskursive-strategien-der-darstellung-von-umweltproblemen-in-strategiespielen/. Abgerufen am 8.1.2024.

Endl, Andreas/ Preisinger, Alexander: Vom Wissen der digitalen Spiele. Aktuelle Klimawandeldiskurse als simulierte Erfahrung. In: *Weltmaschinen. Digitale Spiele als globalgeschichtliches Phänomen*. Hg. von Josef Köstlbauer/ Eugen Pfister/ Tobias Winnerling/ Felix Zimmermann. Wien: Mandelbaum 2018. S. 202–222.

Favereau, Marie: *The Horde. How the Mongols changed the World*. Cambridge, MA/ London: Belknap Press 2021.

Fernández-Vara, Clara: *Introduction to Game Analysis*. Abingdon/ New York, NY: Routledge 2015.

Flemming, Constantin: Anno 1800 – Eden am Ende: Alle Infos und Tipps zum ersten Szenario. In: *vodafone.de* (16.12.2021). https://www.vodafone.de/featured/gaming

/pc-games/anno-1800-eden-am-ende-szenario-tipps-tricks-infos/#/. Abgerufen am 11.1.2024.

Frankopan, Peter: *Zwischen Erde und Himmel. Klima – eine Menschheitsgeschichte.* Berlin: Rowohlt 2023.

Frasca, Gonzalo: Simulation versus Narrative: Introduction to Ludology. In: *The Video Game Theory Reader.* Hg. von Mark J.P. Wolf/ Bernard Perron. London/ New York, NY: Routledge 2003. S. 221–237.

Friedländer, Saul: *Blick in den Abgrund. Ein israelisches Tagebuch.* München: C.H. Beck 2023.

García Martín, Ruth/ Cadiñanos Martínez, Begoña/ Martín Domínguez, Pablo: The Face of Authority through Sid Meier's Civilization Series. In: *gamevironments 13* (2020). S. 139–174.

Garda, Maria B./ Grabarczyk, Paweł: Is Every Indie Game Independent? Towards the Concept of Independent Game. In: *Game Studies. The International Journal of Computer Game Research* 16,1 (2016). https://gamestudies.org/1601/articles/Garda grabarczyk/. Abgerufen am 8.1.2024.

Gerste, Ronald D.: *Wie das Wetter Geschichte macht. Katastrophen und Klimawandel von der Antike bis heute.* Stuttgart: Klett-Cotta 2015.

Grassinger, Ulrike: *Metaphern im Diskurs um den Klimawandel: Wie Sprache den Zugriff auf Kontrolle verspricht.* Dissertation Europa Universität Flensburg 2018. https://www.zhb-flensburg.de/?id=26059. Abgerufen am 22.1.2024.

Guterres, António: Secretary-General's address to the 76th Session of the UN General Assembly. *Un.org* (21.9.2021). https://www.un.org/sg/en/content/sg/speeches/2021-09-21/address-the-76th-session-of-general-assembly. Abgerufen am 8.1.2024.

Haag, Karl Heinz: *Der Fortschritt in der Philosophie.* Frankfurt am Main: Suhrkamp 1985.

Hecken, Thomas: *Theorien der Populärkultur. Dreißig Positionen von Schiller bis zu den Cultural Studies.* Bielefeld: transcript 2007.

Hubertová, Andrea: *Reflection in Environmental Issues in Mainstream Video Games: Asking Players.* Master-Thesis Karls-Universität Prag 2021.

Huberts, Christian: (Spiel-)Weltanschauungen. In: *WASD. Texte über Games. Ausgabe 2: Select System. Games und Politik* (2016). S. 100–107.

Hughes, J. Donald: *What is Environmental History?* Cambridge/ Malden, MA: Polity Press 2006.

Juul, Jesper: *Half-Real. Video Games between Real Rules and Fictional Worlds.* Cambridge, MA/ London: MIT Press 2005.

Kehnel, Annette: *Wir konnten auch anders. Eine kurze Geschichte der Nachhaltigkeit.* München: Karl Blessing 2021.

Kersting, Silke: „Menschheit steuert auf den Abgrund zu" – Darauf kommt es bei der Klimakonferenz in Ägypten an. In: *handelsblatt.com* (6.11.2022). https://www.handelsblatt.com/politik/international/start-der-cop27-menschheit-steuert-auf

-abgrund-zu-darauf-kommt-es-bei-der-klimakonferenz-in-aegypten-an/28789388.html. Abgerufen am 8.1.2024.

Kleffmann, Marcel: „Anno 1800" erreicht 3,5 Millionen Spielende. In: *gamesmarkt. de* (15.11.2023) https://www.gamesmarkt.de/publishing/meilenstein-anno-1800-erreicht-35-millionen-spielende-ed405ada53a464500a7e04b5c378613b. Abgerufen am 8.1.2023.

Korte, Barbara/ Paletschek, Sylvia: Geschichte in populären Medien und Genres. Vom historischen Roman zum Computerspiel. In: *History Goes Pop. Zur Repräsentation von Geschichte in populären Medien und Genres.* Hg. von Barbara Korte/ Sylvia Paletschek. Bielefeld: transcript 2009. S. 9–61.

Koselleck, Reinhart: Moderne Sozialgeschichte und historische Zeiten. In: *Theorie der modernen Geschichtsschreibung.* Hg. von Pietro Rossi. Frankfurt am Main: Suhrkamp 1987. S. 173–191.

Köstlbauer, Josef/ Pfister, Eugen: Vom Nutzen und Nachteil einer Historie digitaler Spiele. In: *Digitale Spiele. Interdisziplinäre Perspektiven zu Diskursfeldern, Inszenierung und Musik.* Hg. von Christoph Hust unter Mitarbeit von Ineke Borchert. Bielefeld: transcript 2018. S. 89–107.

Köstlbauer, Josef/ Pfister, Eugen / Winnerling, Tobias / Zimmermann, Felix: Einleitung: Welt(weit) spielen. In: *Weltmaschinen. Digitale Spiele als globalgeschichtliches Phänomen.* Hg. von Josef Köstlbauer/ Eugen Pfister/ Tobias Winnerling/ Felix Zimmermann. Wien: Mandelbaum 2018. S. 7–27.

Latour, Bruno: *We have never been Modern.* Cambridge, MA: Harvard University Press 1995.

Latour, Bruno: Agency at the Time of the Anthropocene. In: *New Literary History* 45,1 (2014). S. 1–18.

Latour, Bruno/ Schultz, Nikolaj: *Zur Entstehung einer ökonomischen Klasse. Ein Memorandum.* Berlin: Suhrkamp 2022.

Leinfelder, Reinhold: Das Anthropozän. Von der geowissenschaftlichen Analyse zur Zukunftsverantwortung. In: *Mensch – Natur – Technik. Philosophie im Anthropozän.* Hg. von Thomas Heichele. Münster: Aschendorff 2020. S. 25–47.

Logemann, Jan/ Kreis, Reinhild: *Konsumgeschichte.* Berlin/ Boston, MA: De Gruyter 2022.

Luhmann, Niklas: *Die Realität der Massenmedien.* Wiesbaden: Springer 2017.

Matheson, Calum: Procedural Rhetoric beyond Persuasion: *First Strike* and the Compulsion of Repeat. In: *Games and Culture* 10,5 (2015). S. 463–480.

Mauelshagen, Franz: „Anthropozän". Plädoyer für eine Klimageschichte des 19. und 20. Jahrhunderts. In: *Zeithistorische Forschungen/ Studies in Contemporary History* 9 (2012). S. 131–137.

Mäyrä, Frans/ Alha, Kati: Mobile Gaming. In: *The Video Game Debate 2. Revisiting the Physical, Social, and Psychological Effects of Video Games.* Hg. von Rachel Kowert/ Thorsten Quandt. Abingdon/ New York, NY: Routledge 2021. S. 107–121.

Mol, Angus/ Politopoulos, Aris: Persia's Victory. The Mechanics of Orientalism in *Sid Meier's Civilization*. In: *Near Eastern Archaeology* 84,1 (2021). S. 44–51.

Möring, Sebastian/ Schneider, Birgit: Klima – Spiel – Welten: Eine medienästhetische Untersuchung der Darstellung und Funktion von Klima im Computerspiel. In: *Paidia. Zeitschrift für Computerspielforschung* (28.2.2018). https://paidia.de/klima-spiel-welten-eine-medienaesthetische-untersuchung-der-darstellung-und-funktion-von-klima-im-computerspiel/. Abgerufen am 11.1.2024.

Müller, Sabine: Einleitung: Perspektiven einer aktuellen Kulturgeschichte der Tiefe. In: *Tiefe. Kulturgeschichte ihrer Konzepte, Figuren und Praktiken*. Hg. Von Dorothee Kimmich/ Sabine Müller. Berlin/ Boston, MA: De Gruyter 2020. S. 1–19.

Mysliwietz-Fleiß, Daniela: *Die Fabrik als touristische Attraktion. Entdeckung eines neuen Erlebnisraums im Übergang zur Moderne*. Köln: Böhlau 2020.

Nolden, Nico: *Geschichte und Erinnerung in Computerspielen. Erinnerungskulturelle Wissenssysteme*. Berlin/ Boston, MA: De Gruyter 2019.

o.A.: DevBlog: Eden am Ende – Das Green Game Jam Szenario. *anno-union.com* (6.12.2021). https://anno-union.com/de/devblog-eden-am-ende-green-game-jam/. Abgerufen am 11.1.2024.

o.A.: Meistverkaufte Games 2023: Hogwarts Legacy ist neue Nummer 1 (Update). In: *gameswirtschaft.de* (9.3.2023). https://www.gameswirtschaft.de/marketing-pr/meistverkaufte-games-februar-2023/. Abgerufen am 8.1.2023.

o.A.: Wir nehmen am Green Game Jam teil. In: *anno-union.com* (16.6.2021). https://anno-union.com/de/wir-nehmen-am-green-game-jam-teil/. Abgerufen am 11.1.2024.

Osterhammel, Jürgen: *Die Verwandlung der Welt. Eine Geschichte des 19. Jahrhunderts*. München: C.H. Beck 2020.

Pasternak, Jan: "Just do it": Konzepte historischen Handelns in Computerspielen. In: *Die Magie der Geschichte. Geschichtskultur und Museum*. Hg. von Martina Padberg/ Martin Schmidt. Bielefeld: transcript 2010. S. 101–123.

Pasternak, Jan: 500.000 Jahre an einem Tag. Möglichkeiten und Grenzen der Darstellung von Geschichte in epochenübergreifenden Echtzeitstrategiespielen. In: *„Wollten Sie nicht auch immer schon einmal pestverseuchte Kühe auf Ihre Gegner werfen?" Eine fachwissenschaftliche Annäherung an Geschichte im Computerspiel*. Hg. von Angela Schwarz. Münster: Lit 2012. S. 35–75.

Pinsker, Tom/ Weber, Milan: Ritter, Burgen, Hofdamen – Kanonisierungsschleifen des populären Mittelalters in digitalen Spielen. In: *Blog des Sonderforschungsbereichs 1472: Transformationen des Populären* (2023). https://sfb1472.uni-siegen.de/publikationen/ritter-burgen-hofdamen-kanonisierungsschleifen-des-populaeren-mittelalters-in-digitalen-spielen. Abgerufen am 11.1.2024.

Pfister, Eugen/ Görgen, Arno: How to analyse a Video game? The HGP-method. In: *Horror-Game-Politics, Blog des SNF-Ambzione Forschungsprojkts ‚Horror-Game-Politics' an der Hochschule der Künste Bern* (3.8.2022). https://hgp.hypotheses.org/1754. Abgerufen am 11.1.2024.

Pfister, Eugen: "Wie lernt man die Welt am besten kennen? Man macht sie sich untertan." Zur Ideengeschichte von Herrschaft im digitalen Spiel. In: *Österreichische Zeitschrift für Geschichtswissenschaft/ Austrian Journal of Historical Studies* 33,2 (2022). S. 98–109.

Pfister, Eugen/ Tschiggerl, Martin: Ranke ex machina? Geschichtstheorie in digitalen Spielen. In: *Geschichte in Wissenschaft und Unterricht* 74, 3–4 (2023). S. 125–140.

Possler, Daniel/ Klimmt, Christoph/ Schlütz, Daniela/ Walkenbach, Jonas: A Mature Kind of Fun? Exploring Silver Gamer's Motivation to Play Casual Games – Results from a Large-Scale Online Survey. In: *Human Aspects of IT for the Aged Population. Applications, Services and Contexts.* Hg. von Jia Zhou/ Gavriel Salvendy. Cham: Springer International Publishing 2017. S. 280–296.

Rameil, Lukas: Smog: Wie gefährlich ist die verschmutzte Luft? In: *augsburger-allgemeine.de* (04.1.2024). https://www.augsburger-allgemeine.de/panorama/luft verschmutzung-und-smog-wie-gefaehrlich-ist-verschmutzte-luft-4-1-24-id64679316 .html. Abgerufen am 12.1.2024.

Saave, Anna: *Einverleiben und Externalisieren. Zur Innen-Außen-Beziehung der kapitalistischen Produktionsweise.* Bielefeld: transcript 2021.

Schwarz, Angela: "Wollen Sie wirklich nicht weiter versuchen, diese Welt zu dominieren?": Geschichte in Computerspielen. In: *History Goes Pop. Zur Repräsentation von Geschichte in populären Medien und Genres.* Hg. von Barbara Korte/ Sylvia Paletschek. Bielefeld: transcript 2009. S. 313–341.

Schwarz, Angela: Bunte Bilder – Geschichtsbilder? Zur Visualisierung von Geschichte im Medium des Computerspiels. In: *"Wollten Sie nicht auch immer schon einmal pestverseuchte Kühe auf Ihre Gegner werfen?" Eine fachwissenschaftliche Annäherung an Geschichte im Computerspiel.* Hg. von Angela Schwarz. Münster: Lit 2012. S. 213–245.

Schwarz, Angela: Computerspiele – ein Thema für die Geschichtswissenschaft? In: *"Wollten Sie nicht auch immer schon einmal pestverseuchte Kühe auf Ihre Gegner werfen?" Eine fachwissenschaftliche Annäherung an Geschichte im Computerspiel.* Hg. von Angela Schwarz. Münster: Lit 2012. S. 7–35.

Schwarz, Angela: Quarry – Playground – Brand. Popular History in Video Games. In: *History in Games. Contingencies of an Authentic Past.* Hg. von Martin Lorber/ Felix Zimmermann. Bielefeld: transcript 2020. S. 25–47.

Schwarz, Angela: Geschichte im digitalen Spiel. Ein „interaktives Geschichtsbuch" zum Spielen, Erzählen, Lernen? In: *Handbuch Geschichtskultur im Unterricht.* Hg. von Vadim Oswalt/ Hans-Jürgen Pandel. Frankfurt am Main: Wochenschau 2021. S. 565–613.

Schwarz, Angela: *Geschichte in digitalen Spielen. Populäre Bilder und historisches Lernen.* Stuttgart: Kohlhammer 2023.

Schwarz, Angela/ Weber, Milan: New Perspectives on Old Pasts? Diversity in Popular Digital Games with Historical Settings. In: *Arts* 12,2 (2023). https://www.mdpi .com/2076-0752/12/2/69. Abgerufen am 8.1.2024.

Simms, Brendan/ Zeeb, Benjamin: *Europa am Abgrund. Plädoyer für die Vereinigten Staaten von Europa*. München: C.H. Beck 2016.

Stache, Christian: *Kapitalismus und Naturzerstörung. Zur kritischen Theorie des gesellschaftlichen Naturverhältnisses*. Opladen/ Berlin/ Toronto: Budrich UniPress Ltd 2017.

Sterbenz, Benjamin: *Genres in Computerspielen – eine Annäherung*. Boizenburg: Werner Hülsbusch 2011.

Train Valley 2. Flazm/ Meta Publishing. Litauen/ Zypern 2018.

Unmüßig, Barbara: Menschen macht Epoche. Die Erzählung vom Anthropozän. In: *politische ökologie 04: Menschengemacht. Vom Anthropozän und seinen Folgen* (2021). S. 24–31.

Uricchio, William: Simulation, History, and Computer Games. In: *Handbook of Computer Game Studies*. Hg. von Joost Raessens/ Jeffrey Goldstein. Cambridge, MA/ London: MIT Press 2005. S. 327–341.

Wainwright, A. Martin: *Virtual History. How Videogames Portray the Past*. Abingdon/ New York, NY: Routledge 2019.

Williams, Dmitri/ Yee, Nick/ Caplan, Scott E.: Who plays, how much, and why? Debunking the stereotypical gamer profile. In: *Journal of Computer-Mediated Communication* 13 (2008) S. 993–1018.

Willke, Helmut: *Klimakrise und Gesellschaftstheorie. Zu den Herausforderungen und Chancen globaler Umweltpolitik*. Frankfurt am Main: Campus 2023.

Winnerling, Tobias: How to get away with Colonialism. Two decades of discussing the Anno Series. In: *History in Games. Contingencies of an Authentic Past*. Hg. von Martin Lorber/ Felix Zimmermann. Bielefeld: transcript 2020. S. 221–237.

Winnerling, Tobias: Den Leviathan spielen. Thomas Hobbes und die Civilization-Reihe. In: *Österreichische Zeitschrift für Geschichtswissenschaft/ Austrian Journal of Historical Studies* 33,2 (2022). S. 56–82.

Zimmermann, Felix: (Not) Made in Germany? Annäherungen an die deutsche Digitalspielbranche. In: *Aus Politik und Zeitgeschichte* 69, 31–32 (2019). S. 9–16.

Zimmermann, Felix: *Virtuelle Wirklichkeiten. Atmosphärisches Vergangenheitserleben im Digitalen Spiel*. Marburg: Büchner 2023.

Zimmermann, Hubert/ Elsinger, Milena: *Grundlagen der Internationalen Beziehungen. Eine Einführung*. Stuttgart: Kohlhammer 2019.

12

The Furies Are at Home: Entanglements of Crisis and the Abyss in *Disco Elysium*

Marie-Luise Meier

Abstract

From the twentieth century on, crises have been omnipresent in our history and historiography and refer to a moment of decision between two mutually exclusive states in the future, one pointing towards a deterioration of affairs and the other one implying an optimistic outcome. The idea of the abyss is related to that of crisis by also depending on binary oppositions.

In ZA/UM's role-playing game *Disco Elysium* (2019), the city of Revachol and the protagonist are defined through numerous crises and the way they embody the abyss. I will look into the entanglements of crisis and the abyss on three levels: 1) the abyssal storytelling, 2) the vertical topography of the city of Revachol, and 3) its role as a "soul-landscape", resembling the abyssal mindsets of the characters themselves.

Next to the concepts of crisis and the abyss, this chapter will rely on the methodological thoughts regarding the semantics of game topography and procedural rhetoric.

Keywords

Disco Elysium – video games – crisis – abyssal storytelling – abyss – game topography – procedural rhetoric – close reading

1   Introduction

From the twentieth century on, crises have been omnipresent in our history and historiography.[1] The term, although inherently subjective,[2] refers to a

---

1 Rüdiger Graf/Konrad H. Jarausch: 'Crisis' in Contemporary History and Historiography. In: *Docupedia-Zeitgeschichte* 27.3.2017. https://docupedia.de/zg/Graf_jarausch_crisis_en_2017. Accessed 7.12.2023.
2 Reinhart Koselleck: Krise. In: *Geschichtliche Grundbegriffe 3*. Ed. by Otto Brunner, Werner Conze and Reinhart Koselleck. Stuttgart: Klett 1984. Pp. 617–650.

moment of decision between two mutually exclusive states in the future, one pointing towards a deterioration of affairs and the other one implying a more optimistic outcome.[3] This binary opposition closely ties the concept to the kind of storytelling many narrative games tend to offer, consisting of decisions which either lead to victory or defeat.

The idea of the abyss is closely related to that of crisis by virtue of its dependence on binary oppositions. To classify something as an abyss, a second point of reference must exist first. Both crisis and abyss are mostly perceived as the absolute low point of a particular development, e.g. the lowest point in history, life, existence or state of mind. They also, however, both offer the chance for a better future, i.e. an ascent out of the abyss.

In ZA/UM's role-playing game *Disco Elysium*[4] both the gameplay and the world, the city of Revachol, are defined through numerous crises. In the same vein, the abyss is encoded in both gameplay and characters.

This chapter will deal with the numerous entanglements of both concepts within *Disco Elysium*. In accordance with previous literature on crisis and the abyss, I will define both terms and show their similarities, before using them as a lens for close reading. I will then look at the entanglements of both terms on three levels: 1) the identity crises of *Disco Elysium*'s protagonist and his state of mind as an embodiment of the abyss, 2) the game's setting, the city of Revachol, as a mirror for crises and a "soul-landscape"[5] for the protagonist, and 3) the abyssal storytelling between revelation and intoxication as well as ascent and descent.

Topographical readings of virtual spaces have become widely popular with the advent of the post-structuralist movement.[6] Since video games are an inherently spatial medium, this chapter will also rely on the methodological thoughts regarding the semantics of game topography[7] and procedural rhetoric.[8] These readings foreground the relationism "of cultural, economic, more-than-human and more-than-representational geographies"[9] in *Disco Elysium*.

---

3 Reinhart Koselleck: Some Questions Concerning the Conceptual History of 'Crisis'. In: *Culture and Crisis, The Case of Germany and Sweden*. Ed. by Nina Witoszek and Lars Tragardh. Oxford/ NY: Berghahn 2003. Pp. 12–23.
4 *Disco Elysium* (ZA/UM, 2019).
5 This will be used as a term for a landscape or place that represents a certain character in its architecture, color scheme, history or other workings.
6 Iulia Barba Lata/Claudio Minca: The Surface and the Abyss/Rethinking Topology. In: *Environment and Planning D: Society and Space* 34.3 (2016). Pp. 438–455. Here: P. 440.
7 Dominique Fontaine: *Simulierte Landschaften in der Postmoderne*. Wiesbaden: Springer 2016.
8 Ian Bogost: *Persuasive Games: The Expressive Power of Videogames*. Cambridge: MIT Press 2007.
9 Barba Lata/Minca: The Surface and the Abyss/Rethinking Topology. P. 440.

2 The Entanglement of Crisis and Abyss

The notions of crisis and abyss are closely intertwined, as evident by both their literal and metaphorical meanings. Starting with the notion of crisis, it has always been a part of our fictional storytelling as well as history and historiography. It is even, I would argue, the most important part of storytelling, as it "dramatize[s] complex chains of events".[10] This is particularly true for the recent decade, in which narratives of popular fiction (literature, film, television and videogames alike) feature crises and catastrophes on an especially grand scale.[11] To make those tangible, the crisis is usually passed down to the individual and thereby becomes personal. This narrative tradition is arguably as old as storytelling itself, as Joseph Campbell stresses as early as 1949 in his description of the hero's journey.[12] As a personal quest for the hero, his journey is often connected to an identity crisis.[13] The notions of crisis and identity crisis share the general assumption that the deeper the crisis, the more substantial the change. So to overcome the individual crisis, the general crisis must be overcome as well.

The connection of grand-scale crises and the identity crisis of the hero has always been at the forefront of video game narratives. Over recent years, multiple works have been published on the topic of crises in games (e.g. one special issue of the *Paidia* in 2018[14] and one by *Spiel | Formen* in 2023[15] in Germany

---

10 Graf/Jarausch: 'Crisis' in Contemporary History and Historiography. N.p.
11 So much so that Susan Sontag already claimed in 1965 with regards to the Science Fiction genre that it is "concerned with the aesthetics of destruction" (Susan Sontag: The Imagination of Disaster. Orig. 1965. In: *Against Interpretation and other Essays*. New York: Picador 2004. Pp. 209–225. Here: P. 102). This aesthetic has been taken over by other genres and has become a trademark of modern day cinema as well as videogames. This goes hand in hand with beautifying destruction via establishing shots, long camera movements and elaborate CGI, which show beauty and destruction side by side (Barbara Gurr: Introduction: After the World Ends, Again. In: *Race, Gender, and Sexuality in Post-Apocalyptic TV and Film*. Ed. by Barbara Gurr. London: Palgrave Macmillen 2015. P. 9). Most prominent is this aesthetic at the moment in catastrophe narratives surrounding climate change (Ailise Bulfin: Popular Culture and the 'New Human Condition': Catastrophe Narratives and Climate Change. In: *Global and Planetary Change* 156 (2017). Pp. 140–146. Here: P. 140).
12 Joseph Campbell: *The Hero with a Thousand Faces*. New York: Pantheon Books 1949.
13 Sally L. Archer/ Jeremy A. Grey: Identity Crisis. In: *International Encyclopedia of the Social Sciences 3*. Ed. by William A. Darity. Detroit: MacMillan Reference 2008. Pp. 556–557.
14 *Paidia: Sonderausgabe Repräsentationen und Funktionen von Umwelt in Computerspielen* (2018). https://paidia.de/sonderausgabe-repraesentationen-und-funktionen-von-umwelt-im-computerspiel/. Accessed 7.12.2023.
15 *Spiel | Formen* 2 (2023). https://www.gamescoop.uni-siegen.de/spielformen/index.php/journal/issue/view/2/6. Accessed 7.12.2023.

alone). These do, however, rarely feature insights regarding the concept of crisis, which thereby remains vague.

The term itself can be traced back to the Greek κρίσις, meaning 'judgement', 'result of a trial', 'turning point', 'decision' but also 'dispute'.[16] The original meaning therefore both covers an objective crisis as well as subjective criticism. The crisis can be described as a transformational process, in which state 1 (unstable) is transformed into state 2 (stable), which is deemed painful but necessary.[17] The term is mostly used to strip a situation of its complexity, pretending that there is a binary set of outcomes, of which one is clearly positive and the other clearly negative.[18] This binary opposition impacts society as well as the individual, challenging social norms.[19]

In the motif of the abyss, on the other hand, the actual depth of a place is connected with that of the human mind and subconscious. It is in this combination of spatial and psychological meaning, that the motif proves to be especially useful for the analysis of video games. Video games are an essentially spatial medium.[20] Jenkins[21] argues that they resemble amusement parks in their design. While they can be traversed in numerous ways, there is also a distinct preferred path.[22] Simultaneously, "[s]paces are one of the obvious bridges between narrative and games",[23] meaning that via *environmental storytelling*,[24] the game design itself "can encourage narrative gameplay [...] through the

---

16   Zygmunt Bauman/Carlo Bordoni. *State of Crisis*. Cambridge: Polity Press 2014. P. 1.
17   Bauman/Bordoni: *State of Crisis*. P. 2.
18   Rüdiger Graf/ Moritz Föllmer: The Culture of 'Crisis' in the Weimar Republic. In: *Thesis Eleven* 111.1 (2012). Pp. 36–47.
19   In the same vein, however, the notion of crisis is also used to reaffirm norms and to legitimize order. Especially conservative politicians like to pretend that there is a cultural crisis when discussing youth culture, sexual self-determination, feminism or migration. "References to a crisis of culture generally signaled a conservative backlash that sought to affirm or reestablish an order that seemed to be in a process of erosion." (Graf/Jarausch: 'Crisis').
20   Janet Murray: *Hamlet on the Holodeck: The Future of Narrative in Cyberspace*. Cambridge: MIT Press 2001.
21   Henry Jenkins: Game Design as Narrative Architecture. In: *First person. New Media as Story, Performance, and Game*. Ed. by N. Wardrip-Fruin/ P. Harrigan. Cambridge: MIT Press 2003.
22   See also: Marie-Luise Meier. Perceiving the Default: Navigating Choice Architecture in Video Games. In: *Perception and Performativity* 22.27/28 (2021). Pp. 155–177.
23   Clara Fernandez-Vara: Game Spaces Speak Volumes: Indexical Storytelling. In: *DiGRA International Conference: Think Design Play January* (2011).
24   Cf. Donald Carson: Environmental Storytelling: Creating Immersive 3D Worlds Using Lessons Learned from the Theme Park Industry. In: *Gamasutra* 1.3 (2000). http://www.gamasutra.com/view/feature/3186/environmental_storytelling_.php. Accessed 7.12.2023. Celia Pearce: Narrative Environments: From Disneyland to World of Warcraft. In: *Space Time Play – Computer Games, Architecture and Urbanism: The Next Level*. Ed. by Friedrich

design of the space".[25] Especially in terms of depth and height, video games can offer insightful readings by observing the ascent or descent of the player within the gameworld.

The term abyss is related to *byssos*, meaning *ground of the ocean*.[26] It does refer to a distance from something, which is first and foremost of geographical or local nature.[27]

> Abgründe gewähren keinen festen Stand, keinen stabilen Bezugspunkt. Schon das griechische ‚abyssos' ist [...] die Bezeichnung für einen Ort von unermeßlicher Tiefe, der als solcher Sinnbild anderer Unermeßlichkeiten ist.[28]

This binary opposition of height and depth is mirrored in the opposing forces of good and evil, of God and the Devil.[29] The abyss, similar to hell, is a place filled with monsters and other horrors,[30] it is the absence of God and the breeding ground of something bad and detestable, hence turning to the abyss is understood as turning away from God.[31] In biblical terms, however, everything started with the abyss, so it is also perceived as a starting point of something greater.[32]

This also fits the definition most prevalent during the Romantic period, where the abyss stood for possibilities unused, and offered a chance to flee from the melancholy of everyday life; or for the welcome opportunity to become an individual.[33] In the Romantic sense, the journey into the depths is seen as a journey into the past and into the subconscious.[34] Wandering the abyss – as a place or mental state – however, has been connected to the danger of going too far, to not be able to return.[35] Staring into the abyss means recognizing your real

---

      von Borries/ Steffen P. Walz/ Matthias Bottger. Basel/Boston/Berlin: Birkhäuser Verlag 2007. Pp. 200–205.

25   Fernandez-Vara: Game Spaces Speak Volumes: Indexical Storytelling, n.p.

26   Monika Schmitz-Emans: Variationen über Abgründe – Vorbemerkung. In: *Abgründe. Philosophisch literarische Reflexionen Band 18*. Ed. by Petra Gehring/ Kurt Röttgers/ Monika Schmitz-Emans. Essen: Die Blaue Eule 2016. Pp. 7–19. Here: P. 7.

27   Schmitz-Emans: Variationen über Abgründe – Vorbemerkung. P. 7.

28   Schmitz-Emans: Variationen über Abgründe – Vorbemerkung P. 7.

29   Schmitz-Emans: Variationen über Abgründe – Vorbemerkung: P. 8.

30   Schmitz-Emans: Variationen über Abgründe – Vorbemerkung P. 10.

31   Alfred Doppler: *Der Abgrund des Ichs. Ein Beitrag zur Geschichte des poetischen Ichs im 19. Jahrhundert*. Wien: Böhlau 1985. Pp. 10,15.

32   Doppler: *Der Abgrund des Ichs*. P. 9.

33   Doppler, *Der Abgrund des Ichs*. P. 5.

34   Schmitz-Emans: Variationen über Abgründe – Vorbemerkung. P. 11.

35   Alexander Kupfer: *Die künstlichen Paradiese. Rausch und Realität seit der Romantik*. Stuttgart: Metzler 1996. P. 411.

self for the first time.[36] It can grant visions and clarity,[37] which result in states of euphoria or even inebriation.[38]

Conclusively, the abyss and the crises share a) the potential connection of something within the world (crisis/abyss) with the human self, b) a dramatization of events (the ascent/descent from and into the abyss and the general dramaturgy of crises), and c) the binary oppositions encoded (depth and height in the abyss; positive and negative outcome in the face of crises).

3 The Crisis of *Disco Elysium* as an Abyss

The game *Disco Elysium* is a role-playing-game developed by the studio ZA/UM, which has been widely recognized and awarded, especially for its writing.[39] The game is deemed the most famous Estonian game, but is, as most games, multinational. Starting off with an Estonian team, ZA/UM later recruited developers and subcontractors from numerous countries to work on *Disco Elysium*.[40] Nevertheless, due to the fact that the Estonian games industry predominantly consists of mobile game companies, online gambling companies and small independent creators,[41] *Disco Elysium*'s success helped to put Estonia on the map of the global games industry.

The game is an homage to classic isometric computer role-playing-games (cRPGs) such as *Planescape: Torment*,[42] *Baldur's Gate*[43] and point'n'click adventures like *Monkey Island*.[44] It features the fictional city of Revachol, which is riddled with crime, and suffers from poverty, an ongoing union strike, and capitalist forces that plan to gentrify the city. A very unlikely hero, the detective Harrier "Harry" Du Bois, a drug-addict and drunk, and his composed partner Kim Kitsuragi are assigned to the case of a murdered mercenary. The gameplay consists of maneuvering the duo within the game's setting, Revachol, talking to potential witnesses, reading dialogue and picking dialogue options, which sometimes result in so called *skill checks*, where dice take Harry's ludic

---

36 Doppler: *Der Abgrund des Ichs*. P. 14.
37 Kupfer: *Die künstlichen Paradiese*. P. 44.
38 Kupfer: *Die künstlichen Paradiese*. Pp. 412–415.
39 Tom Apperley/Anna Ozimek: Editorial: Special Issue on *Disco Elysium*. In: *Baltic Screen Media Review* 9 (2021). Pp. 3–4. Here: P. 3.
40 Anna Ozimek: Production of Game Making Spaces: *Disco Elysium* and the Game Making Community in Estonia. In: *Baltic Screen Media Review* 9 (2021). Pp. 7–18. Here: P. 7.
41 Ozimek: Production of Game Making Spaces. P. 12.
42 *Planescape: Torment* (Black Isle Studios, 1999).
43 *Baldur's Gate series* (Bioware, 1998–2023).
44 *Monkey Island series* (LucasArts, 1990–2020).

attributes into account and decide if an action of his succeeds or fails (e.g. persuading someone to do his bidding).

The game's playtime ranges from 35 to 60 hours (including all side quests). The analysis examines the so-called *Final Cut* of the game and accounts for all dialogues and side-quests, but due to the fact that it has about one million words of dialogue[45] and features extremely elaborate worldbuilding, this interpretation favours encounters with characters that are part of the main quest, that is, the murder case.[46]

3.1   The Starting Point: the Personal Abyss and the Identity Crises

The story itself is a form of abyssal storytelling, which goes into two directions. One of them is the hero's ascent from his personal abyss, while the other is the descent into the abyss that is the city of Revachol and the murder case, as well as the personal abyss of other characters. Both movements are underlined by the topography of the gameworld.

The first abyss visible to the player is that of the protagonist Harry. After deciding to start a new game and choosing their ludic attributes, but before the story starts, the game greets the player with the following quote, which is framed as central for the reading of the game, due to the black background and the stillness, which is so rare in an interactive medium:

These lines are part of R.S. Thomas's poem *Reflections*,[47] which *Disco Elysium* was formerly named after and which influences the game in every aspect. The poem continues:

> Never think to surprise them.
> Your face approaching ever
> so friendly is the white flag
> they ignore. There is no truce
>
> with the furies. A mirror's temperature
> is always at zero. It is ice
> in the veins. Its camera
> is an X-ray. It is a chalice.

---

45   Elise Favis: 'Disco Elysium: The Final Cut' Comes Out March 30. Here's what's new. In: *Washington Post* 19.3.2021. https://www.washingtonpost.com/video-games/2021/03/19/what-is-disco-elysium-final-cut/. Accessed 7.12.2023.

46   The game will be quoted with the item or NPC (non-player character; a character that cannot be controlled by the player), which sparked a certain event or dialogue, sometimes, if needed, also the in-game day.

47   Ronald Stuart Thomas: *No Truce With the Furies*. Hexham: Bloodaxe 1996.

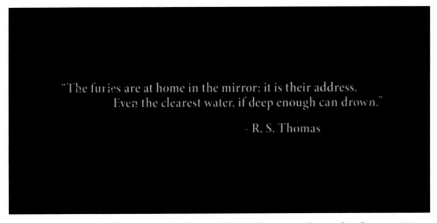

ILLUSTRATION 4   The beginning of *Reflections* by R.S. Thomas, as featured in the game *Disco Elysium*.

The poem uses the central motif of mirrors to show how the self is constructed out of several subconscious voices, which are at war with our conscious self. The furies, as described by Homer in the Iliad, are the Roman goddesses of vengeance, whose task is it to torture sinners. These subconscious parts in Thomas's poem are never friendly or supportive when approached (a "mirror's temperature is always at zero"), they also see everything ("an X-ray") and since the chalice stands for drinking wine, one can get intoxicated with them and their negativity. This poem fits the aforementioned definition of the abyss as a place of self-reflection. More importantly, it fits the protagonist, Harry, as the game starts at his personal low-point, in his personal abyss, deep inside an identity crisis, surrounded by his very own furies.

Before meeting the hero, the game follows a conversation between entities called Ancient Reptilian Brain, Volition and Limbic System.[48] Those are some of Harry's furies, which exist in the abyss of his own mind. The Ancient Reptilian Brain states:

> There is nothing. Only warm, primordial blackness. Your conscience ferments in it – no larger than a single grain of malt. You don't have to do anything anymore. Ever. Never ever.

It not only refers to a primordial blackness as the starting point of the game, thereby describing an abyss, it also implies with the last three sentences that

---

48   This trinity resembles the Freudian concept of *Id, Ego* and *Superego*, which also fits into the topics of dreams and the subconscious featured by the game especially between the in-game days, when Harry is sleeping.

Harry is dying by succumbing to the abyss.[49] It furthermore stands for Harry himself, who has, at this point, no memory of his former life, and thereby is himself a "warm, primordial blackness." His journey out of this abyss is automatically framed as one of self-discovery but also, as explained later, as a fresh start.

Ancient Reptilian Brain continues: "But what is this? Somewhere in the sore, bloated *man meat* around you – a sensation! [...] It wants to walk the desert. Hurting. Longing. Dancing to disco music."

Harry is ultimately forced to exist and thereby start his journey and ascent. He starts naked, with a headache from drugs and drinking, being both narratively and also gameplay-wise in his worst shape, as his ludic attributes are likewise at their lowest point (Day 1, The Whirling Rags). While it is a journey of self-discovery, he can die in several ways, for example when he tries to get his tie off a fan on the ceiling. This also fits the definition of the abyssal journey, where, as already mentioned, discoveries about oneself are always framed as inherently dangerous (Day 1, The Whirling Rags).

During his journey, he is accompanied by several voices in his head, resembling the furies from Thomas's poem, which in ludic terms also mirror his capabilities to succeed in certain situations and inevitability to fail in others.

These inner voices represent the monsters of the abyss, who are there to torture him (fig. 5). In a conversation with Acele, for example, Encyclopedia makes fun of Harry for being an amnesiac:

> You: What's a "contact microphone"?
> Acele: A contact mic records sounds from inside things. Like this ice.
> Encyclopedia: Your mangled brain would like you to know that there is a boxer called Contact Mike.
> You: Yeah? Any news on my wife's name? How about my mother?
> Encyclopedia: Nope. You're welcome.

The furies stand for guilt, disappointment and Harry's crippling self-consciousness. He has killed in the past, as revealed by his badge, if found in the game. These memories come back to him as traumatic flashbacks, out of the abyss that is his subconscious.

The furies, however, are also presented as helpful, when he himself improves ludically (i.e. levels up his abilities). Encyclopedia, for example, regularly gives insight into politics, the specific terminology of the gameworld and more. His

---

49   The player can also, in the dialogue with Ancient Reptilian Brain, explicitly choose the option "Don't stop, keep singing. Sing me the song of death."

ILLUSTRATION 5   Harry's inner voices, who talk to him, torture him, but also help him. (*Disco Elysium*)

voices also serve as defense mechanisms against hurtful memories, especially that of his ex-fiancée Dora Ingerlund, who left him six years ago (according to Jean Viquemare) and who still haunts him to this day. Over the course of the quest "Track down your badge", they hint several times that the past should be left forgotten. The memories, however, come to him in his dream sequences, outside of the representation of real time, presented in the shape of visions, and therefore fitting the motif of the abyss. If he indulges in them, he may gain clarity about his past but can also lose his morality, which can, if it drops to zero, result in the game ending prematurely.

3.2   The Ascent: Abyssal Storytelling

The game starts with numerous crises that form Harry's personal abyss, but due to his amnesia, he can initially only acknowledge the outcome of these crises, but not remember the crises themselves (e.g. his headache indicates that he consumed alcohol and drugs, him being alone and naked lets the player deduce that he is alone or has been left). Other than that, Harry is an empty vessel. By erasing his memory, he frees himself of the burden of his failed relationship to Dora as well as his knowledge of being a drunkard, a drug-addict, a survivor of the war (Thought: Date of Birth Generator), a murderer (within his job as a police officer) and other labels.

This emptiness is pronounced when he looks into the mirror of The Whirling Rags (Day 1), where the mirror asks: "You have no idea who this *thing* is, do you?" This dehumanizes him in the eyes of himself and thus the player. The latter must then provide him with memories, with the ascent from the abyss of his situation, so he can *become*. In that, he also resembles the chalice mentioned in Thomas's poem, whose only function it is to hold something and that has little meaning of its own.

Harry learns about himself by getting to know others. As he solves the problem of other characters within the city of Revachol or is empathetic to them, and finally also solves the murder mystery, he solves his own crises and ascents from his abyss. By filling himself with knowledge and kindness, he fights the void inside him. This journey I would call a form of abyssal storytelling.[50]

The problems of the characters around him, which form the main quest and the respective side quests, mirror his own problems mentioned above. In his sidequests, he meets, for example, a drunkard named Idiot Doom Spiral, who is an exact mirror of what he could become (and partly is). Idiot Doom Spiral invents his own life in colorful stories and states: "Okay, we're drinking. We're drinking alcohol – that's what we're doing. I *tried* to save the world once, a long time ago, with enterprise, creativity and willpower, but that didn't work out." This resembles Harry's attempt to save his former district, Jamrock, from crime. There is no way to cure Idiot Doom Spiral, but if Harry shows empathy and helps him find his lost jacket, his inner voices assume that his problems with short and long term memory (analogue to Harry's amnesia) might have led to his situation of being homeless and drinking. Idiot Doom Spiral for Harry is like seeing what he could become if he lets the abyss swallow him entirely.

Harry solves the crises within the city by solving the problems of its individuals. He has the option to lie to Evrard Claire (Day 4), the leader of the Dockworkers' Union, who is trying to gentrify the fishing village and turn it into a shopping center, disguised as a youth center. By seemingly doing his bidding, Harry prevents others from losing their homes. By doing so, he not only helps the individuals but helps to fight poverty in general. He is, however, also helping himself. By helping others, he receives new items and insights to foster his own journey.

Disco Elysium is less about discovering who you were, but more about becoming who you want to be. Harry's initial identity is framed as a failure. Over the course of the game, he may adopt several new identities (analogous to approaches to leaving the abyss and fighting the multiple crises), try them out and drop them, if they are deemed unfit. The game frames this in a playful way. He can, for example, name himself Raphaël Ambrosius Custeau, like an artist

---

50   This journey for self-discovery also fits the title of the game, because *Disco Elysium* in Latin means "I learn Elysium", which (with Elysium being the gameworld) already stresses the importance of self-reflection and self-discovery in relation to the world around Harry.

who chose a pseudonym under which he wants to create his legacy (Day 1, Kim Kitsuragi). He can "opt-in" to certain mindsets, when he encounters another person who delivers that mindset (e.g. communism, fascism, feminism), which grant him bonuses during future conversations and tasks. *Disco Elysium* shows in a discursive, roleplay-like way how certain agendas and mindsets are acted out in the real world. The "thing" that he initially is, is slowly filled with information about the world and his place in it.

With agendas and thoughts worn like hats, the game also lets the player help Harry become more by changing his outer appearance. He can acquire clothes, that grant him bonuses in talks or provoke certain reactions that help to foster his investigations. By changing and becoming, in a ludic sense, better, as well as mentally better, he learns to deal with the monsters in his abyss. By levelling up, so to say, he is more likely to succeed in dice rolls and get positive feedback from his inner voices.

He also stops being alone and therefore escapes the abyss that the departure of his ex-fiancée left. He can develop a friendship with his partner Kim Katsuragi and with empathy and understanding, he can get other characters to like him and help him. Being empathetic by listening and helping other NPCs as well as trying to get better – e.g. getting sober – ultimately leads to the closing scene in which several endings are possible, depending on the choices that Harry (and the player) makes during the game.

The good ending – Harry, who now is filled with new memories and a will to live, returns with his former colleagues to his old precinct – is only triggered when Harry either makes friends with his partner Kim or with the troubled boy Cuno, or did not drink alcohol or consume drugs.

During his journey, the binary opposition of abyss as a form of hell in contrast to heaven is stressed when Harry considers becoming religious in order to save himself and his soul from the abyss. In an old church, he finds a broken stained glass window, from which a single ray of light falls down on him (fig. 6).

When approaching the window, the game states: "In white, silver, and apricot faïence, the young mother of humanism stands above you. A crack runs across her body. She is impossibly tall, oval faced and sad – a dark and radiant majesty." It shows Dolores Dei, a god-like person from the past, which is special to Harry: "No amount [of alcohol] can wipe her sad smile from your brain thing. It has survived the deluge and haunts you still. It will haunt you forever, as it haunts all men." (Stained Glass Window, Church) While opting into the religion is possible, it does not grant any benefits. It is a dead end – Harry's only way out of his abyss is by his own means. The figure of Dolores Dei as something he longs for but that is ultimately of no help to him, but more likely holds him back, can be found again in his ex-girlfriend Dora. When dreaming

ILLUSTRATION 6   The church and the Stained Glass Window, which shows Dolores Dei. (*Disco Elysium*)

between the in-game days, he sees Dora in the shape of Dolores Dei. He longs for her as he longs for the goddess and her guidance out of his mental abyss, but both goddess and woman are out of reach for him. Dolores Dei is long dead and so is his relationship. He has to let both of them go in order to get better. The window, after being repaired, explicitly refers to Harry's situation and his rebirth on his own terms, by including the words: "Après la vie – mort; après la mort – la vie de nouveau."[51]

3.3 *The Descent: Revachol as Abyss and the Descent into the Murder Case*

The city of Revachol is the disgraced former capital of the world.[52] It is constantly personified, such as by Klaasje, who says: "I love Revachol, though. I hope she loves me too." The city shares a striking resemblance with Harry. It was glorious once, just as Harry was once a good police officer with an impressive record (Kim Kitsuragi, Day 2/3). It was the setting of a violent (and ultimately failed) revolution, just as Harry served in the militia.[53] Furthermore, it

---

51 "After life – death; after death – life again."
52 "Encyclopedia – Revachol is the disgraced former capital of the world, divided into zones of control under foreign occupation – half a century after a failed world revolution. She is central to our moment in time." (Day 1, Lena, The Cryptozoologist's Wife).
53 Kim Kitsuragi: "The first row represents your years of service. *Eighteen* years? Okay – not bad at all. What did you do before you volunteered?" (During the quest *Track down your badge*).

is situated on an isola, a kind of island, which can also be seen as a metaphor for Harry's loneliness after Dora left him. The city is riddled with poverty and governed by corrupt forces with money, just as Harry himself has to gather bottles or take money from men like the leader of the Dockworker's Union, Evrart Claire, to find a place to sleep at night. If he does not, the game ends. The city is full of those trying to find salvation in art or drugs, just as Harry is drawn towards alcohol and drugs and is still a devout follower of "the New", the in-game era of disco music. Harry is tortured by his past, just as Revachol is. He embodies the city with its multiple crises just as the city embodies him.

In the same way that Harry has to come to terms with himself, he must come to terms with the city of Revachol. He does that, as already stated, by helping the citizens of the city. He does, however, also occasionally stop his investigations to admire the landscape. Those are the moments when he realizes something about himself. After the first night, Harry and his partner stand on the balcony of the Whirling Rags and discuss Harry and the case. Empathy states afterwards: "The air suddenly feels calmer. More transparent in a strangely tender way." This essentially conveys the way Harry feels about himself and the situation. Since he has already been introduced as an abyss himself, it is only logical to assume that Revachol is one too, and is elevated out of the multiple crises by its embodiment Harry.

The city itself features a pronounced verticality, which is even more stressed by the isometric point of view that the camera perspective offers. This serves to keep a distance from Harry, never truly becoming him but more witnessing his journey and being, like his partner, an accomplice in his heroic (or unheroic) deeds. The story plays in the district of Martinaise, which is situated at the harbor. Due to the fact that the land gets flatter – and thus lower – the closer to the coast one is, Harry must constantly switch between lowlands and high ground. While the rich elite of Revachol live in the more elevated regions, the poor fishing village, riddled with crises and crime, lies at the bottom. Harry can find his way out of his personal abyss during the investigations, but if he stays empathetic and sober, he must inevitably follow the verticality of the city downwards to dive ever deeper into the murder case. The lower districts are revealed later within the game, which forces the player to visit the upper parts first. He can then visit the fishing village with an underground system, which first leads him to his main suspect, Ruby, who turns out to be innocent. From there, the children of the fishing village may reveal to him the location of the murderer, Iosef Dros. Dros is a deserter of the communist rebellion and is presented as a lonely man with twisted ideals. Talking with him results in a long monologue, which functions like a descent into his mind. This is the last descent of Harry's, after which he, if he helped the other characters and stayed sober, is reinstalled into his former position and can therefore literally ascend from Martinaise to go back to his own district on higher ground. His quest into the abyss that is the murder case is therefore rewarded with an ascension, if he does not stray too much from his path or succumbs to his inner voices and monsters.

4 Conclusion: the Furies Have Returned Home

This article examined the entanglement of abyss and crisis in the video game *Disco Elysium*. By reading the game through the lens of both terms, while also applying a topological reading of the gameworld, the semantic meeting points of the concepts were made visible. On a more general level, the abyss and the crises already share similarities in their respective readings: They connect something from outside with the self and they are both used to dramatize events within stories with the binary meanings they have encoded. The first abyss visible is the protagonist himself, suffering from an identity crisis, who is presented at his lowest point, tortured by the voices in his head, who the game presents as his furies. They are connected to his past, and he must overcome their negativity, to finally ascend from his abyss. His way out of his own identity crisis, which is synonymous with his own abyss, is presented as a journey of altruism and empathy. While he himself ascends, he must also go deeper into the murder mystery and the topography of the city of Revachol, teeming with crises, which are presented as the soul-landscape of Harry, as an embodiment of his personal crises and past. By doing so, he can finally leave the lower part of the city he had been sent to, back to literally higher grounds and into a new life. A crisis can therefore be understood as a confrontation with one's own abyss, which enables someone to overcome a situation and emerge from it stronger.

In the past, *Disco Elysium* has often been praised for its thoughtful writing and can thereby be deemed less representative for games as a whole. It resembles an interactive piece of writing, but in that offers meaning especially on the level of dialogue and game topography. It remains to be seen if future games will indulge in similar connections.

Acknowledgement

This work was supported by the Estonian Research Council grant (PRG934).

Bibliography

Apperley, Tom/ Ozimek, Anna: Editorial: Special Issue on Disco Elysium. In: Baltic Screen Media Review 9 (2021). Pp. 3–4.

Archer, Sally L./ Grey, Jeremy A.: Identity Crisis. In: International Encyclopedia of the Social Sciences 3 (2008). Ed. by William A. Darity. Detroit: MacMillan Reference. Pp. 556–557.

Bauman, Zygmunt/ Bordoni, Carlo: *State of Crisis*. Cambridge: Polity Press 2014.

Baumgartner, Robert/ Schellong, Marcel: Paidia: Sonderausgabe: Repräsentationen und Funktionen von Umwelt in Computerspielen 2018. Ed. by Robert Baumgartner/ Marcel Schellong. https://paidia.de/sonderausgabe-repraesentationen-und-funktionen-von-umwelt-im-computerspiel/. Accessed 7.12.2023.

Bogost, Ian: *Persuasive Games: The Expressive Power of Videogames*. Cambridge: MIT Press 2007.

Bulfin, Ailise: Popular Culture and the 'New Human Condition': Catastrophe Narratives and Climate Change. In: Global and Planetary Change 156 (2017). Pp. 140–146.

Campbell, Joseph: *The Hero with a Thousand Faces*. New York: Pantheon Books 1949.

Carson, Donald: Environmental Storytelling: Creating Immersive 3D Worlds Using Lessons Learned from the Theme Park Industry. In: Gamasutra 1.3 (2000).

Doppler, Alfred: *Der Abgrund des Ichs. Ein Beitrag zur Geschichte des poetischen Ichs im 19. Jahrhundert*. Weimar: Herrmann Böhlaus 1985.

Favis, Elise: 'Disco Elysium: The Final Cut' Comes Out March 30. Here's what's new. In: Washington Post 19.3.2021. https://www.washingtonpost.com/video-games/2021/03/19/what-is-disco-elysium-final-cut/. Accessed 7.12.2023.

Fernández-Vara, Clara: Game Spaces Speak Volumes: Indexical Storytelling. In: DiGRA International Conference: Think Design Play January (2011).

Fontaine, Dominique: *Simulierte Landschaften in der Postmoderne*. Wiesbaden: Springer 2016.

Graf, Rüdiger/ Jarausch, Konrad H.: 'Crisis' in Contemporary History and Historiography. In: Docupedia-Zeitgeschichte 27.3.2017. https://docupedia.de/zg/Graf_jarausch_crisis_en_2017. Accessed 7.12.2023.

Graf, Rüdiger/ Föllmer, Moritz: The Culture of 'Crisis' in the Weimar Republic. In: Thesis Eleven 111.1 (2012). Pp. 36–47.

Gurr, Barbara: Introduction: After the World Ends, Again. In: Race, Gender, and Sexuality in Post-Apocalyptic TV and Film. Ed. by Barbara Gurr. London: Palgrave Macmillen 2019.

Jenkins, Henry: Game Design as Narrative Architecture. In: First person. New Media as Story, Performance, and Game. Ed. by N. Wardrip-Fruin/ P. Harrigan. Cambridge: MIT Press 2003.

Koselleck, Reinhart: Krise. In: Geschichtliche Grundbegriffe 3. Ed. by Otto Brunner/ Werner Conze/ Reinhart Koselleck. Stuttgart: Klett 1984. Pp. 617–650.

Koselleck, Reinhart: Some Questions Concerning the Conceptual History of 'Crisis'. In: Culture and Crisis, The Case of Germany and Sweden. Ed. by Nina Witoszek/ Lars Tragardh. Oxford/ NY: Berghahn 2003. Pp. 12–23.

Kupfer, Alexander: *Die künstlichen Paradiese. Rausch und Realität seit der Romantik.* Stuttgart: Metzler 1996.

Lata, Iulia Barba/ Minca, Claudio: The Surface and the Abyss/Rethinking Topology. In: Environment and Planning D: Society and Space 34.3 (2016). Pp. 438–455.

Meier, Marie-Luise: Perceiving the Default: Navigating Choice Architecture in Video Games. In: Perception and Performativity 22.27/28 (2021). Pp. 155–177.

Murray, Janet: *Hamlet on the Holodeck: The Future of Narrative in Cyberspace.* Cambridge: MIT Press 2001.

Ozimek, Anna: Production of Game Making Spaces: Disco Elysium and the Game Making Community in Estonia. In: Baltic Screen Media Review 9 (2021). Pp. 7–18.

Pearce, Celia: Narrative Environments: From Disneyland to World of Warcraft. In: Space Time Play – Computer Games, Architecture and Urbanism: The Next Level. Ed. by Friedrich von Borries/ Steffen P. Walz/ Matthias Bottger. Basel/ Boston/ Berlin: Birkhäuser Verlag 2007. Pp. 200–205.

Schmitz-Emans, Monika: Variationen über Abgründe – Vorbemerkung. In: Abgründe. Philosophisch literarische Reflexionen. Band 18. Ed. by Petra Gehring/ Kurt Röttgers/ Monika Schmitz-Emans. Essen: Die Blaue Eule 2016. Pp. 7–19.

Sontag, Susan: The Imagination of Disaster (Orig. 1965). In: Against Interpretation and other Essays. New York: Picador 2004. Pp. 209–225.

Spiel | Formen 2. 2023. https://www.gamescoop.uni-siegen.de/spielformen/index.php/journal/issue/view/2/6. Accessed 7.12.2023.

Thomas, Ronald Stuart: *No Truce With the Furies.* Hexham: Bloodaxe 1996.

ZA/UM. 2019. *Disco Elysium.*

Register / Index

Abgrund 1–15, 21–25, 28–30, 34–37, 41–44, 54, 59, 62–63, 71–77, 79–85, 87–88, 91–94, 97–98, 101–108, 111–112, 114–123, 125–131, 136–138, 140, 142, 144–154, 157–159, 161–168, 170–171, 173–180, 188–189, 192, 217–221, 224–229, 231, 237–243, 251–253, 256, 258, 260–265, 267–270, 273–274, 278–281, 283, 285–288, 300
   Abgründiges / abgründig 6, 8, 10, 12, 13–15, 24, 30, 72, 82, 130–131, 144, 154, 157–158, 161–165, 167–168, 170, 173, 178–180, 226, 231, 251
   Abissologie / Abissi 74, 80, 82, 84, 87–88
   Abyssos 5, 159, 300
   Abyssal 5, 55, 58, 136, 188, 197, 213–214, 297, 302, 304–306
   Abysmal 51
   Abyss 2, 4–5, 49–52, 54–56, 58, 60–65, 146, 159, 185–214, 261, 296–310
   ἄβυσσος 5, 188
Abwesenheit / Abwesen 4, 15, 82, 88, 217–231
Alliksaar, Artur 195–196
Alver, Betti 194, 197
Ambivalenz / ambivalent 3, 5, 190, 193, 202, 261
Angelus Silesius 93
Anthropologie / anthropologisch 29, 33, 82, 136, 144, 154, 157–158
Anthropozän 10, 137, 152–153, 155, 260–264, 268, 273–274, 276, 278–280, 283, 285–286
Apokalypse / apokalyptisch 23, 136–139, 146, 149, 153–154
Arendt, Hannah 13, 49–51, 55–56, 58–63, 65
Aufklärung 6, 9, 14, 33, 38, 72, 76, 142, 161, 164–165, 179
Augustinus 92, 103, 158–159
Aspazija (Johanna Emīlija Lizete Rozenberga) 15, 241–258

Bachtin, Michail M. 22, 35
Baltikum / baltisch 12–13, 242, 251
Becher, Johannes R. 31, 226
Bhabha, Homi 123

Bibel / biblisch 5, 61, 87, 98, 136, 238
Biermann, Wolf 222
Bisenieks, Valdis 238–239
Blumenberg, Hans 81–83, 88, 175
Bodenlosigkeit / bodenlos 4, 8, 10, 22, 102, 114, 137, 152, 159, 164
Böhme, Jakob 6, 93
Borges, Jorge Luis 178, 187
Brasch, Thomas 222
Buber, Martin 5, 9–10, 107
Büchner, Georg 4, 8
Burke, Edmund 76

Chamisso, Adalbert von 79
Chaos 37, 57, 88, 92, 98, 101, 121, 158, 189, 208, 246
Chasm 54, 62, 203, 209
Computerspiele 1
condition humaine 6, 8
cosmology 185, 191, 196, 213

Dante Alighieri 190, 195, 219
DDR 15, 24, 31, 112–121, 123, 125, 131, 217–223, 231
Deleuze, Gilles 10, 21–22, 28–30, 32–33, 36–37, 43–44
Denisenko, Viktor 138
Derrida, Jacques 10, 148
Deutschland / deutsch 4–5, 11–15, 23, 31, 75–76, 79, 87, 93, 111–114, 120–121, 123, 127, 139, 154, 157, 159, 179, 218–219, 225–226, 228–229, 239–240, 256, 261, 268–269, 274
dialogisch 9–10, 107
digitale Spiele 15, 263–268, 279, 284–285, 287–288
Dionysiac 58
Doppler, Alfred 3, 6, 8, 91–92, 97, 107–108, 158–159, 261, 300–301

Ebner, Ferdinand 107
ecocrisis 185
ecocriticism / ecocritical 211
Ehin, Kristiina 207, 209
Elegie / elegisch 15, 217, 219, 225–231
Endlosigkeit / endlos 1, 4 6, 8, 10, 145, 271

Endzeit / endzeitlich   136–138
Erdbeben   13, 72–75, 78–80, 84–86, 88, 129, 142
Erhabenheit / erhaben   10, 76–77, 96–99, 142
Erinnerung   13, 73–75, 77–80, 83–86, 88, 94, 96, 105, 113–114, 162–163, 166, 169, 171, 177, 228, 244
Estland / estnisch   11–15, 118, 127–131
Event   27, 50–55, 63–64, 298, 301, 310
Ereignis   13, 29, 35, 52–54, 72–73, 95–97, 100–101, 112, 119, 121, 129, 142, 162, 170, 174, 221, 228, 249
Existentiell   121

Fallen, das   1, 15, 117, 121, 148–149, 237, 241, 253, 256, 258
Faust, Siegmar   218, 220
Fleming, Paul   217, 225–227, 229–231
Fotografie / Foto   73–74, 77, 85, 88, 103, 120, 159, 161–162, 167, 169–173, 180
Foucault, Michel   10, 22, 28
Freud, Sigmund   8, 33–34, 78, 80, 83, 303
Friedrich, Caspar David   6–7
Fühmann, Franz   221

Gavelis, Ričardas   137–138, 153
Gibson, William   10
Goethe, Johann Wolfgang von   13, 30–36, 43, 75, 225, 238–239, 241–242
Gott (God)   5–6, 8–9, 42, 72, 76, 92–94, 103, 107, 136, 147, 158, 190, 192, 195–197, 207, 213, 300, 224, 226
    Tod Gottes   8, 76
Grenzerfahrung   92
Grimm, Jacob und Wilhelm   93, 157–158, 173, 221
Grube   253–258
Grund (im Sinne von Grundlage)   2, 4–5, 7, 9, 12–13, 21–23, 25, 28, 31, 33, 37, 39, 42, 44, 72, 76, 87, 92–94, 105, 158–160, 164, 167, 189, 239–240
Grundlosigkeit   12, 15
Grundlage (foundation)   6–7, 10, 12, 22, 26, 33, 115, 140, 147, 166, 264, 273, 285, 288
Guattari, Félix   21–22, 28–30, 32–33, 36–37, 43
Gulag   128, 139–140, 195

Haava, Anna   192–193
Haljak, Kristjan   202–203, 205
Härtl, Heide   220
Hartung, Harald   220
Hebel, Johann Peter Hebel   35, 75
Hegel, Georg Wilhelm Friedrich   31
Heidegger, Martin   9, 13, 49–55, 58–65, 94, 142, 189–190
Heine, Heinrich   35
Hilbig, Wolfgang   15, 217–231
Hoffmann, E.T.A.   6, 35, 75
Hölderlin, Friedrich   6, 52, 54, 76, 106–108, 225
Höhle   34, 72, 77, 80–83, 143, 145, 165–166, 241–242, 245–252, 258
Hölle / höllisch   5–6, 36, 44, 108, 158, 219, 221, 251, 253, 255–256
Homer   35, 50–51, 303
horror vacui   8
Humboldt, Wilhelm von   3, 76
Hybris   9

Ich, das   8, 33, 40, 85, 98–99, 112, 158

Jakobson, Roman   187
Jean Paul   6, 8
Johnson, Mark   152, 186–187, 189–190
Jugend   1–2, 36, 114
Jung, Carl Gustav   8–9, 76

Kangro, Maarja   203–204, 209–210
Kangur, Mart   209–110
Kant, Immanuel   38, 76, 99, 142
Katastrophe / katastrophal (catastrophe)   3–4, 23, 36, 38, 77, 97, 107, 112, 129, 149, 168, 170–171, 264, 269, 275–276, 278, 287, 298
Kinsky, Esther   13, 71–75, 77–88
Kirsch, Sarah   222
Kiwa   129
Kleist, Heinrich von   6, 72, 75
Klimawandel   15, 261–262, 264, 274–280, 284, 287
Klopstock, Friedrich Gottlieb   225
Kluft   12, 15, 82, 84, 144, 158, 241, 244–245, 250, 252, 258
Koselleck, Reinhard   267, 296–297
Kosmogonie   5

REGISTER / INDEX

Kultivierung / kultivieren / kultiviert   23–25, 27–28, 37, 43
Krien, Daniela   14, 114–115, 118, 124–125, 127, 131
Krise (crisis / crises)   1, 114, 121, 124, 212, 254, 263, 296–299, 301–303, 305–306, 309–310
  Polykrise   1
Krull, Hasso   12, 199, 204–205
Kunze, Reiner   222

Lacan, Jacques   198
Laicens, Linards   240–241
Lakoff, George   152, 186–187, 189–190
Lang, Fritz   140, 152
Lange, Bernd-Lutz   1, 220
Latour, Bruno   25, 41, 261, 277–278
Leere   87, 115, 117–118, 121, 124–125, 127, 131, 141–142, 146, 169
  postsozialistische Leere   125
Lenau, Nikolaus   6
Lentz, Michael   14, 157, 174–178, 180
Lettland / lettisch   11–12, 14–15, 237–242, 244–245, 251–253, 258
Letztbegründung / Letztbegründbarkeit   1, 5, 76
Litauen / litauisch   11–12, 137–138, 245, 280
Loch (hole)   2, 85, 87, 118, 146, 188, 198, 210
Locke, John   27, 189
Luiga, Georg Eduard   193
Luuk, Lilli   128
Lyotard, Jean-François   10

Mallarmé, Stéphane   15, 223
Mann, Thomas   33–34
Markosjan-Käsper, Gohar   129
Masing, Uku   196–197
Melnik, Jaroslav   14, 135–153, 155
Meister Eckhart   5
Metamorphose   35, 168
Metapher / metaphorisch   14–15, 22–23, 30, 35, 74, 81, 83, 85, 91–92, 101–102, 115–116, 121–122, 129–131, 142–143, 152–153, 157–159, 164–165, 171, 179, 186–193, 195, 197–199, 203, 205, 207, 209, 212–214, 260–261, 270
Mihkelson, Ene   197–200, 207
mise-en-abyme   8, 165, 178–179

Müller, Heiner   111–112, 131
Mutt, Mihkel   130

Nancy, Jean-Luc   137, 139, 142, 148, 151–152
Neumann, Gert   220, 224
Niemandsland / Niemandsländer   21, 23–25, 27, 30, 82
Niépce, Joseph Nicéphore   85
Nietzsche, Friedrich   8, 58–59, 76, 189–190, 194
Nolan, Christopher   10
Nothingness / Nichts, das   6, 50, 57, 63, 158
Novalis   6, 35, 75

Opitz, Martin   230
Ordnung   14, 24–27, 43, 62, 72, 80–82, 96, 129, 130, 151, 168, 172, 174–180, 267

Paja, Triin   211
Paradox   12, 65, 147, 161, 168, 248, 255
Pärtna, Maarja   212
Pihelgas, Carolina   200–201
Pillesaar, Valve   195
Platon   246
Põ   5
Poetik / poetisch (poetry / poetics / poetic)   12, 14, 42, 52, 54, 59, 65, 74, 101, 136–138, 144, 174–175, 180, 185–187, 191–194, 197, 200–202, 205, 207, 212–214
poetologisch   136, 157, 174, 179, 223–224
Politik / politisch (politics / political)   1, 13, 25, 33, 50–51, 56, 59–65, 113–115, 117–118, 130, 136, 138–139, 145, 148, 152, 161–162, 195–196, 218, 220, 223, 225, 231, 261–262, 266–267, 270, 277–279, 282, 288, 304
Postmoderne   10, 138

Rainis (Jānis Pliekšāns)   238–239, 241–242, 254
Ransmayr, Christoph   14, 91, 101–102, 104, 106–108
Ratio / Rationalität / rational   4–6, 14, 52, 93, 106, 146–147, 161–162, 164–165, 172, 179
  gekerbter und glatter Raum   27–30, 36–37, 43
Reimann, Andreas   220
Religion / religiös / religious   6, 8, 25, 38, 82, 92, 94, 101–103, 105, 107, 118, 138, 153, 155, 157, 190, 196–197, 212, 275, 307

Remmelg, Siret 211
Revolution / revolutionär /
   revolutionary 50–51, 56, 58, 60–62,
   64–65, 128–130, 136, 141, 147–148, 151,
   195, 308
Rimbaud, Arthur 219, 223
Romantik / romantisch (Romantic) /
   Romanticism 6, 10, 24, 75–77, 92,
   192–193, 201, 206, 244–245, 255, 300
Romantisierung 77
Rooste, Jürgen 206–207
Roth, Gerhard 14, 157, 159–166, 172–173,
   179–180

Salinger, J.D. 189, 206
Sartre, Jean-Paul 108
Schelling, Friedrich Wilhelm Joseph 93
Schiller, Friedrich 6, 97–99, 108, 255
Schmitt, Carl 25–26
Schwindel 8, 14, 22, 36, 159, 170, 179–180
Seaduskuulekus 209
Sebald, W.G. 14, 75, 157, 166–173, 179–180, 198
Seele 6, 9, 43, 96, 119, 122, 158, 229, 246,
   248–249, 252–253, 256
Selbst, das 6, 8, 14, 22, 77, 125, 149
Serres, Michel 39–40
Seuse, Heinrich 5
Sinnlosigkeit 4
Sophokles / Sophocles 13, 49, 49–60, 64
Spirale 1
Stifter, Adalbert 14, 91–92, 94–102, 106–108
Storm, Theodor 13, 37–43

Talvet, Jüri 207
Tauler, Johannes 5
Technik / Technologie / technologisch 3, 10,
   25–26, 31, 38, 41–43, 140, 153, 163, 271,
   276–279
Teede, Andra 208
təhōm 5
Theologie / theologisch 36, 107, 136, 148, 158
Thomas, Ronald Stuart 302
Tieck, Ludwig 6, 35
Tiefe (depth) 1, 5–6, 9–10, 12, 14–15, 24, 30,
   41–42, 76–77, 80–82, 84–85, 87, 117, 120,
   131, 136, 146, 158–159, 162–165, 167–171,
   174, 177–179, 240, 246, 251, 257–258, 300
Traat, Mats 130, 208, 211
Transformation / transformativ 36, 56, 65,
   125, 127–129, 131, 137–138, 153, 194, 299

Transzendenz / transzendent 6, 8, 10, 81,
   107, 151, 158
Trauma / traumatisch / traumatic 75, 77, 81,
   83–84, 86, 128, 167, 169, 171, 201, 213, 304

Unauslotbares / unauslotbar 4, 44, 176, 179
Unausmachbarkeit / Unausmachbares 22,
   29–30, 36, 38, 42, 44
Unbewusstes / unbewusst
   (unconscious) 87, 145, 153, 200–201, 213,
   243, 246–247
Unendlichkeit / unendlich 1, 8, 10–11, 76,
   81–82, 88, 91–92, 98, 105, 142, 144–145,
   244, 248–249, 273
Unerforschlich 92
Unergründlichkeit / unergründlich 22, 36,
   103, 107, 117, 158–159, 164, 240
Unfassbares / unfassbar 74
Unfassliches / unfasslich 165, 167, 169,
   179–180
Ungrund 4, 92–94, 98, 100, 102, 107–108
unheimlich (uncanny) 41, 50, 52, 58, 169
Untergang 3, 117, 129, 136, 151, 168, 240, 248,
   263, 278, 288
Untiefe 5, 167, 169–170, 179–180
Ununterscheidbarkeit 21–22
Ursprung 5, 8, 61, 81–82, 92, 94, 107–108,
   140, 242
Urwirbel 5

Vagina 203–204, 213
Vakuum 115, 125, 131, 266
Verdrängung 3, 167, 179
Vergessen 71, 75, 77–80, 82–83, 87–88, 145,
   151, 163, 166, 170, 177, 223, 231
Vertikalität / vertikal (verticality) 4, 131,
   137–138, 145, 150–152, 154, 237, 239, 241,
   253, 255, 257–258, 309
Viiding, Elo 209
Viin, Kristiina 211
Vilu, Tõnis 202
Virtualität / virtuel 10, 43

Wackenroder, Wilhelm Heinrich 6
Weber, Max 148
Weltansichten 3
Wirbel 2, 10, 84, 99
Wolf, Ror 174–178

Printed in the United States
by Baker & Taylor Publisher Services